岩 波 文 庫

38-126-1

明 治 政 治 史

（上）

岡　義 武 著

岩 波 書 店

序

わたくしは、曽《か》つて昭和二二年に『近代日本の形成』という書物をまとめた。これは、幕末から明治二三年の帝国議会開設にいたるまでのわが国外交・内政の概観を試みたものであった。当時は、その序に記したように、やがて続篇を書き、それ以後の時期についても同様の試みをする考えであった。しかし、さまざまの仕事の関係などで容易に着手できないままでいつか時を経る中に、右の書物自体に甚だあきたらなくなった。そこでそれを書き改めた上で続巻を書くことに計画を変え、その改訂したものを『近代日本政治史Ⅰ』[本書『明治政治史(上)』のこと]としてこのたび公刊することにした。従って、この第一巻で取扱った時期は、旧著と同一である。また、幕末の政治過程については、明治維新以後のそれを解明するに必要と考えられる限度において述べることにしたが、その点も旧著と同様である。

前著を刊行して一五年を経たのち、これを全く書き改めるに際しても通史を書くことのむずかしさを改めて痛感せざるをえず、みずから省みて意にみたない点、思うに委せなかった点も依然まことに少くない。しかし、すべて著書がそうであるように、将来さらに補訂し、みずからの学問的成長とともにこの書物を成長させたいというのが、筆を擱《お》くにあたっての率直かつ切実な気持である。

旧著公刊後、わが国近代政治史の研究は学界において一段と活潑になり、特定の題目についてのすぐれた研究はその数を加えて来た。しかし、わが国近代政治史全体の概観を試みた書物は現在もなおきわめて乏しい。そのような現状において、この小著が若干の存在理由をもちうるとすれば、それはわたくしにとって大きな幸せである。

昭和三七年一〇月

岡　義武

目　次

明治政治史（上）

第一章　序論＝江戸封建体制とその瓦解

第一節　体制の構造と内部的矛盾の発展

江戸幕府下のわが国は、きわめて複雑な身分的秩序によってきびしく規律された封建社会を形づくっていた。支配層たる武士層についてみると、将軍家を尖端にいただき、その下に諸侯が家格に応じて細く差等づけられて服属していた。また、将軍家および諸侯の下にはその家臣が同じく家格に応じて上下・尊卑の階層に分れて従属していた。

幕府は朝廷から国政を委任されたという建前に立ち、もっぱら自己の判断にもとづいて政治の運営にあたった。「大政御委任」のこの建前は文書に起源をもつものではなくて、それは歴史的慣行として成立したものであり、幕末に入って初めて、当時の政治状況との関係からそのことが文書の中で言及されるようになった。

従って、朝廷は幕末以前においては全く無力であった。朝廷に対する幕府の地位は圧倒的に強大であり、天皇の譲位、即位、立太子なども朝廷みずから決定するわけにいかず、幕府の意向を徴した上でとり行われた。なお、行幸さえも事実上自由ではなく、皇居の火災で避難するような場合などを除いては歴代の天皇は皇居の中にとじこもって生涯を過す有様であった。そして、朝廷の主たる権限といえば、わずかに官位の授与があるにすぎず、それさえも幕府の推薦にもとづいてまたは幕府の承認の下にとり行われたのである。

朝廷に対する幕府の基本的方針は、尊敬を一応は装いながらも朝廷を政治的に無力な状態に置くことにあった。そのような観点から、幕府は朝廷と諸侯との間に連絡の生れるのを防止しようとし、たとえば、京都をめぐる畿内、江戸・京都を結ぶ東海道および東山道を天領(将軍家の直轄地)、徳川家一門、譜代諸侯の領地で堅めて、外様諸侯と朝廷との接触を阻むようにした。またたとえば、公家と武家との間に婚姻関係の結ばれるのを厳重に取締った(元和三年(一六一七年)の武家諸法度、参照)。なお、元和元年(一六一五年)制定の禁中並公家諸法度は、天皇は「習学」に専心励み給うべきものとし、また摂政家に属する(1)ものでも能力ないものは太政大臣、左右大臣、摂政、関白に任ずべきではないと定めて、幕府にとって好ましくないものが朝廷のこれらの地位に就くことのないよう配慮した。

(1) 摂政家とは、摂政・関白に補せられる家柄をいい、近衛、九条、二条、一条、鷹司《たかつかさ》の五家がこれであった。

朝廷には朝廷・幕府間（朝幕間）の連絡にあたるものとして、武家伝奏があったが、これに任ぜられる公家は就任の際に幕府に対して誓紙《せいし》を差出し、幕府に対して粗略な考えをもたず、隔意の念を抱かず、幕府から朝廷の事情について尋ねられた場合には包みかくすことなく答えることを誓約することになっていた。幕府はまた、京都所司代を置いて譜代大名をこれに任じたが、所司代の職務は皇居警護、畿内以西の西国諸侯に対する取締、京都の民政および朝廷の監視にあった。以上の例によっても明かなように、朝廷に対する幕府の警戒、監視は、まことに峻厳をきわめたのである。

朝廷は経済的にも甚だしい窮乏の中に置かれていた。皇室および公家以下朝廷関係者の石高合計は一二万石ないし一三万石で、禁裏御料は約三万石であったといわれている。従って、公家の石高も僅かで、家格の低いものの貧困はとくに著しかった。(1) しかし、これも、実は朝廷の政治的無力と表裏の関係に立つものにほかならない。

（1）　たとえば、公家中家格の最も高い五摂家についてみても、その中の石高の最大であった近衛家さえも約二八六〇石に過ぎず、家格の低いもの、たとえば岩倉具視《いわくらともみ》の生れた岩倉家のごときは僅かに一五〇石であった。

朝廷の公的権限は前述のようにきわめて狭いものであったので、朝廷の伝統的な儀式を別にすれば公家のなすべき公の仕事は乏しかった。(1)彼らはその古き家柄、その由緒ふかい身分に誇りを抱きながらも貧窮にあえぎ、失われた王朝時代の栄光を空しい語草《かたりぐさ》にして生涯を有職芸道に過す有様であった。(2)

(1) 幕末の蘭学者桂川甫周《ほしゅう》の女に生れた今泉みねは、その回顧談の中で次のようなことを語っている、「京都のある橋のたもとに、砂に字を書いて遊んでゐた乞食にも近いやうな身なりをした少女に、通りかゝりの人が道を尋ねました。〈おい、ねーさん、何処そこに行くのだが……〉といくらきいても、ウンともスンとも答へません。〈お前つんぼか、お前のおとつさんは……〉と色色つめてききましたら、ふりむいて只一言〈身は姫ぢや〉ときりつとして言つたなり、又砂をかいて遊んで居たさうでございます。お姫さまといふものは、ぢき〱には口をきくものでない、大層な気位のものだと云ふおはなしを子供の時にきいた事がありました。昔はなりふり風俗で男も女もちよつと見れば身分も大抵わかるやうになつてゐましたが、あんまりなりがひどかつたので、ぞんざいにものなどきかれたのでございませう。そんなに苦んだのは旗本の娘たちではなくて、京都の公卿さまのおひめさまだと思ひますと今では済まない気がいたします」(今泉みね、『名ごりの夢』、昭和一六年、二〇九―一〇頁)。この挿話は、江戸時代の公家の姿を端的に物語るものとして象徴的である。

(2) 公家は古来一定の家業・家芸をもつものが多く、それは有職学の場合もあり、芸道の場合もあった。土御門《つちみかど》家の陰陽道、吉田家の神祇道、飛鳥井家、冷泉《れいぜい》家、烏丸《からすまる》家の和歌、滋野《しげの》井《い》家、持明院家、園《その》家の神楽など、その例である。

府と諸侯との関係をみると、幕府は諸侯統御のためにさまざまの配慮をこらたとえば、天領、徳川家一門の所領、譜代諸侯の所領、外様諸侯の所領を巧みに組合せて配置し、外様諸侯が反幕的な動きに出るのを困難にしようとした。しかも、幕府は外様諸侯に対しては宥和方針をも併用し、石高の加増を行ったり、あるいはその有力なものと将軍家との間に婚姻関係を結び、こうして幕府へひきつけることを試みた。また、武家諸法度を制定して諸侯の行動を峻厳に規制した。さらにまた、参観交代の制度を布いた。それは封建制度下において、中央集権的効果を挙げることを目的としたものであったが、同時に諸侯に莫大な財政的負担を課することによって諸侯が経済力を蓄積するのを抑制することになり、これらの点で諸侯統御上大きな意味をもった。

武士層の下には、被支配層として庶民層が農・工・商の順に格づけされて隷従していた。この「百姓町人」は武士層とは身分的に全くかけはなれて劣った卑しいものとして取扱われ(1)、その衣食住についても瑣末な点まできびしい規制が加えられていた。しかも、支配層たる武士層の内部が身分的秩序できびしく規律されていたのと照応して、庶民層の内部にも身分的上下・尊卑の関係が定立されていた(2)。

(1) 渋沢栄一は幕末徳川昭武(慶喜の弟)に随行してフランスに渡った。彼が後年回想して語ったところを渋沢秀雄は次のように記している。「徳川民部大輔(徳川昭武)の輔導役としてナポレオン三世からつけられた人に武人のコロネル・ヴィネット、銀行家のフロリヘラルドといふ人たちがゐた。この時分の日本の観念でいふと、前者は武家で、後者は町人である。しかるに二人の応待する有様には、わが国のような階級的な差別がない。のみならず町人であるフロリヘラルドの方が、どうも一枚上のようにさへ見受られた。このことが当時の父(渋沢栄一—著者)には非常に意外であった。そして一国が富強になるには、町人がこゝまで向上しなくては駄目である。階級的な官尊民卑が破れないうちは、国家は決して真正の発展をなし得るものでないといふ結論に到達したのであった」(東京日日新聞社・大阪毎日新聞社編、『父の映像』、昭和一一年、所収、渋沢秀雄、「渋沢栄一」、二六五—六頁)。この記述は興味ふかい。

(2) 農についていえば、一般に村役人(本百姓の中から任ぜられた)、本百姓、水呑百姓、また工・商をいとなむ町人についていえば、たとえば江戸では地主、地借人《じがりにん》、店借人《たながりにん》という身[illegible]下の順位が劃[illegible]存在していた。

江戸封建体制における以上のような身分的秩序は、各個人の生活様式をも規制し、たとえば、文字の用法、用いる言葉なども身分の別によって同一ではなかった。

江戸封建体制を経済的側面からみれば、武士層の支配的地位は農民層に対する搾取、いいかえれば、農業生産に対する権力的収奪によって支えられていた。この関係を典型的に表現するものは、貢租であった。江戸封建体制下において「農」が庶民層の中で工・商に対して上位に格づけされていたのも、実はこのことと連関する。(1)

（1）「商」が最下位に格づけされたのは、「商」が生産活動に携らず、利潤追求に従事するという理由によるものであった。

江戸封建体制の観念的支柱は、儒教であった。儒教は父に対する子の服従を人倫の基本的関係とみて、君臣、夫婦、兄弟の関係をそれになぞらえて、それらの社会関係における上下尊卑を規定し、服従・奉仕の関係を根拠づけるものである。なお、江戸封建体制の上述のような社会構成は、儒教が理想としている中国周代の封建社会と若干の類似点をそなえていた。幕府が儒教をもって体制を支える観念形態としてこれを保護、奨励したのは、それ故に甚だ自然であった。そして、儒教的な思考様式は、被支配層たる庶民層の中へも拡大、浸透して生活感情化するにいたっていたのであった。

つぎに、江戸幕府下のわが国は、海外とどのような関係に立っていたか。将軍家康は切《キリ》支丹《シタン》宗門を厳禁し、宣教師を国外に放逐したが、しかし、西洋諸国との通商は許容する方針をとった。しかし、その後将軍家光の下で寛永一三年（一六三六年）にわが国人の海外渡航は一切禁止され、同一六年にはいわゆる鎖国令が布かれて、オランダ船および中国船に限り来航を許すことにし、且つその貿易は専ら長崎で行わせることにした。ついで、同一八年（一六四一年）にはオランダ人を出島に移し、爾来《じらい》オランダ人はこの小さな島に半ば囚人のように閉じこめられ、きびしい監視の下で貿易に従うことになった。さらに、文化一〇年（一八一三年）以後はオランダ船の渡来も一年一隻に制限された。また、清国人との貿易については、初めは長崎の町にわが国人と雑居して取引をすることを許されていたが、元禄二年（一六八九年）に長崎にいわゆる唐人《とうじん》屋敷を設け、彼らをここに集団的に居住させて取締ることにした。ついで、寛政三年（一七九一年）以後は清国船の渡来もまた一年一〇隻に制限された。[1]

（1）オランダ人および中国人に対して以上のような措置の加えられた大きな理由は、切支丹宗の流布を取締ることであった。

幕府は、鎖国によってわが国をこのように世界から隔絶した地位に置いたのである。そこで、もはや海外の世界のことは、小規模な貿易の営まれる長崎を通して僅かに点滴のようにわが国に伝えられるにとどまった。すなわち、出島の甲比丹《カピタン》（オランダ東印度会社日本商館長）はオランダ商館に伝えられて来る海外の出来事を記したいわゆる風説書《ふうせつがき》を折々幕府に差出した。それは甚だ断片的な内容のものであったが、海外についての幕府の知識はこの風説書にもとづくことが少くなかった。(1) また、オランダ船、清国船が長崎にもたらす僅かの商品、洋書、漢籍も海外に関する知識の源であった。なお、出島のオランダ人のために日本人通訳が置かれていたが、このオランダ通詞（通事）も海外についての知識をひとびとに伝える役割を荷った。

（1）　幕府は難破、その他の理由で西洋人が渡来した場合、江戸・小石川の切支丹屋敷に拘禁したが、これら西洋人に対する取調も幕府の海外知識の一つの源泉であった。わが国人で難船、漂流して西洋の土をふみ、送還されて来たものに対する審問も、また同様の意味をもった。

この江戸封建体制下のわが国は、いわば停滞の社会ということができる。幕府は体制の安定を維持する上から、あらゆる意味で変化を好まなかった。たとえば、天和三年の武家諸法度に「一、企二新規一……制禁之事」とあり、また享保年間の法度に「惣而《すべて》新規之儀器物之類一切仕出候事可レ為二無用一候」とあるように、およそ新しいことはできるだけ阻止しようとした。新儀停止《ちょうじ》の方針が、これである。その上に、幕府の鎖国方針は国内の商業資本の発展を著しく阻害したが、そのこともまた伝統的な体制の持続に結果的には大きく役だつことになった。(1)

(1) 安政三年に初代の日本駐劄総領事として下田に赴任して来たハリス(T. Harris)は、その日記の中に、日本ではすべてのことについて「静止しているものは動かすな」という格言が守られている、と記している(The Complete Journal of Townsend Harris, 1930, p. 363.)(邦訳、坂田精一、『ハリス日本滞在記』、三冊〔岩波文庫〕)が、それも彼の眼に映じた当時の日本社会の停滞性について述べたものにほかならない。杉亨二《こうじ》はその自伝の中で、元治元年(一八六四年)に彼が開成所の教授になった頃に世界史をひもどき、「フランス大顛覆の部」をよんで「人間社会の変動はケ様なものかと胆を潰した。人間社会に大時勢の流行があると云ふことを何と無く少しばかり悟つた」(『杉亨二自叙伝』、大正七年、四一頁)と述べている。元治元年という年はすでに幕末の動乱期にあたるが、この頃でもなお且つ以上のような感想が抱かれたということは、江戸封建社会の停滞性が人間社会の本質についてついに一種の固定観念をひとに抱かせるまでになっていたことを示すものであろう。

ところで、江戸中期以後に入るにつれて、以上のような封建体制の中には内部的矛盾が徐々に成長することになった。すなわち、商品経済の発展、商業資本・高利貸資本の著しい成長にともなって、支配層である武士層の経済的基礎は次第に不安定化することになった。元来江戸封建体制の下では、一般武士は主君とともにその城下町に住み、参覲交代の際には主君に随《したが》って江戸に滞在する機会をもった。そこで、商品経済が発達して都市を中心に商業資本主義文明が栄えるようになるにつれて、武士層の生活もいきおいその中に引入れられ、彼らの公私経済は膨脹し、農業生産に対する旧来の収奪関係に依存するのでは不十分になった。

そこで、幕府・諸侯はさまざまの対策を講じる必要に迫られることになった。その一つは、年貢の増徴、あるいは年貢の前納というような収奪関係の強化であった(1)。しかし、年貢は本来的にすでに相当に重かったから、収奪のこの強化には限界があり、この限界を越えた場合には百姓一揆を誘発することにもなった。また、新田開発によって貢租の増収をはかることも試みられた。さらに、家臣の俸禄の一部を借りることも往々行われた。このいわゆる御借上《おかりあげ》の場合に、借りられた俸禄は一般に返還されることがなかったので、それは俸禄の削減を意味したのである。そして、俸禄の借上をうける武士に経済的余裕の乏しい場合、この措置は封建的忠誠心に亀裂を生む場合も往々生じたのである。さらに、豪農・豪商に御用金を賦課し、あるいは彼らから借入を行うことも、しばしばなされた。このことについて、本多利明は『西域物語』(寛政一〇年〔一七九八年〕)の中で「外見には日本国中武家の所領なれども、其内実は商家の所領なり」とまで極言しているが、武士層は庶民層の中で最下位に格づけられて来た「商」に依存することにもなったのである。なお、若干の藩ではその国産品を購入して専売することが試みられたが、それは多くの場合専売収入によって藩財政を補強することがその重要な目的であった。商品経済の発達は、このようにして、江戸封建体制の経済的基礎を蝕《むしば》むことになった。それは、体制の危機を明かに予示するものであったといわねばならない。

（1）　商品経済は農村にもある程度ひろがった。そして、いわゆる商業的農業の成長もみられ、それにともなって農民層の分解も進行しだすことになった。武士層は貢租を確保する見地から、農村におけるこのような事態の進展を阻止しようと試みるのであるが、十分に実効を挙げることはできなかった。このことも体制の将来にとって容易ならぬ事態であった。

しかも、注目すべきことは、商品経済の発展が武士層の経済に及ぼした影響には、上級武士層と下級武士層とでその程度に著しい相違があった。すなわち、主君から知行地を与えられていた上級武士層の場合には、たとえば米価が騰貴した際には年貢米の売却によって収入を増加することができ、また年貢の増徴・前納、新田の開発などで増収をはかることもある程度可能であった。これに反して、主君の米蔵から米またはその代金を俸禄として支給されていた下級武士層の場合には、本来収入の少い上に増収の途に乏しいため、生活の不如意に甚だしく苦しむことになった。そのような彼らは内職（和歌・俳句・書道・碁などの指南。草花を栽培し、または金魚・小鳥などを飼育し、あるいは細工物をし、それらを売ることなど）をいとなんで生計の助けにし、時には武士株の売買さえも行う有様であった。

商品経済の発達にともなって生じて来る武士層の以上の経済的窮迫は、打つづく泰平と相まってとかく士風の頽廃を生むとともに、他面では窮乏に苦しむ下級武士層の間には現状不満の空気が次第に強まることになった。こうして、この点においてもまた、体制の危機が兆すことになったのである。

第二節　強いられた開国

江戸封建体制は商品経済の発展にともなってその基礎を蝕まれ、不安定化して行く中で、やがて外圧に直面することによってついに烈しくゆらぐことになった。

幕府が鎖国の制を固守して、わが国を海外からほとんど隔離した地位に置いている間に、世界の情勢は大きく変動しつつあった。一四九八年ヴァスコ・ダ・ガマ（Vasco da Gama）

が喜望岬(Cape of Good Hope)を迂回してインドに到着したとき、それは実にいわゆる「西力東漸《とうぜん》」の開幕を告げるものであった。その後、一六世紀以降西洋諸大国は中国との間に通商関係をひらこうと試みるようになり、一七五七年に広東が唯一の貿易港としてひらかれると、爾来そこには西洋諸国の商人が群れ集るようになった(1)。

(1) インドの歴史家K・M・パニカーはいう、「ヴァスコ・ダ・ガマのカリカット(Calicut)到着〔一四九八年〕に始まり一九四七年におけるイギリス軍のインド撤退・一九四九年におけるヨーロッパ諸国海軍の中国撤退をもって終る四五〇年は、歴史の劃然たる一時代をなすものである」。さまざまの変化や発展にもかかわらず、この「ダ・ガマ時代」は「その基本的な諸点で特異的な共通性をそなえている。それを約言すれば、アジアの土地に対する海上権の支配ということであろう。また、国際通商を基礎とせず主として農業生産と国内商業とを基礎とした経済生活を営んで来た(アジアの)諸社会に商業経済を強制したことであろう。第三には、海上の覇権を握るヨーロッパ諸国民がアジアの事態を支配したということであろう。それは、海上権の時代、海上支配を基礎とした権力の時代であったのである。今世紀の初めまで、すなわち、ヴァスコ・ダ・ガマの頃から四〇〇年の間、海上政策を決定できる海軍国は、大西洋以外に存在しなかったのである」(Panikkar, K. M., Asia and Western Dominance, new ed., 1959, p. 13.)。

西洋の多くの国々はこうして水路を通して中国に接近し、交渉をもつようになるわけであるが、これに対してロシアは陸つづきで東方にむかって絶えず領土を拡張し、すでに一六三九年にはオホック海に達し、一八世紀に入るとネルチンスク(Nerchinsk)、セレギンスク(Seleginsk)およびキャフタ(Kyakhta)で中国との間に貿易をいとなむようになった。しかし、これらの国境貿易は商品の運搬を隊商に頼らねばならない不便があるため、ロシアとしてはオホック海を南に下ったところに港を得て、中国との間に水路による連絡をひらくことを望んだ。このような港を手に入れることは、極東におけるその領土を防衛する上からもまたきわめて必要と考えたのであった。これらの事情の下に、元文年間(一七三六―四〇年)にはロシア探険船がわが国の近海に姿を現わすようになり、寛政四年(一七九二年)にはロシア使節ラックスマン(A. Laxman)が根室に来て通商を求め、文化元年(一八〇四年)にはロシア使節レザノフ(N. P. Rezanov)が長崎に来航して貿易をひらくことを要求するという事件も起った。ロシア人はその後樺太、千島にしばしば現われて、それらの地のわが国人との間に衝突も生じた。中国に及んだ「西力東漸」の大勢は、こうして、やがて北方におけるロシアの動きにもなり、鎖国の下に久しきにわたって保たれて来たわが国の静安をみだすようになった。

しかも、ついで文化五年(一八〇八年)には長崎でいわゆるフェートン(Phaeton)号事件が起り、(1) その機会にわが国側は西洋諸国の動きについて一段と不安の気持をふかめることになった。

(1) これは、イギリス軍艦フェートンがオランダ船を拿捕《だほ》する目的で長崎に入港し、その際わが国側に対して飲料水、食料の提供を威嚇的態度で強要したという事件である。イギリス軍艦の長崎入港は、実は当時行われていたナポレオン戦争が極東にひき起した一つの波動にほかならない。

さらに、文化・文政年間(一八〇四―二九年)には北太平洋で西洋諸国によって捕鯨業がさかんに行われるようになった。それにつれて、小さい捕鯨船の姿がわが国北部諸島の近海に折々みられるようになった。しかし、これらの捕鯨船は、わが国が鎖国制をとっているためわが国の港に入って薪水、食料を求めることはできず、また霧の多く航海危険な北日本の沿岸で難破した場合にもわが国側の保護をうけることはできなかった。(1) そのような関係から、諸国の軍艦でわが国に来て開国を求めるものが次第に生じるようになった。

(1) 外国船がわが国近海で難破した場合には、幕府はその船と積荷とを没収した上で、乗組員を監禁して長崎からオランダ船または清国船の便を待って国外に送り出すのを常とした。

その後、一八四〇―四二年（天保一一―一三年）に清国においては阿片戦争が行われた。それは実に清国が西洋の国家との間に交えた最初の戦争であったが、清国はこの戦争においてイギリスのためにみじめな敗北を喫した。ところで、清国はわが国では文化的先進国としてまた大国として伝統的に深い尊敬をうけて来たので、この敗北のことがわが国に伝わったとき、それは深刻な衝撃をわが国人に与え、西洋諸国の軍事力に対する警戒、恐怖の気持はこの機会に格段に強められることになった。

わが国の周辺がこうして次第に物騒しくなる中で、幕府は西力東漸の大勢をおぼろげに覚りながらも、これに対処すべき策を立てることには積極的でなかった。それだけに、海外の情勢について若干の知識を身につけていた蘭学者、その他当時の識者は、いわゆる海防の問題にしきりに心を痛めた。しかも、政治に関する論議は、由来幕府のきびしい取締の下に置かれて来たので、彼らの憂慮と焦燥とはまことに一方ではなかった。(1)

(1)　このような中で、たとえば本多利明、佐藤信淵《のぶひろ》、土生《はぶ》熊五郎などは、「西力東漸」への対策として対外膨脹の構想を抱いた。このいわゆる進取経略論は、アジアに勢力を拡大しつつある西洋諸大国に対する関係でわが国の独立を確保するには、わが国もまた膨脹によって「大国」となり、それによってわが国と西洋諸大国との間に勢力の均衡《バランス・オヴ・パワー》を創出しなければならないとするものである。この素朴、空想的とみえる構想も、しかし、実は「西力東漸」の中にあって彼らが駆り立てられた深刻かつ切実な民族的危機感からほとばしり出たものにほかならない。この民族的危機感は、その後の開国の過程において識者の間でさらに昂進することになり、そのような中で以上の構想はこれらのひとびとの間にうけつがれることになった。そのことについては後述するとおりである。

ところで、阿片戦争に敗れた中国はイギリスとの間に南京条約を結び(一八四二年〈天保一三年〉)、新たに広州、福州、廈門《アモイ》、寧波《ニンポー》、上海の五港をひらくことになり、それを機会に西洋諸国の対中国貿易は一段と活気を帯びるようになった。ついで、一八四八年〈嘉永元年〉にアメリカはメキシコとの戦争に勝利をえてカリフォーニア(California)地方を獲得したが、この地方のサン・フランシスコ港はアメリカの対中国貿易の要港になり得るものであった。ところで、当時の蒸気船は長途の航海に必要な石炭の全部を積込むことができず、途中で補給を行うことを要した。そこで、アメリカはそのような給炭地をハワイのほかに日本にももつことを強く望むようになった。なお、このサン・フランシスコは捕鯨船の良好な基地としても役だつことになったので、太平洋におけるアメリカ捕鯨業はこれがため一層活況を呈するようになった。そこで、その点からもまたアメリカは日本が鎖国の状態にあることをこれまでにもまして不便に感じるようになった。アメリカがペリー

(M. C. Perry)の率いる艦隊をわが国に派遣して開国を要求するにいたったのは、実に以上のような事情をその背景としたのである。

幕府はアメリカ艦隊のこの来航のことを前年に出島の甲比丹から知らされていたが、別段対策を立てようともせず、そのような中で、嘉永六年六月(一八五三年)ペリーの率いる四隻の「黒船」は浦賀に姿を現わし、その軍事力をしきりに誇示しつつ開国を迫ったのである。幕府はそこで全く当惑、狼狽したとともに、世上の人心もまた甚大な衝撃をうけた。『続々泰平年表』はその有様を「浦賀及其外諸所の陣より昼夜を分たず注進の汗馬并《ならびに》海陸の飛脚の往来櫛の歯を挽よりも忙敷《いそがしく》、江戸の大都は八十の巷に万の武器調度を持運び、市中古器商ふ店々は陣羽織小袴截付等を掛置く。下駄傘を鬻《ひさ》ぐ家は一時に簑笠を商ひ、又鍛冶を業とせるは家毎に甲冑を鍛ひ、此故に武器の価日を累《かさね》て百倍せり。且つ海辺に屋敷あるは老幼の婦人其所を立退、家財雑具を持運び、さしもに広き大江戸も錘を立べき所なく往還実に混雑せり(1)」と述べている。「泰平のねむりをさますじやうきせん、たつた四はいで夜も寝られず」という当時の俗謡もまた、世をあげての不安を物語るものである。

(1)　東京大学法学部研究室所蔵の写本による。

このような中で、幕府はアメリカ側と交渉を行ったすえ譲歩して、開国の要求を述べたアメリカ大統領フィルモア(M. Fillmore)の日本国皇帝宛書翰を浦賀で受理し、ペリーは翌年再び来航してこの書翰に対する回答をうける旨を告げて、艦隊は浦賀を去ったのである。

幕府は、こうして、今やアメリカの開国の要求に対して態度を決定しなければならない地位に置かれることになった。そこで、老中阿部正弘は在京の諸侯に登城を命じ、アメリカ大統領の書翰の和訳を示して、これについて率直な意見を申し出るよう伝えた。これまで幕府は国政を独断専行して、諸侯の考えを徴することは全く稀であったが、このとき長年のこの慣行と異なる措置をとるにいたったのである。幕府には当時、アメリカの開国要求を戦争に訴えてでも拒否する決意はなかった。しかも、この際に幕府の一存でアメリカの要求を容れて鎖国の長い伝統を放棄することは、国内に論議を誘発する惧《おそ》れがあると考え、そこで、諸侯に諮問して、諸侯多数の支持の下にアメリカの要求を容れ、局面を収拾しようとしたものと考えられる。(1) それにしても、幕府が諸侯の意見を徴したことは、事態を処理する自信を欠いていたことを示すものにほかならない。そして、これを先例として幕府は今後重大な政治上の案件についてしばしば諸侯に諮問するようになるが、これらも幕府の政治指導力の不足によるものであった。しかも、このような諮問が契機となって、政治に対する諸侯の発言権がやがてひろがり、ついには幕府の権威低下をもたらすことになるのである。

（1）諸侯からの当時の上申はさまざまであった。アメリカの要求を容れるよう建言したものも幾多あったが、拒絶すべしとの意見を述べたものも相当多数に上った。ただ、後者の中でも外交交渉によって開国を拒むことを主張したものがきわめて多く、戦争を賭してでも鎖国を固守すべきことを主張したものは少数であった。

幕府はまた、ペリー来航のことを京都所司代を通じて奏上し、ついでアメリカ大統領書翰の和訳を朝廷に差出した。すでに述べたように、幕府はこれまで長く大政御委任の建前にもとづいて、朝廷との関係においても国政をもっぱら自己の判断で処理して来た。ただ、わが国の周辺がようやく物騒しくなる中で、弘化三年（一八四六年）に朝廷は幕府に対して、海防を厳重にするよう御沙汰を発せられたが、これは朝廷が旧来の慣行を離れて政治に関してその意向を表明したものであった。しかも、幕府自身も同年外国船の動静について京都所司代を通じて奏上を行った。これらのあとをうけて、ペリー来航を機会に幕府は上述のような処置をとったのである。幕府長年の慣行は、こうして朝廷との関係においても崩れることになった。

さて、ペリーの艦隊が浦賀を退去した後、翌七月に入るとプチャチン（E. Putyatin）の率いる四隻のロシア軍艦が長崎に入港した。そして、幕府に対して日露間の北部国境の劃定について協議することを申入れるとともに、開国を要求したのである。ロシアは文化元年(一八〇四年)のレザノフの来航以後は、わが国との修交を熱心に要求する様子もみえなかった。しかし、一九世紀後半に入って英、米などの諸国が中国に対する動きを活潑化するにともない、ロシアもこれに刺戟され、これらの諸国に極東で対抗する上からも日本との間に早期に国交をひらいて、これら諸国が清国ですでにもつにいたったような地位を日本においてもまた獲得するのを防止しようと考えるようになった。そこで、アメリカが日本に艦隊を送り開国を要求する意向であることを伝えきいたロシアは、当時あたかもクリミア戦争の前夜で英仏との関係が険悪にむかっていたにもかかわらず、急遽プチャチンに艦隊を率いてクロンシュタット(Kronstadt)を出発させ、遠く日本に赴かせたのであった。しかし、結局ペリーの艦隊の方がわが国に先に到着することになったのである。

幕府はプチャチンに対して、開国の件は将来の問題としては考慮する旨を伝えたが、この答えを得たあと、プチャチンは長崎を出帆して去って行った。それは、ロシアの対英仏関係が当時いよいよ緊迫し、いつ戦争のひらかれるか測りがたい情勢になっていたため、極東水域での英仏海軍力の優勢を前にプチャチンとしてはわが国にこれ以上とどまり得ないと考えたためであった。そして、長崎を抜錨《ばつびょう》したその艦隊は北上してアムール河口に退避したのであった。

さて、米、露両国の艦隊の相つぐ来航は、わが国内の人心をいよいよ動揺させることになったが、そのようなところにペリーの艦隊の再来を迎えることになった。さきにわが国を去ったペリーの艦隊は、その後清国に赴き、長髪賊の乱の渦中にあった清国諸港におけるアメリカ人の保護にあたっていたが、ロシア艦隊が長崎に入港して開国を要求したことをきくと、ペリーは急ぎ日本に引返すことにし、プチャチンの艦隊が長崎を出帆した直後に七隻から編成された艦隊を率いて江戸湾に入り、小柴沖に碇を下した（嘉永七年一月（一八五四年））。そして、その後さらに二隻の軍艦が到着し、九隻のこの「黒船」を背景に、ペリーは前年申し入れた開国の要求を受諾するよう迫るにいたった。この有様を前に世上の空気は全く騒然たるものになった(1)。

（1）　福地源一郎（桜痴《おうち》）は当時の模様を次のように記している。「亜国軍艦は正月廿八日を以て浦賀を発し、本牧を越て神奈川湾に投錨……若も亜国軍艦が此上にも羽田の洲を廻りて品川に乗入る事もやあらん、談判一たび破れなば、江戸は彼等が大砲にて黒烟に成る事やらんと恐怖し、神奈川より江戸に至るまでの間に数多《あまた》の物見を配置し、注進櫛の歯を引が如し。既に将軍家の御城に於ては、唯今夷船ども江戸に向ひ候と注進あれば夫《それ》はと驚きて騒立て、唯今夷船ども浦賀の方に向ひ候との注進にて先づ安心と落付たること、毎日数回に及びたり。後に能々其の向背の変ぜる因由《いんゆ》を究めたれば、潮汐の差引と風の模様とにて軍艦が錨を投じたる儘《まま》にて其方向を左右し前後するを見て、斯《かく》は注進したるなりと云へり。此事今日より考ふれば、児戯に比しき諧謔に似たれども当時の事情にては実に左も有りしならん。以て上下一般に周章したるを推知すべきなり」(『幕府衰亡論』、明治二五年、五〇―一頁)。

当時のわが国においては、阿片戦争の及ぼした衝撃は未だ消えやらず、幕府内部においては西洋諸国の軍事力に対して烈しい恐怖が抱かれていた。そのところに、今アメリカの大艦隊を眼前にするにいたったのである。そこで、幕府は戦争を回避するためにはもはやアメリカの要求にある程度譲歩するほかはないと考え、交渉の結果ここに日米和親条約(神奈川条約)を結ぶことになった(嘉永七年三月〔一八五四年〕)。この条約は、薪水、食料、石炭、船中不足の品を供給するために下田、箱館(今日の函館)の二港をひらくこと、アメリカ船の難破した場合には乗組員、積荷を以上の二港のいずれかに廻送してアメリカ側に引渡し、乗組員を監禁するごときことはしないこと、アメリカ政府はその代表者を下田に駐在させ得ることを定めたものである。なお、この交渉の過程において幕府側が通商関係の設定に容易に同意しようとしなかったとき、アメリカとしては以上のような内容の条約を結ぶことで差あたり満足したのである。そのことは、アメリカの対日関心が第一義的には通商にはなくて、一つには前途多望にみえる対清貿易のためにまたなお一つには活況を呈しだしているアメリカ捕鯨業のために日本に便宜を提供させることにあったことをも示すものである。

わが国の開国の糸口は、このようにしてアメリカによってつくられた。そのことについては、「日本はインド洋から来る場合には中国よりも遠いところにあるが、太平洋を越えて来るアメリカにとっては清国よりも近いところにある」[1]こともまた考え合さねばならないであろう。しかし、そのようなアメリカの場合でも、以上のようにその大きな関心は清国との通商に注がれていた。アメリカばかりでなく、この前後の時期を通じて西洋諸国は清国市場の将来性に薔薇色の期待を強く抱いていた。それだけに、極東におけるこれら諸国の重圧はいきおい今後も清国に大きくかかりつづけることになった。わが国に対する西洋諸国の圧力は、こうして、わが国の地理的位置の故ばかりでなく、この点との連関でも規定されることになったのである。

（1）Hudson, G. F., The Far East in World Politics, rev. ed., 1939, pp. 23-4.

さて、アメリカとの間に一旦この条約を結んだとき、他の西洋諸国に対しても同様の条約を結ぶのを拒むことは困難である。こうして、同年の中にイギリス、ついでロシアとの間にも和親条約が締結された。なお、プチャチンがさきにわが国を去った後、やがてクリミア戦争の勃発となった。彼はその戦況をしばらく注視していたが、日米和親条約の結ばれたのをきくと、戦争下であり且つ極東水域には優勢なイギリス艦隊が遊弋《ゆうよく》しているにもかかわらず危険を冒してわが国に再び来航して、和親条約を結んだのであった。

因みに、ロシアとのこの条約においては下田、箱館のほかに長崎をもひらくことに定められた。日米、日英両和親条約には最恵国条款が設けられていたので、そこで長崎はアメリカ、イギリスに対してもまたひらかれることになった。また、日露和親条約締結の際に北部国境についても交渉が行われたが、千島列島については択捉《エトロフ》島と得撫《ウルップ》島との間を両国の国境とすることになり、その旨が同条約の中に規定された。しかし、樺太の帰属については商議がまとまらず、将来の懸案に残されることになった。

以上三国との間に和親条約が結ばれたあと、幕府は朝廷に条約文の写しを差出すとともに、これらの条約を結ぶにいたった事情をも奏上した。このとき、朝廷は幕府の措置に満足の旨を表明したのであった。

なお、翌安政二年にはオランダとの間にも和親条約が調印され、それとともにオランダ人は長年の屈辱的地位を脱して以上の西洋諸国と同等の処遇をうけることになった。

さて、安政三年(一八五六年)にアメリカ最初の駐日総領事としてハリス(T. Harris)が下田に着任したが、ハリスには日本との間にさらに進んで通商条約を締結する使命を与えられていた。そのような彼は、江戸に上り大統領ピアス(F. Pierce)の書翰を将軍に呈することを幕府に対してしきりに執拗に申し入れた。そこで、幕府はこの要求を拒みつづけるならばアメリカとの関係はいきおい紛糾して、重大事態に立ちいたることを惧れ、ついに譲歩し、翌年それは実現をみた。ところで、日米間の通商関係増進の希望を述べたこの大統領書翰を将軍家定に伝達した後、ハリスは引つづき江戸において幕府当局に対し通商条約の締結を熱心に要求してやまなかった。そして、彼は述べて、蒸気船の発達によって世界の情勢は今や一変した。やがて西洋諸国は強力な艦隊を日本に送り通商関係の樹立を要求するにいたるであろう。その暁には日本は屈服するか、戦争の惨害をこうむることになろう。またたとえ戦争にならないとしても、日本は西洋諸国の大艦隊の来航に絶えず脅かされることになろう。すでにイギリスおよびフランスは右の目的の下に日本に艦隊を派遣することを計画している。日本が西洋諸国の通商要求を結局は容認しなければならないとすれば、将来艦隊を眼前にしてそれをなすよりも、むしろ「ことさら一人で且つ一隻の軍艦さえもともなわずに江戸に来た」外交使節である自分(ハリス)との間の話合いによってなす方が、日本にとって有利であり、且つ幕府の国内的威信のためにもまた望ましいであろう、と説いた。そして、阿片戦争以来清国が西洋諸国との関係で大きな損失、打撃をこうむって来たことをも述べて、そのことについてもふかく考慮をめぐらすよう強く勧告した(1)。しかも、幕府側がその態度を容易に明かにしなかったとき、ついにハリスは日本側の態度は「全権委員が艦隊に援護され、議論の代りに砲弾を持出すのでなければ、いかなる談判も、行い得ないことを示したものである」といい、下田に引揚げる意向を告げて威嚇するにいたった。(2)

（1） The Complete Journal of Townsend Harris, p. 485.
（2） op. cit., p. 496.

ところが、これよりさき清国はアロウ(Arrow)号事件が原因で安政三年以来イギリスおよびフランスとの間に戦争を交えるにいたっていたが、ハリスがこの交渉を行っている当時しきりに敗北を重ねており、そのことは幕府当局にきわめて大きな衝撃を与えていた。そこで、幕府はハリスの以上のような強硬な説得の試みを前にして、彼の要求をあくまでも拒むならば、アメリカとの間についには戦争を誘発しその結果清国の覆轍《ふくてつ》をふむにいたることを甚だしく恐怖した。そして、結局譲歩して通商条約のための交渉をひらき、条約案をやがて議定する運びとなった(安政五年一月)。この通商条約案では、日米両国人に貿易の自由を認め、新たに神奈川、新潟、兵庫(今日の神戸)の諸港をひらき、アメリカ人が江戸、大坂に取引のため滞在することを許す旨が定められた。しかし、注目すべきことは、第一には、わが国はアメリカに対して片務的に治外法権を容認する旨が定められていた。

これはハリスの要求によるものであったが、当時幕府は別段ためらうこともなくそれに応じたのであった。(1) それは、国法は神聖なものであり、「夷狄」に対してはこれを適用しないという古来の伝統的思想のためであったともいわれている。(2) それにしても、条約案のこの規定はわが国として「法権の独立」を放棄することを意味するものであった。つぎに第二に、この条約案ではわが国の関税税率は輸出品に対してはすべて従価五パーセントと定め、輸入品に対しては原則的には従価二〇パーセントとし、商品によって若干の差等を設けることに定められていた。その結果、条約期間中はわが国はその関税税率を自由に変更しえず、しかも、アメリカ側の関税税率については何らの規定もなく、従って、片務的な協定税率制が採用されていたのである。すなわち、わが国は関税自主権をもたないことになっていた。日米通商条約案は、それ故に以上二つの点において不平等条約を意図したものであった。

（1） さきに結ばれた日露和親条約には治外法権の規定が設けられていたが、それは双務的なものであった。

（2） 田辺太一、『幕末外交談』、明治三一年、四五頁。

さて、以上のような条約案が議定されると、幕府は調印に先だって朝廷にその勅許を奏請することにした。幕府としては、鎖国の「祖法」をすてて完全な開国を行うについては、海外のことに暗くまた外交の責任の地位にない諸侯の間に異議の生じるのを予想し、勅許をうることによって国内人心の折合いをはかろうとしたのであった。それにしても、しかし、このことは当時の情勢との連関で幕府が諸侯に対する統制力に不足を感じつつあることを物語るものにほかならない。

幕府は勅許奏請のため老中堀田正睦《まさよし》を京都に遣わしたが、勅許は容易に与えられるものと当時予断していた。入洛した堀田は朝廷に対して彼の抱いていた開国和親論(1)の立場から極力説得に力め、勅許をえようとしたが、朝廷はこの奏請を聴許しようとせず、ついに、条約案は到底承認しえない、この件のためアメリカが事を起すごときことがあっても止むを得ない旨の御沙汰が発せられるにいたった。

(1) この前後を通じて、幕府首脳の間においては、その内心では鎖国を欲しながらも西洋諸国の軍事力に脅えて開国もまたやむをえないとする意見が支配的であった。そのような中で、堀田正睦は開国の必要を積極的に肯定する少数の一人であった。彼は当時朝廷に対して述べて、わが国は今や世界交通の要路にあたっており、従ってもしも鎖国の伝統を固守しようとすれば結局は世界の国々を敵として戦争を交えねばならなくなり、その場合には勝算もない。わが国としてはむしろ「他日宇内を統一する」抱負の下に世界諸国との間に修好、貿易の増進をはかり、彼の長をとり、国力を養い、武備をさかんにし、漸次「全地球中御威徳に服従する御国勢」を築き、世界の害をなす国あれば「同盟信義の国」を率いてこれを伐ち、「善良孤独の国」には援助を与え、ついには「世界万国の大盟主、大皇帝と仰がれ、我国の政教を奉じ我国の裁判を受くる」にいたらしむべきであると述べた(議奏・伝奏に提出した事情陳述書)。このような主張は朝廷を説得する方便として述べられたものではなく、彼自身の抱いていた見解の表明にほかならなかった。

このような中で、安政五年四月(一八五八年)彦根藩主井伊直弼《なおすけ》が大老に就任したが、その後まもなく、清国がイギリスおよびフランスに屈服して和を乞うにいたったこと、英仏両国の艦隊がこの勝利の勢に乗じてわが国に来航して通商条約の締結を迫るであろうということ、ロシア艦隊もつづいて到来する模様であることが、相ついで伝えられた。そこで、このような報道を利用して、ハリスは幕府に対して条約調印を烈しく督促し、日本としてはこの日米通商条約を成立させ、それによって、英仏艦隊が来航して通商について過当な要求を提出するのを予防すべきであると力説した。このような局面の中で、井伊直弼は躊躇の末についに安政五年六月(一八五八年)勅許を得ないままで条約調印を断行し、これを成立させたのである。

ついで、幕府は朝廷に対して、条約調印のことを報告して諒承を求め、その際釈明して、アメリカとの条約案をそのままにして英仏両国艦隊の来航を迎え、両国との間の戦争となり、その結果わが国が「清国の覆轍」をふむことになっては実に由々しいことであり、それを考慮してついにやむなく調印を行った旨を述べたのである。しかし、朝廷は幕府が一旦勅許を奏請しながらも、聴許をまたずして調印したことに対していたく激昂し、孝明天皇は一時は譲位の意向を表明される有様であった。

ところで、アメリカとの通商条約がこのようにして締結された直後に、かねて伝えられたようにロシア軍艦、イギリス・フランス両国の艦隊が相ついで来航し、幕府は同じ安政五年の中にこれら三国およびオランダとの間に日米間のそれに倣った通商条約を結ぶにいたった。以上の五ヶ国との間の通商条約は、俗に「安政条約」の名でよばれている。わが国の開国は、このようにしてついにここに完全に実現をみたのである。

さて、朝廷がさきに日米通商条約案に対する幕府の勅許奏請を拒否したのは、当時の朝廷が伝統と因襲との中に全く埋没していて海外の情勢に無知であったこと、(1)外交上の責任の地位になかったことなどに因ると同時に、条約勅許の問題が将軍後嗣問題と微妙に絡み合うにいたったことにもまた原因する。すなわち、時の将軍家定には子なく、そこで何びとを将軍の後嗣とすべきかについて、紀伊藩主徳川慶福《よしとみ》を推す紀州派と水戸藩の徳川斉昭《なりあき》の子である一橋慶喜を擁立しようとする一橋派との対立が生じ、しかも、この両派は朝廷を動かすことによって事態を自派に有利にしようとして策動するにいたっていた。そこで、次第に対外問題に関心を寄せるようになっていた朝廷は、この将軍後嗣問題をめぐってもまた現実の政治とかかわりをもつことになったのである。しかも、朝廷の意向が次第に一橋派の側に傾いて行く中で、幕府首脳はやがて慶福を後嗣に内定するようになり、そして、紀州派の中で重きをなして来た井伊直弼が大老に就任するとともに、紀州派は幕府内で地歩を全く固めることになった。このように、将軍後嗣問題をめぐって朝幕の意向が大きくひらいた中で、条約勅許の奏請がなされたのである。そこで後嗣の問題と勅許の問題とはおのずから関連して局面はきわめて微妙になり、勅許は容易に与えられず、そのような中で幕府による条約調印が断行された次第である。

(1)　慶応四年(明治元年)に尾崎三良《さぶろう》が三条実美《さねとみ》の嗣子をともなって洋行する際に、その許可を朝廷に願い出たが、そのときのことを尾崎は自伝で回想して、「朝廷では洋行の何物なるやしらぬ。洋行とは欧羅巴へ行くのだと説明すると、夫れでは唐、天竺より遠いかと云ふから、唐より四、五倍、天竺より二倍程遠いと云ふと、皆仰天して只あきれて何も得云はぬ状況なりし」と記している(『尾崎三良自叙略伝』、大正五年、一一六頁)。いわゆる明治新政府が成立した慶応四年の頃でもなお、朝廷が海外のことにいかにうとかったかがこの挿話にも示されている。

そして、朝廷が幕府のこの無断調印に激昂する有様になると、一橋派はこの機会をとらえて朝廷の支持の下に後嗣問題に関する幕府の内決を覆して自派の主張を実現しようとしてしきりに策謀することになった。けれども他方、幕府は慶福（やがて家茂《いえもち》と改名）を将軍後嗣とする旨を発表し（安政五年六月）、ついで八月に家定が歿すると家茂が徳川本家を相続することになった。しかし、家茂の将軍家相続には将軍宣下の御沙汰を必要とするので、一橋派はなお慶喜擁立の希望をすてず、引つづき朝廷への働きかけをかさねた。このような推移の中で、幕府は条約案に対してさきに勅許の発せられなかったのは、将軍後嗣問題に関する幕府の意向に承服しない一橋派が朝廷に工作したのに因ること大であると考えるようになった。

幕府は安政五年九月に老中間部《まなべ》詮勝《あきかつ》を京都に遣わし、条約調印の止むをえなかった事情について改めて陳弁して、朝廷の諒解をえようと試みたが、その際に間部は奏上して、幕府とても本来は西洋諸国との貿易を好むものではない。しかし、現在の武備の状態で西洋諸国との間に戦争を交えればわが国の敗北は必至である。従って、当面の策としては彼らの要求を狭い範囲において容認し、将来武備の充実をまって鎖国の旧制に引戻す所存である。それ故に朝廷においてもしばらく猶予されたい、と述べた。間部は堀田正睦が曽つて述べたところとは正反対の論旨の下に通商条約に関して朝廷の諒承を求めたのである。間部のこの弁明は、朝廷を宥和する便宜上なされたものではなく、それは、この前後を通じての幕府首脳多数の意向をそのままに表明したものといってよい。

ところで、間部は一方ではこのように朝廷の諒解をえようと試みるとともに、さきに勅許の与えられなかったのは一橋派の朝廷入説と関連するとみて、京都で慶喜擁立の運動に関係したものをつぎつぎに逮捕し、宮・公家の家臣で捕えられるもの実に多数に上る有様になった。このような凄じい弾圧政策は、朝廷を全く脅えさせた。そして、家茂に対して将軍宣下の御沙汰が発せられ、また条約調印の件については将来「鎖国之良法」に引戻す意向であるとの奏上を諒として「氷解」する旨の勅答書が伝達されるにいたった。しかし、井伊直弼はその後も朝廷、幕府内部、民間にわたって一橋派とみられるものを続々逮捕、投獄させ、一橋派の勢力一掃を試みたのである。峻烈をきわめたこの抑圧は、「安政の大獄」の名でよばれる。大老井伊直弼のこの強圧方針は、万延元年三月(一八六〇年)にその反動として桜田門の変を誘発し、旧水戸藩士の手によって彼は雪の街頭に暗殺された。(1)

(1)　この事件は水戸、薩摩両藩の有志によって画策されたもので、元来の計画では井伊を倒した後に両藩が朝廷を擁して幕府に臨み、攘夷鎖国を実現することがその目的であった。しかし、結局事は井伊暗殺以上には進みえずに終った。

この桜田門の変後、井伊に代って幕府の中心となった老中安藤信正は、一橋派に対する迫害をゆるめて局面の緩和をはかるとともに、井伊の遺策をついで皇妹和宮親子《かずのみやちかこ》内親王の将軍家茂への降嫁を実現して、それによって朝幕関係の調整をはかり、いわゆる公武合体の実を挙げて幕府支配の基礎を立直そうと考えた。そこで、幕府は朝廷に対して降嫁の勅許を熱心に奏請することになり、その際にもまた幕府は武備の整うのを待って朝旨のごとくわが国を鎖国の昔に引戻す所存である旨を述べた。そして、攘夷実現のためには公武合体によって国内人心の一致をつくりだすことが必要であり、その見地からもまた降嫁の望ましいことを力説し、今より七、八年乃至《ないし》十年の中には是非とも外交手段または武力行使によって攘夷鎖国の実を挙げる旨をも奏上するにいたったのである。孝明天皇には初めは容易に降嫁を許そうとされなかったが、万延元年一〇月にいたり幕府の以上の奏上を諒として聴許の御沙汰をついに発せられ、文久二年二月(一八六二年)に降嫁は実現をみた。

第三節　尊攘運動の奔騰

わが国が以上のようにして開国の過程を辿る間に、国内には攘夷論が擡頭するようになり、安政条約が結ばれ、桜田門の変の勃発する中でそれは急激に高揚して、尊王攘夷運動（尊攘運動）の展開をみることになった。そして、福地源一郎が万延元年夏頃（一八六〇年）の攘夷論について、「京都も江戸も攘夷熱の流行にて、苟《いやしく》も攘夷と云はざれば武士の風下にも置かれざるが如くに認められたるを以つて、心事の如何を問はず諸大名も亦《また》幕府に向つて攘夷を建白するもあり[1]」と記しているごとき有様を呈するにいたった。

（1）　福地、『幕府衰亡論』、一三六頁。

こうして、ここにおのずから開国和親論と攘夷鎖国論との烈しい対立が現出することになったが、この両論ともにそれを唱えるひとびとの動機、論旨は必ずしも同じではなく、またその対立も決して単純なものではなかったのである。

先ず開国和親論であるが、それは決して今日理解される意味での国際主義《インタナショナリズム》を内容としたものではない。国際主義は、主権国家を平等な構成単位とした国際社会を前提とし、それら国家間に友好的な提携・協力の関係を設定しようとするものである。しかし、過去久しきにわたり鎖国制の維持されて来た当時のわが国においては、そのような国際主義思想は存在していなかった。そのことは、別段怪しむべきことではないであろう。当時の開国論者は西洋諸国を賤しむべき「夷狄」とみていたのであり、その点では攘夷論者と異なるところはなかった。ただ、彼らの多くは、鎖国の方針を固守することは西洋諸国との戦争を予想しなければならず、しかも、これら諸国の擁する巨大な軍事力を考えた場合戦争はわが国をいかなる不幸に陥れるか予測しがたいとし、清国の覆轍をふまないためには西洋諸国の要求を容れて開国する以外に他に途はないとしたのであった。従って、彼らの場合、開国は「止むを得ぬ悪《ネセサリ・イーヴル》」であり、武備充実の暁には攘夷鎖国を実現することが、彼らの内心の願望であったのである。その点でも、実は攘夷論者と相通ずる。すなわち、彼らは西洋諸国の軍事力に対する烈しい警戒・恐怖に駆られて当面開国を唱えたのである。その故に、敗北主義的心理に左右されたものとして非難をこうむることになった。わが国を開国へと導いた幕府当局の多数は、実にこの種の開国論者であったのである。

開国論者の中には、しかし、これとは異なって、わが国は世界に対して国をひらき、列国と対抗しつつその富強をはかり、ついには「夷狄」を圧倒する国家へと発展すべきであるとして、そのような見地から開国を積極的に肯定するひとびともあった。いわゆる航海遠略論者がこれである[1]。前に述べた種類の開国論者が西洋諸国の重圧に対して全く受動的対応の態度をとったのに対して、この航海遠略論者の場合にはその主張の中に外圧に対する烈しい民族的反撥感がこめられていたのであり、このことは十分に注意されなければならない。

（1）　この航海遠略論は、前に述べた開国前の進取経略論と方向を同じくするものといってよい。前に述べた老中堀田正睦のごとき、また日米通商条約締結に参画した岩瀬肥後守忠震《ただなり》のごとき、橋本左内（景岳）のごとき、この種の開国論を抱いた代表的なひとびとである。

つぎに攘夷鎖国論であるが、多数の攘夷論者に共通する点は、西洋諸国の軍事力への烈しい警戒・恐怖に根ざした幕府の開国方針に対する憤激であった。武士層は由来西洋諸国を禽獣にひとしい国と教えられて来たのであり、またおよそ敵に対する屈服をもってこの上ない恥辱と信じて来た。それ故に、西洋諸国の軍事力に威圧されて国を開くことは到底忍びえない無上の屈辱と考えたのである。そして、一般武士層は海外の情勢について知識乏しく且つ外交上責任の地位にいなかっただけに、彼らの屈辱感は奔放な烈しさを帯びることになった。こうして、激越な攘夷論が一般武士層の間においておのずから多くの支持者をもつことになったのである（1）。

（1）　元治元年六月に長州藩士が朝廷・幕府および諸藩に送った書面に、「先年来御必勝の御成算は被レ為レ在間敷候得共、大義の在る所に在して聖断被レ為レ在候御事に付、戦争の勝敗に御頓着は有レ之間敷、元来国家の栄辱は勝敗にあらず、国体の立と不レ立とに可レ有レ之候」（圏点著者)とあるが、このような突きつめた狂信的《ファナティク》な心情は多数の攘夷論者に共通するものであった。

ところで、開国論者の場合と同じく、攘夷論者の論旨も一様ではなかった。彼らの中には、西洋諸国を「夷狄禽獣」として侮蔑し、これら諸国との間に国交を進めることを非とする単純な主張をなすものも甚だ多かった。しかしまた、攘夷論者として一括されているものの中には、「一旦攘夷、後開国」を唱えるひとびとがあった。彼らは西洋諸国の威圧にひたすら押されその要求のままに開国にむかうならば、それはいやしくも独立の国家として当然具《そな》うべき主体的意志を放棄したものであり、国家の名誉を傷け、また西洋諸国の侮りを招き、ひいて将来における民族の独立を危くするものである。従って、わが国としては一旦は攘夷の方針をとり、西洋諸国の開国の要求をしりぞけ、その上で改めて自主的に開国すべきである。そうすることによって初めて国家としての存立を将来にわたって確保できる、となしたのである。(1)(2) このような構想の実現可能性はしばらく別として、彼らは当面の方策として攘夷を唱えたものであり、その窮極の意図は開国にあった。その意味では、彼らは開国論者であった。たとえば、当時世上から攘夷派の頭目のごとくみられた徳川斉昭(水戸藩)をはじめ、いわゆる長州藩激派に属する吉田松陰、高杉晋作、久坂玄瑞《くさかげんずい》など、いずれもこの「一旦攘夷、後開国」の説を抱いていたのであった。しかも、この種の論者の間においては航海遠略論が有力であったことも、注目に価する。

（1）　吉田松陰は安政元年に、下田に碇泊中のアメリカ軍艦に投じて外遊し海外の形勢を探ろうと企て、事ならず捕えられて獄に投ぜられた。彼は獄中で綴った『幽囚録』の中で、わが国をめぐる国際情勢を述べ、このまま茫然手を拱《こまね》いていては国は危いとし、「今急修㆓武備㆒、艦略具、礮《ほう》略足、則宜㆘開㆓墾蝦夷㆒、封㆓建諸侯㆒、乗㆑間奪㆓加摸察加《カムチャツカ》・隩都加《オホーツク》㆒、諭㆓琉球㆒、朝覲会同、比㆓内諸侯㆒、責㆓朝鮮㆒、納㆑質奉㆑貢、如㆓古盛時㆒、北割㆓満洲之地㆒、南収㆓台湾呂宋《ルソン》諸島㆒、漸示㆗進取之勢㆖。然後愛㆑民養㆑士、慎守㆓辺圉《へんぎょ》㆒、則可㆑謂㆓善保㆒㆑国矣。不㆑然坐㆓于群夷争聚之中㆒、無㆓能挙㆑足揺㆑手、而国不㆑替者、其幾与」（『吉田松陰全集』、第一巻、昭和一一年、五九六頁）といい、外国との交際は絶対に排斥すべきものではない、「通㆑信通㆑市、自㆑古有㆑之、固非㆓国之秕政㆒。但当今之勢、有㆘不㆑得㆑不㆔力破㆓其説㆒者㆖。古之建㆑国者、不㆔徒為㆓退守㆒、又有㆓進攻㆒、……今則異㆓于是㆒、外夷悍然《かんぜん》来逼、赫然《かくぜん》作㆑威、吾則俛㆑首屏㆑気、通㆑信通㆑市、唯其所㆑求、而無㆓敢之違㆒、……夫水之流也自流也、樹之立也自立也、国之存也自存也、豈《あに》有㆑待㆓于外㆒哉。無㆑待㆓于外㆒、豈有㆑制㆓于外㆒哉、無㆑制㆓于外㆒、故能制㆑外」（前掲書、五九七頁）と主張したのである。

（2）　前註からも推測できるように、アメリカの高圧的な開国要求を事勿《ことなか》れ主義的態度、敗北主義的心理に駆られて受諾することを吉田松陰は断乎排斥したのである。嘉永七年一月ペリーの艦隊が江戸湾に再来した当時、彼は父に宛てた書翰の中に記して、「十四日已来異船一条にて東奔西走仕候へども□□難レ奏、天下の□□□□今日に窮まり申候。去二江戸一□十二里金沢沖に居然□□夷船七隻碇を並べ居り候状態実に不レ堪二切歯一且日を逐ひて猖獗《しょうけつ》の形を顕はし、測量上陸言語同断の趣に御座候。穏便穏便之声満二天下一、人心土崩瓦解、皆々太平を楽み居る中にも有志之輩は相対して悲泣する耳に御座候」（圏点著者）（『吉田松陰全集』、第五巻、昭和一〇年、二〇一頁所収）となしている。そして、そのような彼は、同年三月三日に日米和親条約が調印された日のことをその『回顧録』の中に次のように記している、「三月三日、……是より先亜美理駕《アメリカ》船金川（神奈川）に泊すること日久し。林以下の官員度々の応接畢《おわ》り、此節に至ては和友通市の議も已に決したるの聞へ専なれば、今や此地に留《とど》るも力を致すべき所なし。疾々《とうとう》夷国へ渡り其情実を探知せんには如《しか》じと渋木松太郎と約せしが、未だ他の同志へは告ず。是日浴沂《よくき》の昔を思出し、向嶋・白髭・梅稈《うめわか》のわたりへ遊ばゞやと、同友群をなして、寓居せし鳥山（新三郎）が宅へ訪来るにぞ、夫は一段の事と打出でぬ。白馬碧桜、青紛紅娥、大平の光景目に余りたることにて楽極て哀を生ず。一つには尸《しかばね》を海外に没せば、再び華の江戸の此光景を又もや見んことも覚束なきを哀しみ、一つには夷船は近く金川に泊するに、少年幼婦は国家の大患たることをも知らで、楽しげに花に迷ふ蝶と共に飛び、柳に嬌《こ》ぶる鶯と共に歌ふことこそ浅猿《まし》けれと哀しみけれど、少しも顔色声音には是をも出さで、夜に入てぞ帰りける」（圏点著者）（同全集、第七巻、昭和一〇年、三八五頁）。

攘夷論者の中にはさらに、世上から卑怯未練とみられるのを恐れて攘夷を叫ぶものもあった。この種のひとびとをしばらく別としても、富裕な西洋諸国との間の貿易はわが国に重大な損害をもたらすと考え、あるいはまた、強大な軍事力を擁する西洋諸国との間の国交はわが国が併呑される糸口をつくるものであるとなして、攘夷鎖国を唱えるものもあった。これらの攘夷論者の場合には、西洋諸国に対する烈しい警戒・恐怖がその主張の根柢にあった点では、上に述べた一部の開国論者と同一であったのである。(1)

（1）その点で、田辺太一が「これを軍陣に譬《たと》ふるに、鎖攘家は敵の勝つべからざるを知りて逃れんとするものの如く、開国家は直ちにこれに降る者なり。両《ふたつ》ながら斬以て鼓《つづみ》に釁《きん》せざれば、以て軍心を壮《さかん》にすべきなし。噫斯《ああこの》心あつて、はじめて以つて外交を論ずべし。而して世また幾人あらんや」（送り仮名訂正、以下の引用文の場合も同じ）と述べている（『幕末外交談』、一〇九頁）のは、正当である。

以上で明かなように、開国の過程において現出した開国和親論・攘夷鎖国論の烈しい対立は、この両論の内容に即して考えるならば、双方に共通した面もしばしば見出されるのであり、従って、この対立をいう場合には、とるべき当面の政策に関する対立と解した場合にのみその意味をもつ。(1)

（1）開国論、攘夷論の対立については、次のようにもいいうるであろう。開国論は当時の国際状況の下で民族の独立を保持する上からは政策的合目的性を具えており、その意味でそれは民族の存立に必要なロゴスの要請に合致するものであった。これに対して、攘夷論は本文で終りに挙げた種類のそれを別とすれば、外圧に対する烈しい民族的反撥感に根ざしたものであった。その点で、民族がその独立を保持する上でもつべき民族のパトスを具えていたといってよい。そして、航海遠略論に立った開国論の場合には、民族のこのロゴスとパトスとがともかくも、結合していたということができる。

つぎに、攘夷論は尊王論と結びついて、いわゆる尊王攘夷論(尊攘論)を生み出すことにもなった。しかも、この尊攘論は個々的に唱えられただけではなく、尊攘運動という巨大な政治運動へと発展し、幕府支配の基礎をついに大きく動揺させることになるのであり、その点で歴史的に重要な意味をもつ。そこで、攘夷論と尊王論との結合についてであるが、尊王論は本来神国思想を根柢とする。天孫降臨の説話に立脚したこの神国思想は古くからとくに国学者、一部の儒学者の間において抱かれて来た。そして、それは中国との対比においてわが国の存在を価値づけるものとして唱えられたのであった。前に述べたように、中国はきわめて古くからわが国人によって文化的先進国としてまた大国として畏敬されて来たが、それればかりでなく、とくに儒学者の間では、孔孟を尊ぶ余り中華思想をそのままに受け入れて、わが国を中国の周辺に位置する夷狄の国として卑下する考えがひろく抱かれた。これに対して、国学者、一部儒学者は神国思想に立って反撥したのであった。この意味で、神国思想は萌芽期のわが民族意識の支柱として開国以前にすでに重要な役割をもったのであった。(1)

(1)　文化八年(一八一一年)にわが国に渡来したロシア人ゴロウニン(V. M. Golovnin)は、日本におけるその監禁生活中の見聞をまとめて『一八一一・一八一二・一八一三年の日本における余の拘禁の記録』(Memoirs of a Captivity in Japan during the Years 1811, 1812 and 1813, 2. ed., 1824.)(邦訳、井上満、『日本幽囚記』、三冊〔岩波文庫〕)を著わしたが、その中で彼は述べて、日本の歴史家は神武天皇以前のことについていろいろと記述している。しかし、「日本人有識者たちはこれを何ら信を措くに足りない昔話だと認めている」。通詞貞助は語って云った、「この種の伝説(神武天皇以前の出来事といわれているものを指す—著者)は笑止で、信じられぬものであるが、しかし、国民がそれらを信じているのを攪乱してはならない、というのは、国民が信じていることは国家にとって有用であり得るからである。それらの伝説の故に、国民は他のすべての国民よりも自分たちをすぐれていると考え、他国の習慣、また総じて他国のあらゆるものを軽蔑するようになるのである。そして、日本人が高価な経験を通して学んだことは、何か外国のものをとり入れたり、外国人に国内干渉をさせたりすると、常にそれらは不幸を随伴するということである。さらに、国民に何にもましてその国を愛させるこの偏見こそ、彼らを祖国に結びつけ、祖国よりも外国を選ばせたりしないのである」(op. cit., vol. III, pp. 11-2.)。通詞のこの言葉は上代史の神話性を承認しつつ、しかも、民族の独立にとっての神話《ミトス》の政治的効用性を述べた意味でも興味深い。

しかも、なお注意すべきことは、神国思想を基底とする尊王論は、天皇の神格性とそのような天皇に対する国民的尊崇とを主張することにより、江戸封建体制における服従の体系とは別個の異なる価値対象を指摘するものであり、その点で江戸封建体制を動揺に導く観念的契機を潜在的に内包していたものということができる。

ところで、幕末西洋諸大国が軍事力の示威を行いつつ開国を要求し、それに触発されてわが国内に民族的反撥感が烈しく高揚するにともない、神国思想はここに活力を与えられることになった。しかも、開国論・攘夷論の鋭く対立する中で朝廷が幕府に対して攘夷鎖国を要望する立場を堅持したことは、尊王論と攘夷論との結合を推進することになった。それのみならず、尊攘運動が朝廷を擁して渦巻く形勢を生み出す契機となったのである。

さて、尊攘論、尊攘運動においてはこのような攘夷鎖国の朝旨が援用され、幕府の開国方針に論難が加えられることになったが、その場合幕府の対外政策は敗北主義的心理に根ざしたものとして烈しく攻撃された。ところで、このような批判は国家権力の担い手としての幕府への不信感を内包していたのである。また、尊攘派が朝旨尊重を唱えたことは、朝廷こそわが国の本来の支配者たるべきであるという主張への発展可能性を孕んでいたといえる。それらの点を考えるならば、幕府に対する彼ら尊攘派の不信感が増大した場合には彼らの尊攘論が尊王倒幕論へと転化することは、十分可能であったといわねばならない。

つぎに、この尊攘運動は下級武士層を重要な担い手とした運動として発展することになった。このことは、きわめて注目すべきことである。そもそも開国以後の貿易の進展は、わが国内に物価騰貴をひき起し(1)、商業資本の発展にともなってすでに生じていた幕府・諸侯・一般武士層の経済的逼迫を一段と昂進させることになった。しかも、前に述べたところから推察できるように、その場合に下級武士層のこうむった打撃はとくに甚だしいものがあった。そこで、尊攘論者の主張、すなわち、「夷狄」は貿易を通じて無用の奢侈品を売り、有用の財貨を持ち去り、わが国を疲弊に導くという主張は、ひとびとの間に、とりわけ下級武士層の間に強い共鳴をよび起すことになったのである。尊攘運動は、このようにして、外圧によって触発された民族的反撥感に根ざし、また他面このように物価騰貴を背景にもつことによって、その運動に幅広さをもつことになった。

(1)　西洋諸国は生糸、茶、蚕卵紙、銅などの大量買付を行ったが、その他の商品でも在来は国内の需要に対して生産されていたものの一部が輸出されるようになり、これらの直接・間接の結果として一般的な物価騰貴が現出することになった。

なお注意すべきことは、攘夷論にせよ尊王論にせよそれらは主として武士層の間に抱かれた思想にとどまった。尊王論と庶民層との関係については後にゆずることにし、攘夷思想もまた幕末にいたるまで庶民層の間にはさして浸潤するにいたらなかった。庶民層の意識水準は種々の意味で低く、彼らは西洋人に対して嫌悪あるいは侮蔑の気持を抱くよりも、むしろ好奇心をもって接し、素朴な人間的親愛感を示した場合が甚だ多い。そのような事例は、西洋側の記録の中に実に数多く見出すことができる。

なお、上に述べたように、開国論と尊攘論との鋭い対立の背後には外圧に対する烈しい民族的反撥感が脈うっていた。海外の情勢が次第に物騒しくなりだしていた天保一一年(一八四〇年)に佐久間《さくま》象山《しょうざん》は藩主への上書の中において、外寇は事態によっては皇統の安危にもかかわるものであり、「ひとり徳川家の御栄辱にのみ係はり候儀には御座なく候。神州閫国《こうこく》の休戚を共に仕候事に候へば、生をこの国に受け候ものは貴賤尊卑を限らず如何やうとも憂念仕るべき義と存じ奉り候」(圏点著者)と述べた。[1] この言葉がよく示唆するように、西洋諸大国の重圧に対する民族的反撥感はひとびとの関心をおのずから国の運命にむけさせることになり、国全体の立場において事を考えることを促進した。江戸幕府の下で長年にわたって守られて来た自藩をとかく至上・絶対とする封建的な考え方の修正される契機がこうして生れることになったのは、注目に価する。

（1）なお、嘉永六年六月の小普請組井上三郎右衛門の上書は「平常之節は御旗本と陪臣とは懸隔致居候得共、外寇え対し候節は何れも皇国の人種にて、銘々君命を請、公辺の御為に討死仕候心底は、素より御直参、陪臣の隔無之御事に候得ば……」と述べ、また「此度の一条は皇国惣体へ拘り候一大事に候得ば、国々諸大名は勿論、上下の差別なく陪臣浪人にても良策を申上候はゞ御取用有レ之候様相成候はば、惣体之人気も引立可レ申哉に御座候」（圏点著者）となしている。

さて、尊攘運動が以上のようにして高揚して来る中で、当初は徳川斉昭が尊攘派の間でその頭目に仰がれる観を呈したが、万延元年八月に彼が歿してのちは、尊攘派は攘夷鎖国の立場を幕府に対しあくまで堅持する朝廷に次第に期待を集中させるようになった。そして、諸藩の尊攘派は入洛して公卿有志との連絡をはかり、こうして京都は攘夷運動の大きな中心になるのである。

ところで、尊攘運動の進展は幕府を次第に困難な事態へと当面させることになった。幕府をとくに甚だしく苦しめたのは尊攘派による西洋人襲撃事件であった。安政六年七月

（一八五九年）横浜でロシア士官が殺傷された事件を最初として、万延元年（一八六〇年）のアメリカ公使館通訳官ヒュスケン（C. J. Heusken）暗殺事件、同年の再度にわたるイギリス仮公使館東禅寺襲撃事件、文久二年（一八六二年）生麦におけるイギリス人殺傷事件（生麦事件）は、この種の事件の代表的なものである。このような西洋人襲撃事件は、つねに当然に外交問題となり、その処理について幕府はしばしば甚だしい窮境に立たされた。老中安藤信正が「寧ろ老中を殺し将軍家を弑して内乱を醸すとも、外国人を殺害して外難を買うことを止めよ」と痛歎したと伝えられているが、この挿話もその点を物語るものである。

さらに、文久二年一月に安藤信正は幕府の開国方針を痛憤する水戸、宇都宮両藩の尊攘派有志の襲撃をこうむって負傷するという事件（坂下門の変）が起ったが、この前後にわたり尊攘派は幕府の役人を脅迫、襲撃するほか、貿易に関係ある商人の家を襲い、あるいは「夷狄の学」を修める洋学者を恐喝するなど、その奔放なテロリズムは世上の人心をしきりに聳動《しょうどう》させたのである。(1) このような中で、幕府は朝廷に対して将来鎖国に引戻すことを約束しまた幕府首脳の多くも内心それを願っている状態であったので、開国論を抱くひとびとはひたすら沈黙して身をひそめ、難を避けようとする有様であった。

(1) 勝安房《かつあわ》は文久元年、同二年頃の攘夷運動について次のように回顧している。「井伊大老、安藤閣老遭難より邦内の士太夫大に激昂し、切歯扼腕何れの侯伯を不レ論自から脱藩浮浪となり、或は其国の大夫を暗殺し潜伏脱走する者、或は慷慨家又撃剣者流且浮浪の輩時を得たりとし、京師並江戸に徘徊する者其大数四五千を下らず、幕士も又此風を是とし攘夷暗殺を試みむとなす輩五六百名、此輩内外相応其勢力を逞しうす。此党私約、賢愚を不ㇾ論、一名の外国人を殺す者は其私会に上席し衆士に尊敬せらる。其次は官吏、其次は洋品商等、皆目するに売国の奸倶《とも》に世上に不ㇾ可ㇾ立の徒とし、一の聞く処あれば暗殺を試む。壮士の気焔如ㇾ斯」(『鶏肋』、明治三〇年、一二一―三頁)。

このように渦巻き奔騰する尊王攘夷の運動は、幕府をついに大きく圧するにいたった。安政条約では一八五九年(安政六年)に神奈川、長崎、箱館の三港を、一八六〇年(万延元年)には新潟港を、一八六二年一月(文久元年一二月)には江戸を貿易のために開放し、一八六三年一月(文久二年一二月)には兵庫港をひらき且つ大坂を貿易のためにひらくことに定められていた。しかし、その後幕府は西洋諸国と交渉して、神奈川に代えて横浜をひらくことにした。それは、神奈川が東海道の宿駅であり、人馬雑沓の場所であるため尊攘派がこの混雑を利用して西洋人を襲撃する惧れが大きいと考えたのによる。また、横浜、長崎、箱館の三港は条約所定の期限にひらかれたものの、その後尊攘運動の激化する中で、幕府は、江戸、大坂、新潟、兵庫の両都両港を条約所定の期限にひらくことは人心をいよいよ刺激して事態を一段と険悪に導くと考え、文久元年一二月(一八六二年)に使節をヨーロッパに派遣し、以上のような国内情勢を説明してこの開市開港を条約所定の期限より五年間延期するよう懇請して、諒解をえた。

このようにして、幕府が尊攘運動に圧せられて、これを十分制御しえない有様になって来たとき、西洋諸国の側では日本が安政条約によって約束された開国の道程から今後逆転を企てることを甚だしく危惧するようになった。現に文久元年にハリスは本国政府に報告して、イギリス、フランスの官吏や士官たちの間では万延元年春以来日本との戦争の不可避、西洋諸国による日本分割の必至を口にするものがあると記したのである。(1)

(1) 大塚武松、「幕末の外交」、岩波講座『日本歴史』所収、昭和九年、三五頁。

さて、高揚する尊攘運動が前述のように朝廷に強い期待を次第に寄せるようになるにつれて、朝廷は背後にこの運動の支持をもつことによって幕府に対する立場を強化することになった。それとともに、ここに幕府・朝廷という二つの権力中心が形成されるようになった。開国方針の持続をあくまでも要求する西洋諸国の重圧がわが国内で民族的危機感を昂進させている中でこのような事態が生じたとき、朝幕関係を調整して両者の間に協力関係(公武合体)を樹立し、国家権力の一元化をはかることが、大藩によって企てられることになった。

すなわち、文久元年五月以来長州藩は、幕府と朝廷とを開国和親の方針の下に協力させようと試み、この衝にあたった長井雅楽《うた》は、航海遠略論をもってその周旋を試みたのである。

なお、上に述べたように幕府は諸侯が朝廷と接触することを由来きびしく禁じて来たのであったが、それにもかかわらず、わが国が開国の過程を辿る中で諸侯によって朝廷入説が行われるようになった。そして、朝廷が前述のようにその政治的発言権を拡大して来るにともなって、幕府、諸侯、さらに「志士」・浪人などによる朝廷への働きかけは、一層増加することになった。このいわゆる京都手入れは自己の意見を朝議として採用させることが目的であり、その手段としては公家に対する説得、金品の提供、威迫などの方法がとられたのである。(1)

(1)　この前後の時期を通じて、公家はあるいは政治的無定見、あるいは無気力な幕府迎合、あるいは朝廷の因循、固陋《ころう》な空気の中で一途に攘夷鎖国を思いつめるなど、さまざまであった。しかも、彼らはつねに窮乏に苦しんでいた。さらにまた、尊攘運動の高揚は彼らの幾多のものの心に遠き王朝時代への郷愁をそそり立てるようになるのである。京都手入れは、そのような公家たちに対して試みられたのであった。

ところで、長井雅楽の周旋は、以上のように徐々に崩れつつある幕府の禁制を冒して行われたのではない。実に幕府みずからの依頼の下になされたのであった。しかし、長井の工作は京都における自藩および朝廷内外の尊攘派の烈しい反対に遭遇し、ついに長州藩はこの企てを失敗の中に打ち切るにいたった(文久二年四月)。

ついで、その直後に京都には薩摩藩が登場した。すなわち、島津久光(薩摩藩主島津忠義の父)は一千人の藩兵を率いて入洛し、当時まで朝廷をめぐって策動していた尊攘派の諸藩有志・浪人を抑圧した。そして、彼は朝廷に幕府の人的陣容の改革案を建白するとともに、いわゆる開鎖の問題は「天下之公論」によって決するよう進言した。当時久光も公武合体の実現を意図したのであったが、しかし、長州藩のそれが幕府への朝廷の協力(幕主朝従)を目ざしたものであったのに対して、彼のそれは朝廷への幕府の協力を目的としたのであった。この朝主幕従という構想は、実は薩摩藩が朝廷を操作して国政を指導しようという意図を内包していたものと考えられる。その点において長州藩の公武合体論がいわゆる佐幕論に立脚していたのとは対照的といってよいであろう。なお、久光は開国論を抱いていたが、当時の国内情勢上それを公然と唱えることは差控えたのであった。

ところで、久光の以上の建白はやがて朝廷によって採用された。それとともに朝廷における薩摩藩の勢威はここに隆々たるものになった。そして、ついで朝廷は文久二年五月に大原重徳《しげとみ》を勅使とし久光に薩摩藩兵を率いて警護させて江戸に赴かせ、久光の建言をふくむ朝廷の要望を幕府に伝達した。これに対して、幕府はこの朝旨に添った措置をとることとしたのであった。久光が勅使に従って江戸に入った当時、中山中左衛門（尚之助）は「畢竟徳川氏之《の》天下も累卵《るいらん》の勢《いきおい》と相成候時」といったの[1]は誇張の嫌があるにしても、江戸封建体制の永年のきびしい政治的慣行は今やともかくも大きく崩れたのである。

（1）勝田孫弥、『大久保利通伝』、上巻、明治四三年、二九七頁。

さて、薩摩藩の勢威が京都を圧し、その藩兵に護衛された勅使が江戸に赴く有様になったとき、これをみていたく焦ったのは、長州藩であった。そして、ついに文久二年七月長州藩はこれまで藩論として来た開国和親論を放棄し、朝旨に従って攘夷鎖国を当面実現すべきことを唱えるにいたった。いわゆる破約攘夷論がこれであるが、この主張は、しかし、実は「一旦攘夷、後開国」論にほかならなかった。ついで、藩主毛利慶親《よしちか》は京都に入り、この新しい立場に立って朝廷に働きかけることになったが、それとともに、久光の入洛以来屏息《へいそく》を余儀なくされていた朝廷内外の尊攘派は忽《たちま》ち立上ってこの長州藩と結び、ここに激越な尊攘論が朝廷の内外に沸き立つ有様となった。このような中に、やがて島津久光は江戸から京都に帰来したが、この全く急転した局面を前に施すべき策なく、ついにむなしく帰国するにいたった。

久光が去って後、京都では尊攘派の勢力はますます増大し、尊攘派のテロリズムは京都のみならず将軍の膝下である江戸においても実に頻発する状況となった(1)。これまで幕府としては、攘夷の実現を要望してやまない朝廷に対する気がねからも尊攘派の取締りに手心を加えて来たのであったが、もはや事態をこのままに放置しえなくなり、同年閏八月には京都所司代のほかに新たに京都守護職を設けて、会津藩主松平容保《かたもり》をこれに任じ、尊攘派の動きをいかにかして抑制しようと努めるにいたった。

(1) 六〇頁参照。

長州藩が尊攘派をその傘下に収めて朝廷を左右する巨大な勢力となるとともに、破約攘夷論に立つ長州藩の建言は相ついで採用されて朝旨となり、それらはつぎつぎに朝廷から幕府に伝達されてその遵奉が要求されることになったのである。すなわち、文久二年一一月朝廷は長州藩の建言を容れて、朝廷内の尊攘派公家の中心である三条実美、姉小路公知《きんとも》を勅使とし、これを土佐藩主山内豊範《とよのり》に土佐藩兵を率いて警護させて江戸に遣わし、攘夷鎖国の実現を厳重に督促する御沙汰を幕府に伝えた(1)。なお、幕府は勅使入城の前後にかけて朝廷尊崇の建前に立って伝統的な朝幕関係にさまざまの改革を加えたが(2)、それも幕府に対する朝廷の政治的比重の上昇を反映したものにほかならない。三条実美に随って江戸に入った丹羽筑前介は当時その日記に次のように記している。「かねて江戸は幕府の威勢広大にして、老中・若年寄・目付などいへる者、幕権に誇りて阡陌《せんぱく》を縦横し、敢て指さす者もなく、諸大名も亦威風凜然たる由を聞きたるに、今や幕府の高官も三家・三卿、大小名も皆天威に畏縮し、勅使の門前に馬を羈《つな》ぎ市を為《な》せり。王政復古も近きにあるべし。愉快々々(3)」。ところで、幕府は以上の御沙汰に対して、将軍上洛のうえ攘夷実現の方策につき奉答する旨を勅使に伝えた。

(1)　さきに薩摩藩の勢威が朝廷を圧していた当時、朝廷から江戸に遣わされた勅使大原重徳は「欲地令丁大樹率二大小名一上洛議丙治二国家一攘乙夷戎甲上慰二祖神之宸怒《しんど》一下従二義臣之帰嚮《ききょう》一啓二万民化育之基一比二天天下於泰山之安一」という御沙汰を幕府に伝達したが、しかし、久光は内心開国方針を支持していたので、この御沙汰については熱意をもたなかった。ところが、その後朝廷において長州藩が代って重きをなすにいたると、長州藩に擁せられた朝廷は幕府に対して、攘夷鎖国の実現を烈しく督促することになった。すなわち、勅使三条実美、姉小路公知が幕府に伝えた御沙汰には、「攘夷之念先年来至二今日一不レ絶二日夜一患レ之。於二柳営一各変革施二新政一欲レ慰二朕意一、怡悦不レ斜《いえつなのめならず》。然挙二天下一於レ無二攘夷一定一、人心難レ至二一致一乎。且恐下人心不二一致一異乱起中於邦内上。早決二攘夷一布二告于大小名二」とあり、そして、その節に三条が天皇の意向として伝えたことの中には攘夷の「策略并拒絶之期限之事」という項目があり、そこには「早々列藩之衆議被レ尽候奏聞可レ有レ之候……衆議一決次第早速言上叡慮可レ被二伺定一事」とあった。朝廷をめぐる政治情勢の激変は、短時日の間に攘夷問題についての朝旨をこのように変化させたのである。総じて幕末において、朝廷は変転する政治的力関係の中にあってこれに全く飜弄されたといってよい。生野の乱（文久三年一〇月）に参加した北垣国道が記したように（慶応元年一〇月五日の木戸孝允宛書翰、『坂本竜馬関係文書』、第一所収）、「勅命朝に下り夕に変ずるは皇国の習」であったのである。

（2）その主なものを挙げれば、摂政、関白、武家伝奏の任命についてはこれまで幕府の事前の諒解を必要としていたのを改めて、朝廷の自由裁量に委ねることにした。また武家伝奏が幕府に誓紙を差出す慣行を廃止した。さらに勅使迎接の際の儀礼を丁重なものに改めた。

（3）渋沢栄一、『徳川慶喜公伝』、巻二、大正七年、一六六頁。

以上のようにして、朝廷の政治的比重が増大して来る中で、諸侯の中には入洛して京都の情勢を探って将来に対処しようとするものが続々と生じるとともに、他方朝廷も諸藩主を招致して意見を徴することをしばしば行うようになるのである。馬場文英の『元治夢物語』は述べて、文久二年暮から翌三年春にかけて諸藩の入洛するもの七十余藩に上り、そのほか旗本等で京都に来るものあり、「各京師に邸宅なかりしかば、大寺院を仮に本営とせられけるゆえ洛中洛外端々までも大小寺院残らず陣営となりぬれば、後《おく》れて登京せられし藩々は遽《にわ》かに市屋を求め、邸宅とせらるも有り、又は吉田、白川、山辺辺、御室、嵯峨、松の尾、西の岡辺にも陣所を構へらるも有り、市中には諸藩士騎馬歩行の者徘徊充満して遊興見物大に賑ひ、都の繁昌前代未聞の事どもなり」とし、「斯《かく》て壬戌《みずのえいぬ》の年（文久二年―著者）も終りて翌《あく》れば癸亥《みずのとい》の年（文久三年―著者）の春となり、元日の朝賀には在京の諸侯各官位に順《したが》ひ衣冠を着し公家衆と倶《とも》に装束の袖をつらね、供廻りには布衣、素《す》袍《おう》、白丁を着せ立派に出立せ参朝せられければ、九門外には長柄、引馬、雑具の類ひ主人の退出を待ち受ける者群をなし、夜に入れば提燈《ちょうちん》高張数多《あまた》群立て恰《あたか》も宮中白昼の如し。斯迄《かくまで》に朝威の盛んなるは古代より未だ聞かず」と記している。(1)

（1）　渡辺修二郎編註、『元治夢物語―開国史談』、明治三八年、六六―七頁。

このような中に、文久三年三月将軍家茂は京都に到着するが、それに先だつ同年一月に後見職一橋慶喜が先発として入洛すると、朝廷は勅使として三条実美を慶喜のもとに遣わし、攘夷実行の期限を直ちに上奏するようとの御沙汰を伝えた。これに対し、慶喜は将軍の到着が間近であり、将軍は入洛のうえ衆議にはかり攘夷期限を決定して奏上するはずである旨を答えた。(1)しかし、このとき三条は御沙汰を名として期限上奏をあくまでも強要して譲らず、そこで窮した慶喜はやむなく、四月中旬を期して攘夷を実行に移す旨を答えた。(2)

当時朝廷内外の尊攘派としては、将軍の入洛を機会に朝廷内の公武合体派が勢力をもり返えすのを惧れ、将軍到着前に慶喜に攘夷期限を奏上させ、既成事実をつくろうとし、その結果三条のこの強要になったものと考えられる。

(1) 六六頁および六七頁註(1)参照。
(2) 一橋慶喜は御沙汰を尊攘派の策略によるものと考えたが、それが形式において御沙汰である以上は奉答をあくまでも拒否することはできないとして、実質的には策略にほかならぬこの御沙汰に対しては策略として攘夷期限を上奏することにしたのであった。従って、彼には四月中旬に攘夷を実行に移す意図も成算もなかったのである(『昔夢会筆記』、渋沢栄一、『徳川慶喜公伝』、巻五、大正七年、四四六―七頁所引)。

当時の京都においては尊攘派は横行して旁若無人をきわめ、守護職、所司代も容易に抑制しえない有様であった。この騒然たる中に、将軍家茂は兵三千を率いて入洛した(文久三年三月)(1)。将軍の入洛は寛永年間の将軍家光のとき以来二百余年の間絶えてなかっただけに、それは当時の耳目を正《まさ》にそばだたせた。

(1) 将軍入京の直前にも、尊攘派のものは等持院に安置されていた足利将軍三代(尊氏、義《よし》詮《あきら》、義満)の木像の首を切ってこれを三条河原に梟首《きょうしゅ》し、三条橋の傍に張札して「……今世に至り此奸賊に猶超過する者あり。其党許多《あまた》にして其罪悪足利之右に出る。若し其等の輩直に旧悪を悔い忠節を抽て、鎌倉以来之悪弊を掃除し、朝廷を奉㆓輔佐㆒て古昔に復し、積罪贖《あがな》ふの所置なくんば、満天下之有志追々大挙して可㆑糺㆓罪科㆒也」と書し、将軍家に対して威嚇を試みた。この事件のごときも、当時の京都の不穏、険悪な空気を物語るものといってよい。

ところで、ついで同月の中に朝廷は長州藩の建言を容れて、孝明天皇には加茂社に行幸、攘夷の祈願を行われたが、将軍家茂と慶喜とはこれに供奉した。天皇が皇居外に公式に行幸されるのは、寛永三年の後水尾天皇の二条城行幸以来たえてなく、実に二三七年ぶりのことであったから、それは世上の注目を集めた出来事であった。なお、同月朝廷は御守衛兵と称する親兵を設置することを決定し、それは、一〇万石以上の諸侯から一名の割合で差出したものによって編成されることになった。この親兵の設置は尊攘派がかねてから主張して来たところで、彼らはこれを朝廷による兵権回収の第一歩にしようと考えていたのであった。ついで翌四月、朝廷は長州藩の建言を採用して、天皇には石清《いわし》水《みず》八幡に行幸して攘夷の祈願をとり行われたが、その際将軍家茂は病気の理由で供奉を辞退し、慶喜がそれを代行した。行幸の鹵簿《ろぼ》は石清水往復に長い時間を要したため、京都を未明に出立しながらも還幸の途につく頃には日は暮れ、そこで八幡宮の大鳥居のところから淀の大橋まで沿道一里半の間に長州藩の用意した提灯をともしたが、この光景は世上の話題をにぎわしたといわれている。(1) しかし、毛利家の紋章のついた提灯の列の間を進むこの鹵簿こそ、実は当時の政治情勢を正に象徴したものといってよい。

（1） 村田峰次郎、『防長近世史談』、昭和二年、三六二頁。

このような中で他方、幕府は三月の中に、さきに四月中旬と奏上した攘夷期限を四月二三日とする旨を上奏したが、四月に入ると、さらに延期して五月一〇日とする旨を上奏、こうしてその場しのぎを重ねる有様であった。幕府は、長州藩と結んだ朝廷内の尊攘派のために全く追いつめられた形になったのである。そして、五月一〇日という期限をもはやこの上変更しがたくなったとき、幕府はここに諸侯に布達して、右の時日以後に西洋諸国の側で攻撃的行為にでた場合にはこれを撃退するよう命令した。このような布達によって、幕府としては諸藩が積極的に攻撃を加えぬようひそかに期待したのである。同時に、幕府は西洋諸国に対して、わが国内の人心が西洋諸国との国交を望んでいないとの理由で、これまでの開港場を閉鎖し西洋人の退去を求める旨を申し入れたが、その提議はもとより西洋諸国によって直ちに拒否された。

ところが、いよいよ文久三年五月一〇日（一八六三年）になると、長州藩は幕府の以上の布達を無視して、下関海峡でアメリカ商船に攻撃を加え、また日をへだててフランスおよびオランダの軍艦をも攻撃した。そして、当時長州では「みがき上げたる剣の光り、雪か氷かしもの関」(宮城彦助作)の歌がうたわれ、長州藩の人心は正に意気軒昂の趣を呈した。しかも、長州藩のこの行動が一たび京都に伝えられると、朝廷からは「拒絶期限不㆓相違㆒及㆓掃攘㆒候段叡感不㆑斜」という御沙汰が長州藩に対して発せられるとともに、長州藩がいよいよ攘夷に着手した以上にこれと協力して叡慮を実現せよという激励の御沙汰が諸藩に伝えられた。しかし、この砲撃事件に対して、西洋諸国は黙視せず、取敢えずアメリカおよびフランスの軍艦が相ついで下関に現われ、報復として長州藩砲台に砲火を浴びせ、ついで陸戦隊を上陸させてこれら砲台を破壊するとともに、長州藩の軍艦二隻を撃沈した。ところで、他方、長州藩の行動に驚いた幕府は、同藩に使者を送り、幕命に反して外国艦船に積極的攻撃を加えたことを難詰させたが(七月)、長州藩はこの使者を殺して幕府に公然反抗する態度にでたのである。これまで朝廷を挟んで烈しい対抗の関係に立ちつづけて来た長州藩と幕府とは、今やここにいたって正面衝突を演じたのである。

　さらに、同じ七月に、鹿児島ではいわゆる薩英戦争が演ぜられた。さきに前年の八月に薩摩藩兵が生麦でイギリス人を殺傷した事件(生麦事件)が起ったが、イギリスはこの事件について幕府に対して折衝を試みたが解決をえず、そこでイギリスは七隻からなる艦隊を鹿児島に回航して薩摩藩に対し補償要求を提出した。そして、同藩から満足すべき回答がえられなかったとき、イギリス艦隊は鹿児島に対して砲火をひらき、薩摩藩砲台はこれに対し必死の応戦を試みたものの到底及ばず、折柄の烈風、豪雨の中に落下する砲弾によって鹿児島の町には大火災を生ずる惨状を現出し、そのような中をイギリス艦隊は悠々と退去したのであった。(1) この戦争のことが伝えられると、しかし、朝廷からは長州藩の場合と同じく「叡感不斜」との御沙汰が薩摩藩に伝達された。

(1) イギリス艦隊が戦闘を打切って去ったのは、石炭、砲弾、食糧の不足のためであった(Satow, E., A Diplomat in Japan, 1921, p. 89.)(邦訳、坂田精一、『一外交官の見た明治維新』、二冊〔岩波文庫〕)。

薩英戦争は結局勝敗不明に終ったものの、しかし、この戦争の経験は薩人に西洋諸国の擁する軍事力の巨大さ、従って、攘夷鎖国の実現至難を、さらにまた西洋文明を移入することの急務を、骨身に徹するまでに痛感させることになった。薩摩藩はついで、イギリスとの間に交渉を行い、生麦事件について謝罪、賠償金支払、犯人逮捕の場合には死刑に処することなどを約束して、事件を解決した。そして、それを機会にイギリスとの親善を熱心にはかるようになるのである。

ところで、朝廷をめぐる政治情勢はいよいよ重大化しつつあった。八月に入ると朝廷は長州藩の建言を容れて、天皇には八月二八日に大和に行幸、神武天皇陵および春日神社に参拝して攘夷を祈願され、ついで攘夷親征のため軍議をひらいたのち伊勢神宮に行幸される旨が発表された。ここにいたって、局面はついに幕府にとってまことに容易ならぬ段階に到達した。すなわち、長州藩を中心とする朝廷内外の尊攘派は、この攘夷親征の語に重大な意味をふくませていたのである。元来歴代の将軍は朝廷から征夷大将軍の称号を与えられて来たが、この名称は起源的には蝦夷討伐の職掌を意味し、従って、この建前はすでに古くから名目化していた。ところが、幕末西洋諸国の開国要求に当面するようになって以来、水戸藩のひとびとによって、将軍が征夷大将軍の職掌を帯びている以上は攘夷はその当然の職分であるとの主張が行われるようになった。尊攘派はこの論を採り上げて、幕府を論難する際に好んでそれを用いたのである。そこで、征夷大将軍あるにもかかわらず攘夷親征を行う旨がいま発表されたとき、この攘夷親征には実は討幕の意味がこめられていたのであった。もともと尊攘論の中には、前述のように倒幕論に発展する可能性が内包されていたわけであるが、今やそのような転換がこうして大きく進むことになったのである。

世上はこの当時にはすでに甚だ騒然たるものになり、攘夷は正に一世の風潮と化するにいたっていた。(1) そして、京都における尊攘派の動きは奔放をきわめ、暴行、脅迫はいたらざるなく、彼らはその敵と目するものを殺して「天誅」を加えたと称し、あるいは「神火」を放ったと叫び、このような中でさまざまの流言が巷にしきりに飛び交う有様であった。それ故に、朝廷から大和行幸の計画が発表されるに及んで、情勢はついに全く緊迫したのである。

(1) 福沢諭吉は、文久三年前後の江戸に横溢した攘夷の風潮について次のように述べている。「兎《と》に角《かく》に癸亥《みずのとい》(文久三年—著者)の前後と云ふものは、世の中は唯無闇に武張《ぶば》るばかり。其武張ると云ふのも自から由来がある。徳川政府は行政外交の局に当て居るから拠《よんどこ》ろなく開港説—開国論を云はなければならぬ。又行はなければならぬ。けれども、其幕臣全体の有様はドウだと云ふとソリヤ鎖国家の巣窟と云ても宜い有様で、四面八方ドッチを見ても洋学者などの頭を擡《もた》げる時代でない。当時少しく世間に向くやうな人間は悉《ことごと》く長大小を携へる。夫れから江戸市中の剣術家は幕府に召出されて巾《はば》を利かせて、剣術大流行の世の中になると、其風は八方に伝染して坊主までも体度を改めて来た。元来其坊主と云ふものは城内に出仕して大名旗本の給仕役を勤める所謂茶道坊主であるから、平生は短い脇差を挟して大名に貰た縮緬の羽織を着てチヨコ〳〵歩くと云ふのが、是れが坊主の本分であるのに、世間が武張ると此茶道坊主までが妙な風になつて、長い脇差を挟して坊主頭を振り立て〻居る奴がある。又当時流行の羽織はどうだと云ふと、御家人旗本の間には黄平《きびら》の羽織に漆紋、それは昔し〳〵

家康公が関ケ原合戦の時に着て、夫れから水戸の老公が始終ソレを召して居たとか云ふやうな云伝へで、ソレが武家社会一面の大流行。ソレから江戸市中七夕の飾りには笹に短冊を付けて西瓜の切とか瓜の張子とか団扇《うちわ》とか云ふものを吊すのが江戸の風である所が、武道一偏攘夷の世の中であるから張子の太刀とか兜とか云ふやうになつて、全体の人気がすつかり昔の武士風になつて仕舞た。迚《とて》も是れでは寄付きやうがない」(『福翁自伝』、明治三二年、二六四―六頁)。

第四節　衰退する幕府権力

このようにして形成されるにいたった巨大な政治的危機に際して、ここに登場したのは薩摩藩であった。薩摩藩は由来開国和親論を基礎とした公武合体を望んでおり、しかも、文久二年に破約攘夷を新たに藩論に掲げた長州藩のために京都におけるその支配的地位を奪われたのであった。そのような薩摩藩は長州藩を中心に展開されて来た事態の推移に対してかねて強い不満を抱いて来たが、長州藩が今や画策するにいたった大和行幸、攘夷親征がもし一たび実行に移されるならば、長州藩の指導的地位はついに全く決定的なものとなると判断した。そこで、ここに薩摩藩は中川宮(後の賀陽宮《かやのみや》)朝彦親王以下の朝廷内の公武合体派と連絡し、京都守護職松平容保《かたもり》と謀議し、宮廷革命に訴えて事態の進展を断乎阻止したのである(文久三年八月一八日)(一八六三年)。このいわゆる八月一八日の政変では、薩摩、会津両藩の藩兵を中心とする兵力で皇居を包囲し、在京諸侯を参内させると同時に朝召なきものの参内を禁止した上で、御前会議をひらき、尊攘派の宮・公家の重立ったものを朝廷から一掃したのである。その理由は、長州藩と結び天皇の真意に反する御沙汰を発したのは不忠の至りであるということにあった。そして、これらのものに代えて公武合体派の宮・公家を朝廷の支配的地位に据えたのである。(1)

(1) 会津藩が薩摩藩と協力してこの政変の推進力となったのは、尊攘派のために絶大な窮地に追込まれた幕府を救うためであった。

なお、孝明天皇は本来攘夷鎖国を強く望みながらも、しかし、それを軽々には実現しえないものと考え、且つこの件に限らず一般に朝廷と幕府との提携・協力による国政の運用を切望しておられた。そのような天皇は長州藩およびこれと結ぶ尊攘派の宮・公家によって朝議の左右される有様に対してこれまで甚だしく不満を抱かれたが、如何ともなしえずに当時にいたった。従って、八月一八日の政変はそのような天皇をふかく満足させた。さて、この政変によって朝廷をめぐる勢力関係が全く一変した結果、朝旨も大きく変化した。

すなわち、政変後朝廷は過般の攘夷親征の御沙汰は真の叡慮によるものでなく、従って、親征は延期する旨を発表し、また天皇は公家・諸侯に対して、これまで自己の意志でないことがその意志のごとくに伝達されたが、八月一八日以後の御沙汰はすべて自己の真意にもとづくものである旨を伝えられた。さらにまた、九月には御守衛兵の廃止をみた。そして、翌文久四年一月将軍家茂は朝召によって江戸から京都に到着し、孝明天皇から優渥《ゆうあく》な勅語および宸翰を与えられたが、その中には朝廷、幕府が協力して攘夷の大業を将来成就することを望む旨が述べられたのであった。ついで、元治元年四月(文久四年二月に元治元年と改元)には、朝廷から将軍家茂に対し改めて大政を挙げて委任する旨の御沙汰が伝えられた。朝幕間の過去の烈しい緊張関係は、今やこのようにして解消をみた。そして、このような中で、これまで荒れ狂って来た尊攘派のテロリズムも一応下火にむかうことになるのである。

ところで、八月一八日の政変によって、幕府はその当面した絶大な政治的危機から辛くも脱しえたものの、しかし、以上述べたところから明かなようにそれは幕府の自力によってではなかった。そこで、その自然の結果として、政変後の朝廷の内外では、この政変の大きな推進力であった薩摩藩が昨日の長州藩に代って隆々たる勢威を擁することになり、この薩摩藩を背景に朝主幕従の公武合体論が朝廷を支配する情勢になった。この有様に対して、幕府は薩摩藩と親しい公武合体派の宮・公家に圧迫を加え、事態をいかにかして幕主朝従の公武合体へ誘導して、朝廷に対する幕府の地位を再建しようとはかるのである。

しかも、注意すべきことは、政変後の京都では薩摩藩の島津久光のほかに山内豊信《とよしげ》(容堂《ようどう》)(土佐前藩主)、伊達宗城《むねなり》(宇和島藩主)、松平慶永《よしなが》(越前藩主)、松平容保(会津藩主)が重きをなすようになり、彼らは一橋慶喜とともに一旦は政変後の政局の中心を形づくることになった。ところで、彼らの多数は開国論者であった。それ故、もしも幕府がこの政変を機会に朝廷を開国方針に転換させようとすれば、それは困難ではなかったと想像される。けれども、幕府はそれをあえて試みようとはせず、それとは逆に池田筑後守長発《ながおき》を正使とする使節をヨーロッパに遣わし、国内人心の不折合を理由に横浜鎖港の交渉を行わせることにしたのである(文久三年一二月)。この交渉は結局失敗に終ったが、幕府がそのような措置をとった動機は単純ではない。これは一つには、当時でもなお幕府内には鎖国の昔にわが国を引戻すことを願う気分が強かったことにもよるが、なお一つには幕府としては政変後の朝廷自体の内部において攘夷を将来に期待する空気が依然強いのを考慮し、朝廷の歓心を買うとともに、世上の尊攘派を宥和して、局面緩和をはかろうとしたものと思われる。さらにそれらのほかに、幕府はこれまで攘夷鎖国を将来実現することを建前として来たのに対して、今この政変を機会に開国へと方針を転換するならば、昨日は長州藩の攘夷論に引廻され今は薩摩藩の開国和親論に追随し、その間何ら自主性をもたないことを世上に印象させ、幕府の威信を傷けることになると考えたためであった。(1)

(1) 『昔夢会筆記』(渋沢栄一、『徳川慶喜公伝』、巻六、大正七年、四六一八頁収録)、田辺、『幕末外交談』、三四八頁。

内政・外交に関する幕府の以上のような態度は、政変後の政局で重きをなすにいたった山内豊信、伊達宗城、松平慶永らを甚だしく失望させ、彼らと幕府との関係は疎隔することになった。また、薩摩藩は攘夷鎖国の建前を固執する幕府に対して烈しい不満を抱いたばかりでなく、幕府が朝廷に対する立場をたて直そうとして、薩摩藩と親しい宮・公家を抑制しようと企てるにいたったのをみて、甚だしく憤った。もしも幕府のこの試みが達成されるならば、薩摩藩は政変によって幕府のために火中の栗を拾ったにすぎないことになるからである。そこで、薩摩藩内においては反幕的傾向が急速に強まることとなった。

ところで、八月一八日の政変で失脚した長州藩はその後事態をむなしく傍観しようとはせず、八月一八日の政変の方法に倣いつつ、しかも、局面を政変前の状態に戻すことを目的とした宮廷革命を画策し、元治元年七月(一八六四年)に京都に出兵したのである。幕府はこれをみると、御沙汰をえて在京の諸藩に命じてこの長州藩兵を迎撃させ、合戦が交えられた。禁門の変（蛤御門《はまぐりごもん》の変）が、これである。長州藩のこの策謀は、しかし、手違いのため長州藩兵だけが皇居に押し寄せる結果になり、しかも、長州藩兵はこの合戦で大敗をこうむって、本国に引揚げるにいたった。そこで、幕府は朝廷に奏請して長州藩追討の御沙汰を仰ぎ、ついで将軍家茂が親征する旨が布告され、いわゆる第一次長州戦争がひらかれることになった。過去幕府を苦しめ、一旦は幕府を絶大な危地に陥れた長州藩を膺《よう》懲《ちょう》する機会を幕府は今やとらえたのである。

このようにして、長州藩が幕府との戦争を眼前にひかえるにいたった折柄、下関にはイギリス、フランス、アメリカ、オランダの四国の合計一七隻から成る連合艦隊が八千名の兵員を載せて姿を現した（元治元年八月〔一八六四年〕）。さきに、西洋諸国は文久三年に長州藩が下関海峡で外国艦船に砲撃を加えた事件について幕府に対して厳重な抗議を行い、幕府は長州藩の行動を不当とみとめて同藩に対して処置をとることを約したのであったが、その後幕府は躊躇してこの約束を容易に実行しようとしなかった。そこで、四国はついに連合艦隊を編成してこれを下関に回航し、直接長州藩に対して砲撃事件に関する賠償を求めるとともに、下関海峡通航の安全を保障するよう要求し、もしこれらを受諾しない場合には軍事行動によって長州藩を屈服させ、その攻撃施設を粉砕し、それによって日本に条約をあくまでも守らせ、日本国内における紛争とは全然無関係に貿易を継続する堅い決意をもつことを明らかにしようとしたのであった。

さて、四国側はこの大艦隊を背景に長州藩との間に交渉を試みたが、それは不調に終った。それとともに、連合艦隊はついにここに下関に対して砲撃の火蓋を切った。そこで、長州藩の砲台はこれに対して必死の応戦を試みたが、双方の軍事力は全く懸絶しており、長州藩砲台の多数は艦隊の砲火を浴びて破壊されて沈黙し、ついで四国側が陸戦隊を上陸させたのに対しても、長州側にはこれに抵抗する力はなく、陸戦隊は砲台を砕き、すえられていた備砲を戦利品として運び去る有様となった。このような惨憺たる敗北の中に、ついに長州藩も屈服して和を乞い、四国側の要求を受諾するにいたった。攘夷の急先鋒をもって自他ともに任じて来た長州藩は、西洋諸国の圧倒的な軍事力の前にこうしてみじめな降服を行ったのである。

なお注意すべきことは、長州藩が藩論としてこれまで攘夷断行を烈しく唱えて来たにもかかわらず、この長州藩の場合でさえも、藩内の庶民層の間には攘夷思想はさしてひろがっていたとは考えられない。そのことは、四国連合艦隊のこの下関砲撃当時の西洋側の記録によってもうかがうことができる。(1)(2)

(1)　この戦闘に参加したフランス士官アルフレ・ルサン(Alfred Russin)は次のように記している。長州側が屈服して休戦になったあとで、フランス水兵が沿岸に据えられている長州藩の大砲を取外して戦利品としてもち去る際、日本人たちはこの作業に協力した。「彼らの大多数は、その上役たちのいないときには、戦闘状態の終つたことに対する彼らの満足の情をかくそうとはしなかつた。われわれの爆烈球形砲弾の音を声で真似しながら、彼らは誰に対しても戦争は実に嫌だつたと云つていた」(Une Campagne sur les Côtes du Japon, 1866, p. 233.)(邦訳、安藤徳器、大井征共訳、『英米仏蘭聯合艦隊幕末海戦記』、昭和五年)。なおまた、モスマン(S. Mossman)の New Japan, 1873. も、オランダの水兵たちが大砲を外してボートに載せる作業をしているとき、武器を帯びていない沢山の日本人たちが運搬の手伝いに来た。彼らの一人は「今日の仕事のあとで貴方がたはお疲れだろうから、私たちが大砲積込みを手伝いましょう」と申出、そして、ボートが岸を離れるときには別れの挨拶をした、ということであると記している(op. cit., p. 198.)。

イギリス公使館員サトウ(E. Satow)はイギリス軍艦の一つに乗り、この戦闘を目撃した。彼は回顧録の中で述べて、長州藩との和議が成立した直後に自分は上陸して下関の町を歩いてみた。そのときは丁度町のひとびとが避難先から続々と帰って来る最中であったが、彼らは群をなしてサトウの一行のあとをついて歩いた。しかし、「極めて友好的」にみえた(A Diplomat in Japan, pp. 122-3.)、そして、その後ほとんど一ヶ月の間サトウの乗っていた軍艦は下関に碇泊し、その間彼は始終上陸したが、町のひとびととの間に何ら紛争を起したこともなく、彼らはいつも丁寧で親切であった(op. cit., p. 126.)と記している。

(2) なお、四国連合艦隊が下関海峡の北岸を砲撃している間、南岸の砲台は終始沈黙を守っていた。これは南岸は豊前藩の所領で、同藩は長州藩と多年反目の関係にあり、このときも局外の地位に立っていたためである。ところで、当時の目撃者の報告では、この南岸には夥しい数のひとびとが集って戦闘の模様を見物し、四国側の砲弾が長州藩の砲台に命中して破裂するたびに笑ったり叫んだりして、戦闘を楽んでいるようにみえた。やがて四国側が勝利を獲て、これらの砲台に国旗を打樹てたとき、群衆は有頂天になって喜んだ、という(Mossman, op. cit., p. 198.)。サトウも回顧録の中に記して、交戦中にサトウたちは戦死者を埋葬するために南岸の田ノ浦に上陸したが、そこで豊前藩士の一群に出会った。この武士たちは四国側の戦死者の数、その他を質問し、長州側がすでにいかにひどい敗北をこうむったかをきいて、非常な満足の意を表した、と述べている(Satow, op. cit., p. 114.)。これらの挿話的事実も、江戸幕府下における藩意識の強さを示すものであると同時に、民族意識の未成熟をも物語るものである。

さきに薩英戦争は薩摩藩のひとびとに攘夷の到底至難なことを改めて意識させたのであったが、四国連合艦隊のこの下関砲撃事件は長州藩内の尊攘派に実に深刻な衝撃を与え、彼ら多くのものにも攘夷の不可、西洋文明移入の必要を痛感させることになった。

ところで、四国連合艦隊の砲火の前に惨敗を喫した長州藩は、上述のように、さらに幕府との戦争を眼前にひかえていたのである。このような絶大な苦境の中で藩内には、幕府側と戦って毛利家の社稷《しゃしょく》を危くすることはいかにしても回避すべきであるとのいわゆる恭順論がさかんとなり、（1）その結果元治元年一二月長州藩は幕府に対して降服を申出るにいたった。第一次長州戦争は、こうして戦火を交えることなく幕を閉ざすことになった。

（1） 当時長州藩内は、この恭順派と主戦派とに分裂したが、後者に属する高杉晋作以下の尊攘派はみずから「正義党」と称し、恭順派を侮蔑して「俗論党」とよんだ。この「正義党」の一人であった山県有朋は当時の藩内の情勢について後年に述べて、藩政を掌握した「俗論党」は幕府に対して「専ら恭順謹慎の状を粧《よそお》ひ、君側の如きも尽く旧時の人物を斥けて新に其党中より推薦し、其服制の如きも割羽《さきば》織《おり》、筒袖、括《くく》り袴《ばかま》、紺足袋を禁じて丸羽織、平袴、白足袋と為し、強て太平無事の姿を飾り、言語応対に至りても天下の形勢、国家の事情等の語は一人も之を口より発する者なく、暑寒、風雨、鴉鳴《あめい》、雀噪《じゃくそう》等尋常の瑣話、平語を以て得意の政策となせり」と記している（『懐旧記事』、巻二、一二三頁（『含雪山県公遺稿』、大正一五年、所収））。

しかし、その後まもなく長州藩では、主戦派が幕府に対する抗戦を叫んで蹶起して内乱となり、彼らは恭順派を却《しりぞ》けて藩政をその手に握ることに成功した。それとともに、長州藩処罰条件について幕府との間になされて来た交渉における長州藩の態度も急転、硬化し、その結果翌慶応元年四月（一八六五年）幕府は長州藩征討を再び布告し、ここに第二次長州戦争がひらかれることになった。

このような中でこの年九月に入ると、イギリス、フランス、アメリカ三国の公使とオランダ総領事とを載せたイギリス、フランス、オランダの軍艦合計九隻が兵庫に入港して来た。そして、幕府に対して安政条約につき朝廷から改めて勅許をうるよう要求し、同時に関税税率の引下、大坂および兵庫の条約所定期限前の開市開港を要求した。しかも、回答に期限を付し、右の期限内に満足な回答のえられない場合には、四国代表は京都に赴いて直接朝廷に対して交渉をひらく意向である旨を通告した。さきに幕府が烈しく高揚する尊攘運動に押されて西洋諸国と交渉して、江戸、大坂、新潟、兵庫の開市開港を延期することにしたことは、すでに述べたが、その後尊攘運動がいよいよ奔騰し、しかも、朝廷がこの運動の正に中心のごとき観を呈するようになり、ついで、幕府が国内人心の険悪を理由に横浜の鎖港を西洋諸国に申し入れるごときこともあった。そこで、これらの推移に鑑みて四国は、この際通商条約について勅許をうることによって条約の拘束力を確固たるものにしようと考え、京都に近い兵庫に軍艦を集結し、軍事力を誇示しつつ上述の諸要求と併せて条約勅許を強要するにいたったのである。

それとともに、幕府はここに重大な窮地に臨むことになった。すなわち、朝廷はこれまで一貫して攘夷鎖国を要望し、幕府はこの朝旨を将来実現することをくり返えし誓約して来たのである。それ故に、そのような幕府としては今ここで一転して条約の勅許を奏請することは、容易になしがたいことであった。けれどもまた、もしも西洋諸国のこの要求を拒み、その結果四国側が朝廷との間に直接交渉をひらくことになれば、国政を担当する幕府の立場は当然失われることになる。そこで、進退全く窮した末、ついに将軍家茂は朝廷に上奏して、長州戦争を眼前にひかえた今四国側の要求を拒絶し、その結果戦争を誘発することになれば正に国家の一大事である旨を述べて、条約の勅許を懇願し、一橋慶喜もまた必死の説得を朝廷に対して試みた。

ところで、西洋諸国が兵庫港に多数の軍艦を泛《うか》べ、場合によっては京都に赴いて朝廷との間に交渉をひらく態度を示したことは、朝廷に実に甚大な衝撃を与えた。このときにいたって初めて、朝廷は在来の幕府のように西洋諸国の軍事力の重圧にいわば直面したのである。そこで、朝廷からはついに条約勅許の御沙汰が発せられるにいたった（慶応元年一〇月）（一八六五年）[1]。但しその際、京都に近い兵庫の開港は許しがたい旨を併せて幕府に伝達した。

（1）孝明天皇の関白二条斉敬《なりゆき》への当時の宸翰（『岩倉公実記』、上巻、九五九—六〇頁、所収）に、「倩《つらつら》熟㆓考官武之議論透聴処㆒、実以不㆓容易㆒、左候へば従㆓神宮㆒連綿之皇統忽廃絶候ては朕一分之義にては決して無㆑之、於㆓朕代㆒右様之処置候ては実以申訳無㆑之、恐懼不㆑過㆑之候。且万民塗炭之苦患は眼前、左候へば是亦不㆑忍㆓見聞㆒、実以痛心候。此上は一橋始申出候に任せ候外無㆑之、実に差向難㆓黙止㆒次第、推察にて可㆓承服㆒候事」とある。当時の朝廷の空気は、この宸翰からも想像することができるであろう。

そこで、幕府は四国側に勅許の与えられたことを告げるとともに、兵庫開港の要求に応じえない旨を回答し、この件について勅許のなかったのは条約所定の期限が未だ到来していないためであると伝えたのである。なお、幕府は関税税率の引下に応じることを欲しなかったが、しかし、四国側は兵庫先期開港の要求を撤回する代償として税率引下を強要して譲らず、結局幕府は譲歩して、輸入品に対する税率は従価五分という極度に低率なものに改められることになった。条約勅許問題を中心とする交渉で、四国側はこのようにして結局大きな外交的勝利を収めた。交渉の妥結をみた翌日夜に晩餐会の席上でキング(G. V. King)提督は、イギリス公使パークス(Sir Harry Parkes)の健康を祝し、このたびの成功はパークスの力に負うと述べたが、パークスはこれに答えて、余には何らの功績はない。フランス公使ロッシュ(Léon Roches)に負うところははるかに大であるといい、さらに述べた。「しかし、要するに、提督よ、それを達成しえたのは貴下なのである。貴下と貴下の巨大な軍艦なくしては、われわれはいささかの感銘をも(日本側に)与えることができなかったであろう」[1]。たしかに、兵庫港の九隻の軍艦に象徴された西洋諸国の軍事力の重圧こそ、四国の要求を貫徹する上に大きな効果を挙げたのであった[2]。

(1) Satow, A Diplomat in Japan, p. 154.

(2) これらの軍艦の兵庫入港中に、イギリス公使館員サトウはキング提督、パークスとともに上陸して兵庫の町を歩いたが、そのときのことについて彼は次のように記している。「住民は群をなしてわれわれのあとをついて歩いたが、彼らは好意的であった。これは、大君の役人たちがこれまでわれわれにあらかじめ警告していたのとは甚だしく異る態度であった。彼らは、われわれに対して大名たちが敵意をもっていることや、庶民が嫌悪、恐怖の気持を抱いていることをつねづね云っていたが、われわれはすべての階級のひとびとの好意以外の何物にも出会わなかった。日毎にわれわれにとって明かになったことは、外国人たちと幕府の直接統御しえぬ日本人のこれらの層とが自由に接触するようになれば、過去二百六十年もつづき徳川家に少からぬ利益を与えて来た諸制度の権威が傷けられはしないか、それを幕府としては恐れているということであり、従ってまた、朽廃しつつある権力をもり立てるのに努めることは、イギリスの方針としては望ましいものといえないということであった」(Satow, op. cit., p. 147.)。

さて、朝廷が通商条約に勅許を与えたことは、何を意味するか。第一には、条約について朝廷が批准権をもつことが明かになったということである。またさらに進んでいえば、開国か鎖国かという当時にいたるまでのこの重大政治問題について、朝廷は幕府よりもより決定的な発言権をもつことが明かにされたのである。第二には、この勅許によって今や朝廷もまた攘夷鎖国の到底容易に行いえないことを承認したのである。そして、文久三年の薩英戦争、元治元年の四国連合艦隊の下関砲撃事件、慶応元年のこの通商条約勅許を経ることによって、国内の攘夷熱はその頂点を越えて次第に後退することになった。

条約勅許問題を中心とする西洋諸国との間の折衝が、こうしてようやく落着をみたとき、幕府はいよいよ懸案の長州藩征討に移ることになった。幕府はすでに第一次長州戦争の際にも戦火を交えることなくして長州藩が和解を申し入れるのを期待したのであったが、その後長州藩に対して再び戦いを宣することになったとき、将軍家茂はその昔に家康が武威を輝かした由緒ある金扇の馬印を掲げ老中以下諸侯を従えて江戸を発し、慶応元年閏五月入洛、孝明天皇に謁して長州藩再征の理由を奏上した後、大坂城に入った。この当時でもなお幕府は第一次長州戦争の場合と同様に、長州藩が和を乞うことを暗に期待していたといわれている。幕府はこのように交戦を好まなかったのであるが、諸藩もまた再征に対して甚だ気乗薄であった。これは、過去長く国内泰平であった上に、幕府・諸藩ともにその財政が逼迫するにいたっていたことにも大きな原因がある。

ところで、他方慶応二年一月に、長州藩を代表する木戸貫治（孝允《たかよし》）と薩摩藩を代表する西郷吉之助（隆盛）、小松帯刀《たてわき》との間に「薩長の和解連合」とよばれる密約が結ばれた。薩長の二藩は文久年間以来久しく烈しい対抗・反目を重ねて来たのであったが、この当時までに両藩の関係には変化が生じることになった。すなわち、長州藩においては前述のように攘夷論が凋落することによって薩摩藩の開国論との対立は解消にむかうようになった。しかも、他方薩摩藩内においては八月一八日の政変後公武合体論は色褪せて反幕的傾向がとみに強まることになり、さらに第一次長州戦争の際における幕府の無気力な態度は幕府への不信感を一段と高まらせることになった。しかも、幕薩間の深まるこの反目を背景に、幕府内においては将来長州藩のほかに薩摩藩をも討伐して幕府の支配的基礎を再建すべきであるとの論も現われ、それは薩摩藩の反幕感情を一段と刺戟することになった。このようにして、薩長両藩は反幕的傾向の点においてもまた共通性をもつようになったのである。以上これらの事情の下におのずから接近することになった両藩は今ついに密約を結び、第二次長州戦争においては薩摩藩は長州藩を庇護することを約束したのである。(1)(2)

（1）この両藩間の提携の成立は、土佐藩の坂本竜馬および中岡慎太郎の周旋に負うこと甚だ大である。

（2）幕府が長州藩再征を決した頃、中岡慎太郎（土佐藩）は乾（板垣）退助（同藩）に宛てた書翰

（勝田孫弥、『西郷隆盛伝』、第三巻、明治二七年、九一―一四頁所引）の中に述べて、これまで開国論、攘夷論、武備充実論などの主張が対立して来たが、開国論は「略々海外諸国の情実を知るとは乍レ申、大旨苟安偸生《こうあんとうせい》の徒所謂坐上の空論にして頗《すこぶ》る人情に害あり、固《もと》より取るに足らず」。武備充実論は「固陋《ころう》の見にして事態に暗きあり、又は実の卓識上より出づる英断あり」、しかし、いずれにせよ「義を重じ死を軽じ利害を以て其節を動かさざる輩にして天下をして慷慨義烈の風を生ぜしむる」ものである。けれども、その主張が固陋な考えにもとづいている場合には「気を負ひ敵を侮り、若し一敗する時は或は惑ふこと」がある。これに反して、「卓識」によってこれを主張するものは「機に臨み勢に達し、百折千挫と雖ども不レ惑、何ぞ一二敗を以て其有為の志を屈せんや」。そして、本来「一国に兵権ありて然る後可レ和可レ戦、可レ開可レ鎖、皆権我にあり。而して其兵権なるものは武備にあり。其本は士気にあり。故に卓見者の言に曰く富国強兵と云ふ者は戦の字にあり。是れ実に大卓見にして千歳の高議確乎不レ可レ移。則ち知能く事に処する者且つ和し且つ戦ひ、始終変化無レ窮者」である。そのことは今日考えてみても実に誤ってはいない。何故ならば「丑年（嘉永六年―著者）以来天下を救ふものは皆悉く暴客の大功也。是れ暴客と雖ども其実大抵大卓見有りて然る後能く断ずるものに似たり。嘗《かつ》て水藩の暴挙壬戌の勢を醸し、薩州の暴客生麦に発し、長州は馬関に暴発且つ屢《しばしば》兵を内地に動かし、其跡或は無略に似て国に益なきことありと雖ども、時勢一層々々に運び遂に天下を干戈《かんか》の世となし、自藩をして不レ可レ逃の死地に入れ、天下大有為の基本始めて立てり。是れ即ち鬼神に通ぜざる者の能く知る処にあらず」。久坂玄瑞はつねづね述べて、「西洋諸国と雖ども、魯王ペートル、米利堅ワシントン等の如き国を興す者の事業を見るに、是非とも百戦中より英傑起り議論に定まりたるものに非ざれば、役に立たざるものなり。是非共早く戦を始めざれば議論計りになりて、事業何時迄も運び不レ申」と云った。これは卓見と思われる。そのよい証拠としては、第一に生麦事件がある。これが原因で薩英戦争が生じ、「一旦の和は心外」であったが、「薩藩の起る、全く此戦争に基く。一国大憤発此大恥を雪《すす》くと云ふ者にて人材登庸、武備充実の論となり」、その国政は面目を一新した。第二は長州藩の場合である。「馬関の戦争(四国連合艦隊の下関砲撃事件―著者)を開き京師変動を生じ」て、「内外の大難一時に迫り、外は夷に和し内は天下数万の兵軍を引受け、遂に内輪の戦迄に至」ったが、桂小五郎(木戸孝允)、高杉晋作、井上聞多(馨)、伊藤俊輔(博文)など藩主を輔佐し、処置よろしきをえたので、国論一定し、諸事刷新をみ、「二国(防長の二国―著者)の人民悉く必死不レ逃の地に入」り、そこで士気いよいよ着実になり、武備時とともにととのい、近頃は議論なくもっぱら実行に努めるようになり、「国中の大勢」は一新され、兵制全く改まり、訓練も活溌で、「実に其勢不レ可レ当。此一事は全く戦争の功にして、他藩に如何様に仕度ても出来ぬ事」で、薩摩藩も一歩譲らざるをえぬ有様である。「右の通り両藩実地に運び候は全く戦争の功にして、卓見家の事業如レ此。自今以後天下を興さん者は必ず薩長両藩なるべし。吾思ふに、天下近日の内に二藩の命に従ふこと鏡に掛けて見るが如し。而して他日国体を立て外夷の軽侮を絶つも亦、此二藩に本づくなるべし」。また、「士気と武備と如何程盛に相成候共、国体立たざれば敵国外夷を待つの所以に非らず。且つ国の大体は何を以て本とするや。吾れ曰く、内名分大義を明かにして祭政一致教と共に皆朝廷に帰し、天下の大基本を立つるを以て急務とす。実に今日の如きは天下の大機会にして、上下勉強し候はば害を転じて福となし、今日の敵国外患他日より見候へば、天下の名炙と相成候はば、実に天下の大功之に過ぎ不レ申」と思われる、と記している。この書翰は、きわめて興味ふかい。

さて、長州藩が屈服の気配を何ら一向に示そうとしなかったとき、幕府はついに諸藩に下令して、慶応二年六月（一八六六年）戦争の火蓋を切るにいたった。なお、長州藩とすでに提携していた薩摩藩は、長州藩の再征を幕府の非妥協的態度から生じたものであり、承服しえないと称して、出兵の幕命を拒否したのであった。ところで、幕府も、幕命によって兵を出した諸藩もともに当初から気乗せぬ気分が濃厚なために、幕軍の士気は甚だ振わず、これに反して長州側はこの戦争に藩の存亡を賭し、敵愾心に湧き立つ有様であった。その上に、幕軍の中には小銃をもつものもあったが、古来の装備で出陣したものも少くなかったのに対し、長州側は約二年前から藩兵の多くに小銃を給与し且つ洋式訓練を施しており、そのため幕軍に対する兵数の劣勢を装備・戦術の点で大きく補う結果になった。これらの事情の下に、戦端がひらかれて以後戦況は幕軍に甚だしく不利となり、幕府の威信は地に塗れる有様になった。

このような中で、同年七月将軍家茂は大坂城において歿した。そこで、幕府は勅許をえて将軍家の服喪を理由に征討を中止して撤兵することにしたが、戦況全く振わない折柄この措置がとられたとき、幕府の権威は甚だしく傷くことになった。幕府にとって今や容易ではないこの重大局面を前に、一橋慶喜がここに代って将軍職に就任することになった(同年一二月)。しかも、それから間もなく同月の中に孝明天皇が崩御された。それとともに、新将軍慶喜は御大喪を理由に長州藩征討の打切と同藩に対し寛大な措置を講ずる旨を発表したのである。こうして、幕府実力の衰退はいよいよ世上に印象づけられることになった。

さきに通商条約に対して勅許が与えられたとき、イギリス公使パークスはラッセル(J. Russell)外相に報告して、「われわれの望むことは、御門《みかど》による条約批准が外国人および貿易についてもっと正しい考えがもたれるのに大いに貢献することである。それは、われわれの地位を完全に確乎たるものにし、それによって、大名たちが大君《たいくん》(将軍のこと—著者)およびこの国へ大君が入ることを許した外国人たちを攻撃する主たる口実を奪うものである。もしも大名たちが大君との争いをつづけるとすれば、他の問題をとり上げねばならない。外国人たちのことは、もはや争いの口実にはなりえないであろう」と記した(1)。たしかに、薩英戦争、四国連合艦隊の下関砲撃事件、通商条約勅許を経ることによって、攘夷鎖国の至難なことはひとびとの間に次第に明かになり、それにつれて多年にわたって朝幕間の烈しい対立の原因をなして来た開国・攘夷の争いは下火にむかうことになった。いいかえれば、幕府が事実上とって来た開国方針は次第にひろくうけ入れられるようになったわけである。けれども、そのことは幕府にとって政治的局面の緩和を意味したであろうか。薩英戦争、四国連合艦隊の下関砲撃事件は、それぞれとりわけ薩長両藩に西洋諸国の擁する軍事力の圧倒的優越を痛烈に自覚させたのであるが、また同時にその故にこそ民族的危機感を一段と高揚させることにもなり、このことはひいて国政の局にある幕府に対する不信感を一層に深刻化させるにいたった。しかも、この熾烈な不信感は両藩の内部において昂進する反幕的傾向と相結合して、民族の独立保持に対する自藩の使命感を刺戟することになり、(2) そしてまた、倒幕・王政復古論を生み出すことになるのである。

（1）　Dickins, F. V. and Lane-Poole, S., The Life of Sir Harry Parkes, vol. II, 1894, p. 51.

（2）　第一次長州戦争直後の元治二年一月（同年四月に慶応元年と改元）に長州藩の高杉晋作は前原彦太郎（一誠《いっせい》）宛書翰（『東行先生遺文』、大正五年、一五五―六二頁所収）に渡英の希望を述べて、「両国（防長二国）を五大洲中第一の強富国にすれば、随分勤王も出来候様奉二愚按一候」としている。また、第二次長州戦争前の慶応元年八月四日に薩摩藩の大久保一蔵（利通）

は新納《にいろ》刑部《ぎょうぶ》・町田久成宛書翰（『大久保利通文書』、第一、所収）の中で「若し大樹家（将軍家を指す—著者）竜頭蛇尾にして東下相成候はば、益命令不㆓相行㆒、各国割拠之勢不㆑可㆑疑。依㆑之富国強兵之術必死に手を伸ばし、国力充満、仮令一藩を以てすとも、天朝奉護皇威を海外に灼然たらしむるの大策に着眼するの外無㆑之候」と述べている。

すでに述べたように、開国・攘夷の問題をめぐって幕府と朝廷とがとかく鋭く対立し、その間に国家権力の二元化が現出し、しかも、幕府権力は衰退の姿をいよいよ露呈するにいたった。西洋諸国の重圧の中でこのような事態が進展するにともない、国家的統一を強化、確立することがおのずから次第に強く要請されることになった。王政復古論は、この要請への一つの対応にほかならない。そして、薩長両藩の側において倒幕・王政復古という方式で国家権力の一元化が意図されるようになったのは、両藩内において反幕的傾向が次第に強まって来たことと関連することは、いうまでもないが、けれどもまた、この王政復古の構想は一つには昂進する民族的危機感を媒介として発生したものである。そして、幕末わが民族意識が神国思想と結合して高揚して来たことを考えるならば、烈しい民族的危機感に駆られた政治的再編成の企てが、幕府支配の再建による国家権力の一元化（江戸幕府体制の伝統的形態への復帰）という方向をとらず、倒幕・王政復古の構想へと結実したことは、十分理解しうることである。

ところで、幕府側もまた幕府の立場から、脆弱化した支配的地位をたて直して、それによって同時に前述の国家的統一の強化、確立の必要に対応しようと試みるのである。すなわち、第二次長州戦争を機会に幕府の政治的弱体性がいよいよ暴露する中で、家茂のあとを襲って将軍職についた慶喜は幕政の大規模な改革を熱心に試みることになった(1)(2)。当時三〇歳の慶喜はかねてからその聡明を知られていたが、少壮気鋭の彼のこの企ては実に世上の注目を招かずにいなかった。当時王政復古を画策していた岩倉具視は、その書翰において「今の将軍慶喜の動止を視るに、果断勇決志望亦小ならざる様被レ考候。決して軽視す可からざる一の勁敵《けいてき》と存候」と記しているが(3)、長州藩の倒幕派の代表的な一人であった木戸貫治(孝允)もまた「今也《いまや》関東政令一新兵馬之制亦頗可レ見者あり。一橋之胆略決て不レ可レ侮。若今にして朝政挽回之機を失ひ、幕府に先を制せらるる事あらば、実に家康之再生を見るが如し。今日天下之勢は山巓に丸を置くが如く危機僅に一髪、一転せば忽ち千仞《せんじん》の下に直下せん。誰か得て之を支へん哉。唯之を転ずる者の力如何と顧而已《のみ》」と述べたという(4)。こうして、新将軍慶喜の幕政改革は倒幕・王政復古を計画しているひとびとにも目をみはらせるものがあった。

(1)　文久三年一一月に慶喜が入洛した後、越前藩主松平慶永は幕府として「時勢に適する政躰を確立」することを必要と考え、それをなしうるか否かはもっぱら慶喜の態度にかかっていると信じ、彼は慶喜に対し「方今の時勢に処せらるべき御方針は創業の御著眼なりや中興の御著眼なりや」と尋ねたところ、慶喜は「成否は測りかたけれど、創業の方なり」と答えた(『続再夢紀事』〈日本史籍協会本〉、第二、三〇二—三頁)。慶喜は後年に藤井甚太郎への談話でこの頃のことを回想して、中興とか改革とかは旧制度を前提としての言葉である。自分が創業と云ったのは、旧制度を眼中に置かず、文久三年一一月の状況に適合した制度を天から降って来たように創設することを意味したのであると述べた(文明協会編、『明治戊辰』、昭和三年、所収の藤井甚太郎、「大政奉還に関する考察」、四八頁)。慶喜は、このように将軍職に就く以前において幕政の根本的刷新の必要をすでに痛感していたのである。

(2) 最も注目すべきものとしては、たとえば、永年の厳格な慣行を打破して、家格に拘泥せず人材の抜擢を行うことにした。また、老中には原則的には所管事項のなかったのを改めて陸軍総裁、海軍総裁、国内事務総裁、外国事務総裁、会計総裁という新しい官職を設けて、老中のうちから銓衡したものをそれらの地位につけ、こうして国政の重要部門について専任の担当者を設け、その上でこれまでのように老中全部による合議をもって国政を処理することにした。これは、ヨーロッパ諸国の内閣制を参考としてなされた改革である。慶喜による幕政改革は、そのほか幕政の諸部面について企てられた。

(3) 慶応三年四月二六日付の中山忠能《ただやす》、正親町三条実愛《おおぎまちさんじょうさねなる》宛書翰(『岩倉公実記』、中巻、昭和一二年、一三五頁所収)。

（4）　土方久元、『回天実記』、下、明治三三年、一八四―五頁。

ところで、注目すべきことは、この前後における幕府とフランスとの関係である。八月一八日の政変後に幕府は横浜鎖港の交渉を目的として池田筑後守長発を正使とする使節をヨーロッパに派遣したことはすでにふれたが、この使節団がフランスにおいて国内人心の不折合を理由にこの交渉を行ったとき、フランス側は、条約破壊者である攘夷派を鎮圧するためにフランスとして軍事的援助を提供する用意がある旨を述べた。この頃からフランスは、幕府をもり立てることによってわが国に対する関係で他の西洋諸国よりも有利な地位に立とうとするようになった。この方針は、元治元年（一八六四年）に駐日公使として着任したロッシュを中心に強力に推進されることになり、幕府はフランスからさまざまの便宜を仰ぐにいたった。しかも、幕府の内部においては、すでに大きくゆらぎつつある幕府の支配的地位をフランスの援助を仰いで再建すべきであるとの論も唱えられ、こうしてフランスと幕府との間には緊密な関係が結ばれることになった。(1)

（1）　たとえば、幕府は外国から軍艦を購入していたが、それらを修理する施設をもつこと、また進んで国内で軍艦建造を行うことを必要と考えた。そこで、慶応元年（一八六五年）フランスに造船所の建設を依頼し、それは横須賀に設立されることになった。これが後年の横須賀海軍工廠の前身である。幕府はまた、慶応二年にフランスから陸軍教官を招いて西洋風の軍隊を編成することを計画し、翌年それは実現の緒についた。また、第二次長州戦争に際しては勘定奉行小栗《おぐり》上野介《こうずけのすけ》忠順《ただまさ》らは、フランスから融資を仰ぎまた軍艦をかりて長州藩を討伐し、場合によっては薩摩藩をも伐ち、その勢に乗じて郡県制を実現することを画策した。この計画はフランス政府の同意がえられず、水泡に帰したが、しかし、この長州戦争に際してロッシュはフランス側で立案した作戦計画を幕府に提出して参考に供するほか、勝利の暁にとるべき善後措置についても種々建議した。なお、慶喜の前述の幕政改革についてもロッシュは種々献策して少からぬ助力を与えた。

　幕府がこのようにフランスと密接な関係を結んだのに対して、注目すべきものはイギリスの動向であった。イギリスは初めは尊攘派に対して開国方針をとる幕府を支持したのであったが、薩英戦争、四国連合艦隊の下関砲撃事件を経る間に次第に薩長両藩に接近することになった。これは、一つには薩英戦争後に薩摩藩との間に生麦事件が解決をみ、また下関砲撃事件後に長州藩が攘夷論を放棄し、しかも、この両藩ともにイギリスとの友好関係の増進を熱心に望むようになったのにもよる。けれども、なお一つには、イギリスは幕府が開国方針に関して本来積極的熱意に欠け、しかも、薩長その他諸藩に対する統制力を次第に失いつつあることを察知した結果でもあった。イギリスは、開国論に立ち且つ反幕的方向を時とともに露わにして来るこの二大藩が将来日本政治の上で大きな役割を演ずるものと予想し、幕府と結ぶフランスに対抗しつつ両藩との間に親善関係を進め、それによって日本をめぐる国際情勢の中で将来イギリスとして有利な立場を築こうとするのである。イギリスのこのような政策転換は駐日公使オルコック(R. Alcock)(万延元年〔一八六〇年〕就任)の下ですでに始まったが、後任として慶応元年(一八六五年)来日したパークスによってさらに推進されることになった。(1)

(1)　慶応三年七月二七日付大久保一蔵(利通)宛西郷吉之助の書翰(『大西郷全集』、第一巻、大正一五年、八八〇―九二頁所収)は、この日に西郷が大坂でサトウと会談した模様を次のように報じている。サトウは西郷に述べて、フランス側は、日本の政府もいずれは西洋諸国と同様のものに改められ、諸侯の権力を取り除かねばならないのであるから、先ず薩長二国を滅ぼすべきであり、ついてはそのためにイギリスと協力したい、と申出た。自分(サトウ)はこれに答えて、第二次長州戦争のゆきさつからも判るようにわずか長州一国さえも討ちえない政府が諸侯の権力を取り除きえないことは明かである。そのように弱体なものを助けることは到底できないと伝えた。しかし、フランス側はこのようなことを公然唱える位であるから、政府を援けて諸藩を討つ方策をめぐらすにちがいない。政府は二三年の中には軍資金を集め、装備を用意し、フランスの援助を頼んで戦争をひらく考えと思われる。その暁にはフランスは必ずや軍事的援助を行うであろう。従って、貴方側においてもフランスに対抗できる大国の助けをうるようにしておかなければ、危険であろう。イギリスが貴方側に加担するであろうと云いふらせば、フランスも兵力を動かすことは決してできない。イギリスとしては、天皇が政権を掌握し諸侯がその下に服属するようになり、日本がイギリスと同様の制度を採るようになるのをひたすらに望んでいる。イギリスと協議したいことでもあれば、それをうかがいたい、といった。なお、西郷は付記して、サトウは以上のように述べて、イギリスの援助を希望するとこちらがいえば引受ける口振であったが、自分(西郷)としてはわが国政体の変革はわれわれの力でやるのが筋道であるとサトウに告げた、と述べている。

西郷の以上の書翰も、幕府とフランス、薩長両藩とイギリスとがこの幕府末期にそれぞれいかに接近した関係に立つようになっていたかを示している。

第五節　瓦　解

すでに述べたように、八月一八日の政変後朝廷においては一旦は公武合体派の宮・公家が支配的地位に立つことになったが、この政変を推進した薩摩藩はその後反幕的方向に傾くようになり、また公武合体論者であった孝明天皇は崩御され、そのような中で朝廷では倒幕派の宮・公家の勢力が増大することになった。そして、彼らを背後から指導するようになったのは、岩倉具視であった(1)。慶応三年一月の明治天皇の即位、同年三月の孝明天皇崩御百ヶ日の両度に大赦が行われて、曽つて長州藩と結んで活躍した尊攘派の宮・公家たちは赦されて朝廷に復帰することになったが、これは岩倉の画策に負うことが大きい。なお彼みずからもこの大赦で入洛を許され、爾来彼は朝廷および薩摩藩倒幕派との連携をいよいよ密にすることになった。

（1）　岩倉具視は曽つては朝主幕従の公武合体論を抱き、和宮降嫁問題に際しても周旋を試みたのであった。文久二年に長州藩の勢力が朝廷を圧するようになると、そのような彼は公武合体派の故をもって朝廷を追われ、辞官落飾、洛外蟄居を命ぜられた。岩倉は公武合体論に立つ薩摩藩と親しい関係にあったが、この失脚後は長州藩に対して強い反情を抱くようになった。その後情勢の変転、推移する中で、彼は公武合体論から倒幕論へ転換するとともに西郷吉之助(隆盛)、大久保一蔵(利通)によって代表される薩摩藩倒幕派と結び、孝明天皇崩御後は朝廷内の倒幕派を操る背後勢力になった。そして、彼は薩長両藩の力を借りて王政復古を実現することを強く期待するにいたるのである。

このような中で、江戸、大坂、兵庫、新潟の開市開港の期限にあたる慶応三年一二月(一八六八年一月)が近づいた。兵庫の開港を強く要望する西洋諸国は、さきに先期開港の要求を撤回した後も上記の期限には必ずひらくようしきりに申入れていた。しかも、朝廷は条約勅許の際に兵庫の開港は許しえない旨を幕府に伝えていたので、開港期限の接近するにつれて幕府は全く苦境に立つことになった。けれども、この問題に対する西洋諸国のきわめて強硬な意向を前にしては、幕府としては結局如何ともしがたく、慶応三年三月ついに将軍慶喜は兵庫開港の勅許を奏請するにいたった。しかも、その際に慶喜は奏請書の中で述べて、通商条約においてすでに約束した兵庫の開港を拒むことは西洋諸国との間に紛争を招き、その結果「皇国の浮沈」にもかかわる重大事態を招くことは明かであるとし、元来世界万国の風俗はさまざまであるが、「博《ひろ》く天地の化育を受け、今日其生を遂げ其死を全く」する点は同一である。従って、互に交際することは「天地の正理」といわねばならない。またわが国は東西交通の要衝に位置しており、万国の交際さかんな今日ひとりわが国だけが伝統を固守して交際を行わないことは「自然の大勢」に反し、容易ならざる禍を招くであろう。それ故に、朝廷においても世界の大勢を察し「四海兄弟一視同仁の古訓」にもとづいて対処されたい、となしたのである。幕府は今やこうして、ついに開国和親の必要を公然と唱え、それを根拠として兵庫開港の勅許を求めるにいたったのである。これに対して、朝廷内の公武合体派は勅許の与えられるようしきりに斡旋を試み、またこの件について朝廷から意見を徴された在京諸侯も勅許のしかるべき旨を上奏した。そこで、朝廷においては当時倒幕派の勢力が増大していたにもかかわらず、勅許の御沙汰が発せられた（慶応三年五月）。すなわち、朝廷はさきに通商条約を勅許することによって、攘夷鎖国の容易に行いえないことを承認したのであったが、今やついに開国方針を暗に認めるにいたったのである。なお、この御沙汰をえた幕府は西洋諸国と交渉して、兵庫と大坂とは予定のごとく慶応三年一二月にひらくこととし、江戸、新潟の開市開港は準備未了の理由で慶応四年三月(一八六八年)に行うことにした。

ところで、当時薩摩藩の倒幕派は実はこの兵庫開港勅許問題の機会をとらえて王政復古を実現することを画策したのであったが、その機を得ずに終った。そこで、彼らはここに一転して長州藩と結んで挙兵討幕を実行することを構想して、長州藩に働きかけることになった。けれども、この頃でも薩摩藩内においては公武合体論が依然軽視しえない勢力をもっており、また長州藩の側においても八月一八日の政変以来藩として相つぐ難局をつぎつぎに迎えて来ただけに、この際に挙兵討幕に突き進むことについてはためらう気分が強かった。これらの結果、工作は少からず難航したが、ようやく慶応三年九月にいたり安芸《あき》藩を加えた薩長芸の三藩の間に出兵討幕の提携が成立をみた。なお、土佐藩の倒幕派の中心をなす乾退助(板垣退助)、中岡慎太郎、谷守部(干城《たてき》)らもこの計画に協力することになった。

さらに、薩長芸三藩の間に提携の結ばれた同じ月に、過去薩長両藩の烈しい対立・反目を背景に不和の関係にあった岩倉具視と三条実美との間にも王政復古実現のために協力す

る旨の諒解が成立をみた。(1)

（1）　前述したように、岩倉具視は由来薩摩藩と親しかったのに対して、三条実美は文久二―三年に長州藩が朝廷において圧倒的勢力を擁していた時代に尊攘派公家の中心として同藩と結んで朝廷で重きをなし、ついで八月一八日の政変とともに失脚して朝廷を去った。このようにして、三条は長州藩と密接な関係にあった。しかし、前述の「薩長の和解連合」の成立は両藩の対抗関係を背景に疎隔の状態にあった岩倉・三条の和解をも実現させることになったのである。なお、「薩長の和解連合」を斡旋した坂本竜馬、中岡慎太郎は、岩倉・三条のこの提携についても同様周旋を行ったのであった。

さて、朝廷において倒幕派の勢力の増大するにともなって、朝幕の関係はおのずから疎隔、冷却の姿を呈して来るのであるが、そのような中で今述べたごとく武力討幕計画が準備されることになった。ところで、この幕府打倒の動きを察知した土佐前藩主山内豊信(容堂)は事態をふかく憂慮し、藩内の意見を徴した後、慶応三年一〇月三日(一八六七年)藩士後藤象二郎を通して将軍慶喜に対し大政奉還の建白書を提出した。そして、「皇国興復」をはかろうとすればこの際大政を朝廷に返上して王政復古を実現し、朝廷の下に公議政体(公議世論にもとづいて政治を取り行う政体)を樹立し、政治外交の刷新をはかるべきであると建言したのである。

すでにふれたように、幕末においては幕府・朝廷ともに、政治上の重大な問題について諸侯の意見を徴してその態度の決定を行うことが、しばしばなされるようになった。しかも、このような政治処理の方式との連関で武士層の間には、漢籍、洋書などを通して伝えられる西洋諸国における議会制度に関心を抱くひとびとが生じていた。大政奉還の建白書における公議政体論の背景には、このような事情が存在していたのである。

ところで、山内豊信のこの建白書は、どのような動機にもとづくものであったか。彼は、事態がこのままに推移すれば、勢威全く衰えた幕府は薩長両藩を中心とした討幕の企てに遭遇し、その結果は到底予測を許さないと考えた。しかも、もし薩長のこの計画が成功すれば、その後の政治における指導権は完全に両藩の手に帰し、土佐藩としては空しくこれに追随するほかはなくなると判断したのである。そこで、幕府が建白書の趣旨に従って当面の情勢に対処するならば、土佐藩はその後の政治においてきわめて重きをなしうると同時に、将軍家をその存亡の危地から実質的には救い出すことになると考えたのである。すなわち、大政を返上しても徳川家が依然八〇〇万石を擁し、また過去二百六十余年にわたるその治世下で将軍家の恩顧に浴して来た諸侯の少くない以上は、朝廷の下に公議政体の樹立された場合、徳川家は当然に重きをなすものと予想されたのである。(1)(2) なお、土佐藩主たる山内家は古く関ケ原の役のあとの行賞で掛川の六万石から一躍土佐の二〇万石に封ぜられ、またこれまでに将軍家の恩をこうむったことも少くなかった。このような土佐藩としては、将軍家が危地に瀕するにいたったのを傍観しえないと考えたのであった。

(1) 建白書の内容は、土佐藩の坂本竜馬の意見に負うこと大である。坂本はさきに薩長両藩の間を斡旋して「和解連合」を成就させたが、薩長の間に討幕計画が準備されるようになったとき、彼としては自藩が提唱して大政奉還・公議政体樹立という方式で局面収拾が行われれば、それは薩長の挙兵討幕に土佐藩として追随するのにはるかに勝ると考えたものと想像される。

(2) 曽つて尾《お》佐竹《さたけ》猛《たけき》博士は、建白書の中に述べられた公議政体論を評して、議会論という「新衣」をまとった公武合体論となした(『日本憲政史大綱』、上巻、昭和一三年、八頁)が、この形容は適切であろう。

この建白書に接した慶喜は熟慮の後に、同月一四日大政奉還の上表を朝廷に差出した。慶喜はこの上表において、失政ついに今日の形勢を招いたのは自己の不徳によるものであるとし、ことに「当今外国之交際日に盛なるにより愈《いよいよ》朝権一途に出不レ申候而者《ては》綱紀難レ立」、そこで政権をここに朝廷へ奉還し、「広く天下之公議を尽し聖断を仰ぎ、同心協力共に皇国を保護仕候得ば、必ず海外万国と可二並立一候」となした。なお、慶喜は公議政体論をもって大政奉還後の事態を収拾するによい方式であると信じたのであったが、同時に、それは麾《き》下《か》の幕臣のためにも悪い結果をもたらすことはないと考えたものと想像される。

この上表が提出されると、朝廷ではこれを受理すべきか否かについて一旦は意見の対立を生じたが、後藤象二郎らは朝廷がもし上表を却下した場合には薩長両藩を中心とする討幕計画は実行に移されるものとみて焦慮一方ではなく、朝議を上表受理にまとめるよう必死の工作を試み、上表提出の翌日ここに朝廷はこれを受理する旨の御沙汰を発するにいたった。この御沙汰には「祖宗以来御委任厚御依頼被レ為レ在候得共、今宇内之形勢を考察し建白之旨趣尤《もっとも》に被二思食《おぼしめされ》一候間、被二聞食《きこしめされ》一候。尚天下と共に同心尽力を致し皇国を維持し可レ奉レ安二宸襟《しんきん》一御沙汰候事」とあり、なお「大事件外夷一条者尽二衆議一、其外諸大名伺被二仰出一等者朝廷於二両役一取扱、自余之儀は召之諸侯上京之上御決定可レ有レ之、夫迄《それまで》之処徳川支配地市中取締等者先是迄《まずこれまで》之通にて追《おって》可レ及二御沙汰一候事」とあった。慶喜はさらに同月二四日には将軍職辞任の旨を上奏したが、朝廷はこれに対して、諸侯上京までこれまでどおりと心得るようとの御沙汰を発した。

慶喜による大政奉還の上表提出は、しかし、幕臣、会津、桑名の両藩を中心とするいわゆる佐幕系諸藩に大きな衝撃を及ぼした。彼らの間では、これをもって討幕派に対する故なき屈服であるとして痛歎するものが少くなく、しかも、朝廷はこれを却下するであろうとの観測もまたしきりに行われた。それだけに、一たび聴許の御沙汰が伝わったとき、これらのひとびとの驚愕は実に一方ではなく、あるいは呆然自失、あるいは痛憤正にやる方ない有様であった。

それにしても、大政奉還の上表が聴許されることによって、薩長両藩を中心とする討幕の計画はいわゆる公議政体派のために機先を制せられた結果になった。さきに山内豊信が慶喜に建白書を提出した翌々日の一〇月五日には、岩倉具視は薩摩藩の大久保一蔵（利通）、長州藩の品川弥二郎、公卿中御門経之《なかみかどつねゆき》らと討幕の手順、新政府の職制について協議し、討幕の際に使用する錦旗の図案をも打合せてその調製を大久保、品川に依頼したのであった。その後岩倉らはさらに討幕の密勅を薩長両藩に下す準備をすすめ、慶喜が大政奉還の上表を朝廷に差出したその日にこの密勅は薩長両藩に伝達されたのであった。[1] そして、朝廷から大政奉還の上表聴許の御沙汰のでた後に、密勅は中山（忠能《ただやす》）家から取消された。

（1） この密勅は、公卿正親町三条実愛《おおぎまちさんじょうさねなる》、中山忠能、中御門経之、岩倉具視の四人の手で起草された。岩倉は洛外蟄居を解かれながらもなお未だ謹慎の身であるため他の三人がこれに副署して、薩長両藩に与えたのである。当時朝廷を外に対して代表する地位にあったのは摂政二条斉敬《なりゆき》であったが、彼は公武合体派に属していたために事は彼に秘してとり運ばれたのである。なお、この密勅は薩長と討幕の同盟を結んでいた安芸藩には伝達されなかったが、それは同藩では公武合体派の勢力が本来大きく、現に密勅の発せられる当時も同藩は土佐藩の公議政体論に傾いているとみられたためである。

朝廷は大政奉還の上表を受理した後、ついで前述の御沙汰にもとづいて事態収拾のため諸侯に召命を発した。これに対して、しかし、徳川家一門、譜代諸侯は大政の奉還によって将軍家がこれまでの臣下である諸侯と同列に下った今日、召に応じて朝廷に赴き今後の方策を議することは将軍家に対して憚《はばか》りありとし、「忘恩の王臣」たるよりも「全義の陪臣」として終始したいとして、朝召を辞退した。また、外様諸侯の多くも前途の見通しを立てえないままに日和見的態度をとり、種々の口実を設けて召命に応ぜず、事態はそこで混沌としたものになった。しかも、当時まで会津藩主松平容保《かたもり》は京都守護職、桑名藩主松平定敬《さだあき》は京都所司代の地位にあって、京都の治安維持に当って来たのであったが、この会桑両藩の内部は大政奉還の経緯を諒承せず、憤激に沸き立つ有様であり、この様子に朝廷における多くの倒幕派公家たちは脅えて、萎縮の姿となった。

このようにして低迷に陥るにいたった事態を転換させたのは、いわゆる一二月九日の政変であり、それは大政奉還によって機先を制せられた討幕派の反撃にほかならない。(1) すなわち、西郷吉之助、大久保一蔵を中心とする薩摩藩討幕派および岩倉具視は、以上のような情勢をこのままに放置すれば王政復古は結局単なる名目と化して実権は徳川家の手に帰すると判断し、八月一八日の政変に倣った手順を用いて宮廷革命に訴え、局面打開を企てたのである[2]。一二月八日の夜に宮中では第二次長州戦争打切りにともなう長州藩処分問題に関して宮、公家、在京諸侯による会議が行われ、人心一和の立場から禁門の変以来の長州藩父子の罪を免じて官位を復旧し且つ入洛を差許すこと、八月一八日の政変の結果朝廷から追われた三条実美以下の公家の罪を赦すこと、岩倉具視ほか若干の公家の蟄居処分を解くことが決定をみ、この会議が翌九日暁方に終ると、彼らは以上の画策を実行に移した。すなわち、薩摩、土佐、安芸、尾張、越前の五藩の兵力をもって皇居を包囲して宮中と外部との連絡を管制下に置き、他方、中山忠能(公家)、安芸、尾張、越前の三藩主は会議終了後口実を設けて宮中に居残り、そのところへ蟄居処分を解かれたばかりの岩倉具視を初め有栖川宮熾仁《ありすがわのみやたるひと》親王、山階宮晃《やましなのみやあきら》親王、薩摩藩主島津茂久(忠義)、土佐前藩主山内豊信が参内して来た。そして、ついで、明治天皇の親臨、上記の宮、公家、諸侯列席の下にいわゆる王政復古の大号令が発せられたのである。「徳川内府従前御委任大政返上将軍職辞退の両条、今般断然被二聞食一候。抑々《そもそも》癸丑《みずのとうし》(嘉永六年—著者)以来未曽有の国難先帝頻年被レ悩二宸襟一候御次第衆庶の所レ知に候。依レ之被レ決二叡慮一王政復古国威挽回の御基《おんもとい》被レ為レ立候間、自今摂関幕府等廃絶、即今先仮に総裁議定《ぎじょう》参与の三職を置かれ万機可レ被レ行、諸事神武創業の始に原《もと》づき搢紳《しんしん》武弁堂上地下の別なく至当の公議を竭《つく》し天下と共に休戚を同く可レ被レ遊叡念に付、各《おのおの》勉励旧来驕惰《きょうだ》の汚習を洗ひ尽忠報国の誠を以て可レ致二奉公一候事」というのが、それである。(3) そして、摂政二条斉敬、賀陽宮(中川宮)朝彦親王以下の公武合体派の宮・公家の参内を今後禁止すること、京都守護職、京都所司代の職を廃止すること、会津、桑名両藩の宮門警護の任を免じて帰国させることが決定された。つづいて、王政復古の大号令にもとづいて総裁には有栖川宮熾仁親王、議定に山階宮晃親王、仁和寺宮嘉彰《よしあき》親王、中山忠能、正親町三条実愛、中御門経之、徳川慶勝(前尾張藩主)、松平慶永(前越前藩主)、浅野長勲《ながこと》(茂勲《もちこと》)(安芸藩世子)、山内豊信(土佐前藩主)、島津忠義(茂久)(薩摩藩主)、参与に岩倉具視、大原重徳、橋本実梁《さねやな》、その他が任ぜられ、後にさらに薩、尾、芸、越、土の五藩から藩士各三名が参与に任ぜられ、この中には西郷吉之助、大久保一蔵、後藤象二郎等が含まれた。なお後に長州藩からも議定、参与が任命された。これが、後に明治新政府の名で世上よばれることになったものの原型である。

(1)　岩倉具視は、将軍慶喜の大政奉還に対しては王政復古の糸口をひらいたものとしてこれを支持する態度をとった。彼は当時の薩長両藩の討幕派とは異なって、王政復古のために挙兵をあくまで必要であるとは考えていなかったと思われる。けれども、大政奉還後の情勢をみて、王政復古を真に達成するためには宮廷革命による局面転換を必要と信じたのであった。

（2） 岩倉とともにさきに討幕の密勅作成に関与した中山忠能、正親町三条実愛、中御門経之らは、大政奉還後の不穏な政治情勢に全く脅えてしまい、宮廷革命の計画に一旦は烈しく反対する有様であった。

（3） 王政復古の大号令の発布は歴史的には重要な意味をもつ出来事で、この宣言は後年ひろく知られるようになった。けれども、それが発せられた当時にはさほど世上の注目をひくことがなかった。西村茂樹は回顧録の中に次のように記している。「此大号令出たりといへども、世人は甚だ驚きもせず又甚だ感服したる様子もなく、（此事に関係せる者の外は）大抵は此御新政の果して永続すべきや否やを疑ふものの如し。京都の市民は元来尊王の情厚き者共なれども、やはり冷然として深く心に感ぜざる者の如し」（『往事録』、明治三八年、一〇二頁）。

なお、薩摩藩討幕派、岩倉具視は、この政変を計画した際に、その実行には薩摩藩の兵力だけでは到底不充分であるので、かねて討幕のための提携を結んでいた安芸藩に協力を求めるほか、政変実行直前の時期をことさら選んで土佐藩に計画を内示して参加を求めた。土佐藩としては、事が余りにも切迫していて対策をたてる時間的余裕のないため結局一応参加した上で事後に討幕派を牽制するほかないと判断し、この申入れに応じたのであった。政変を画策した上記のひとびとはさらに、尾張、越前両藩にも同じく実行直前に計画を伝えて参加を求めた。これはこの二藩が徳川家の一門に属することを考え、政変後に生じる徳川家処分問題の際に両藩を利用しようと考えたのであった。二藩がこの申入れに応じたのも、土佐藩と同様の考慮からであった。

さて、以上のような決定のなされたのち、つづいて皇居内の小御所《こごしょ》において天皇の親臨、新しい職制による総裁、議定、参与、前記五藩の藩士らの列席の下に王政復古後の今後の方針について協議が行われた。小御所会議が、これである。その席上、山内豊信は王政復古の大号令の発せられるにいたった経緯を公明を欠くものであると痛難し、今後の国是を定めるこの会議に慶喜をも招くべきことを迫り、松平慶永もこの意見を支持した。これに対して、岩倉具視は反駁して、慶喜が真に失政の罪を覚っているのならば、官位を辞し、その私有する土地・人民を朝廷に返上すべきである。単に政権を奉還したにすぎぬ慶喜をこの席に召すことはできないと論じ、大久保一蔵もこれを支持して、烈しい応酬が交えられたが、山内豊信らの公議政体派は言論によってこの際に事態を変更しがたいことを察し、論鋒をおさめ後日の機会を待つことにした。結局この会議では嘉永以来の失政を理由に慶喜に官位辞退と領地奉納とを内諭することに決定をみた。その場合辞官納地とは処罰の意味をふくむものであり、討幕派としてはこの決定によって徳川家の勢力を一挙に覆そうとしたのである。なお、小御所会議の翌日から長州藩兵は続々入洛を開始し、一二月九日の政変を通じてつくり出された政治的事態は薩長両藩の兵力によって今や擁護されることになった。また、これと前後して太宰府から京都に帰来した三条実美は議定に任ぜられ、これと時を同じくして岩倉具視も議定に昇任した。

このような中で、他方慶喜の滞在していた二条城内外の空気は時とともに険悪、不穏を加える有様になった。幕臣、会津、桑名両藩を中心とする佐幕系諸藩の間においては、前に述べたように大政奉還に対してすでに烈しい不満が抱かれたのであったが、その後、一二月九日の政変となり、さらに小御所会議における以上の決定をみるにいたって、彼らは痛憤実にやる方なく、慶喜らの鎮撫にもかかわらず今にも激発せんばかりの形勢となった。(1)ここにおいて、慶喜は当面の事態緩和をはかろうとしてひそかに二条城を脱して大坂城に移ったが、それとともに以上の者たちも彼の後を追って大坂城に移った。慶喜はこのようにして討幕派との武力衝突を回避しながら辞官納地の内諭について考慮を重ねた。

(1) 一二月八日の宮中における会議で、禁門の変によって朝敵の烙印をおされた長州藩主父子について寛大な処置がとられることになったのち、小御所会議では、大政奉還を申し出た慶喜に対して前述のような峻厳な処罰的措置をとられることになったのであるから、そのことは幕臣以下の勢力を当然に激憤させることになったのである。

この当時においても、政治情勢は依然甚だしく不安定であった。そこで、諸侯の多くも前途見通しの立たぬままに日和見的態度をつづけていた。しかも、二条城、ついで大坂城における幕臣、会桑両藩を中心とする不穏ただならぬ空気は、朝廷の多くの公家を全くおびえさせた。こうして、薩長両藩の討幕派は孤立に陥る惧《おそ》れさえ生じた。土佐藩を中心とする公議政体派はそこでこの情勢に乗じて、相当数の藩を糾合して朝廷に建言し、朝廷は大政奉還聴許の際の御沙汰の趣旨にそって諸侯を召して会議をひらき、事態の収拾をはかるよう申し入れ、討幕派に対する反撃を試みたのである。以上このような情勢の中で、討幕派も辞官納地問題について譲歩的態度をとることをついに余儀なくされることになり、辞官納地とは処罰を意味せず、辞官とは内大臣を辞すること、納地とは朝廷が政務のため必要とする費用を公議をもって所領から差出すことを意味することに解釈が変更されるにいたった。このような変更は、尾張、越前の両藩が上記の情勢を背景に討幕派と慶喜との間に立って周旋に力めたのに負うところもまた実に少くない。

辞官納地の問題について、ついにこのような諒解が成立したので、慶喜はここに内諭を受諾することになった。そして、正式にその旨が上奏されるのをまって、慶喜は召命により参内して議定に任ぜられることに手順の内定をみた。一二月九日の政変を起点として展開された局面は今やさらに転換されて、事態は公議政体派の望む方向において収拾されようとするにいたった。討幕派勢力に対する彼らの反撃はついに効を奏する形勢になったのである。

ところが、これよりさき西郷吉之助はいわゆる関東攪乱に着手していた。すなわち、彼によって江戸に派遣された薩摩藩士は薩摩藩邸に浪人を狩り集めた上、彼らに民家、豪商の掠奪を行わせ、江戸城二の丸に火を放って炎上させ、また江戸市中取締の任にある庄内藩主酒井忠篤《ただずみ》の屯所に発砲させ、これらと前後して関東の諸地方でしきりに暴行を演じさせた。その目的は、旧幕府系勢力を挑発して武力衝突の機会をつくり出すことにあった。ところで、江戸の旧幕府側は江戸および関東諸地方でのこれらの暴行の本拠が薩摩藩邸であることを次第に知るにいたったとき、大政奉還以来の事態を薩摩藩の謀略によるものとしてかねて痛憤やまなかった彼らは激昂おくあたわず、老中は庄内藩主酒井忠篤に命じてついに薩摩藩邸焼打を行わせたのである(一二月二五日)。

他方、辞官納地の問題について前述のように慶喜が内諭を受諾するところまで進んでいたものの、大坂城内外の空気は依然極度に不穏をきわめていた。正にそのところに一たび江戸薩摩藩邸焼打のことが伝えられたとき、彼らはもはや到底隠忍しえず、薩摩藩討伐を叫んで慶喜の制止も及ばず、ついに慶喜はこれら麾下のものに奏聞書を授けたのである。

このいわゆる「討薩の表」は、一二月九日以来の薩摩藩の罪状を列挙してこれに関係ある薩摩藩士の引渡しを朝廷に求め、朝廷がその措置をとらない場合にはやむをえず討伐する旨を述べたものである。こうして、慶喜麾下のものはここにこの奏聞書を携え、君側の奸薩摩を除くことを叫んで、会津、桑名両藩の兵を先頭に鳥羽、伏見の両街道から京都にむかい進発するにいたった(慶応四年一月二日(一八六八年))。

このことが京都に伝わると、朝廷は衝撃をうけて、宮中は狼狽、動揺一方ならぬ有様となった。大久保一蔵、西郷吉之助は慶喜麾下のものの京都進入を武力をもってあくまで阻止すべきことを力説したが、不安に脅えた朝廷でこの開戦論を支持したものは薩長両藩の参与と数名の公家のみで、他のひとびとは日和見的態度をとるか或いは大久保、西郷に対してむしろ反感を抱く有様であった。そこで両人は、慶喜が内諭を受諾して議定に就任することをなお期待していた岩倉具視を説得して、薩長両藩の兵は慶喜麾下の兵力を鳥羽、伏見に迎撃して、鳥羽伏見の戦争となったのである(一月三日)。そして、朝廷は仁和寺宮嘉彰《よしあき》親王を征討大将軍に任じ、天皇から宮に錦旗、節刀を授け、旧幕府側の軍隊はここに名分上賊軍ということになった。この合戦は、当初は勝敗予測を許さず、諸侯の多数は形勢観望の態度を持した。しかし、戦闘はやがて旧幕府側の敗北と決し、会津、桑名両藩以下の兵は大坂城にむかって総退却を行うにいたった。それとともに、前途の成行にこれまで脅えていた朝廷の空気は一変して歓喜に湧き立ち、日和見的態度を守って来た多くの藩もこの勝利を境にようやく朝廷側に傾くようになるのである。なお、鳥羽、伏見における旧幕府側の敗北は、在京の諸藩、とくに土佐藩の内応を期待して戦い、しかも、その予測が外れたこと、幕府側の軍隊の中に裏切って朝廷側に加担するものの生じたことにもよる。しかし、なお一つには兵数において朝廷側に比して優勢であったにもかかわらず洋式装備の点で甚だしく劣っていたことにも大きな原因があった。なお注意すべきことは、この合戦において朝廷側軍隊の中でも勇敢に戦い、勝利をもたらすのに大きく貢献したのは、実に薩長両藩の兵であったのである。

鳥羽伏見の敗報を聞くと、慶喜は大坂城を去って兵庫から軍艦で江戸に帰還した。しかし、前将軍を迎えた当時の江戸城内は、大混乱の状態を呈し、大政奉還以来の事態を痛憤する空気も烈しく渦巻く有様であったので、慶喜はついで東叡山大慈院に移り、謹慎恭順の態度を持して、麾下の鎮静をはかろうとした。ところで他方、朝廷は一月七日に慶喜追討の令を発し、翌二月には親征の詔が発せられ、つづいて有栖川宮熾仁親王が東征大総督となり、東海、東山、北陸の三道から薩長以下二十余藩の兵が江戸を目指して進撃することになった。

このようにして、辞官納地の問題が解決をみる寸前に鳥羽伏見戦争の勃発となり、それとともに局面は全く急転換して、公議政体派の反撃は挫折し、討幕派は旧幕府側を武力をもって打倒する機会をついに捕えたのであった。しかし、討幕派にとって前途はなお容易ならぬものがあった。一二月九日の政変の結果誕生した新政府は形の上では朝廷を推戴していたものの、世上からはとかく薩長の傀儡とみられていた。また、東征軍に参加した諸藩の多くも、前述のように日和見的態度をとったのちに新政府側に加担したものであり、そこで、前途の戦況如何によってはその向背も測りがたいものがあった。

ところで、江戸においては慶喜が大慈院に退いた後、旧幕臣らの間では新政府に対して恭順の態度をとることを主張するものもあったが、東征軍と戦って君側の奸薩長を除去すべきことを叫ぶ主戦論が甚だ盛んであった。そして、過去一貫して幕府援護の方針をとって来たフランス側は、公使ロッシュを初めとして陸軍教官として幕府が招聘していたフランス将校たちは旧幕府要路に抗戦を勧めてやまず、主戦論者の間にもこのフランス側の援助を求めようとする論も有力であった。そして、旧幕臣、諸藩の中には東征軍と戦いあくまで前将軍を擁護しようとして各地に兵を挙げるものが相ついで生じた。東征軍はこれらと戦いを交えて撃破しつつ進軍をつづけてやがて江戸に近づき、三月一五日(慶応四年)を期していわゆる江戸打入りということになった。このときにあたって、旧幕府陸軍総裁勝安房(海舟)は慶喜の命をうけて東征軍参謀西郷吉之助と折衝をひらき、その結果朝廷側は慶喜の謹慎恭順の実をみとめ且つ祖先以来の治国の功績を酌んで、徳川の家名を存置し、慶喜については死一等を減じて水戸に謹慎することを命じ、同時に江戸城明渡し、軍艦銃砲の引渡し、その他を約束させて、江戸打入は取止められることになった(慶応四年四月〔一八六八年〕)。

新政府側、とくに薩長両藩においては、徳川家に対して峻烈な処断を下すべきであるとの意見が当時も甚だ有力であったが、しかし、以上のような解決をみたのは一つには岩倉具視の配慮にもとづく。岩倉は過去王政復古を画策して来たものの、公家出身の彼は新政府が薩長の傀儡化することを好まず、また世上からそのようなものにみられることを新政府の将来のためふかく惧れ、そこで徳川家に対して苛酷な処置をとることを避けたいと考えたのであった(1)。第二には、イギリスの意向とも関連すると思われる。イギリスは薩長両藩と親しみ、その反幕的動きに対しても甚だ好意的態度を示して来たのであったが、しかし、日本が内乱状態に陥ることはその貿易上好ましくないばかりでなく、西洋諸国の対日干渉を誘発して複雑な国際的局面の生ずるのを防止したいと考えた。それ故にこそ、大政奉還の行われたとき、パークスは日本政治の改革が平和的に実現にむかったものとしてこれを歓迎し、旧幕府側も諸藩とともどもに新政府に参加して協力することを強く望んだ。しかし、この期待にもかかわらず鳥羽伏見戦争の勃発となり、東征軍の進発となった。そこで、パークスはこの際に新政府が慶喜以下旧幕府側を厳罰して、佐幕系勢力を刺戟し、その結果内乱の規模が拡大するのを前述の理由で甚だしく好ましくないと考えた。従って、パークスは江戸打入の迫った際に西郷吉之助に対して、厳罰方針は西洋諸国の間における新政府の名声を傷けることを力説し、そのことも西郷・勝の間に前述の取極の成立する重要な一因となったのであった。(2)

（1）　松平慶永、逸事史補、『松平春嶽全集』、第一巻、三七一—二頁。
（2）　Satow, A Diplomat in Japan, p. 343, pp. 365-6.

以上の取極の結ばれた翌月、朝廷は田安亀之助《たやすかめのすけ》に対して徳川の家名を相続させる旨の御沙汰を伝え、ついで彼は正式に相続して徳川家達《いえさと》と改名した。そして、その後駿河、遠江、陸奥（後に陸奥に代えて三河）の七〇万石に封ずる旨の御沙汰が発せられた。

前述のような経緯の後、東征軍は平和裡に江戸に進入したが、しかし、当時は主戦論を唱えて依然ゆずらない佐幕系勢力が諸地方にあった。その上に、過去三百年近く将軍が天下に号令して来た江戸には佐幕的雰囲気がみちみちており、そのような中で現に上野東叡山には輪王寺宮公現法親王《りんのうじのみやこうげんほっしんのう》（後に北白川宮能久《よしひさ》親王）を擁して抗戦を叫ぶ彰義隊があった。江戸に入った東征軍は軍資金不足のため一旦は江戸城内に屯して、この彰義隊の横行を傍観していたが、討伐費調達の見込が立つのをまって五月いわゆる上野の戦争をひらいて、彰義隊を撃破した。

東征軍はついでその後、関東諸地方の佐幕系勢力の掃蕩をはかり、そのあと舞台は奥羽、北越地方へと移って、奥羽北越戦争が行われた。さきに鳥羽伏見の戦争に際して会津、桑名の両藩は旧幕府側軍隊の先鋒であった関係から、朝廷はこの両藩に対しても追討の令を発したのであったが、やがて桑名藩が降った後も会津藩は頑として降服せず、しかも、東北の多数の藩は会津藩に対して寛大な措置をとるよう朝廷に懇願し、それが容れられなかったとき、彼らは会津藩を擁護し君側の奸を除かんと叫ぶにいたり、大政奉還以来の経過を憤る北越の諸藩もまた呼応して、奥羽、北越の三十余藩から成る大同盟がここに成立し、上野の戦争後奥羽に逃れた輪王寺宮公現法親王を推戴して決戦を交えようとするにいたった。この重大局面を前にして、新政府側の緊張は当然ただならぬものがあった。奥羽北越戦争がいよいよひらかれるにいたった際、岩倉具視は参与に宛てた意見書において「官軍東進の兵纔《わずか》に万余、大半首鼠両端勝敗を視る事秦越肥瘠《ひせき》の如し。之れを以て会賊必死の徒に当る。其成敗殆ど計るべからず。不幸にして一蹉跌、渠中間を横絶し、脊背の険を得て前後を制し、加レ之巨艦出没以て不虞を衝撃す、人心の向背殆ど保つべからず」と記しているが、[1]この年春に三条実美に送った「密事」の中にも述べて、会津は八月末か九月になると雪が降るであろう。そのような時節に入っては進撃は容易でない。もし降雪に阻まれて本年の中に賊を平定できないことになれば、天下の大事は去るであろうとなした[2]。これらからも推測できるように、この頃においてもなお、朝廷側に加担した諸藩の向背は前途予測を許さなかった。こうして大久保一蔵の言葉を借りていえば、「若し一回動揺有レ之節は何れに賊有るも被レ図不レ申候」という状況であった[3]。

(1)「東北進勦之議」(『岩倉具視関係文書』、第一)。
(2) 竹越与三郎、『陶庵公』、改訂版、昭和一二年、八三頁。
(3) 大久保は奥羽北越諸藩の大同盟成立に先だつ時期に木戸貫治(孝允)宛書翰(慶応四年閏四月二日付)(『大久保利通文書』、第二)の中に記して、会津等の征討は難事業である。「宮中之処も何一つ可レ賞之実跡は無二御坐一、越藩抔《など》之内情甚可レ怪次第も有レ之、若し一回動揺有レ之節は何れに賊有るも被レ図不レ申候。堂上之処も再三卿を除く之外深閨《しんけい》中之婦人同様にて、俄然天下之大柄を執らせ給ひ危殆之極に御坐候」と述べている。

しかし、奥羽北越戦争の戦況はこの年夏に入ってから東征軍に有利になり、それにつれて前述の大同盟は瓦解し、九月には会津藩も城下を焦土とする惨憺たる抗戦を演じた末ついに降服した。ついで、朝廷からは奥羽北越戦争で東征軍に抗したものに対して特に寛大な処置を講ずる旨の勅語が発せられたが、それは今後の国内の安定を考慮した結果であった。なお、この戦争における東征軍の勝利もまた、洋式装備の点で相手側に比してすぐれていたのに負うこと大である。

奥羽北越戦争鎮定の後、戦場はさらに北に移り、いわゆる箱館(今日の函館)戦争が行われた。そもそも江戸城明渡しの際に旧幕府側はその保有する軍艦を東征軍に引渡すことに取極められたのであったが、旧幕府内の主戦派の代表的一人である榎本武揚《えのもとたけあき》(旧幕府海軍総裁)は麾下の軍艦の引渡しに応ぜず、奥羽北越戦争の終了後に当時まで品川沖に碇泊したままであった八隻の軍艦を率いて、北へ逃れた。それには、さきに江戸の旧幕府要路にしきりに抗戦を説いてやまなかったフランス陸軍教官数名も乗込んでいた。江戸を去るにあたって、榎本らは宣言を発して、徳川家に与えられることになった七〇万石をもっては徳川の家臣を養いえないので、遺臣たるわれわれは蝦夷地(北海道)に赴いてその地の開拓に従事し、生計の途を立てると同時に国富の増進、辺境の守りにあたる覚悟であるとなした。しかし、彼らとしては北海道に避退した上で今後の情勢の推移を観望して、将来の方策を立てようとしたものと考えられる。しかし、翌明治二年に入ると、東征軍は北海道に進攻し、五月に箱館は陥落して榎本らは降服した。鳥羽伏見戦争を序幕としてひらかれた全国的な内乱は、ここにいたってようやく終結をみた。箱館戦争をのぞく各地のこの戦争は慶応四年、すなわち、戊辰の年に行われたので、戊辰戦争の名で総称されている。

ところで、注意すべきことは、北越戦争の際に参謀広沢真臣《さねおみ》(長州藩)は「実に北越一万有余之大兵中、必勝を期し無レ惰鞠躬《きっきゅう》尽力は何地《いずち》も薩長二藩之兵而已《のみ》に有レ之」と記しているが、(1)実に戊辰戦争全体を通じて東征軍の中核となって最も勇敢に戦ったのは、実に薩長両藩の兵であり、(2)他の諸藩の兵は一般には士気とかく揚らぬ有様であった。すなわち、江戸幕府の瓦解・明治新政府の樹立という過程において大きな歴史的役割を演じたのは薩長両藩であったわけであるが、その後に佐幕系勢力を軍事力を通じて克服し、新政府の下に国内統一を樹立する上に指導的役割を荷ったのもまた、この二藩であったのである。

(1)　文明協会編、『明治戊辰』、二四五頁。

(2)　山県有朋、『越の山風』、昭和一四年、一三二―三頁。

さて、江戸幕府の瓦解・明治新政府の成立という巨大な政治的変革、すなわち、明治維新の原因は、単純ではない。しかし、基本的にいえば、江戸封建体制がその内部的矛盾によって次第に安定を失い出していたところへ西洋諸大国による重圧が加わって、崩壊が促進され、明治新政府の誕生となったということができよう。この外圧はわが国内に甚だ複雑な政治的反応を生んだのであったが、それは就中わが国内に烈しい民族的反撥感と民族的危機感とを高揚させるとともに、外圧を契機とする朝幕の対抗関係の中から国家権力の二元化が現出することになった。ところで、西洋諸大国との接触が民族的危機感をいよいよ深まらせるにつれて、国家権力のこの二元主義《デュアリズム》を清算して国家的統一を強化し、それによって民族の独立を確保することが緊急切実な課題として痛烈に意識されることになった。二元主義のこの清算は、開国前の幕府支配の伝統的形態にできうる限り復帰することによって行われるか、あるいは朝廷をともかくも中心とした新しい政治体制の樹立によってなされるか、この二つの方式を考えたわけであるが、歴史的には、大政奉還およびその前後における尊王倒幕派の運動によって結局後者の方式で解決されたのである。慶応三年四月に岩倉具視はその書翰において、「夫れ天に二日なく、地に二王なし。政令一途に出でずして何れの国か立ち可レ申や。所詮自今の如く朝廷幕府並立致居候ては真実の攘夷も真実の和親も出来不レ申候。断然幕府を廃し徳川氏は諸藩の列に加へられ、大政統一確乎不抜の制度を被レ立度候。此挙固《もとよ》り勅語のみを以ては施行出来不レ申、必ず極点は兵力を要し可レ申と存候」(1)(圏点著者。以下同じ)と記したが、それは、将来の見通しを洞察したものであったと同時に、尊王倒幕派の変革への意図をよく示すものといってよい。(2)しかも、慶喜も大政奉還の上表の中で「当今外国之交際日に盛なるにより愈朝権一途に出不レ申候而者、綱紀難レ立候間、従来之旧習を改め政権を朝廷に奉レ帰、広く天下之公議を尽し聖断を仰ぎ、同心協力共に皇国を保護仕候得ば、必ず海外万国と可二並立一候」となして、朝廷の下に国家権力の一元化をはかり、それによって国家的存立を確固たるものにしようとする意図を表明していることは、きわめて意味ふかい。(3) 二元主義の清算が、こうして、朝廷を一応軸心としてなされたことは、外圧によって烈しく高揚した民族感情が正統化の根拠を神国思想に求めていたことを考えるならば、よく理解しうることである。

(1) 慶応三年四月の中山忠能、正親町三条実愛宛書翰(『岩倉公実記』、中巻、三二—九頁所収)。

(2) それ故に、たとえば、木戸孝允は明治三年一月二七日付の柏村信宛書翰(『松菊木戸公伝』、下巻、昭和二年、一三七八—九頁所収)において「畢竟御一新と申も、皇国御維持之目的不二相立一ては、元々幕政に異なる事なく、従来之勤王も何の所以たるを知らずと奉レ存、甚長歎罷在候処……」と記したのも、まことに当然である。

(3) なお、大政奉還を勅許する旨の御沙汰には、前述のように「宇内之形勢を考察し、建白之旨趣尤に被二思食一候間、被二聞食一候。尚天下と共に同心尽力を致し、皇国を維持し、可レ奉レ安二宸襟一御沙汰候事」とある。

このようにして、江戸幕府の瓦解・明治新政府の成立という巨大な政治的変革は、その一面においてはいわゆる民族革命であったということができる。ここにいう民族革命とは、民族の独立確保あるいは民族の対外的勢力拡大を目的としてなされる国内政治体制の変革をいう。

第二章　近代国家への移行

第一節　新しい支配体制の構築

さて、一二月九日の政変に際して新政府の職制として総裁、議定《ぎじょう》、参与の三職制が定められたが、その後慶応四年閏四月に政体書が発布された。これよりさき、同年の三月にいわゆる億兆安撫の宸翰《しんかん》(後述)が発せられ、それと同時に天皇は総裁、議定、参与、公家および諸侯を率いて神前で五事を誓ったが、政体書はこの「五ケ条の御誓文」(1)を基礎として新しい政治制度を規定したものであった。太政官制が、すなわち、これである。(2)

(1)　これは、天皇親政の下でとらるべき基本方針を明かにしたもので、五ヶ条とは、次のごとくである。「一、広く会議を興し万機公論に決すべし、一、上下心を一にして盛に経綸《けいりん》を行ふべし、一、官武一途庶民に至る迄各其志を遂げ人心をして倦ざらしめん事を要す、一、旧来の陋習を破り天地の公道に基くべし、一、知識を世界に求め大に皇基を振起すべし」。

(2)　政体書は、国家権力はあげて太政官に帰すると定め、太政官の権力を立法、「行法」、司法に分け、立法を司るものとして上局・下局から成る議政官《ぎせいかん》、「行法」を司るものとして行政、神祇、会計、軍務、外国の諸官、司法を司るものとして刑法官を設置し、アメリカ憲法の三権分立主義を参酌して、以上三権の関係を定めたのである。

そして、慶応四年七月いわゆる東京奠都《てんと》の詔が発せられた。なお、同年九月には慶応四年を改めて明治元年とする旨の御沙汰が発せられ、翌明治二年三月に明治天皇は京都から東京に到着されて、爾来東京に止まられることになった。東京は、このようにして新たに首府となったのである。この遷都の行われたのは、朝廷が長年の因襲にとらわれることなく今後に処するためには京都を離れることが望ましいと考えられ、しかも、戊辰戦争に鑑み関東、東北地方の今後の治安を保つ上から東京が地の利をえているとされたのによる。

さて、新政府は戊辰戦争・箱館戦争を通じて旧幕府系勢力を軍事力をもって克服したものの、その基礎はきわめて脆弱、不安定であった。新政府は宮、公家、諸侯、諸藩士から構成されていたが、身分あるいは藩を異にするこれらのひとびとの間に協力の関係を保つことは、決して容易ではなかった。また、新政府の成立は薩長両藩の力に負うことが大であり、従って新政府としてはこの二大藩の支持を当然頼みにせざるをえなかったが、しかし、新政府成立後、薩摩藩を事実上率いる地位にあった島津久光と長州藩主毛利敬親《たかちか》とはとかくその所領に引籠りがちで、出でて藩力をもって新政府を盛り立てる態度をとろうとはしなかった。しかも、新政府の事実上の中核として重きをなすことになった薩長両藩出身者はその藩においては下級武士層に属し、これがために彼らとして自藩を動かすことは必ずしも容易ではなかった。さらにまた、新政府内で長州藩出身者中もっとも有力であったのは木戸孝允であり、薩摩藩出身の最有力者は大久保利通であったが、両人はその性格、考え方を著しく異にし、これがために意志の疎通をとかく欠きがちな有様であった。

これらのほかに、全国には諸藩が依然長い歴史、由緒を自負しつつおのおの兵力を擁して厳存していたのに対し、新政府は親兵の設置(明治四年二月)までは自己の兵力を全くもたない有様であった。

以上のような状況の下で世上では、薩長両藩はやがて衝突して兵火を交え、それにつれて諸藩もまた動いて、再び天下をあげての大動乱が爆発するであろうとの取沙汰もしきりに行われる有様であった。そこで、新政府の施政は到底容易ではなく、新政府の前途が果していかに成り行くかは、政府首脳の間においても憂慮まことにただならぬものがあった。(1)

（1）このような有様について述べた実に多くの文書が残っている。例示的に挙げるならば、たとえば、明治二年二月一日に参与木戸孝允は輔相三条実美・議定岩倉具視宛書翰(『木戸孝允文書』、第三)に記して、「諸藩も旧幕之時より驕気は大に増長し、名義と歟《か》名分と歟《か》申すも多くは声而已《のみ》に成果、藩力を以相応に我儘に朝廷に申立、御一新之御主意を奉レ体皇国をして万世に維持仕候などと申所作ぶりは甚少く、多くは只己れに利を引候事而已にて、此儘にては四方小幕府之相集り候様の姿と相成、決而興起之基は相立不レ申」となしている。

三条実美も京都に滞在中であった岩倉具視にあてた同年四月六日付書翰(『岩倉公実記』、中巻、七〇六頁)の中において述べて、東京に到着後当地の情勢を見聞するに「内外実以不二容易一の情態にて、殆ど瓦解の色相顕れ、此体にては不日大壊乱にも可レ至、誠以危急存亡の秋《とき》と唯々焦思苦慮仕、浩歎に不レ堪候」とし、「定て御聞も可レ有レ之外国人へ途中馬車行遇の混雑数度に及候より遂に絶交の場合に相迫、英仏等の憤怒不二一方一事にて、此度は実に弥縫も難レ仕事情に有レ之、且又内にしては政府五官一として一致協力規律法度被二相立一候処無レ之、各疑惑を懐き、其職を担当して任ずるの気無く、瓦解土崩難レ保の情態なり。右の如くに内外の憂患眼前に迫り、四方人心旧政府を慕ふの心弥《いよいよ》相生じ、新政府の失体を軽侮の勢にて、恐多き事ながら朝廷の威権は已に地に墜、皇風不レ振其危累卵の如く、嗚呼其責誰にか在る。実臣子の罪我輩死すとも余罪あり。……中々以当今の形勢筆端の尽す所に非ず。唯々尊公急速東下共に戮力《りくりょく》神州の危顛を扶持せむ事を千祈万禱候而已」と記している。そして、この書翰に接した岩倉具視は、急ぎ東京に赴くことになるが、彼は出発に際して随行のものに語って、天下のことは今日が創業の始めである。このたび東京でひらかれる会議こそ「皇国興廃の機会」であり、「皇室の安危」もまたそこで決せられるであろう。自分は堅い覚悟をもって病軀を冒して出立する。「嗚呼人生僅に五十年、夢幻の浮世に命を愛み生を偸《ぬす》まんよりは、寧ろ其分に応じ其職を奉じ、心を尽し力を竭し、斃《たおれて》而後止の忠誠を天地に表し、節義を日月と争ふべし。天下の事成るときは則ち生き、成らざるときは則ち死するのみ。成敗天に在り。逆《あらかじ》め睹《み》ること難し。死を決し志を定むるは、丈夫の常なり。予預め之を決せり。……今や余断然決心して東上す。汝諸士と長く相見ることを得るも今日の挙にあり。相見るを得ざるも亦今日の挙にあり」と語った(『岩倉公実記』、中巻、七〇六頁)。

同じ頃に参与大久保利通も岩倉具視に意見書(同年四月二六日付)(『大久保利通文書』、第三)を送り、その中において「即今内外の大難皇国の危急存亡の秋切迫すること間不レ容レ髪。抑《そもそも》昨年来兵乱漸平一時無事の形を成といへども、大小牧伯各狐疑を抱き、天下人心恟々《きょうきょう》然として其乱るること百万之兵戈動くより可レ恐して、今日を平安と心得候へば床下之烈火燃出さざるを幸とするに異ならず。豈可レ不レ思乎々々々」と述べ、東京に来てみると、イギリス公使は政府の大官を侮蔑、嘲弄し、また「草莽《そうもう》士は政府を凌辱して奴輩之如蔑視し、内外之侮慢至らざる所なし。況乎《いわんや》天下人心政府を不レ信、怨嗟之声路傍に喧々、真に武家之旧政を慕ふに至る。且又御着輦《ちゃくれん》(同年三月の天皇の東京到着を指す―著者)後政体を変改せられ、人物を進止せられ、如何之御趣意とも不レ奉レ伺候得共如レ此の御大事草卒にして可レ被レ改ものか。人の登庸に就ても甚可レ軽者も有レ之、錯雑妄動の極と言ふべし。然るに堂々たる天朝御一新の政府何れの地に可レ有レ之哉。斯迄威令之衰滅せしこと歎息流涕之至に堪へず。

在職之者何の顔かある」と記している。

そこで、新政府はその基礎補強のために実に必死の努力を重ねるのである。その点で注目すべきことは、第一に、新政府は成立後いち早く、今後の政治は天皇親政の建前に立つものであることをくり返し強調することを力めた。慶応三年一二月二二日の諸藩への諭告(1)、翌年二月の親征の詔(2)、同三月のいわゆる億兆安撫の宸翰《しんかん》(3)など、その代表的な例である。さらにまた、一般国民に対して王政復古の趣旨、天皇親政の建前を説明し、天皇讃仰の念を鼓吹することを熱心に試みた。たとえば、明治元年一〇月に京都府の発した京都府下人民告諭大意(4)のごとき、また慶応四年三月長崎裁判所(当時の裁判所は今日の県庁にあたる)の出した御諭書《おさとししょ》(5)のごとき、新政府のそのような方針にもとづいてつくられたものである。また、天皇の各地への巡幸が頻々と行われたが、これもまた新政府として天皇の親政を一般人心に印象づけようとして計画したものであった。

(1) この諭告には、「徳川内府宇内之形勢を察し政権を奉㆑帰候に付、於㆓朝廷㆒万機御裁決被㆑遊候に付ては……」とある。

(2) この詔は次のごとくである。「朕夙《つと》に天位を紹《つ》ぎ、今日一新の運に膺《あた》り文武一途公議を親裁す。国威之立不立、蒼生の安不安は朕が天職を尽不㆑尽に有れば、日夜不㆑安寝食甚心思を労す。朕不肖と雖も列聖之余業、先帝之遺意を継述し、内は列藩万姓を撫安し外は国威を海外に耀さん事を欲す。然るに徳川慶喜不軌を謀り、天下解体遂及二騒擾一万民塗炭之苦に陥とす。故不レ得レ已断然親征之議を決せり。且已に布告せし通り外国交際も有レ之上は将来之処置尤重大に付天下万姓之為に於ては万里之波濤を凌ぎ身を以難苦に当り、誓て国威を海外に振張し、祖宗先帝之神霊に対んと欲す。汝列藩朕が不逮を佐《たす》け、同心協力各其分を尽し、奮て国家の為に努力せよ」。

(3) この宸翰は次のごとくである、「朕幼弱を以て猝《にわか》に大統を紹ぎ、爾来何を以て万国に対立し列祖に事へ奉らんやと朝夕恐懼に堪ざる也。窃《ひそか》に考るに中葉朝政衰てより武家権を専らにし、表は朝廷を推尊して実は敬して是を遠け、億兆の父母として絶て赤子の情を知ること能はざるやう計りなし、遂に億兆の君たるも唯名のみに成り果、其が為に今日朝廷の尊重は古へに倍せしが如くにて朝威は倍《ますます》衰へ、上下相離ること霄壌《しょうじょう》の如し。かゝる形勢にて何を以て天下に君臨せんや。今般朝政一新の時に膺《あた》り天下億兆一人も其処を得ざる時は皆朕が罪なれば、今日の事朕自身骨を労し心志を苦め艱難の先に立、古列聖の尽させ給ひし蹤《あと》を履み治績を勤めてこそ始て天職を奉じて億兆の君たる所に背かざるべし。往昔列祖万機を親《みずか》らし、不臣のものあれば自ら将としてこれを征し玉ひ、朝廷の政総て簡易にして如レ此尊重ならざるゆゑ、君臣相親しみて上下相愛し徳沢天下に洽《あまね》く国威海外に輝きしなり。然るに近来宇内大に開け各国四方に雄飛するの時に当り、独《ひとり》我邦のみ世界の形勢に疎く旧習を固守し一新の効を計らず、朕徒《いたず》らに九重中に安居し一日の安きを偸み百年の憂を忘るゝときは、遂に各国の凌侮を受け、上は列聖を辱しめ奉り下は億兆を苦しめん事を恐る。故に朕茲《ここ》に百官諸侯と広く相誓ひ列祖の御偉業を継述し一身の艱難辛苦を問ず親ら四方を経営し、汝億兆を安撫し、遂には万里の波濤を拓開し国威を四方に宣布し、天下を富岳の安きに置かんことを欲す。汝億兆旧来の陋習に慣れ、尊重のみを朝廷の事となし、神州の危急をしらず、朕一たび足を挙れば非常に驚き、種々の疑惑を生じ、万口紛紜《ふんうん》として朕が志をなさゞらしむる時は、是朕をして君たる道を失はしむるのみならず、従て列祖の天下を失はしむる也。汝億兆能々朕が志を体認し、相率て私見を去り公議を採り、朕が業を助て、神州を保全し列聖の神霊を慰し奉らしめば生前の幸甚ならん」。

（4）　京都府下人民告諭大意（『明治文化全集』、第二二巻、所収）は、その前文に「神州の風儀を示し王政乃御趣意を諭さんため告諭大意といふ書冊を著し、一郡に五冊づゝ相下げ置候条、役人は素より其他志有レ之者は其旨趣篤と会得し、童幼婦女に至る迄精々教諭すべき事」とあり、その本文では「太古天孫此国を闢き給ひ倫理を立給ひしより皇統聯かはらせ給ふ事なく御代々様承継せ給ふて此国を治め給ひ、下民御愛憐の叡慮深くあらせられ、下民も亦御代々様を戴き尊み仕へ奉」って「上下の恩義弥《いよいよ》厚く益《ますます》深」い。これこそわが尊き国柄である。君臣の大義は本来重い上に、「況斯迄久しき御恩沢飽《あく》まで報ひ奉る志なくては叶ふべからず。斯申せば一銭の御救に預りし事もなく一点の御厄介に成し事もなく、我働にて我世を渡り、更に御国恩を蒙りたる覚なしと思ふ者もあらんかなれども、これは大なる心得違にて、諺に云挑燈《ちょうちん》かりし恩は知れども、月日の照し給ふ恩はしらぬといふに同じ」とし、「御国恩は広大にして極りなし。能々考へ見よ。天孫闢き給ふ国なれば、此国にあるとあらゆる物悉く天子様の物にあらざるはなし。生れ落れば天子様の水にて洗ひ上られ、死すれば天子様の土地に葬られ、食ふ米も衣る衣類も笠も杖も皆天子様の御土地に出来たる物にて、尚世渡りのなし易きやうにと通用金銭造らせられ、儲る金も遣ふ銭も尽く天子様の御制度にて用辦叶ふなり。其上妨する悪人あらんかと処々に御役所番所を建置れ、狼藉ものや盗賊などの御制道あらせられ」るとし、「斯御威光の御制道なきときは、銘々力づくとなり、弱きものは強き者に打殺され、老人は壮者におしたをされ、米も金も奪ひ取らるゝべきに、御制道のあればこそ一重や二重の塀垣は打破りても入らるれど番人付置にも不レ及、乱入するものもなく安穏に暮さるるなり」とし、なお天皇にはつねに絶えず人民の幸福を心がけておられる旨を述べ、「然るに三百年来昇平の季いつとなく御政道不二相立一、天子様はあれども無が如く、下民御愛憐の叡慮も中途に滞り、賄賂盛んに行われ、善人も罪に陥り、悪人却て幸を得る体に成行ければ、大に宸襟を悩し給ひ、御寝食も安からず、仮令如何なる御患難に逢せられ給ふとも下民の苦しみ見るに不レ忍との御事にて、遂に此度王政復古諸事正大公明にして上下心を一にし末々に至るまで各其志を遂させ益安穏に世渡を営ませ」、わが尊き国柄を全うし皇威を世界に輝かそうという思召であるから、皆々この叡慮を奉じて努力し、累代の御恩に報い奉らねばならない、と記してある。新政府は、この京都府下人民告諭大意を推賞し、他の府、県、藩もこれを利用するよう勧めたのであった。

（5）　長崎裁判所の御諭書（『明治文化全集』、第二二巻、所収）は、「今般御大政御一新に付ては、誠に有がたい思食が有が、下々にはそのわけがよくわからぬと、御主意も貫かぬ事ぢや。そこでよくはなして聞さう。まづ御一新と云と、何でも新らしくなる事に違ひないが、こゝが下々の者の心得違ひの出来さうな所ぢやから、能々はなして聞かす。とつくりと聞がよい。さて一新と云と、一寸考ると、手の裏をかへすか又は暗の夜がにはかに白日になるやうに思ふで有うが、中々其りくつにはいかぬぞ」と述べ、夜明けにたとえて、変化は次第に来るのだといい、わが国には古より天皇があり、国の「御主人さま」で、天に「御日さま」のあるのと同じである。ところが、七八百年前から乱世がつづき、天皇はついに政治の実権を失われたが、「天子さまと云ものは、色々御難渋遊ばされながら、今日まで御血統が絶ず、どこまでも違ひ無き御事ぢや。何と恐れ入た事ぢやないか」といい、つづいて、大政奉還、鳥羽伏見の戦争勃発、王政復古のゆきさつを説き、夜明けにたとえると、「今が六つ前時分、人がほのみへるか見へぬ位の処」だ、やがて「御日様」が出られ世が明るくなり、ひとびとは安楽に暮らせるようになる、といい、天皇は人民の身の上を心配され、この度「御総督様を御下しになつて、下々に難義のなひ様に、銘々家業を精出す様、悪党者は取てのけて、何でも下々の難義の無様と、有難き天子様の思召を以て、御総督様にも日夜御心配遊ばさるゝ事ぢや」といい、今後はこれまでの政治の弊害を改めて、「善人はどこまでも御引立遊ばし、悪人は悉く御退げ遊ばし、下々小前の者迄も、難渋せぬ様にと思食事なれば、其辺を心得違ひせぬ様に、是迄よりも尚更家業を精出し、忠孝義烈の心を銘々に失はぬ様にいたして、有難き思食を一日も忘れてはすまぬ事ゆへ、毎日京の方を向て、拝むがよひ」とし、良心にやましきことをせぬのが善人になる一歩であり、同時に、忠義の一歩であると述べ、「御上へ忠義をすれば、御上よりも御賞美がある。併《しかし》こゝが有難ひはなしぢや。此上よりは何んでも下々の難渋せぬ様との思食ゆゑ、忠義をせぬ者ぢやとて御見捨はなされぬ。何卒《なにとぞ》人間にしてやりたひ者じやと日夜御心配なさるゝ事で、銘々考へても見るがよい。道楽な息子でももつ親の心は、何卒内の息子がおとなしく成てくれゝばよいと明けくれ苦労するで有らう。丁度夫と同じ事で、御上様は皆々の親も同様皆々をば、御上様には子の様に思召さるゝ。此有難ひ事を心得違ひすると、可愛ひ子でも、勘当せねばならぬ様になるでないか。左《さ》すれば、何分何事によらず御上へ御すがり申て御下知の通りにして、我身も不実な事やら不義な事をせぬ様、他人からも彼是云はれぬ様にするが、近道ぢや」といい、「何でも御一新と云と今迄とはぐわらりと違て、懐ろ手で銭まうけでもでける様に、今日は成るか、明日は成るか」と思うことをやめなければならないと戒め、「何んと分つたか」と結んでいる。

新政府のとったこれらの措置は、一つには、新政府が前述のように民族革命の所産であることに原因する。なお、その面からいえば、一般国民に対する以上のような呼びかけは、幕末開国の過程において主として武士層の間に抱かれた神国思想、尊王思想、従ってまた、天皇讃仰の念を国民的規模に拡大、普及して、それによって民族的独立の観念的基盤をひろく国民の間に築こうとしたものとみることができる[(1)(2)]。けれどもまた、新政府が天皇親政の建前を強調してやまなかったのは、なお一つには、実に政府の基礎補強を意図してのことであった。すなわち、新政府の成立以来世上ではこれを薩長の傀儡とみるものが少なく、そして、薩長両藩主のいずれかがやがて将軍になるであろうとの噂さえも、一部に行われるような有様であったのである。そこで、ただきえ基礎の脆弱、不安定な新政府としては、天皇親政を強調することによって世上のこれらの観測を解消させようとはかったのである。

(1) 福沢諭吉は明治八年にその『文明論之概略』の中で述べて、わが国では古来「治者」と「被治者」とは「高大なる隔壁」で分けへだてられていて、両者の間に「通路」がない。そして、「治乱興廃、文明の進退、悉皆《しっかい》治者の知る所にして被治者は嘗て心に之を関せず、恬《てん》として路傍の事を見聞するが如し」。今日とても同様である。それ故に「日本は古来未だ国を成さずと云ふも可なり。今若し此全国を以て外国に敵対する等の事あらば、日本国中の人民にて仮令《たと》ひ兵器を携へて出陣せざるも戦のことを心に関する者を戦者と名け、此戦者の数と彼の所謂見物人の数とを比較して何れか多かる可きや。預め之を計《かぞえ》て、其多少を知る可し。嘗て余が説に日本には政府ありて国民(ネーション)なしと云ひしも是の謂なり」(圏点は著者)(巻五、一七―八枚)となしているが、新政府は天皇讃仰の念を鼓吹することによって、ひろく国民の中に民族意識をよび起し、強めようとしたのである。

(2) 国民の間に天皇讃仰の念を高揚しようとする新政府の意図は、しかし、その努力にもかかわらず容易には効果を挙げるにはいたらなかった。たとえば、明治五年関西での子供の数《かぞ》え歌に、「一に門跡、二に音羽屋、三に御巡幸」というのがあり、この歌は天皇の巡幸の与えた印象が門跡、歌舞伎俳優の訪れに及ばなかったことを示すものである。また、明治七年二月八日の『郵便報知新聞』に前月に行われた連隊旗授与式の際のことについての投書が掲載されているが、それはいう、「抑《そもそも》かかる儀式を行はせらるる日は、其式に関係の人々は沐浴整粛以て位地に臨むことなれば、拝見に出る人もおとなしく、殊に聖上衆庶の前を御通行の時は第一帽を脱ぎ襟巻をとり平伏はせずとも礼拝の仕方はあるべきに、さある人は百に一二ともみへず。文盲無智の老幼は兎も角も、官員書生の挙動にて甚不似合にてはなきや。官は誰が為に勤むるぞ。政府の為にあらずや。政府は則ち国帝ならずや。その国帝を拝するに礼をなさず、それでも官は勤まるものか。又書生の学問は何のためぞ。身を修め家を修め国を修め、広く智識を開く為にはあらずや。……仮令洋学といふとも礼義を廃するといふことはあるまじ。さすれば、我国帝を敬せずして誰に礼義を尽すや。……忝《かたじ》けなくも国帝に対し奉り無礼を構へてもよいといふことは、いかなる文明開化、自主自由の世たりともあるまじきことにてなきやといささか惑ひを抱くゆへ……」。また、わが国に滞留していたドイツ人医師ベルツ(E. Bälz)はその日記の明治一三年一一月三日の条に次のごとく記している、「天長節。この国の人民がその君主にほとんど関心を寄せていない有様をみることは情ない。警察の力で、家々に国旗を立てさせねばならないのだ。自発的にやるものは、ごく少数だろう」(Das Leben eines deutschen Arztes im erwachenden Japan, 1931. 菅沼竜太郎訳、『ベル

ツの日記』、岩波文庫版、第一部上、昭和二六年、九〇頁)。

なお、天皇親政の建前がとられると同時に、天皇の統治は、遠き昔におけるように神道にもとづいて行われることが宣言され、祭政一致が標榜された(1)。祭政一致とは、神国であるわが国の政治は神道に即して行わるべきであり、政治において最も重要なことは神を祭ることであるという思想である。このような見地から、慶応四年一月に総裁、議定、参与の下に七つの部局が設けられた際、その一つとして神祇事務科(後に神祇官と改称)が置かれたが、ついで明治二年七月の職員令発布によって、それまで太政官の下に置かれていた神祇官は太政官の管轄から離れて、しかも、太政官の上位に置かれることになった(2)。さらにまた、多くの国学者・神道家が新政府に登用されてその施政に関与することになった(3)。そして、新政府は宣教使を設けて神道の普及に力を注ぎ(4)、さらに進んで、神道を国教にすることさえも一旦は企てたのであった(5)。このようにして、明治維新後神道は華々しい復興の日を迎えたのである。

(1) 慶応四年三月一三日に、「此度王政復古、神武創業の始に被レ為レ基諸事御一新、祭政一致之御制度に御回復被レ遊候に付ては、先第一神祇官再興御造立の上追々諸祭典も可レ被レ為レ興儀被二仰出一候」との布告が発せられた。そして、翌明治二年六月には、天皇は神祇官に行幸され、親しく天神地祇および皇祖皇宗を祭り、国是の一定した旨を奉告された。

(2) 一五四頁参照。

(3) 矢野玄道《はるみち》、大国隆正、玉松操《みさお》、平田鉄胤《かねたね》(篤胤の養子)などは、その代表的なひとびとである。

(4) 明治三年一月に次のような勅語が発せられた、「朕恭惟、天神天祖立レ極垂レ統、列皇相承継レ之述レ之、祭政一致億兆同心、治教明二于上一、風俗美二于下一。而中世以降時有二汙隆一道有二顕晦一、治教之不レ洽也久矣。今也天運循環百度維新、宜下明二治教一以宣中揚惟神之大道上也。因新命二宣教使一以布二教天下一。汝群臣衆庶其体二斯旨一」。新政府は、この宣教使を通じて神道普及を企てたのである。大教宣布の運動とよばれるものが、これである。

(5) 明治四年七月に氏子調の布告がでたが、それにいう、「一、臣民一般出生の児あらば、其由を戸長《こちょう》に届け、必ず神社へ参らしめ、其神の守札を受け所持可レ致事、一、即今守札を所持せざる者老幼を論ぜず生国及び姓名、住所、出生の年月日と父の名を記せし名札を以て其戸長へ達し、守札を受けて渡すべし」。しかし、明治六年五月の太政官布告で、氏子調は追って沙汰あるまで施行に及ばずということになった。

新政府は、このように神道の復興をはかる反面、これまで永年にわたって行われて来た神仏混淆の習俗を改革して、神道から仏教的要素を取除いて、これを本来の純粋な姿に引戻すことを試みた。[1] この神道分離方針が契機となって、各地にはいわゆる廃仏毀釈の運動が起り、その有様は一時は世上を聳動させたのであった。[2]

（1） 神道の起源はきわめて古いが、仏教の伝来以後神道はこれに圧せられて、仏教に従属、妥協した形で生きながらえることになった。そして、このようにして生じた神仏混淆を裏付けた理論が、本地垂迹説であった。この混淆はどのような具体的形をとったかといえば、たとえば、僧侶が神に権現の称号を与えることが行われた。熊野大神を三所権現、日吉大神を山王権現とよんだのなど、その例である。権現とは、本地の仏が仮に神となって現われたものという意味である。また、神名に仏名を与えることもしばしばされた。たとえば、八幡大神は八幡大菩薩とよばれ、祇園大神が祇王牛主《ごず》天王とよばれた。また、多くの神社の境内には本地堂をつくって、そこに仏をまつることがされ、多数の神社に神官のほかに僧侶が置かれて、僧侶が主として祭祀にあたり、神官はその下で雑役に服することがひろく行われて来た。なお、神社の神体が仏像である場合も少くなかった。

このような状態であったのに対して、慶応四年三月に神祇事務局（神祇事務科の後身）は諸神社に達を送り、このたび王政復古、旧弊一掃をはかることになったので、諸国の神社で、「僧形にて別当或は社僧抔と相唱へ候輩は、復飾被㆓仰出㆒候」となし、ついで同じ月に「中古以来某権現或は牛頭天王之類、其外仏語を以神号に相称候神社不㆑少候。何れも其神社之由緒委細書付、早々可㆓申出㆒候事」という太政官布告が発せられた。

（2） 新政府は、神仏分離の方針が、仏教の排斥を意味するものではない旨の達を出しながらも、仏教に事実上圧迫を加えた。しかも、過去永年にわたって僧侶の下に隷属して来た神官らは新政府の神道復興の方針を頼みとして、仏教に対する復讐的感情に気負いたち、これまで神社に伝えられていた仏像、仏具、経巻など仏教に関係あるものの撤去にあたっては、これらを土足でふみにじり、破壊し、火に投じて焼きはらうなど、暴行が各地において演ぜられた。しかも、新政府はこれらの騒ぎを一時はその成行に委せた。明治四年頃からは新政府も神仏分離が排仏に陥らぬよう抑制を加えるようになり、それとともに世上の動揺はようやく鎮静にむかうことになった。

新政府がその基礎補強のために一方ならず苦慮したこととの連関で、注目すべき第二の点は、新政府がしきりに公議世論の尊重を標榜したことである。たとえば、前にふれた慶応三年一二月二二日の諸藩への諭告には、このたび大政奉還となり今後は朝廷が政治をとり行うについては「博く天下之公議を取り、偏党之私なきを以て衆心と休戚を同ふ」されるとあり、翌慶応四年三月の五ケ条の御誓文にも「広く会議を興し万機公論に決すべし」の一条が冒頭に掲げられた。ついで、政体書によって立法を司るものとして議政官が設けられ、それは宮、公家、諸侯、士、庶民から成る上局と府・県・藩(1)から送られた貢士から成る下局とから組織された。この議政官は公議世論を徴する機関として設置されたのであるが、その場合下局を構成する貢士がとくに重視された。それは、この貢士を通じて諸藩との間の意志疎通をはかることが期待されたからである。その後、明治元年一二月に議政官に代えて公議所が設けられ、それは諸藩がその執政、参政のうちから銓衡して派遣した公議人から構成されたが、この公議人には上記の貢士と同様の役割が期待されたのであった。但し、この公議所は立法機関ではなく、その職能は政府に対して建議を行うことにあった。(2) そのほか、新政府は慶応四年二月に民間の不満は何事によらず太政官に申し出るよう布告したが、翌明治二年三月には待詔局《たいしょうきょく》(後に待詔院と改称)を設置して、何人でも意見あるものは同局に建言するようまた意見の内容によってはその者を政府に登用する旨を布告した。

(1) 慶応四年一月慶喜追討の令が発せられたのち、新政府は天領および幕臣(帰順して朝廷に仕えることになったものを除く)の所領を没収した。ついで戊辰戦争下で新政府側に抗戦した諸藩について、その所領の一部または全部を没収した。そして、これらの没収した土地に府または県の名称を付し、新政府の直轄下に置いた。なお、初めに府としたところで後に県に改められたものもあり、明治二年には東京、京都、大阪をのぞき全部県とよばれるようになった。

(2) 稲田正次、『明治憲法成立史』、上巻、昭和三五年、五〇頁。

新政府がこのように公議世論の尊重を唱えたのについては、その動機は単一ではない。すでにふれたように、新政府成立後しばらくの間は全国に諸藩が武力を擁して割拠しており、これに対し新政府は自己の武力をもたない状態であったので、そのような新政府としては公議世論を徴する建前の下に諸藩の意向、感情をさぐり、それを施政に織込むことが必要であったのである。また一つには、自己の武力をもたない新政府がその政策についていわゆる公議世論の支持を獲得しえた場合には、それによってその政策を本来はうけ入れることを欲しない諸藩をも服せしめることがしばしば可能であったからである。(1) またこれらの理由のほかに、公議世論を尊重して施政を行うということを標榜することは、世上から新政府が薩長の傀儡とみられるのを防ぐのにある程度役だちうると考えたからであった。

（1）　岩倉具視の明治二年一月二五日付意見書（『岩倉公実記』、中巻、六八五―九頁所収）は、以上の点との連関で興味がある。それは述べて、「大政維新」の大業の成就したのは「天下の公論」によるものである。それ故に、将来においても「議事院」を設置して、「施政の法度は衆議に附したる上廟議一決し宸裁を経て施行せば、従令異論百出するも容易に之を変更することを得ず」。そのようであれば朝廷の権力は重きをなし、国民は心服し、「朝令暮改の誹謗」はおのずからなくなるであろう。そうでないと、「一令出づる毎に異論百出し、其間に事情纏綿し」、それを改めることになり、ついには「旧幕末世の覆轍」をふみ、人心の離反いよいよ甚だしくなるであろう、と述べている。

なお、以上のように、新政府が天皇親政の建前を強調しつつも、他方でこのように公議世論の尊重を唱えたが、この両者の関係については、前にふれた慶応三年一二月二二日の諸藩への諭告にも示されているように、天皇の統治にあたっては公議世論にきき、それにもとづいて国政の処理が行われると説明されたのである。

さて、明治二年六月(一八六九年)にいたり、新政府は版籍奉還を実現し、基礎強化の歩みを進めた。すなわち、はじめ木戸孝允(長州藩)は藩主毛利敬親に版籍奉還を説いてその同意をえたが、彼は薩摩藩の協力をも獲ることを必要と考え、大久保利通(薩摩藩)と協議してその賛成をえ、大久保は薩摩藩内の議をまとめた。しかも、この両藩が主唱するだけでは他の藩主らを同調させるのになお不充分と考えられたので、さらに土佐、肥前の両藩をも勧誘し、ここに明治二年一月に、薩長土肥の四藩主は連署して上表を提出し、「臣等居る所は即ち天子の土、臣等牧する所は即ち天子の民なり。安《いずくん》ぞ私有すべけんや」とし、幕府から与えられた土地・人民を本来の持主である朝廷に奉還して、臣子としての名分を明かにしたい旨を述べたのである。そのあと、諸藩主はこの四大藩の意向に圧せられて、相ついで同趣旨の上表を差出すにいたった。

しかし、この版籍奉還は、諸侯としてはその土地・人民に対する過去永年にわたる支配を放棄するものであり、従って、この計画を準備したひとびとが自藩の議をまとめるにあたっては、藩内ではこれを主家に対する叛逆行為として烈しい非難、憎悪が一旦は彼らの上に降りそそぐ有様を呈した。また、四藩に倣って上表を提出することになった諸藩の場合においても、この版籍奉還をはげしく憤るひとびとも実に少くなかった。そこで、全国多数の藩から上表が提出されたのちでも、新政府内においては諸藩内部のこのような不穏な空気にたじろいで、上表の却下を主張する意見も少くなく、木戸、大久保らはこの間にあって政府内を上表受理にまとめるのに一方ならぬ苦心を重ねた。そして、同年六月にいたってようやく上表聴許の御沙汰が発せられ、新たに知藩事を設けて在来の藩主をこれに任命して、藩政を事実上ひきつづきとらせることになった。それとともに、上表をなお未だ提出していない諸藩主に対して奉還が命ぜられたのである。

版籍奉還は、以上から明かなように、これまでの事態に実体的に変革を加えたものではない。けれども、これによって、在来封建制度を存在根拠として来た藩主は中央政府の任命した行政官としての身分をもつことになったわけである。いいかえれば、新政府は形式上はみずからの任命した官吏を用いて全国統治にあたることになったのである。封建制度は、こうして、建前としては廃止されたのである。そして、版籍奉還は、それを画策したひとびとが考えたように、歴史的には廃藩置県(後述)への過渡的段階として重要な意味をもつものである。(1)

（1）　明治四年に廃藩置県の詔勅が発せられた日、木戸孝允はその日記に記して、自分は戊辰戦争後の列藩の割拠、対立の有様をみて、郡県制を布くことが国家のため必要であると考えたが、それを一挙に実現することは至難であり、そこで、自分は「一の謀略」として版籍奉還を唱え、さまざまの困難を克服してそれを実現した。そして、今日にいたりついに廃藩置県を迎え、郡県制を実現することができた、となしている（『木戸孝允日記』、第二）。

つぎに、版籍奉還の聴許とともに新政府は布告を発し、今後は「公卿諸侯」の呼称を廃して一括して「華族」とよび、「一門以下平士に至る迄」はすべて「士族」と称することにし、在来の庶民は「平民」とよぶこととした。この措置によって、封建体制の下に永年保たれて来た峻厳かつ複雑な身分的差別は撤廃されて、全国民は身分的には華族、士族、平民という三つの集団に単純化されたのである。

さらに、版籍奉還の実現をみた翌月に職員令が発布されて、新しい中央政府官制が制定をみた。それは神祇官の下に太政官を置き、太政官には左大臣、右大臣、大納言、参議を設け、太政官の下に民部、大蔵、兵部、刑部、宮内、外務の六省を置いて、これらの各省の長官を卿《きょう》とよぶことにした。この官制は大宝令に倣った復古的色彩のきわめて濃厚なものであった。神祇官を太政官の上に置いたのも前にふれたように天皇親政、祭政一致の建前にもとづくものであるが、種々の官職名なども大宝令を参酌して定められたのである。さらにまた、公議所に代えて集議院が設けられ、それは府、県、藩の正権大参事のうちから選ばれた議員で構成されることになった。なお、公議所は政府に対して建議を行う機関であったが、この集議院の主たる職能は政府から送達された議案について意見を答申することにあった。職員令発布の翌月に待詔院は集議院に合併されたが、それとともに集議院は建白を受理し、その可否を審議、決定して政府に上申することをも行うことになった。

ところで、この新官制にもとづいて神祇伯（神祇官の長官）、右大臣、大納言、参議、諸省の卿などの任命がなされたが、これらの地位の多くへは依然宮、公家あるいは藩主出身者が起用された。しかし、注意すべきことは、参議には副島種臣《そえじまたねおみ》（肥前藩）、前原一誠（長州藩）、大久保利通（薩摩藩）、広沢真臣（長州藩）が任命され、各省の卿の下に大輔という官職が設けられたが、それには広沢真臣（最初民部大輔、後に参議に転じた）、大村永敏（益次郎）（長州藩）、佐々木高行（土佐藩）、寺島宗則《むねのり》（薩摩藩）、大隈重信（肥前藩）らが任ぜられた。このようにして、新政府の重要な地位に諸藩の藩士がようやく公然と進出しはじめたのである。

このことと関連して注目すべきことは、新政府は成立以来しきりに四民平等、人材登用を標榜した。そして、任官に関する身分的制限を緩和し、職員令にいたってそのような制限は法文上では全く撤廃されたのである。元来江戸幕府の瓦解・明治新政府の成立をもたらした政治的変革においてきわめて大きな推進力であったものは、薩長を中心とする諸藩の藩士、とくに下級武士層のひとびとであった。従って、これらのものは当然に新政府の重要な構成分子となった。新政府が四民平等、人材登用の方針を強調したのは、それによってこれらのひとびとの、そしてまたひいて新政府の支配的地位を正当化することを意図したものと考えられる（1）。

（1）　新政府は以上のひとびとの支配的地位を権威づけようとして工作した。たとえば、政体書は第一等官から第九等官にいたる官等制を定めたが、この政体書の発布とともに新政府は第三等官以上のものに位階を与えることにした。その結果、藩士出身の参与なども高い位階を帯びることになった。またその後、明治二年九月には王政復古の論功行賞が行われて、たとえば木戸孝允、大久保利通はともに従三位、西郷隆盛は正三位（西郷は後に辞退）に叙された。そして、島津久光は従二位、島津忠義（前薩摩藩主）は従三位、毛利敬親（前長州藩主）は従二位、毛利広封《ひろあつ》（前長州藩世子）は従三位に叙せられた。このようにして、たとえば、木戸、大久保、西郷らにはきわめて高い位階が授与されたのである。さらにまた、明治二年七月の職員令の発布とともに新政府の官職にあるものは王朝時代に栄えた源平藤橘の四氏のいずれかの姓を名乗ることに定められた。それによって、藩士出身のものをも王臣として権威づけることがされたのである。すなわち、新政府はその成立にいたる歴史的過程との関連から、人的構成においては、江戸封建体制の伝統的な身分的秩序に一旦はある程度拘束された。けれども、新政府は四民平等、人材登用を標榜することによって、このような人的構成を改革し、新政府を成立させた変革の重要な推進勢力を政府の要位に据えることを試みたわけである。そして、これらのものを位階、名乗りなど伝統的価値を帯びさせることによって権威づけようとしたのである。

さて、版籍奉還後においても、新政府の基礎は依然甚だ不安定をきわめた。そして、版籍奉還は、諸侯以下の武士層の間に以上のように烈しい不満を抱かせたこと少くなかった上に、新政府が身分的差別の単純化を断行したことも武士層の空気をいよいよ不穏にしたのである。そのような中で、世上では近い将来における内乱の勃発がとかく噂に上る有様であり、薩長両藩の武力衝突を取沙汰する声もまた跡を絶たない状態であった[1]。

(1)　木戸孝允が大隈重信宛書翰(明治二年七月二九日付)において「於二政府一は百年の大方略は必相定居不レ申ては、所詮皇国維持の目的無二覚束一候処、根軸不二相立一朝変暮移益人々の方向を乱り候様の儀有レ之候ては、終に瓦解に至り候外無レ之、小気慨にても有レ之候もの総て今日の用を相なさず、諂《てん》者《しゃ》諛《ゆ》者《しゃ》の世界と相成不レ可レ復の形勢に至り可レ申歟。付ては病の熟するをまち他日内地大戦争の実力をたくはへ候歟、又は根軸一定の処を相計り候もの歟。乍レ然此事今日に甚六つか敷様奉レ存候」(『大隈重信文書』、第一)と記したのも、以上のような状況の中においてであった。新政府の中枢をなすひとびとの間においても、このように将来における「内地大戦争」の可能性が考えられていたのである。

このような中で、新政府は薩長両藩から一層積極的な支持を獲得して、それによって基礎安定をはかろうと焦慮し、鹿児島に退いている島津久光および西郷隆盛、山口に引籠っている前長州藩主毛利敬親を東京に招致しようと熱心に試みたが、島津、毛利についでは思わしい結果をえず、西郷に関しては明治四年二月に彼の上京をみることになった。そして、西郷の意見により土佐藩の板垣退助をも上京させ、土佐藩の力もかりて新政府の強化を企てることとした。そして、木戸孝允、大隈重信(肥前藩)、西郷隆盛、板垣退助の四人が参議に就任し(明治四年六―七月)、このような形で政府の基礎補強が行われたのである。

なお、これに先だって二月に、新政府は薩長土三藩から合計で一万人の藩兵を提供させて、これを親兵とし、新政府はここにきわめて少数ながら自己の兵力をもつことになった。なお、親兵は翌明治五年に近衛兵と改称された。この親兵設置もまた、政府の強化を目的とした措置であったのである。

ついで、同年七月に入ると、全国の知藩事に対して廃藩置県の詔勅が発せられて、藩を廃して県を置くこととし、知藩事であった旧藩主を同年九月までに東京に引揚げさせ、知藩事のあとに県知事(後に県令と改称された)を任命し、ついで県の大規模な分割あるいは併合が行われた。さきの版籍奉還の場合には諸藩主の上表を朝廷が受理するという形がとられたのに対して、この場合は詔勅をもって廃藩置県を告知するという方法がとられた。そして、親兵を保有するにいたっている新政府はこの詔勅に服しないものは兵力をもって討つという態度を持したのである。この廃藩置県の実現もまた、木戸孝允と大久保利通とに負うところが大である。

ところで、版籍奉還が名分に関するものであったのに対して、廃藩置県は以上から明かなように封建制度をついに実体的に廃止したものであった。それだけに、旧諸侯以下の武士層の間に新政府に対してすでにひろく抱かれている烈しい不満の空気を考えるとき、この企てが重大な抵抗に遭遇することも一応予想しなければならなかった。しかし、木戸、大久保らとしては、新政府がいたずらにそれを惧れてこのまま空しく推移するならば、新政府の運命は到底予測しえないと考え、その断行を決意したのであった。廃藩置県の詔勅渙発の直前、大久保が「今日のままにして瓦解せんよりは寧ろ大英断に出て瓦解いたしたらんに如ず」とその日記に記しているが(1)、それは彼一人の心境ではなかったのである。廃藩置県がひろく旧諸侯以下の武士層の間に烈しい怨みを招いたことは事実であった。しかし、それが一応ことなく実現をみたのは、多くの藩が当時財政的疲弊にあえいでいたことに負うこと甚だ大である。

（1）『大久保利通日記』、下巻。

廃藩置県後同じ月の中に、太政官職制の制定をみた。この官制改革の結果、太政官は正院、左院および右院から構成されることになり、正院は天皇臨御して政務を親裁するところとされ、太政大臣、納言（後にこれにかえて左大臣、右大臣を設置）は天皇を輔佐し、参議は大臣、納言を輔佐するものと定められた。そして、左、右両院はこの正院に従属するものとされ、左院は立法について審議して、その議決を正院に上申し、正院がその採否を決定することに定められた。藩を基礎とした集議院は廃藩置県とともに存在理由を失い、そこで、左院がこれに代ることになったのであるが、しかし、集議院が各藩から送られたひとびとから成り、代表性を具えていたのに対して、左院の場合は議員は正院によって任免されることに定められた。つぎに右院は各省の長官および次官から構成され、行政上の連絡、調整を行うところとされた。そして、各省は太政官の分官と定められた。

さて、廃藩置県の翌月に新政府は布告を発して、今後全国の城廓および武器は兵部省《ひょうぶしょう》の管轄とすること、旧藩の藩兵を解散すべきことを告知し、新政府はついに今や兵権を自己の手に集中することになった。そして、明治五年（一八七二年）には徴兵の詔勅が発せられたが、それには「本邦古昔の制に基き海外各国の式を斟酌し全国募兵の法を設け、国家保護の基を立んと欲す」とあった(1)。そして、ついで翌六年には徴兵令が発布された。この徴兵制度の採用については、武事の素養のない農工商の子弟を兵役につかせても実際の役に立ちえないとする反対論も、新政府内においては相当有力であった。しかし、結局その実施が決定をみたのについては、当時の陸軍大輔山県有朋(長州藩出身)の力に負うことが甚だ大きい(2)。

(1)　徴兵の詔勅と同時に、新政府は告諭を公にしたが、それは述べて、「我朝上古の制、海内挙て兵ならざるはなし。有事の日天子之が元帥となり、丁壮兵役に堪ゆる者を募り、以て不服を征す。役を解き家に帰れば、農たり工たり又商賈《しょうこ》たり。固より後世の双刀を帯び武士と称し、抗顔坐食し、甚しきに至ては人を殺し、官其罪を問はざる者の如きに非ず」とし、さらに「大政維新列藩版図を奉還し、辛未《かのとひつじ》の歳(明治四年を指す——著者)に及び遠く郡県の古に復す。世襲坐食の士は其禄を減じ、刀剣を脱するを許し、四民漸く自由の権を得せしめんとす。是れ上下を平均し人権を斉一にする道にして、則ち兵農を合一にする基なり。是に於て、士は従前の士に非ず。民は従前の民に非ず。均しく皇国一般の民にして、国に報ずるの道も固より其別なかるべし」とある。新政府は徴兵制度を復古的見地と四民平等の建前とに立脚して理由づけ、国防にあたることは今や国民の義務であるとして世上に訴えたのである。

(2)　文久三年に長州藩が下関海峡で通航の外国艦船を砲撃して攘夷の先鋒となったが、この事件につづいて藩命により馬関防備の任についた高杉晋作は、これまでの武士はとかく泰平に慣れて惰弱に流れているとし、家柄、身分をとわずひろく有志剽悍のものを募って、これに訓練を施して一種の不正規軍を組織した。奇兵隊がこれである。この奇兵隊がつくられるとともに藩士山県有朋(狂介)は参加して、それの指揮に干与した。そして、元治元年における四国連合艦隊の下関砲撃に際しては彼は奇兵隊軍監として壇ノ浦で隊を指揮して戦った。そのときに、武士から成る藩兵が戦闘において臆病で狼狽する有様であったのに対し、ひろく四民から募った奇兵隊、および、奇兵隊に倣ってつくられたその他の不正規軍が予想外に勇敢であり、沈着であった。また、山県は明治二年から翌三年にかけて渡欧し、その際ヨーロッパ諸国の徴兵制の実情を視察した。そして、彼は奇兵隊についての幕末の彼の体験とヨーロッパでのその調査とにもとづいて、徴兵制の採用を熱心に唱道し、その実現のため力を尽したのであった(国家学会編、『明治憲政経済史論』、大正八年、所収の山県有朋「徴兵制度及自治制度確立ノ沿革」、三九三―四頁)。

しかし、当時一般国民の間には徴兵を忌みきらう気分が強かったとともに、旧武士層出身者で兵士に徴集された者たちは永年彼らが卑んで来た庶民から徴された兵士を侮蔑し、これと伍することを好まぬ有様であった。従って、このような中で徴兵制を基礎とした軍隊を育成するには実に容易ならざる苦心を要したのであった。

それにしても、徴兵制の実施によって新政府は大きな軍事力をその背後に擁することになり、政府の基礎はそれによって格段に強化されることになった。けれどもまた、徴兵制は旧武士層から武事の独占者としての永年の特権的地位を剝奪したものであり、このことは前述のようにすでに鬱積している彼らの間の不満をますます高めることになった。

さて、版籍奉還、廃藩置県を経て政府の基礎補強がその歩を進める中で、新政府が成立して以来しきりに強調して来た公議世論尊重の方針は、その影をうすくすることになった。そして、上に述べたように、公議所は集議院に代り、廃藩置県後は官選議員から成る左院が集議院に代置されることになった。新政府は、もはや在来のように世論に気がねをしなくなったのである。

ところで、新政府の基礎が安定度を増すにともなって、その人的構成もまた大きく変化することになった。新政府は慶応三年一二月九日の政変を通して成立をみ、この政変は倒幕派の宮および公家、薩摩、安芸、土佐、尾張、越前の五藩によって行われたものであった。政変直後の新政府は、そこで、これらの勢力によって組織された上、ついで長州藩関係者を加え、さらにその他の諸藩のひとびとをも引入れたのであった。それは、公家、諸侯、諸藩士を相当ひろく包容することによってその基礎を固めることが、当時必要とされたからであった。そしてまた、宮、公家、諸侯を新政府の諸部門の長に据えることにより、新政府に威信をそえるよう工夫したのであった。けれども、すでに述べたように、江戸幕府の瓦解・明治新政府の樹立にいたる過程において、薩長両藩の下級武士層出身者の演じた歴史的役割はきわめて大であったから、彼らが新政府の大きな推進力となることは、いきおい自然であった。従って、新政府の安定度がようやく上昇して来るにつれて、この実質的中心勢力は政府の人的構成の上にも次第に公然と大きくその姿を現わすことになったのである。こうして、新政府は薩長両藩の下級武士層出身者を中核とし、倒幕のため彼らと提携、協力した公家出身の三条実美および岩倉具視を加え、(1)なお土肥両藩の下級武士層出身者に伴食的地位を与えた政権としての性格を次第に歴然と露呈して来ることになったのである。

（1） 新政府は成立後諸藩出身者の寄り合い世帯の観を呈し、これがためとかく反目、軋轢を生じがちで、政府内の協力関係を保持することは到底容易ではなかった。そのような中で、公家出身の三条実美および岩倉具視はこれら諸藩出身者の間に介在して、三条はその徳望をもって、岩倉はその機略をもって調停者的役割を荷い、新政府内の統一を保つことに貢献した。

なお、土肥両藩の出身者が伴食的にもせよ新政府内にある程度地歩をかちえることになったのは、土佐藩の場合は一つには戊辰戦争に際して薩長両藩に協力して旧幕府系勢力を撃破する上に功労があり、なお乾（板垣）退助、谷守部（干城）ら土佐藩内の倒幕派がこの戦争の初めから藩論に反していち早く協力したことも考え合すべきであろう。またなお一つには、同藩が板垣退助、後藤象二郎、佐々木高行、その他比較的多くの人材を擁していたことにも因る。肥前藩については、戊辰戦争において土佐藩のような戦功はなかったが、江藤新平、副島種臣、大隈重信、大木喬任《たかとう》、その他幾多の人材をもっていたことによる。

こうして、たとえば、廃藩置県を経た後の明治四年一〇月現在の新政府主要地位についてみるに、太政大臣は三条実美（公家）、左大臣は欠、右大臣は岩倉具視（公家）、参議は西郷隆盛（旧薩摩藩）、木戸孝允（旧長州藩）、板垣退助（旧土佐藩）、大隈重信（旧肥前藩）、外務卿岩倉具視（公家）（翌月副島種臣（旧肥前藩）に代わる）、大蔵卿大久保利通（旧薩摩藩）、文部卿大木喬任（旧肥前藩）、宮内卿徳大寺実則（公家）、各省において卿を補佐する大輔は寺島宗則（旧薩摩藩）、井上馨（旧長州藩）、山県有朋（同）、伊藤博文（同）、佐々木高行（旧土佐藩）、万里小路《までのこうじ》博房《ひろふさ》（公家）、福羽《ふくば》美静《びせい》（旧津和野藩）であった。このようにして、新政府の要職の実に多くは薩長土肥四藩の旧藩士によって占められるにいたった。すなわち、新政府はいわゆる藩閥政権としての面目を明かに示すようになったのである。なお、新政府内において薩長両藩出身者は土肥両藩出身者に比してはるかに大きな勢力をもっていたので、藩閥という言葉は、普通は主としてまたはもっぱら薩長閥を意味する。

過去三百年に近い江戸封建体制の下で培われて来た藩相互間の烈しい対抗意識と不信感とは、新政府の成立後もとより容易に消え失せるものでなかった。そこで、新政府内において出身藩を同じくするものはとかく相親しむことになり、彼らは自藩の出身者を政府内にひき入れ、また自藩後進の者を引立てて庇護することに努め、また、相結んで自藩出身者の勢力を拡大しようとはかるのである。藩閥もまた、一面ではそのような事情の所産にほかならない。従って、薩長両藩出身者は藩閥としての彼らの支配的地位を維持するためには協力しながらも、他方藩閥勢力自体の内部における優越《ヘゲモニー》をめざして争いつづけるのである。

新政府の人的構成の以上のような変化は、これを他面からみれば、宮、公家、諸侯、上記四藩以外の藩の出身者たちが新政府から次第に脱落して行ったことを意味する。そして、宮、公家、諸侯の場合には、彼らが江戸幕府の瓦解・明治新政府の成立の過程においてたとえ重要な役割を荷ったにせよ、それは多くの場合彼らが当時占めていた身分、地位に由来するものであり、彼ら自身の政治的能力によるものではなかった。また、彼らの場合ばかりでなく、四藩以外の諸藩出身者についてみるも、とかく人材に乏しく、このことも、これらのひとびとの政治的退場をもたらした重要な原因と考えられる。

ところで、新政府が以上のように藩閥政権としての性格を明かにするにいたったことを考えるとき、版籍奉還、廃藩置県は藩閥勢力の全国支配樹立への段階として重要な歴史的意味をもつものであったといわねばならない。

第二節　明治新政府の課題と政策

慶応三年一二月九日の政変に際して発せられた王政復古の大号令には、新政府は「諸事神武創業の始に原づき」施政にあたることが宣言されている。しかし、そのことは、新政府の政綱が単純に白紙であったことを意味しない。江戸幕府の瓦解・明治新政府の成立という巨大な政治的変革は民族革命をその重要な側面とするものであったから、この民族革命の完遂、いいかえれば、民族の独立確保こそ、新政府の荷うべきもっとも重大な課題であったのであり、そこでこの目的を達成するために過去に全くとらわれることなく政策を決定し、それらを実行に移すことが要請されていたのである。(1)

(1)　木戸孝允は慶応四年一一月に朝廷に提出した意見書の中に記して、「抑一新の御盛挙は内億兆をして安撫其処を得せしめ、外世界万国と並立するの叡旨にして誠に前途の目的不二容易一、一新の御盛挙は固より稀有の御成業と雖も必竟内国の事に係り、自今海外に関渉して為二将来一根軸を被レ為レ定候は真に至重至大未曽有の御事にして、前途実に悠遠と奉レ存候。今日内地の艱難に際し、擲《なげうち》二身命一報二邦家一候は元々志士仁人之所レ不レ避に可レ有レ之、就ては速に今後天下一致対二海外一候而皇国之基本確定仕候事、至切至要と奉レ存候」となしている(『木戸孝允文書』、第八)が、この言葉も新政府の達成すべき使命を述べたものにほかならない。

従って、新政府の主たる担い手である藩閥勢力は、民族革命の完遂、それによる民族の独立確保という巨大かつ困難な課題の解決にあたることになるのである。彼らは一面では、その獲得した支配的地位をあくまで守ろうとして強靱な権力意志を抱いていたが、しかも同時に他方、国の運命は一つに全く彼ら自身の双肩にかかっていることを堅く信じ、その意味で烈しい使命感に駆り立てられていたのであった。明治二年一二月に大久保利通は「妄議」と題する一文を綴り、その中で述べて、戊辰戦争後朝廷は微力で、天下の形勢も混沌としている。そこで「天下坐視して変を待つの形勢に至つては、再び土崩に至り、終に争乱を起すの外なし。争乱一と度び起らば、皇国の命脈地に落ち、外国の有と成ること顕然なり」と断じ、文久年間以来薩長二藩が国事に力を尽して来たことを指摘して、この際に島津久光、毛利敬親以下の両藩首脳者が結束、協力して藩力をもって朝廷をもり立てるならば諸藩はこれに追随するであろうと述べ、「薩長は皇国の柱石なり。命脈の所レ係也」と論じた。[1] このような烈しい誇負は、その程度の差はあっても藩閥勢力の間においてこの後も長く抱かれたのである。このような使命感は明治維新の過程において両藩が演じた大きな歴史的役割に由来するものであり、それは藩閥勢力の国家的忠誠を支えるものであったとともに、民族革命から生れた新しい国家体制の象徴となった天皇への彼らの讃仰の基礎にもなったのであった。そして、この熾烈な使命感は、彼らの心理においてはその強靱な権力意志と交錯して、両者は互いに他を強め合うことになった。

(1)『大久保利通文書』、第三。

それでは、新政府はその成立後、民族の独立確保の目的の下にどのような具体的施策を試みたであろうか。先ず外交については、新政府は成立まもない慶応四年一月一五日に布告を発して、「外国の儀は先帝多年之宸憂に被レ為レ在候処、幕府従来之失錯に依り因循今日に至候折柄、世態大に一変し大勢誠に不レ被レ為レ得レ已此度朝議之上断然和親条約被レ為二取結一候。就ては上下一致疑惑を不レ生、大に兵備を充実し、国威を海外万国に光耀せしめ、祖宗先帝之神霊に対荅可レ被レ遊叡慮に候間、天下列藩士民に至る迄此旨を奉戴、心力を尽し勉励可レ有レ之候事。但是迄於二幕府一取結候条約之中弊害有レ之候件々、利害得失公議之上御改革可レ被レ為レ在候。猶外国交際之儀は宇内の公法を以取扱可レ有レ之候間、此段相心得可レ申候事」となした。新政府は、このようにして、攘夷鎖国の主義を排して開国和親の方針をもって将来に臨むことを宣言したのである。

しかし、注意を要することは、新政府のこの開国和親の方針は今日いう意味での国際主義《インタナショナリズム》に立脚したものではなく、それは航海遠略論を基底とした幕末開国論の系譜の上に立つものであった。布告の文中にある「就ては上下一致疑惑を不レ生、大に兵備を充実し、国威を海外万国に光耀せしめ、祖宗先帝之神霊に対荅可レ被レ遊叡慮に候間、……」の字句も、当時の世上に残存する攘夷論に対する宥和を目的としたものというよりも、むしろ航海遠略論的な文脈において理解すべきであろう。新政府が民族革命の完遂をその課題とする以上、その開国和親方針が航海遠略論を基底とすることは甚だ自然といってよい。そして、今日の意味の国際主義的な考え方はわが国の思想的伝統の中には欠けていたことも考え合わすべきであろう(1)。その故にまた、以上の布告ばかりではなく、新政府がその他の機会に述べた対外方針(2)についてもまた同様に解すべきものと思われる。

(1) 明治二年二月岩倉具視は輔相三条実美に提出した意見書(『岩倉公実記』、中巻、六九六—七〇一頁所収)の中の「外交之事」という項に述べて、新政府が開国和親の方針をとることとした理由について、世上一般では未だ十分理解していないので、啓蒙に力めなければならない。その場合にどのように説くべきかといえば、西洋人もわが国人とともにひとしく人間であり、彼らを決して夷狄として軽蔑すべきではない。西洋人に対しては「朋友の礼」をもって接しなければならない。従って、わが国としては世界諸国相互間に行われているようにひろく世界の国々と国交を結ぶのは当然である、と説くべきである。また、わが国の富強をはからねばならないとすれば、西洋諸国との間に友好的関係を結ぶことは一層必要である、と説くべきである、但し、以上のことを説くと同時に次の点をも世人に併せて理解させなければならないとして、次のように論じている、「海外万国は固より交通せざるを得ずと雖《いえども》、畢竟海外万国は我が皇国の公敵なり。公敵とは何ぞや。彼の海外万国は日々文学（学術の意味—著者）を研究し、月々技術を練磨して以て富強を謀り、……海外万国は各其自国をして他国の上に立たしめんことを欲す。甲の国が乙の国に対し、乙の国が丙の国に対する皆然らざるは莫《な》し。故に曰く、海外万国は皆我が皇国の公敵なり」（圏点は著者）。岩倉具視のこのような主張は、新政府の開国和親政策の本文に述べたような性格をよく物語るものといってよい。

(2)　たとえば、慶応四年二月二八日の親征の詔に「已に布告せし通り外国交際も有レ之上は、将来之処置尤重大に付天下万姓之為に於ては万里之波濤を凌ぎ身を以難苦に当り、誓て国威を海外に振張し、祖宗先帝之神霊に対んと欲す」とあり、また翌三月のいわゆる億兆安撫の宸翰には「朕茲に百官諸侯と広く相誓ひ、列祖の御偉業を継述し、一身の艱難辛苦を問ず親ら四方を経営し、汝億兆を安撫し、遂には万里の波濤を拓開し、国威を四方に宣布し、天下を富岳の安きに置かんことを欲す」とある。

新政府はついで同年二月にさらに布告を発して、「先般外国御交際之儀叡慮之旨被㆑仰出㆑候（前述の一月一五日の布告を指す―著者）に付ては、万国普通之次第を以各国公使等御取扱被㆑為㆑在候」として、天皇は西洋諸国の公使を朝廷に招いて謁見される旨を明かにし、同月の中にフランス公使ロッシュ（L. Roches）、オランダ公使ポルスブロェク（Dirk de Polsbroek）、三月にはイギリス公使パークス（H. Parkes）の引見が行われた。

ところで、新政府が成立後いち早くこのように開国和親の方針を明かにしたことは、当時の世人に大きな衝撃を与えた。朝廷が幕末において攘夷鎖国の立場を堅持して、幕府に対しわが国を鎖国の昔に引戻すよう督促してやまなかったことは、世上にひろく知れ渡っていた。これに反して、朝廷が通商条約勅許問題および兵庫開港問題を通して開国方針についに諒解を与えるにいたったことは、世の注意をひくこと甚だ少かったのである。また、新政府の中心を形づくるにいたったひとびとの多くが幕末尊攘運動に参加して重要な役割を荷ったこともまた世に知られながら、しかも、彼らが幕府瓦解前に攘夷論をすでに放棄していたことは、世上にはほとんど知られていなかった。これらの故に、新政府が成立をみたとき、世人の間では新政府による攘夷鎖国の実現を予想したものが実に少くなかった。

しかも、攘夷の風潮は幕府瓦解の頃にはすでに弱まる方向にむかっていたものの、曽つて一世を震撼させた攘夷論は、新政府成立後においてもなお軽視しえない力をもっていた。以上これらの状況の中で、新政府による開国和親の宣言は世の少からぬひとびとを驚愕させたのであった。(1)

(1)　新政府も、それをある程度予想はしていた。それ故に、天皇の外国公使引見に際しては、その旨を発表するに先だち越前、土佐、長州、薩摩、安芸、肥後の諸藩主(または前藩主)から外国公使を天皇が引見されたい旨を連署をもって建白させた。この建白書は述べて、今や王政復古をみ、長年のさまざまの弊害が改められて治績の挙がることが期待されている。ところで、今日とりわけ急務とすべきものは外国交際のことであり、朝廷が外交のことに力を注いでおられることは「皇威を万国に赫輝」させる秋が到来したものとして「感銘」に堪えない。「今日之先務は上下協同一和し、宇内之形勢を弁じ、皇国一大革して開業すべき儀第一」と思われる。外国交際においては「元より膺懲の重典も無くて不レ叶儀には候得共、控御之術其方を得候へば遠人も懐き服し候道理」であるとし、つづいて、外国交際の沿革を述べ、鎖国令以後でも清国、オランダには貿易を許していたのであるから、わが国は外国人を一切しりぞけていたわけではない。そこで、「今日皇国之衰運を挽回し皇威を海外に耀し候儀、万々一刀両断之朝裁を以て井蛙《せいあ》管見之僻論を去り、先在廷枢要之御方々より御豁眼《かつがん》に被レ為レ成、上下同心して交際之道無二一念一開せられ、彼長を取り我が短を補ひ万世之大基礎相据えられ候様奉㆓専禱㆒候。仰願くば皇上之御英断能く天下之大勢を御観察被㆑為㆑遊、是迄犬羊戎狄と相唱候愚論を去り漢土と斉《ひと》しく視せられ候朝典を一定せられ、万国普通之公法を以参朝をも被㆑命候様御賛成被㆑為㆑在、其旨海内に布告して永く億兆之人民をして方向を知らしめたまひ度儀を偏に奉㆓懇願㆒候」となした。

新政府はさらに別に、曽つて攘夷の急先鋒であった長州藩の藩主からも、開国和親の方針をもって今後に対処されたい旨の建白を差出させた。

ついで、新政府は天皇が外国公使を引見される旨の布告を発するとともに、さらに諭告をも公にした。それは述べて、「外国御応接之儀」は遠く上代に始まっている。「近代に至りては万民所知の如く船艦之利、航海之術其妙を窮め、万里之波濤比隣之如く相往来し、一時幕府之失錯とは乍㆑申皇国之政府に於て誓約有㆑之候事は、時之得失に因て其条目は可㆑被㆑改候得共、其大体に至り候ては妄に不㆑可㆑動事、万国之公法として今更於㆓朝廷㆒是を変革せられ候時は却て信義を海外各国に失はせられ実以不㆓容易㆒大事に付、不㆑被㆑為㆑得㆑止於㆓幕府㆒相定置候条約を以御和親御取結に相成候。既に先般御布令被㆑為㆑在候上は、皇国固有之御国体と万国之公法とを御斟酌御採用に相成候は、是亦不㆑被㆑為㆑得㆑止御事に候。仍《よって》而越前宰相（越前藩主を指す——著者）以下建白之旨趣に基き広く百官諸藩之公議に依り、古今之得失と万国交際の宜を折衷せられ、今般外国公使入京参朝被㆓仰付㆒候」となしたのである。

しかし、新政府のこれらの配慮にもかかわらず、その開国和親政策が当時の人心を激動させたこと一方ではなかった。

しかも、新政府が開国和親の方針をとるにいたったことは、攘夷鎖国の実現を期待していた多くのひとびとをいたく驚かせたばかりではなく、これに失望し、これを痛憤したひとびとも実に少くなかった。議定岩倉具視が明治二年二月に輔相三条実美に提出した上述の意見書の中で、「抑宇内の形勢を通観し、今日朝廷の外国と交際を開かざるを得ざる所以を領会するものは、天下幾何人あるや」と歎息したのによっても、以上の有様を推しはかることができよう(1)。

（1）　岩倉具視が側近として重用していた国学者玉松操は、岩倉から世界の形勢は以前とは大きく変化したので新政府として開国和親の方針をとることは情勢上やむをえずときき、自分は奸雄に誤られたと痛歎したといわれている（『岩倉公実記』、中巻、六二頁）が、松平慶永は『閑窓秉筆』の中に次のように記している、「大原三位重徳卿は公卿のうちにて頗る頑固の名を得たる老翁也。文久年度勅使として関東へ下向せよとの勅宣あり。此時も頻《しきり》に異国人を悪《にく》み鎖攘《さじょう》の説を唱へ、一橋慶喜公、余、老中もこの老卿には頗困難を極め、もてあましたりき。……此老翁は前にも述べる如く、公卿中にも頑固の名を得たる翁なれば、余は意地わるき人也と心に思へり。されど、誠に忠直誠実なる奇談あり。実に拭涙て感慨にたへざる也。此訳は、慶応三年十二月九日御一新の勅命下りし後、十二日比《ころ》と覚ゆる。鎖攘の勅命もあり、皆此説を唱へ候とも、かく御一新となりたる上は外国人の御交際もなければならず、外国人を待遇するは唐人、おらんだ人と同様いたすべしと議定官始へ被レ達たり。此時鎖攘の説は、俄然変化して浮雲の風に吹散されたる如し。実に可レ驚なり。翌年二月に至り、各国の公使京都に入り、入朝を被レ許の御評議ありたり。廿八日仏英両公使参内せり。英公使は途中の災によりて参内なし。廿八日の前々日廿六日と覚え候、大原老卿余に面会を被レ乞於二宮中一面話せり。老卿不平の顔色にて、春嶽殿(松平慶永を指す—著者)は私先年関東へ下向の時の事を御忘れ候哉との問に答へて、私は老卿の御下向も其節の御談判も覚え居候と申候。老卿のいふ、誠に宮中は丸で気違世界になりたり。余、それは何の事に候哉。老卿曰く、先年関東下向は勅宣もあれども、専ら鎖攘の国是にて、已に先帝も御懇諭被レ為レ在たり。又御一新の前日迄は、鎖攘を唱ふる者を忠誠と称し、開港を唱ふるものを奸悪となす。然《しか》るに御一新の翌々日に至り、岩倉の一言は実に驚入たる事にして氷炭よりも甚しき差違なり。実に歎息のいたりなり。其上に四五月も不レ立うちに、異国人の京都へ入り、加レ之参内等の事は実に思ひもよらざる事にて、案外の至りといふべし。孝明天皇にも此事は頗る被二叡慮一、満廷の公卿を始天下一般鎖攘を唱へ、幕府の開港は尤拒絶せられ、宸慮《しんりょ》に不レ適、ことに私も関東下向は鎖攘が主意なり。然るに御一新なればとて一瞬の間に一変して、異人の参内と相成、是迄の鎖攘は雲の散ずるが如し。御一新前鎖攘を被レ唱候も、畢竟外国人を悪むに非ずして徳川氏を顚倒するが為の奇貨とせらるるが如し。決て朝廷に於て左様の鄙劣なる叡慮は被レ為レ在間敷候へども、世間より詠(眺)めるときは、徳川を潰すための手段と思ふなるべし。御一新後数月を経ざるうちに、外国人の参内其他西洋風を学ばんとするの輿論となれり。朝廷もあまりに徳川氏へ被レ為レ対候て御遠慮あるべき筈なり。もふ一年程立候へば、異人参内にても宜かるべく、今は時節早しと思はる。私は異人を悪むにもあらず、御一新の御趣意外国人を参内さるるがわろしといふにもあらず、今日になりて鎖攘を主張いたさず、只々徳川氏へ被レ為レ対御不都合と存候。世間の見る所も如何哉と存候。日夜憂慮罷在《まかりあり》候間、異人の参内丈《だ》けは一年程御延しに相成度、従二貴君一岩倉へ被二仰立一候様懇願すと、涙ながらに申述べらる」(『松平春嶽全集』、第一巻、昭和一四年、一三九―四二頁)。

大原重徳の以上の言葉は、当時の世上の空気をある程度代表したものということができよう。岩倉具視も前に引用した明治二年二月に三条実美に提出した意見書の中で述べて、大政奉還後天下のひとびとは朝廷から攘夷の命令が発せられるものと思っていたところ、開国和親の方針を述べた布告が出、ついで外国公使の参内となった。幕府時代には洋服の者が御所の門を入ることを許されなかった。そこで「朝廷の前きに攘夷を主張し給ひしは、畢竟幕府を倒さんが為の謀略なり。寧ろ旧幕府の時を以て勝れりとすと。議論囂然《ごうぜん》として起り、天下の人又方向に迷ふ」と記している。

このような中で、攘夷鎖国の信念を依然として固守するひとびとは激昂してやまず、開国和親の説を抱くものを襲撃して殺害する事件も勃発をみたのである。明治二年の参与横井平四郎(小楠)(肥後藩)暗殺事件、同年の兵部大輔大村益次郎(長州藩)暗殺事件のごとき、その最も著名なものである。また、反政府的陰謀も画策された。この種のものとしては、たとえば明治四年の大楽《だいらく》源太郎(長州藩)の場合がある。彼は明治三年から同四年にかけて政府顚覆の意図を抱いて農民一揆を煽動して失敗し、ついに非業の死をとげた。大楽は安政年間以来勤王家としてその名を世に知られた人物であった。またたとえば、明治四年高田源兵衛(河上彦斎)(肥後藩)は政府転覆の陰謀を企てた理由で捕えられ斬罪に処せられたが、彼もまた、文久元年以来尊攘家として世上に重きをなして来たのであった。

しかし、攘夷派の動きの中で新政府を甚だしく悩ませたのは、彼らによる外国人襲撃である。この種の事件の中で最も代表的なものに、たとえば慶応四年一月の兵庫事件があった。これは、備前藩家老が藩兵を率いて神戸通行の際にフランス水兵が行列の先頭を横切ったのに対し、排外感情に駆られた藩兵はこの水兵を射ち、つづいて附近で外国人とみればこれに射撃を浴びせ、その報せに出動したイギリス、アメリカ、フランス三国の兵が備前藩兵と交戦して、これを撃退したという事件である。また、同年二月の堺事件がある。これは、堺に上陸したフランス軍艦乗組員を攘夷熱に燃えた土佐藩兵が襲撃して、合計一一名のフランス士官および水兵を殺害したという事件である(1)。さらにまた、同月京都で天皇は前述のようにイギリス、フランスの公使、オランダ総領事を引見されることになったが、当日イギリス公使パークスの一行は参内の途中に攘夷派の襲撃をこうむり、護衛のイギリス兵が負傷し、参内は中止されるという事件が起ったのである(2)。これらの外国人襲撃事件は、幕末尊攘派によって行われた同種の事件と同じく、直ちに外交問題と化し、新政府はこれがためその都度甚だしい苦境に立たされたのであった。

（1）　松平慶永はその『逸事史補』に記して、以上の両事件に際しては朝廷は狼狽、苦慮し、議定、参与らは土佐藩、備前藩は外国人を殺して朝廷を苦しめ、実に憎むべきであるとさかんに述べ立てた。けれども、「既に去年十二月八日迄は、外国人を夷狄、攘夷ノミ、徳川家をして討伐せしめんとす。徳川家は攘夷のなすべからざるを知りて因循せるを、朝廷はこれを忌嫌し給ひて、徳川家を責むる事甚し。夫故《それゆえ》下々に至る迄も、朝廷は攘夷の思召にてどこ迄も夷狄を悪み給ふと誰知らざる物（ママ）なし。御一新後は、桑田碧海のたとへよりも大改革にて、外国人と交際を結ぶ事を始め給ふゆへ、土州藩・備前藩の兵隊も其趣意は少しも不レ知、攘夷さへすれば上は対二朝廷一忠義と相心得候も無理ならぬ事と存じ、愍然《びんぜん》の至に候」（『松平春嶽全集』、第一巻、昭和一六年、三七三頁）、と評している。

（2）　『剣影録』（明治二三年）という書物がある。これは「維新の際に方《あた》り、仏公使に随伴し来て我邦に駐劄し、当時の事情を親聞直視せし書記官等の手に出でし者」（同書、一四頁）で、兵庫事件、堺事件、パークス襲撃事件のことを記したものである。中井弘はこの書物に序文を寄せて、記述は「余が経歴の実地に考ふるに」大体正確であると記している（一頁）。ところで、この書物は天皇の外国公使引見前の京都の情勢を次のように述べている。「此時京都は兵乱の余にして、殺気未だ全く消へず、加之神戸、堺の暴動及其所刑の始末等痛く影響を他の攘夷の党派に及ぼし、人心の激昂頗る甚く、其徒各所に集合して、新政府の処置、挙動に不満を抱き、慷慨悲憤、攘夷の決行に至らざるを嘆じて切歯扼腕、東奔西走するが如き形勢にて、我欧羅巴人を見れば槩《がい》して之を野蛮と云ひ醜虜と罵るの際に方《あた》り、突然我々が禁闕の下に至るのみならず、官吏は之を引て皇帝陛下の謁見を許すが如きは、抑《そもそ》も国体を汚する罪人なりとて、係りの官吏及び外国公使を誅戮せんなど、所々に壁書し、或は檄を放つて同志を煽動しければ、世情何となく物騒がしく人心自ら恟々たり」(一〇―一頁)。

新政府はこのような世上不穏の空気に鑑みて、外国公使の参内に先だって布告を発して世上をきびしく戒めたが、それにもかかわらず、パークス襲撃事件がひき起されたのであった。

なお、新政府成立後以上のように依然世上に残存しつづけた攘夷思想も、その後やがていわゆる文明開化の風潮がひろがるにともなって、急速に凋落することになった。

さて、新政府の開国和親の方針の中にも、民族の独立確保という新政府の課題が反映していたが、外交政策の他の面についてもまた同様であった。前述したように、幕末以来「西力東漸」の大勢との連関で民族的危機感が烈しく高揚することになり、西洋諸国が幕府に対して開国の方針をあくまでも強要した点において、西洋諸大国の重圧は幕末のわが国の上に烈しく加えられたのであった。けれども、新政府の成立以後は西洋諸大国の圧力は、きわめて一般的にいえば、わが国の上に直接的に大きく及ぶことはなくなった。けれども、そのことは、民族的危機感を減退させることにはならなかった。西洋諸大国がその支配をとりわけ清国、朝鮮に拡大・強化して行く場合には、一つには、わが国が地理的にこれら両国に近接している関係上、西洋諸大国の重圧がやがてわが国へも波及して来ることが、ひとびとによって恐れられた。またなお一つには、極東国際政治におけるわが国の比重が低下し、無力化することによってわが民族の独立は重大な脅威に直面するものと考えられた。これらの意味で、「西力の東漸」の進展に対して深刻な不安と警戒とが依然抱かれつづけることになったのである。

ところで、新政府の成立後は西洋諸大国の重圧は、以上のように一般的にはわが国の上に直接的に加わることがなくなったものの、それに対する例外ともいうべきものはいわゆる蝦夷地[1]をめぐるロシアの動きであった。すでにふれたように、安政元年(一八五五年)の日露和親条約で樺太は日露両国の共有と定められたのであったが、その後樺太においてロシアの勢力は次第に強まる有様になり、そのような中で江戸幕府は瓦解した。ところで、新政府は成立後いち早くこの蝦夷地の問題をとり上げ、戊辰戦争の戦火が閃くただ中の慶応四年三月に新政府首脳は京都の二条城で天皇親臨の下に会議をひらき、蝦夷地開拓の件がその席で議せられ、ついで箱館裁判所(まもなく箱館府と改称)を開設して蝦夷地の統治にあたらせることにして、吏員を直ちに赴任させたのである。そして、新政府はまた、移民を樺太に送り込むことにした。このようにして、ロシアの勢力が蝦夷地にひろがるのをいかにかして阻止しようと焦慮したのである。

（1） 蝦夷地という言葉は、江戸時代ばかりでなく明治初年においても用いられたが、その用語例は一定してはいず、広義では今日の北海道、千島列島、樺太をふくみ、狭義では北海道を指す。本文で蝦夷地というのは、前者の意味である。

このようにして、新政府成立の頃においては、西洋大国による当面の脅威は蝦夷地に対するロシアの動向という形において最も強く意識されたのであった。しかも、このロシアに対するわが国北辺の防衛は、西洋諸大国に対してわが民族の独立を将来確保するための実に試金石であり、第一歩であると考えられたのであった。慶応四年七月伊地知《いじち》正治（薩摩藩）が参与大久保利通宛書翰において、「其中蝦夷地開拓之御趣法も十分に相立候はば、不レ遠西洋強大之国に肩を並るの御国勢と相成候儀、日を数へて可二相待一もの歟と奉レ存候」といい(1)、また輔相岩倉具視が明治元年一〇月政府に提出した意見書(2)において、「皇威を海外に輝し候儀は蓋《けだし》蝦夷地開拓著手より始まるもの有らん」と述べているのも、正に以上の点を物語るものである(3)。

（1） 勝田孫弥、『大久保利通伝』、中巻、明治四三年、五五九頁。

（２）『岩倉公実記』、中巻、六〇二―八頁所収。

（３）岩倉はなお、翌明治二年二月輔相三条実美に提出した意見書（『岩倉公実記』、中巻、六九六―七〇四頁所収）の中で、蝦夷地の開拓は焦眉の急務であり、政府の財政にその余裕があるか否かのごときことは顧慮すべきではない。「他年若し会計漸く立つの日を待て之に著手せんと欲せば、既に魯西亜人の蚕食する所と為り、臍《ほぞ》を噬《か》み之を悔ゆとも何の益か有る。況《いわん》や今より数年の後を待つも、会計の立つと立たざるは未だ預め之を決定すべからず。在廷の諸君断然と之が経画を為さんことを望む」と述べている。

しかし、新政府のこの苦心、焦慮にもかかわらず、樺太に対するロシアの勢力進出を阻むことは、結局できなかった。ロシアは樺太に将校、兵士、流刑人を送りつづけて、全島に対するその勢力を強化するのに対して、新政府の送った移民は風土になじまず病にかかるものが続出し、また生計の途を立てえないものも多く、そのうえに数を増加するロシア人からさまざまの圧迫をこうむり、これらのために樺太を引揚げるものも相ついで生ずる有様になった。そこで、明治七年にはついに開拓使（箱館府の後身）は樺太在住のわが国人の全部を北海道に引揚げさせ、わが国側はこうして樺太を事実上放棄した形になった。そして、新政府は同年の中にロシアとの間に外交交渉をひらいて、翌明治八年（一八七五年）

五月セント・ピータースブルグ(St. Petersburg)条約を結び、これまで両国の共有とされていた樺太をロシア領と定め、その代償としてロシアは千島列島中のロシア領とされて来たウルップ(Urup)島以北の諸島をわが国に譲渡することになった。ロシアがすでに事実上支配下に置くにいたっていた樺太を正式に自国領に編入する代りに北千島列島をわが国に割譲したのは、当時ロシア政府当局者の関心がバルカン半島の情勢に注がれており、極東に対しては注意を払うことの少なかったことと関連する。(1) しかし、以上のような実状を知らない当時のわが世上では、この樺太・千島の交換を軟弱、卑屈な措置としてこれを憤る声も高かったのであった。

(1) Hudson, G. F., The Far East in World Politics, p. 61.

新政府はまた、成立匆々にして条約改正問題をとり上げ、その解決をはかろうと企てた。すでに述べたように、幕府は安政年間に締結した西洋諸国との通商条約において、西洋諸国に一方的に治外法権を許し、また片務的な協定税率主義を承認したのであった。ところで、治外法権制度の存在は国家の独立性を侵害するものであり、関税自主権をもたないことは独立国としての建前に反するばかりでなく、民族資本の成長、従って、民族的独立の経済的基礎を充実、強化することを甚だしく阻害し、このことは、産業革命を迎えるに先だって西洋資本主義諸国に対して国をひらいたわが国にとって真に重大なことであった。(1)且つ、輸入品に対する協定税率がきわめて低く、従って関税収入のつねに僅少にとどまったことも、広汎な施策を必要としながら成立当初から財政的逼迫に甚だしく苦しむことになった新政府として到底無視しえないことであった。(2)そこで、西洋諸大国の重圧の下になされた幕末開国の所産であるこの安政条約を改正して、治外法権制度を撤廃して「法権の独立」をはかり、関税自主権を獲得して「税権の独立」を実現することは、新政府にとって民族の独立確保の上から切実な課題と考えられたのであった。

(1)　すでに述べたように、幕府は兵庫開港問題の際に輸入品に対する協定税率をこれまでの従価平均二〇パーセントから原則的には五パーセントに引下げることを余儀なくされた。その結果として西洋資本主義諸国の低廉な商品がわが国内に一段と容易に流れ込むことになった。明治八年三月に岩倉具視は上奏書(『岩倉公実記』、下巻、二三二―七頁所収)の中で述べて、近年わが国は輸入超過が甚だしく、このままで進めば「国脈の危殆に陥るや必せり」とし、条約改正は緊急の課題であると述べたが、それも以上のような事態を背景としていわれたものにほかならない。

(2)　関税収入が政府租税収入において占める割合は、たとえば決算第一期(慶応三年一二月―明治元年一二月)には二二・八パーセント、同第二期(明治二年一月―同年九月)には一一・四パーセント、同第三期(明治二年一〇月―同三年九月)には七パーセント、同第四期(明治三年一〇月—同四年九月）には八・三パーセントであった（東洋経済新報社編、『明治大正財政詳覧』、大正一五年、による）。当時国内に財源を求めることが容易でなかったことを考えるならば、関税自主権をもたないことは、この点においても重大な結果を生じていたのである。

新政府は、前に引用した慶応四年一月一五日の布告の中において「是迄於二幕府一取結候条約之中弊害有レ之候件々、利害得失公議之上御改革可レ被レ為レ在候」と述べたが、新政府は早くもこの年一二月から翌年にかけて西洋諸国に対して条約改正の希望を表明した。そして、明治四年（一八七一年）には右大臣岩倉具視を特命全権大使とする使節一行を欧米諸国に派遣し、条約改正の予備交渉を行わせ且つ西洋諸国の国情を視察させることにしたのである。使節一行は着米後アメリカとの間に条約改正の交渉をひらいたが、この会談においてアメリカ側は関税自主権を承認しようとせず、治外法権制度についても日本の司法制度が整備された暁には撤廃に応ずる旨を述べたにとどまった（1）。そこで、使節一行は交渉を打切って渡欧し、ヨーロッパ諸国を巡遊して条約改正問題について意見交換をも行い、翌々年九月に帰国したのである。

（1） 下村富士男、『明治初年条約改正史の研究』、昭和三七年、一五七頁以下。

岩倉具視を正使とするこの使節団には、副使として参議木戸孝允、大蔵卿大久保利通、工部大輔伊藤博文、外務少輔山口尚芳が加わっていた。使節一行に新政府の中核をなしていたこれらのひとびとが含まれていたことは、新政府が条約改正の達成にいかに強い熱意を抱いていたかを示すものであるとともに、わが民族の独立を将来にわたって全うするために西洋の事物をわが国に移植、導入することを真に急務と考えていたことを物語るものである。横浜を出帆した後、岩倉具視は「大海にこぎ出てみればこの船も浮べる葦の一葉なりけり」と詠じたが、海を越えて遠く欧米に旅して西洋の文物を眼前にしたとき、新政府の指導的地位にあるこれらのひとびとが強烈深刻な衝撃をうけたことは、容易に想像しうることである。その意味で、この使節団の派遣はただに条約改正問題についてばかりでなく、ひろく新政府の将来の政策に直接・間接に実に大きな影響を及ぼすことになったということができる。

なお、使節の一行が欧米を巡遊して条約改正について諸国政府と協議したことから生じた注目すべき副産物は、明治六年(一八七三年)における切支丹《キリシタン》禁制の撤廃であった。元来新政府が幕府からうけついだ懸案の一つに、長崎に近い浦上村における切支丹教徒処分問題があった。慶応元年に、永年にわたる峻厳な禁制にもかかわらず浦上に切支丹教徒が潜伏、存在していることが発覚し、幕府は当時これらのものを直ちに逮捕して投獄した。これに対して、西洋諸国の側は日本が開国和親の方針をとるにもかかわらず切支丹禁制の伝統を固守していることに烈しく抗議してやまず、幕府はこれに困惑して、投獄したものの相当数をともかく釈放して、問題は有耶無耶《うやむや》に一旦落着した形になり、そのような中で、幕府は瓦解した。ところが、新政府はその成立後前述のように祭政一致の建前を高く標榜し、神道の国教化をさえも一旦は企てた。そのような新政府としては、幕府がとった切支丹禁制の方針を堅持することを高札をもって明かにするとともに、浦上村切支丹教徒の問題を再びとりあげて、浦上を探索して約三千名を逮捕し、これらのものを諸藩に預けて監禁させたのである。この措置は、そのときも忽ち西洋諸国公使からの烈しい抗議を招き、問題はここに再燃した。あたかもそのような中で、新政府は岩倉具視以下の一行を欧米に送ったのであった。ところで、この使節団は巡遊中欧米諸国の政府と会談の際にこれら諸国の側から浦上の問題が持ち出されて、信仰の自由が日本においてみとめられていないことを烈しく非難された。そして、西洋諸国がこの事件をもって日本の文明程度の低さを示すものと考えていることが察知されたのである。そこで、新政府としては切支丹禁制の維持は条約改正の達成を阻害するものと判断し、明治六年二月ついにキリスト教を信奉することを事実上許すことにし(1)、監禁中の浦上切支丹教徒も釈放したのである。信仰の自由は、このようにしてみとめられることになった。すなわち、それは基本的人権の立場からではなくて、条約改正の促進という政治的考慮によるものであった。

（1）　新政府は「自今諸布告御発令毎に人民熟知の為凡《およ》そ三十日間便宜の地に於て令二掲止一候事……但……従来高札面の儀は一般熟知の事に付、向後取除き可レ申事」という太政官布告を発した。このような措置をとることによって、実際上キリスト教の信奉を解禁したのである。

前述のように、新政府はわが民族の独立確保という観点から、アジアにおける西洋諸大国の動きに対して烈しい不安を抱きつづけたのであるが、明治四年に新政府は清国との間に日清修好条規を締結した。この条約においては、わが国がこれまで西洋諸国との間に結んだ条約とは異なって、日中両国は相互的に治外法権制度をみとめ且つ相互的に協定税率主義を採用する旨が規定された。さらに注意すべき点は、この条約第二条であり、そこには「両国好を通ぜし上は必ず相関切す。若し他国より不公及軽藐する事有る時、其知らせを為さば、何れも互に相助け或は中に入り程克く取扱ひ、友誼を敦くすべし」と定められたのである。この条約はわが国の発議によって結ばれたものであり、その意図はアジアにおける西洋諸大国の動きに対抗する上から清国との間に友好的な関係を樹立することにあった。そして、第二条もその趣旨において設けられたものにほかならない。幕末識者の間においては、「西力東漸」の大勢に対して日中両国が提携して各自の国の安全を確保すべきであるとの主張を抱くひとびとがあったが(1)、この日清修好条規の根柢にはそのような構想が系譜的にはうけつがれていたということができる。

(1) たとえば、佐藤信淵、平野国臣、勝海舟などに見出される。

つぎに新政府の内政についてみると、新政府が天皇親政の建前を強調することにより、民族独立のための観念的基礎を築こうと試みたことは前章で述べたが、しかし、民族の独立にはそれを支える実体的条件を必要とする。そこで、新政府がそのために企てたのは、わが国内の近代化を強力に推進することであった。開国によってともかくも世界政治の中に組み入れられたわが国としては、国際的にその在立を維持するためには少くともある限度国内の近代化をはかることが自己保存のための実に至上命令であったのである(1)。それ故に、新政府としてはこれがために必死の努力を重ねることになった。西南戦争下の明治一〇年二月に右大臣岩倉具視は太政大臣三条実美宛書翰の中に「抑一新以来施政上外国と対峙之目的有レ之候為に、非常之変革無レ之ては不二相叶一件々有レ之、実際不レ得レ已次第に候得共一般之人心と相反し候件々而已に有レ之、就中《なかんずく》士族之不平は一層凝結甚く……」と記しているのも(2)、この点を述べたものにほかならない。以下に少しく具体的にみてみよう。

(1)　福沢諭吉は『文明論之概略』(明治八年)の中で、ヨーロッパ文明は今日のところ人智が到達しえた最高のものであるとし、「我文明の以て彼に及ばざるを知り、文明の後《おく》る者は、先だつ者に制せらるるの理をも知るときは、其人民の心に先づ感ずる所のものは、自国の独立如何の一事に在らざるを得ず。抑《そもそ》も文明の物たるや極て広大にして、凡そ人類の精神の達する所は悉皆其区域にあらざるはなし。外国に対して自国の独立を謀るが如きは、固より文明論の中に於て瑣瑣《ささ》たる一個条に過ぎざれども、……今我人民の心に自国の独立如何を感じて之を憂るは、即ち我国の文明の度は今や正に自国の独立に就て心配するの地位に居り、其精神の正に達する所恰も此一局に限りて未だ他を顧みるに遑《いとま》あらざるの証拠なり」(巻六、一―二枚)と述べ、わが民族の独立を将来にわたって維持するために西洋文明を導入する必要を力説している。これは、本文に述べたような状況を指摘したものにほかならない。

(2)　『岩倉公実記』、下巻、四七三―六頁所収。

新政府は第一に、封建的諸制度の撤去を企てた。その最も重要なものは、版籍奉還(明治二年)(一八六九年)と廃藩置県(明治四年)(一八七一年)とである。この二つの事業は、一つにはすでに述べたように新政府の基礎強化を意図したものであったが、しかし、なお一つには民族の独立確保という観点において行われたものであった。版籍奉還、廃藩置県に際して大きな役割を演じた木戸孝允は版籍奉還を画策した当時の事情を綴った文章の中で述べて、戊辰戦争が終了したのち全国の諸藩は割拠して対抗する形勢を呈し、その「眼目を只内地に注し、已に大患の外に来るを知らず」、朝廷が条理によって事を処理しようとしても到底不可能であった。そこで、当面緊急の課題、将来の大方針を考えるとき、「七百年来の旧弊を一洗し、皇国をして統一するに在ずんば、皇国を維持し億兆を安ずる能はず」(圏点著者。以下同じ)と考え、自分は版籍奉還を計画するにいたったと記している(1)。また、薩長土肥の四藩が版籍奉還の上表を差出し、ついでこれに倣って諸藩から同趣旨の上表が続々提出されつつあった当時、木戸は議定岩倉具視宛書翰(明治二年二月九日付)において、朝廷はこの建白を聴許すべきであると述べ、これら上表の処置が「当を被レ為レ得候ときは、東洋に光輝を生じ候はここに基き可レ申、自然と当を被レ為レ失候ときは、前途益縮小、終に宇内に御卓立と申事は万々無二覚束一奉二存上一候」となしている(2)。さらに、廃藩置県の際の詔勅には「朕惟ふに、更始の時に際し、内以て億兆を保安し外以て万国と対峙せんと欲せば、宜く名実相副ひ政令一に帰せしむべし。朕曩《さき》に諸藩版籍奉還の議を聴納し、新に知藩事を命じ各其職を奉ぜしむ。然るに数百年因襲の久き或は其名ありて其実挙らざる者あり。何を以て億兆を保安し、万国に対峙するを得んや。朕深く之を慨す。仍《よっ》て今更に藩を廃し県と為す」とあり、そして、この詔勅の渙発をみた日に木戸は日記に、この詔勅の出たことによって、ここに「始て稍世界万国と対峙の基定る」ものといってよいであ

ろうと記している。(3)

（1）『木戸孝允文書』、第八。
（2）同、第三。
（3）『木戸孝允日記』、第二。

新政府はまた、四民平等の原則を強調した。これも一面では前述のように政府の基礎強化を目的としたものであったが、他面では、封建的束縛の除去という点で新政府の国内近代化の方針の一つの現われでもあった。その意味でとくに注目すべきものとしては、版籍奉還の聴許と同時に行われた既述の身分制の単純化のほか、平民に苗字を唱えることを許したこと(明治三年九月)、斬捨御免の特権の廃止(同年一二月)、穢多、非人の称を廃してこれらのものを平民に編入したこと(明治四年八月)、職業の自由をみとめ、華士族に農工商に従事することを許したこと(同年一二月)などを挙げることができる。

新政府はさらに、農業に関する旧来のさまざまな封建的束縛を撤廃した。ことに重要なものとしては、明治四年田畑勝手作の布達が発せられて、今後どのような作物をいかなる土地に植付けてもよいことになり、明治五年には幕府法である土地永代売買禁止令が廃止されて土地売買の自由がみとめられた。けれども、土地制度に関する近代化の試みとして最も重要なものは、地租の改正であった。

新政府がこの地租改正を行うにいたった主たる動機は、国家の財政的基礎を固めること、従って、その意味で政府の基礎強化をはかることにあった。そのような目的の下に、新政府は全国の土地について一筆ごとに土地の肥瘠、交通条件等を基準にしてその地価を決定し、この地価の三パーセントをその土地に対する地租と定めた。但し、地価の決定にあたっては地租の全国総額が江戸時代以来の年貢の全国総額と大差ないものになるよう配慮した。新政府としては、当時地租以外には有力な財源を見出しえなかったので、このような考慮を必要と考えたのであった。つぎに、在来は収穫物の一部を貢米として納付していたのを改めて、金納とした。これは、従来のような物納制の下では政府の地租収入は毎年の豊凶によって当然大きく左右されざるをえず、しかも、政府の租税収入において圧倒的比重を占める地租の収入(1)が大幅に変動することは、政府の財政を不安定なものにし、施策の立案、実施に大きな支障をもたらさざるをえないからであった。

(1) 地租改正着手直前において、第五決算期(明治四年一〇月—同五年一二月)の政府の租税収入で地租の占める割合は実に九一・七パーセントであった(前掲、『明治大正財政詳覧』による)。

地租改正は、以上のように全国の土地について課税標準としての地価を決定することを必要としたので、それは少からぬ時日と労力とを要するところの大事業であった。従って、明治六年(一八七三年)に着手されながらも、田畑・宅地に関しては明治九年(一八七六年)にほぼ完了したが、山林・原野について完了をみたのは実に明治一四年(一八八一年)のことであった。

ところで、この地租改正にあたって旧来の年貢負担者を地租の納税義務者とするとともに、その者に地券を与えてその土地に対する近代的意味での土地所有権をみとめたが、このような義務と権利とを与えられたものは、大体において地主と自作農とであった(1)。なお、以上のような地租改正がすでに述べた土地制度に関する他の諸改革と相まって、農村に実に巨大な社会的、経済的変化をひき起すことになったのは、後に述べるごとくである。

(1)　楫西光速、加藤俊彦、大島清、大内力、『日本資本主義の成立Ⅱ』、昭和三一年、三〇四頁。

つぎに、新政府による国内近代化においてきわめて重要な狙いとされたのは、わが国の軍事力を可及的に上昇、強化させることであった。「西力東漸」の事態と国内近代化に関する新政府の基本的目的とを考えるとき、それは甚だ自然なことであろう。たとえば、木戸孝允はその日記に、明治元年一一月軍務官副知事大村益次郎を訪ねて、「大政一新に付候ては、真に其実行相挙り、皇威海外に輝き宇内に卓立の御目的無レ之ときは、幕と雖《いえど》もなんぞ異らん」と述べ、民族革命の目的達成のためには「天下の入を五分にし、其三分を海陸軍、其一分を政府入用、其一部を救恤《きゅうじゅつ》且万民の為に便利を興す」べきであると語ったところ、大村は大いに賛成したので、木戸はその方針で事に着手するよう大村に委任したと記している(1)。また、明治四年一二月に兵部大輔山県有朋(旧長州藩)、兵部少輔川村純義(旧薩摩藩)、同西郷従道(旧薩摩藩)は連署して政府に建議を提出し、軍事当局者としては「内地の守備」、「沿海の防禦」、「海陸軍の資本」充実を要望すると述べ(2)、人あるいは軍備はもちろん急を要するが、政府としてなさねばならぬことは他にも甚だ多く、「天下の財力を尽して兵部一省に資する」ことはできないというものもあろう。けれども、それは甚だ「本を知らざるの論」である。いやしくも政府の局にあるものは「天下大勢の緩急先後」を考えて施策にあたるべきである。現在ロシアはインドに南下しようとし、また「満洲の境を越へ黒竜江に上下」しようとしている。そして、ロシアとしては「東方未だ遽《にわ》かに動かす可からず。故に又兵を蝦夷に出し、北風に乗じて温地に趣かん」としている。このような形勢を目前にしてわが国として最も急を要することは何であろうか。「今常備精兵を備へ、無数の予備兵を設け、戦艦を造り、砲台を築き、将士を育し、器械弾薬を製造、貯蓄するに至ては、国家実に其費用に勝《た》ゆ可からずと雖も、是れ必要の大事止めんと欲して止むべからず。備へざらんと欲すとも、一日も備へざる可からざるものなり。今日四海万国皆然らざるなし。況《いわん》や北門の強敵日に迫らんとするの秋に於て豈《あ》に之れが計を建ざる可けんや」と述べている。(3)民族的危機感は、新政府内に軍備拡充へのこのような烈しい主張を生む有様であったのである。

(1)『木戸孝允日記』、第一、明治元年一一月六日の条。

(2)「海陸軍の資本」充実というのは、具体的には兵学寮、造兵司、武庫司の整備を意味した。

(3)『法規分類大全』、兵制門、陸海軍官制、陸軍一、四九―五一頁。

そのような中で、新政府は軍事力拡充のために容易ならぬ苦慮と努力とを重ねた。そして、山県有朋(旧長州藩)が兵部大輔、陸軍大輔、陸軍卿を歴任してわが国に近代的陸軍を起す上において大きな役割を演じたことはよく知られているところである。新政府は幕府・諸藩の造兵施設を接収して、それらを統合、整備することによって軍需工業の基礎をつくり出した。(1)また、明治二年にわが国最初の電信線が架設されたが、新政府は明治五年には電信国営の方針をとることにした。明治五年鉄道が東京・横浜間に開通をみたのち、次第に他へも敷かれることになったが、新政府はしばらくの間は主要線を自己の手で敷設する方針をとった。さらに、造船、海運業に高度の保護を与えてその育成をはかった。以上これらの措置は皆、一つにはわが国軍事力の強化を意図してのことであった。

（1）東京砲兵工廠、大阪砲兵工廠、横須賀海軍工廠など、その起源は幕府・諸藩の造兵施設にある。

わが国軍事力の拡充をはかるには、しかし、軍備の拡張、軍需産業、軍事に連関する産業の育成等のみではもとより足りず、一般産業の発達を不可欠の要件とした。新政府がいわゆる殖産興業政策の推進に一方ならぬ努力を注いだのも、その動機の一つは実にそのような考慮にあったのである。そして、それは同時に、民族独立の確固たる経済的基礎を築くことを目的としたのであった。明治七年春に内務卿大久保利通がその勧業建白書に述べて、殖産興業の実が挙り、「人民殷富《いんぷ》充足すれば、国随つて富強なるは、必然の勢にして、智者を俟つて後知らざるなり。果して如ㇾ此なれば、諸強国と輿を並べて馳る亦難きにあらず」と記しているのも[1]、新政府として殖産興業政策の前途に寄せた以上のような期待を示すものにほかならない。

（1）『大久保利通文書』、第五。

この殖産興業政策は、西洋において発達して来た近代産業をわが国にも起して、産業の近代化をはかることをその内容とするものであった。明治六年（一八七三年）に内務省が設置されたが、この内務省が爾来国家的見地からみて必要と考えられる西洋近代産業の設備、技術を移入した種々の官営模範工場を設立し、それらを運営することを試みた。(1)新政府は、この模範工場によって世上に手本を示し、その種の企業が民間に起るのを誘導しようと企てたのである。そして、そのような近代産業を起そうとする民間人に対しては政府資金の貸付を初め、さまざまの措置を講じて手厚い保護を与えたのである。そこでこの殖産興業政策と新政府による前述の軍需産業の経営とを中心に、わが国内においては近代資本主義の発展が促進されることになった。そのことは何を意味するものであろうか。江戸封建体制の瓦解・明治新政府の成立という変革は、江戸中期以来の商業資本の発達を主たる原因としたものでなくて、国際的重圧を直接的契機としたのであり、この事実がすでに示すように、新政府成立後も民間の資本蓄積は貧弱であり、産業資本に転化されうる商業資本は絶対量において甚だしく不足していた。しかも、新政府としては前に述べた理由によりわが国産業の急速な近代化を焦慮していた。そこで、その結果としてわが国の資本主義化はこのように国家資本の力によって強力に推進されることになったのである。

（1）　富岡製糸場、愛知、堺、広島の紡績所、千住製絨所、三田育種場、下総《しもうさ》牧羊場など、その例である。

この殖産興業政策の推進において中心的役割を荷ったのは、参議兼内務卿大久保利通（旧薩摩藩）であった。彼は明治四年から同六年にかけて前述の岩倉具視を特命全権大使とする使節団の副使として欧米を巡遊したが、この旅行で彼は西洋諸国の文明の高さを目の辺りにみて、深刻な衝撃をうけた。彼はそのイギリス滞在中にひとに語って、自分のように年をとったもの（彼は当時四三歳であった）には将来のことはやれない。時勢に対応して行けないから引退するほかはない。自分としては幕府を倒し政権を朝廷に取りもどすためにできるだけのことはした。しかし、それから後《あと》のことはやれない。西洋を巡遊してみると、このように進歩した世の中では、われわれはもはや時代おくれの存在である、と沈痛な語調で語ったという(1)。冷静、沈着な人となり、剛毅、果断な性格の持主として知られた大久保のこの言葉は、彼のこうむった挫折感はいかに圧倒的なものであったかを示すものといってよい。それだけにまた、しかし、その帰国後内務省の設置とともに初代内務卿に就任して殖産興業政策の衝に立つにいたったとき、彼は正に心血を傾注して局にあたり、明治一一年のその死のときに及ぶことになったのである。

（1） 土屋喬雄、『日本資本主義史上の指導者たち』、昭和一四年、二四―五頁。

それにしても、殖産興業政策の遂行は、巨大な困難を冒しつつ進められねばならなかった。すなわち、第一には、わが国は関税自主権をもたなかった上に協定税率がきわめて低かったので、新政府が鋭意育成しようとする民間産業も西洋先進資本主義諸国の烈しい競争にさらされて、その成長は少からず阻害されがちであった。第二に、新政府は近代産業の発達にしきりに焦慮しながらも、この目的のために外資を導入することを極力避けようとした。明治三年(一八七〇年)に鉄道事業のためイギリスで九分利付公債一〇〇万ポンドを、明治五年(一八七二年)に禄制整理(後述)のために同じくイギリスで七分利付公債二二二万ポンドを募ったほかは、明治二八年の日清戦争終結にいたるまでの期間外債を募集せず、しかも、その頃には右二回の外債もすでにほとんど償還し終っていた。新政府がこのように外債を起すこと少かったのは、外債はわが国を外国に経済的に隷属させ、わが国の植民地化をもたらす糸口になるのを惧れたためであった。そして、過去のエジプトの例がひとびとによって好んで援用されたりした。こうして、民族の独立確保の観点からなされる殖産興業政策の遂行に当って外資に頼ることは、自己矛盾と考えられたのである(1)。それにしても、国内の資本蓄積が乏しく、政府の財政が逼迫している中で、外資をかりることなく近代産業の育成を推進することは、まことに容易なことではなかった。

(1)　大久保利通は明治六年(一八七三年)の征韓論争(後述)に際して、朝鮮征討に反対する理由を述べた意見書を政府に提出したが、その中で述べて、わが国の外債はイギリスで募ったが、もしも将来これを償還できない場合には、イギリスは債務の不履行を理由にわが国の内政に干渉を企て、その結果重大な事態となるであろう。それ故に、わが国は産業を興し、輸出の増加をはかり、富強に力めて、外債の償還に努めるべきである。これは今日の急務であって、朝鮮征討はその点から考えても不可であるとなしている(『大久保利通文書』、第五)。内務卿に就任する以前に、大久保は外債の問題についてすでにこのような見解を抱いていたのであった。

大久保利通は内務卿として、このような困難を排して殖産興業政策の推進にあたり、その達成を念願してやまなかった。政府は大久保の建議にもとづいて、明治一〇年夏に東京の上野において産業奨励の目的で第一回内国勧業博覧会を催すことにしたが、この博覧会の準備中にはからずも西南戦争の勃発を迎え、新政府は重大な政治的危機に逢着することになった。このとき、内務大丞河瀬秀治は大久保に対して博覧会を中止すべきか否かを尋ねたが、大久保は答えて、顧慮することを要しない、戦争は戦争、博覧会は博覧会であるといい、博覧会は戦争下において予定のごとく開催された(1)。この挿話も、彼が殖産興業政策のためいかにその心血を注いでいたかを物語るものにほかならない。

（1）　橋本五雄編、『金竹余影』、昭和一七年、二八三頁。

この殖産興業政策によって民間資本の育成が強力に試みられる中で、政府関係者と個人的に結托して格別の庇護、援助を仰ぎ、実業家としてやがて大をなすにいたった例が少くない。いわゆる政商が、これである。それは、薩長土肥出身の実業家であった場合が多いが、新政府が藩閥政権としての性格をもっていたことを考えれば、そのことは怪しむべきことではない。明治一〇年前後にいたる期間の代表的政商としては、三井、岩崎（三菱）（土佐出身）、五代（友厚）（薩摩出身）、住友、藤田（伝三郎）（長州出身）などを挙げることができる。そして、これら政商こそ、実にこの時期における代表的ブルジョアであった。

なお、以上に述べたところから推測できるように、新政府の下でわが国近代産業は政府の需要を主として目当てにした軍需産業を中核として成長した。また新政府が産業資本に高度の保護を与えてその育成をはかった結果として、政商ばかりでなくひろくブルジョア階級は一般に、政治上における支配層である藩閥勢力に接近して庇護、恩恵を求めることに甚だ熱心であった。また注意すべきことは、新政府の財政が前にふれたように地租収入に高度に依存していたことを考えるならば、殖産興業政策による産業資本の育成は多分に地主階級の負担において遂行されたということができよう。

つぎに、国内近代化の方針との関連で注目すべきものとして、新政府による庶民啓蒙の試みを挙げることができる。新政府はその施政が実効を収めるためには、前提として政府の政策を理解し積極的にこれに即応し協力する国民をつくり出すことを必要と考えた。そこで、その限りでは、意識水準が低く(1)受動的な一般人を開明に導き、彼らの中の自意識をよびさまそうと試みたのである。明治五年(一八七二年)八月に新政府は学校教育制度を定めた学制と称する法令を発布したが、それに付せられた被㆓仰出㆒書は、「学問は身を立るの財本共云ふべき者にして、人たるもの誰か学ばずして可ならんや。夫《そ》れ道路に迷ひ飢餓に陥り、家を破り身を喪ふの徒の如きは、畢竟不㆑学よりしてかかる過ちを生ずるなり」とし、これまでは学問は「士人以上」のなすものとされ、「農工商及び婦女子」は学問の何たるかを知らず、士人以外で稀に学ぶものも「動《やや》もすれば国家の為にすと唱へ、身を立るの基たるを知らずして、或は詞章記誦の末に趨《はし》り、空理虚談に陥り、其論高尚に似たりと雖ども、之を身に行ひ事に施すこと能はざるもの少からず」となし、これまで久しい間この誤った考えのために「文明普《あま》ねからず、才芸の長ぜずして、貧乏破産喪家の徒多き」有様になっている。「人たるものは学ばずんば有べからず。之を学ぶには宜しく其旨を誤るべからず」とし、そこで今般この学制を制定することになったとし、「自今以後一般の人民華士族農工商及婦女子必ず邑に不学の戸なく家に不学の人なからしめん事を期す」となしている。

（1）　そのことは、たとえば、前に引用した明治元年一〇月の京都府下人民告諭大意、慶応四年三月の長崎裁判所の御諭書からも容易に推測することができる。一四〇頁註（4）参照。

このような建前に立った学制の発布は、名分を重んじ実利を排する儒教道徳を基礎とした伝統的な教育に代えて、当時わが国に流入するにいたっていた西洋の功利主義《ユティリテリアニズム》思想に立脚した教育を導入したものであった。さらにいえば、この学制はいわゆる文明開化の風潮（後述）が教育の領域に及んだものとみうるであろう。[1]けれども、新政府がこの法令を発布したその根柢には、前に述べたような意味での開明された個人をつくり出そうという意図が存在していたのであり、そのこともまた注目されなければならない。

（1）　西村茂樹はその『往事録』の中で述べて、明治五年学制が発布され、その前文には長文の太政官布告が載せられていたが、「其文を熟読するに、学問は身を立つるの財本なりといへる主意にして、専ら生を治め産を興すことのみを説き、一も仁義忠孝を教ふるの語なし」。当時民間にあった自分はこれを読んで、「政府にて此の如き教育法を行はんとするは、従前の武士教育が唯道徳のみを教へて実業に迂《う》闊《かつ》なるを以て是を矯正するの意なるべきも、全く仁義忠孝の事を説かざるは亦一方の極端に走るものにして、恐くは其弊に堪へ難きものあらん」と考えた。その後文部省に職を奉ずることになったが、文部省の吏員や世上識者の意見を探ったところでは、「政府の官員は何れも西洋の文明に眩惑し、本邦従前の教育は固陋にして一も採るべき所なしと思ひ、世の儒者、宗教家は文明東漸の勢力に圧せられ志気沮喪し、一も世間の風潮に抗して己が信ずる所を主張せんとする者」ない有様であった。また、学制はヨーロッパ、とくにアメリカの教育制度に倣ったものであったが、西洋では修身・道徳を教えるには必ずキリスト教がとり入れられていたのに対し、わが国のこの学制の場合修身科は置かれたが、キリスト教に代わるべきものがないので、甚だ「修身道徳を軽んずる外観」を呈することになり、それればかりでなく、人心は「修身道徳を蔑視する方」にむかうことになった、となしている(前掲書、一六九—七一頁)。

新政府の庶民啓蒙の意図は、新聞に関するその政策にも示された。(1) 新政府は国民を開明に導く上で新聞の果す役割を重要視して、新聞をよむことを奨励するほか、新聞郵送料をとくに低廉にし、(2) また新聞社宛原稿の郵送を無料にして新聞の取材、編輯について便宜を与えた。(3) なお、当時の世上でも新聞は時勢に対する眼をひらかせるものとして珍重し、文明開化の象徴の一つとみたのであった。(4) 明治初年に諸地方の町村に無料あるいは有料の新聞縦覧所が設けられて、新聞をみずから購入しないものも新聞に接する機会をつくることがされたが、これも新政府の以上のような奨励方針と新聞に対する世人の関心とがその背景をなしていたのである。

（１）明治五年三月一五日の『東京日日新聞』には次のような記事がある。「一昨十三日新聞梓主を府庁へ召され、新聞は開化の今日最欠くべからざるものなり。然りと雖も、多くは旧聞のみを挙げて新なる文字の意を失せり。是強て一冊にまとめ一紙につぼめんことを欲するの所以ならん。之に加ふるに高価たり。只新聞は疾《はや》きを旨とし麁《そ》紙粗製を論ずるものならず。況んや書房絵双紙店等へ歩を運ばざれば求め難きなど、迂遠の甚しきと云ふべし。居ながら廉価に求め読み畢《おえ》るの後枕紙手拭き紙等に下すこと、各国新聞紙の趣意なり。爾後能々注意し以て新聞の新聞たる所以を失せず、規模壮大の期を計るべしと厚き御説諭ありしは、実に吾党の幸福にして往々新聞の隆盛を計る基なり」。これも、新政府の新聞奨励の方針の現われである。また、明治五年の額田県（のちに愛知県の一部となる）の「管内士族平民心得書」（『明治文化全集』、第二二巻、所収）に「壮若乃輩、家業の暇あれば郷校に出席、読書算筆を学び、或は同志社を結び新聞等を購求し天下の世態を弁知すべき事」という一条がある。すなわち、学校の教育と並べて新聞購読が重要視されている。

（２）明治五年三月の大蔵省布達「新聞紙逓送規則」。

（３）明治六年六月二八日の大蔵省布達「新聞紙原稿逓送規則」。

（４）明治初年に行われた「開化どゝ一」に「文明開化を知らないものは、新聞煎じてのませたい」とある。やや後年の川柳にも「新聞が殖れば旧いあらが減り」（明治一〇年）、「新聞屋開化進歩が口に馴れ」（明治一二年）などというのがある（上野邦夫、「川柳狂句に現はれたる明治初期の新聞紙」、『季刊明治文化研究』、第一輯、昭和九年、参照）。

新政府は、以上のように国内の近代化を推進することに鋭意力を注いだ。(1) しかし、この近代化とは、具体的にいえば西欧化にほかならなかった。そこで、政府のこのような方針にも助けられて、西洋の文物が世上さまざまの面にしきりにとり入れられることになった。たとえば、明治二年(一八六九年)横浜に初めて架設された電信は、やがて後に政府の手によって次第に全国に布かれるようになった。また、明治三年(一八七〇年)に銀座の一帯が火災で焼けたが、その機会に新政府は防火と美観とを考慮して銀座通に煉瓦造りの洋風建物を建て並べて一般に貸与し、またその道路を煉瓦で舗装して街路樹を植え、こうして新しい首府東京の繁華街を洋風化して体裁をととのえることを試みた。さらに明治四年(一八七一年)には「散髪……脱刀共可㆑為㆓勝手㆒事。但礼服の節は帯刀可㆑致事」という布告が出た。そして、この前後から洋服をつけたひとびともみられ始め、またやはりこの頃から東京の街には人力車が出現して、次第に駕籠に代わるようになった。(2) そして、この斬髪と人力車とは世上からいわゆる文明開化の象徴《シンボル》のようにみられた。また、明治五年(一八七二年)に入ると、東京・横浜間に鉄道が開通し、その開通式は天皇親臨の下に盛大に取り行われた。さらに、同年一一月には改暦の詔が発せられて、これまでの太陰暦に代えて西洋諸国に倣って太陽暦が採用されることになった。以上これらは単なる例にすぎない。(3) そして、このように西洋の文物が導入されるにともない、世の姿もあわただしいまでに変ることになったが、当時世人はこのような変化を「文明開化」とよんで、それを謳歌したのである(4)。

(1)　明治二年当時の旅券に付された海外旅行心得には「皇国之御為と可㆓相成㆒筋見聞之節は、精々心を用ひ穿鑿《せんさく》を遂げ候上、書面を以て外国官、又は神奈川、大坂、兵庫、長崎、新潟、箱館之内、外国掛御役所え飛脚便之節可㆓申越㆒、若又書通不便之節は帰国之上可㆓申出㆒事」とあり、また「一、年限相立、無㆑滞帰国之上は、旅行中之始末委細に可㆓申上㆒候事。右之通申渡候条堅相守可㆑申事」とある。新政府が西洋文物の移植にいかにふかい熱意を抱いていたかが、このようなところにも現われている。

(2)　明治四年五月の『新聞雑誌』(第一号)は、東京では人力車が増加し駕籠屋は甚だ衰えた。それは「偏《ひとえ》に車の下値なると路の捷《はや》きとによることにて、以て器械の効力を見るべし」と述べている。西洋から輸入されつつある機械との連想で、人力車をみていたのである。

(3)　明治六年頃に流行したといわれる開化大津絵ぶしに、「おひおひにひらけ行く開化の御代のおさまり、郵便はがきでことたりる、針金だより(電信を指す―著者)や陸蒸気(汽車をいう―著者)、つつぽに靴をはき、乗合馬車に人力ぐるま、はやる安どまり、西洋床にたまつきば、おんせんや日の丸ふらふ(日章旗の意―著者)や牛肉や、日曜どんたく煉瓦造り石の橋」とある。この文句の中には、当時文明開化の象徴とみられたものがよみ込まれている。

(4)　加藤祐一、『文明開化』、初篇上巻、明治六年(『明治文化全集』、第二〇巻、所収)は「文明開化といふ事を、此節は口くせのやうに、世間の人が申ますが、扨《さて》其文明開化の訳が、わかつていふ人は少ないやうな。夫は何故じやといふたら、よく世間の人のいふことを聞くに、豚を喰ふたといふては文明じや、あいつは此頃蝙蝠傘さして歩行《あるき》をる、えらひ文明じや、沓はいたまゝで座敷へ上りおつた、こりやちと迷惑な文明じや、おまけにつれて来た犬も上りをつた、御札で鼻かみをつた、仏壇を毀ちをつた、えらい文明じやと、西洋人の真似するか、耳に新らしい事、目に新らしい事、人に異なつた事さへすれば、なんでもかでも文明開化にしてしまふが、さういふものでもない。元来の趣意を知らいで、めつたむしように、耳目に新らしい事するばかりを、文明開化じやとおもては、とんだ間違ひが出来る」(同全集、同巻、五頁)と述べて、本文に記したような世上の風潮を諷刺している。

攘夷の叫びに国内沸き立った有様を呈したのは、いわば昨日のことであったのに、今やこうして全く一転して「文明開化」が一代の風潮となり、西洋の事物がしきりに讃美され、また心酔もされる時勢が現出したのである。(1) そして、それとともにわが国の伝統的な事物は、全く時代にそわないものとしてとかく蔑視され、顧みられない有様になった。(2) このような激変が何故に可能であったかについては、わが国が過去長い歴史の間に外国の文明を高度に受容しつつその文明を成長させて来たことが、西洋文明をうけ入れる素地を用意したことにもなっているであろう。また、幕末攘夷思想の下で西洋諸国を夷狄視し、西洋文明を侮蔑しがちであったのは、それが実は正確な認識にもとづいてなされたものでなかっただけに、西洋文明の実体が知られるにつれて、これに対する評価も全く改められることになったといえよう。けれども、原因は単にこれらの点にあるのではない。新政府による西洋文明移植の試みは、前述のように民族の独立確保という緊急、切実な課題を達成するためであり、このことは世上の人心にもまた感受されていた。現に「文明開化」という言葉と並んで「富国強兵」の語が、政府・民間を通じて時代の標語としてしきりに口にされたのであり、「富国強兵」のためにも「文明開化」が必要と考えられていたのである。(3) そして、民族の独立確保への烈しい焦慮は、自国の伝統的文明へのふかい自信と誇りとを欠いていたことと相まって、西洋文明に対する態度を激変させることにもなったのである。(4)

(1)　明治六年(一八七三年)三月には「自今外国人民ト結婚差許、左ノ通リ条規相定候条此旨可二相心得一事」云々という太政官布告が発布された。

(2)　ベルツはその日記の明治九年(一八七六年)一〇月二五日の条に次のように記している、「現代の日本人は、自分自身の過去については、もう何も知りたくはないのです。それどころか教養ある人たちはそれを恥じてさえいます。〈いや、何もかもすっかり野蛮なものでした〔言葉そのまま!〕〉とわたしに言明したものがあるかと思うと、またあるものは、わたしが日本の歴史について質問したとき、きっぱりと〈われわれには歴史はありません。われわれの歴史は今からやっと始まるのです〉と断言しました。なかには、そんな質問に戸惑いの苦笑をうかべていましたが、わたしが本心から興味をもっていることに気がついて、ようやく態度を改めるものもありました。……その国土の人たちが固有の文化をかように軽視すれば、かえって外人のあいだで信望を博することにもなりません。これら新日本の人々にとっては常に、自己の古い文化の真に合理的なものよりも、どんなに不合理でも新しい制度をほめてもらう方が、はるかに大きい関心事なのです」(『ベルツの日記』、第一部上、一一七頁)。この記述は、西洋のさまざまの文物に接触して魅惑され、それとともにわが国世上は一種の啓蒙時代を迎えて、「歴史は誤謬の記録である」という啓蒙期固有の歴史観がひとびとによって抱かれるにいたったことを物語るものとして興味ふかい。

(3) 明治四年(一八七一年)九月、天皇は近臣に対して洋服を着用するよう御沙汰書を発せられたが、その中にいう、「今衣冠の制、中古唐制を模倣せしより流て軟弱の風をなす。朕太《はなは》だ慨ㇾ之。夫れ神州武を以て治するや、固より久し。天子親ら之が元帥と為り、衆庶以て其風を仰ぐ。神武創業、神功征韓の如き、決して今日の風姿にあらず。豈一日も軟弱以て天下に示す可けんや。朕今断然其服制を更め、其風俗を一新し、祖宗以来尚武の国体を立てんと欲す。汝近臣其れ朕が意を体せよ」。宮中服制の改革にあたっても、このような理由づけがなされているのは、注目される。そして、この御沙汰書もまた、「文明開化」と「富国強兵」との関連を暗示するものといってよいであろう。

(4) わが国近代における西洋文明の受容について、S・L・ギュリックは曽つて述べて、日本人は地球上の大多数の民族に比して外的条件に順応する能力をもっているように思われる。そして、日本人のこのような感受性はいろいろな思いがけない形をとって現われる。たとえば、日本では自己を取り巻く環境に適応して振舞えない場合には世の中から笑われる。そこで、そういう理由で笑われることに対する恐怖心が、日本人の生活行動のきわめて強い動機になっている。日本人の生活行動が一定の枠にはまっていて、社会に高度の整一性《ユニフォーミティ》があるのも、このためである。近代の日本において、外国の文物をとり入れて日本をその意味で西洋諸国に類似した国にすることが、日本存立のための対外的条件として必要であるということになったとき、そのような必要に自己を適応させる上から、日本人は外国側の批判に敏感となり、外国人に笑われまいという考えが日本人たちを大きく支配するようになった。そして、日本人のそのような配慮が日本の近代化をきわめて迅速に成功させることになった。環境に対する日本人のこのような適応能力は、往々外国人をして日本人は浮薄な国民であると批評させることになったが、しかし、日本が古代において中国を、近代において西洋を模倣しなかったなら、日本の独立は維持しえなかったと考えられる、となしている(Gulick, S. L., Evolution of the Japanese, 1903, pp. 72-9.)。ギュリックはこの見解はわが国の近代化の過程全体について述べたものであるが、文明開化の時代に関する観察としても示唆をふくんでいる。

伝統的文明に対するわが国人の態度について、福沢諭吉は曽つて論じて、彼が幕末外国に滞在した間に見聞したところをまとめた『西洋事情』一〇巻(慶応二年―明治二年)は世上ひろくよまれたのであるが、「此浅薄なる記事が何故に大勢力を得て日本全社会を風靡したるやと云ふに、当時我開国匆々上下共に適する所を知らず、諸藩の有志者は維新の事を経営する最中にして、其有志者は大抵皆藩中有為の人物、祖先以来我固有の武士道に養はれて、其活潑穎敏《えいびん》、磊落不羈《らいらくふき》なるは殆んど天性にして、大胆至極なれども、本来支那の文学、道義に入ること甚だ深からず、儒学の極意より之を視れば、概して無学と云はざるを得ず。此無学の一流が維新の大事業を成して、扨善《さて》後の一段に至り鎖国攘夷の愚は既に之を看破して開国と決断したれども、国を開いて文明に入らんとするには何か拠る所のものなきを得ず。流石の有志輩も当惑の折柄、目に触れたるものは近著の西洋事情にして、一見是れは面白し、是れこそ文明の計画に好材料なれと一人これを語れば万人これに応じ、朝に野に苟《いやしく》も西洋の文明を談じて開国の必要を説く者は一部の西洋事情を座右に置かざるはなし。西洋事情は恰《あたか》も無鳥里《とりなきさと》の蝙蝠《へんぷく》、無学社会の指南にして、維新政府の新政令も或は此小冊子より生じたるものある可し。事甚だ奇なるに似たれども、当時日本国中に西洋流の新思想を伝ふる版行の著書とては、粗漏浅薄ながら唯この冊子あるのみにして、正《まさ》に時の機会に投じたると同時に其新説の容易に実際に行はれて故障を見ざりしは、当局士人の漢学に入ること深からずして、一言これを評すれば其無学なりしが為めなりと断定せざるを得ず。巻初に記したるが如く、緒方先生(緒方洪庵を指す―著者)が日本国中の武家は大抵無学にして文字を知らずと云はれたるは実際の事実にして、維新の有志輩が事を断ずるに大胆活潑なる其割合に字を知ることは甚だ深からず、仮令《たと》ひ或は之を知るも、之を無頓着に附し去り、一片の武士道以て報国の大義を重んじ、苟も自国の利益とあれば何事に寄らず之を従ふこと水の低きに就くが如く、旧を棄るに吝ならず、新を入るるに躊躇せず、変遷通達、自由自在に運動するの風にして、浅薄なる西洋事情も一時に歓迎せられたる所以なり。即ち日本士人の脳は白紙の如し。苟も国の利益と聞けば、忽《たちま》ち心の底に印して其断行に躊躇せず。之を彼の支那、朝鮮人等が儒教主義に養はれ、恰も自大《じだい》己惚の虚文を以て脳中縦横に書き散らされたる者に比すれば、同年の談に非ず。左れば維新の当初我国の英断は当局士人の多数が漢文、漢学を味ふこと深からざりしが故にして、奇語を用ふれば、日本の文明は士人無学の賜《たまもの》なりと言ふも、過言に非ざる可し」(『福沢全集緒言』、明治三〇年、五八―六一頁)となしている。

また、明治四五年に内藤湖南(虎次郎)は述べて、近世においてはヨーロッパ文明を受容したものは栄え、受容しないものは衰えるというのが、世界の大勢である。日中両国はともに先ず天文、暦算の面でヨーロッパ文明をうけ入れたが、中国の受容は停滞し、わが国の受容範囲はひろがって、「学術、思想」にまで及ぶことになった。この相違は、何に原因するか。中国は大陸に立国して「自発の文化」をもっているのに対して、日本は「海島に立国して、其の文化は皆仮借に出づ」。清国は土地肥え、天産に富むに対して、日本は「瘠地《せきち》にして人工に須《ま》つ」。清国は天才の手で特殊の文学、哲学をもつにいたったのに対し、日本は他国の「文芸」を模倣することに絶えざる努力をして来た。日本文明が清国文明に及ばないのは当然である。けれども、国勢と文化とは必ずしも一致しない。「特に近世の大勢は、人工の力動《やや》もすれば天産を絀《しりぞ》け、努力の効恒に天才を圧し、仮借の簡捷時に自発の迂回に先だつ。功利に趨就する世態の濁悪誠に嫌忌すべきも、成敗の数は此の如くにして定まるを争《いか》んともすることなし。故に一種の支那人士の如く、国の淪喪するは已むべからずとして、其の自発の文化を保全せんといふも一理あり。文化、天才、自然に一の自負をも有せざるも、種族と威力とに勝者たらんとするも一理あり。近時に於ける日本の振興は、実に其の無類の謙抑より発せる一の自負なき努力の結果なり。支那の如き自発の文化なきが故に、欧州の文化を仮借するに勇にして疑ふ所なきを得。支那の如き天産の富なきが故に、物産の研究、工業の奨励は徳川氏の時よりして行はれたり。支那の如き天才なきが故に、外国先哲の教にさへ忠実に服膺して、思想と実行と相伴はざるの弊なきことを得たり」。「余は固より努力にのみ謳歌する者にあらずして、日本にも文化、天才、自然の誇るべき者ありたらんには更に幸なりしならんと思ふ。然れども、憐れむべき日本が誇るべき文化、天才、自然なくして、誇るべきは唯だ此の謙抑なる努力のみなることをも知悉す」となしている(土屋元作、『新学の先駆』、明治四五年、への序文、一―四頁)。内藤湖南のこの所説は、西洋文明受容に関する日中両国の態度の相違とその政治的結果を鋭く指摘したものとして、注目に価する。

ところで、新政府の国内近代化の政策は、民族の独立確保の観点から立てられたものであり、そこで、この近代化方針はそのような目的意識によって規定され、制約された。それのみでなく、この目的意識からみて必要と考えた場合には、近代化に正に逆行する施策をとることも新政府はもとより躊躇しなかった。新政府が天皇親政の建前を強調し、神国思想、それとの連関において天皇讃仰の念をひろく国民の間に普及し、高揚させようと試みたのは、その最も典型的な例である。そして、その結果として、新政府の下でわが国内は一面では急速に近代化されつつも、同時に他面では前近代的な神権王国《ディヴァイン・ライト・モナキー》として粉飾されることになったのである。江戸幕府の瓦解・明治新政府の成立を中心とする歴史的変革が、明治維新とよばれるとともに、また王政復古としても意味づけられたのは、その点においてまことに示唆的である。

なお、新政府成立後に一旦現出した華々しい神道復興の気運は、廃藩置県後やがて急速に退潮することになった。明治四年八月(太政官職制発布の翌月)に神祇官《じんぎかん》は神祇省と改称されるとともに、太政官の分官に格下げされた。翌年三月にはさらに教部省《きょうぶしょう》と改められると同時に、これまで神祇省の重要所管事項であった祭祀は宮内省の式部寮《しきぶりょう》で取り扱われることになった。そして、教部省は国民の教導を任務とするものになり、且つ神社・神官のほかに寺院・僧侶をも併せて管轄することになった。ついで、教部省はこれまでの宣教使に代えて教導職を設置し、神道普及よりもむしろひろく国民の教化に当らせることにした(1)。従って、宣教使には国学者・神道家と神道の心得ある儒学者が任命されていたのに対し、新しい教導職には僧侶も起用されることになった。新政府の神仏分離の方針以来苦境に追いやられていた仏教・僧侶は、今やこのようにして立直る機会を迎えた。神道復興の気運の退潮は、その後もさらに進展した(2)。そして、国民教化もまたやがて民間の事業に委ねられるようになるのである。このような中で、一旦は新政府の施政にまで関与した国学者・神道家は、不平を抱きつつ政府から去って行くことになった。[3]

(1) 教導職の行うべき教化の内容として、三条教憲が定められたが、それは、「一、敬神愛国の旨を体すべきこと、一、天理人道を明にすべきこと、一、皇上を奉戴し朝旨を遵守せしむべきこと」の三項目で、神道的色彩が未だ若干残っていた。しかし、その後明治六年(一八七三年)にいたり教部省は改めて二十八兼題を公布したが、それは三条教憲に比して一層一般的な国民教化を目ざしたものであった。

(2) 明治一〇年(一八七七年)一月に教部省は廃止されて、所管事務は内務省に新設された社寺局に移された。教導職もまた、一般的な国民教化を目的とするにともない、講談師、俳優なども任用されるようになったすえ、明治一七年(一八八四年)には廃止された。

(3) 国学者矢野玄道《はるみち》は、「橿原の御代にかへると思ひしは、あらぬゆめにてありけるものを」の歌にやる方ない歎きの思いを托した。

このようなことになったのは、新政府が王政復古・天皇親政を標榜してその基礎補強に一方ならず苦心しなければならない時期が、ようやく過ぎ去るにいたったことにもよるであろう。そして、新政府が国内の再編成を精力的に推進するようになるにつれて、きわめて観念的で具体的なプログラムを欠く神道は現実政治の上においていきおい疎んぜられることになった。且つ、文明開化の風潮の中で神道は一般世上からは迂遠な旧物とみられがちになったのである。ただ、しかし、それにもかかわらず、新政府の下でわが国が一面で前近代的な神権王国としての性格をもつことになった結果、神道はこの神権王国を支えるイデオロギーとしての役割を将来にわたって荷うことになったことは十分注意されなければならない。

新政府による国内近代化の政策は、前に述べたように、民族の独立確保という目的意識によって規定、制約されたのであるが、しかし、この政策にも助けられて、文明開化の風潮が世上にひろがり、西洋の文物がひたすら讃美、心酔される時勢になったとき、そこにおのずから政府の意図する近代化の限界を越えた現象も往々みられることになった。たとえば、新政府の国内近代化政策は烈しい民族的危機感を推進力としていたのに対して、西洋文明に対する世上の高い評価は国際政治に対する世人の認識を歪め、民族的危機感を減殺する傾向さえも一部に生じたのである。西洋に発達した国際法の規制力を過重評価して、それに大きな期待を寄せる傾きが世人の間に生じたのなども、その一例である。このような国際法観はすでに幕末洋学者の間にも見出されたが、(1)今や相当ひろく世上に抱かれるようになった。福沢諭吉はその『通俗国権論』(明治一一年)の中で、世界の情勢を論じて、今日世界の諸国は対立して互に他国の隙をうかがい、乗ずべき機会を狙っている。侵略を実行するか否かはその軍事力の関係で決せられるというのが、実情である。従って、「和親条約と云ひ万国公法と云ひ、甚だ美なる如くなれども、唯外面の儀式、名目のみにして、交際の実は権威を争ひ、利益を貪《むさぼ》るに過ぎず」、「百巻の万国公法は数門の大砲に若《し》かず。幾冊の和親条約は一筺の弾薬に若かず。大砲、弾薬は以て、有る道理を主張するの備に非ずして、無き道理を造るの機械なり[(2)]」と述べている。またたとえば、明治一三年(一八八〇年)に参謀本部長(後の参謀総長の前身)山県有朋はその上奏文の中で述べて、「方今万国対峙し、各其疆域を画して自ら守る。兵強からざれば、以て独立す可からず。今夫れ修好条規ありて交際の締結を期し、万国公法ありて釁隙《きんげき》の曲直を判ず。論者或は言ふ、以て自から保することを得べしと。此れ特に強者は名義を仮りて私利を営し、弱者は口実となして哀情を訴ふるの具たるに過ぎざるのみ」と記している[(3)]。これらは例にすぎないが、福沢諭吉にせよ、山県有朋にせよ、以上のように述べていることは、国際政治について世上に前述のような素朴な見解が相当にひろく抱かれていたことを示すものである。

(1) 慶応年間に福地源一郎(桜痴)は、国際法勉学のためヨーロッパに留学することを幕府に請願したが、後年彼は回顧して、「此建白請願は欧洲外交の事情を述べたる名文卓説なりと賞賛せられたるが、今日より顧れば全く誤解謬見にて、国際は道理を以てのみ進退する者と断定したる空理にてありき」と述べている(『懐往事談』、明治二七年、一四七頁)。なお、彼のこの願出は承認されなかった。また、幕末に津田出(紀州藩)は洋学、とくに国際法の訳書を学ぶ中に「文明の極、神無きに至る。開化の極、戦無きに至る。必ず当にその日有るべし。嗚呼我之を見るに及ばざるのみ」という考えに到達した。津田はそれを会心事と考え、しばしばひとにこの句を揮毫した(津田道太郎編、『壺碑』、大正六年、五、九八、一四八頁)。津田のこのような考えが、国際法の勉学を機縁として抱かれたことは、注意されねばならない。

(2)『通俗国権論』、九五—六頁。

福沢は曽つて明治五年に『学問のすゝめ』初篇の中で、「日本とても西洋諸国とても同じ天地の間にありて同じ日輪に照らされ、同じ月を眺め、海を共にし、空気を共にし、情合相同じき人民なれば、ここに余るものは彼に渡し、彼に余るものは我に取り、互に相教え互に相学び、恥ることもなく誇ることもなく、互に便利を達し、互に其幸を祈り、天地人道に従て互の交を結び……」と主張したのであった(五—六枚)。これは、当時世上には攘夷の風潮が未だ濃厚に残存していたのに対して、世人を啓蒙する目的で述べたものである。ところが、その後彼は明治八年に『文明論之概略』を著わし、その中で「今の外人の狡猾、慓悍《ひょうかん》なるは公卿、幕吏の比に非ず。其智以て人を欺く可し。其弁以て人を誣《し》ゆ可し。争ふに勇あり。闘ふに力あり」といい、わが国がもし西洋諸国の制御、束縛をうけることになれば、想像するだにも恐るべき有様が現出するであろう。国民たるものは、毎朝互に心に戒めて、外国との交際は油断してはならないと一度言った上で朝食をしたらよいであろう、と述べるようになった(巻六、三〇、四〇枚)。そして、ついで『通俗国権論』においては、本文のように主張するにいたった。

（3） 山県有朋、『陸軍省沿革史』、明治三八年。明治文化叢書版、昭和一七年、二二八―九頁。なお、彼は明治一五年にも上奏文において同趣旨のことを述べている。前掲書、二四五―六頁。

また、新政府によって神国思想、天皇讃仰の念をひろく国民の間に高揚することが鋭意試みられたが、しかし、西洋文化のさかんな移植にともなって西洋近代の民主主義思想もわが国に紹介されて世上にひろがり、その後の民権運動の発展はそれを一段と促進することになった。その結果として、新政府の以上のような方針に正面から対立する主張さえも唱えられるようになった。その点で代表的文献を例示的に挙げれば、世上でひろくよまれた加藤弘之の『真政大意』（明治三年）および『国体新論』（明治七年）のごとき、(1)またたとえば、今日自由党左派の代表的な一人に算えられている植木枝盛の『民権自由論』（明治一二年）のごとき、(2)いずれも天賦人権論に立って急進的な民主主義の主張を試みたものであった。

（1） 加藤弘之は『真政大意』（『明治文化全集』、第五巻、所収）の中で述べて、「皇国は天神天祖の詔によりて永く天孫の御国と定め玉ひしことなれば、皇統万世一姓のことは論じ奉る迄もないことなれど、素と其天神天祖の右の如く定め玉ふ所が、即殊に億兆を御愛憐遊ばす御心から出たことで、彼の唯今挙げた詔勅の中にも其確証がある。然《し》て見れば、取りも直さず億兆の為めに一君を置き奉らせ玉ふ訳で、決して一君の為めに億兆があると云ふ訳ではないでござる」（前掲巻、九二―三頁）と述べ、また『国体新論』（『明治文化全集』、第五巻、所収）ではつぎのように主張している、「試みに思ふべし、君主も人なり。人民も人なり。決して異類の者にあらず。然るに、独り其権利に至りて斯く天地霄壌の懸隔を立つるは、抑何事ぞや。かかる野鄙《やひ》陋劣《ろうれつ》なる国体の国に生れたる人民こそ実に不幸の最上と云ふべし」（前掲巻、一一一頁）。「名賢碩儒と仰がるる輩と雖も、此の如き姿の非なるを悟りし者は一人もこれなきのみならず、却て之を是として頻《しきり》に尊王卑民の説を唱へ、益《ますます》此の如き野卑陋劣の姿を養成したる事、明瞭なり。就中《なかんずく》本邦に於て国学者流と唱ふる輩の論説は真理に背反すること甚しく、実に厭ふべき者多し。国学者流の輩愛国の切なるより、頻に皇統一系を誇称するは誠に嘉すべしと雖も、惜い哉、国家君民の真理を知らざるが為に、遂に天下の国土は悉皆天皇の私有、億兆人民は悉皆天皇の臣僕なりとなし、……天皇の御事とさへあれば、善悪邪正を論ぜず唯甘じて勅命の儘に遵従するを真誠の臣道なりと説き、是等の姿を以て我国体と目し、以て本邦の万国に卓越する所以なりと云ふに至れり。其見の陋劣なる、其説の野卑なる、実に笑ふべき者と云ふべし」（前掲巻、一一二頁）と論じた。

（2）　植木枝盛は『民権自由論』（『明治文化全集』、第五巻、所収）において、諸君は「君は神で自分は獣とでも思ひなさる哉。なぜに此様に卑屈でござるぞ。人は皆同じく天の造りたる同等の人ぢや。君も人じや。民も人じや」(前掲巻、一八七頁)といい、また「国とは人民の輳《あつま》る所のものにして、決して政府に依つて出来たものでもなく君に憑《よっ》て立つたものでもない。国は全く民に因て出来たものぢや。その証拠には昔しから王なくても民あれば国は出来ることなれども、王ありても民なくては国のある処なく、又全く民がなければ初めより王など云へるものはない」(一八九頁)と主張している。

第三節　起伏する政治的不安

新政府が藩閥政権として成長し、薩長両藩の出身者がわが世の春を迎えて顕栄をほしいままにする有様になるのに比して、これと対蹠的な運命を辿ることになったのは、旧一般武士層(一般の士族層)であった。版籍奉還、それと同時に行われた身分制の単純化、廃藩置県、それにともなう藩兵の解散、徴兵制の実施は、彼らの間に烈しい不満を抱かせることになった。そして、明治四年に「散髪……脱刀共可ㇾ為二勝手一事、但礼服の節は帯刀可ㇾ致事」という布告が出された後、明治九年には廃刀令が発布された。「自今大礼服着用幷に軍人及警察官吏等制規ある服着用の節を除くの外帯刀被ㇾ禁候条、此旨布告候事。但違反の者は其刀可二取上一事」というのが、これである。明治四年の布告後も士族の中では古来の慣わしをあくまで尊び依然帯刀するものが少くなかったが、この廃刀令の結果彼らは武士の魂として愛重してやまなかった刀を棄てることを余儀なくされたのである。そのことも、士族層を悲憤させたこと些少ではなかった。(1)

（1）明治一〇年の西南戦争において西郷側でうたわれた歌の中に「るろうの士族おびただし。……ぶ具も刀も捨てよとは、ここんきかざる布告なり」とあるのも、廃刀令に対して士族層の間で抱かれた烈しい憤りを象徴するものであろう。

士族層の不満、憤りは、これらの点にとどまらなかった。彼らのきわめて多くは時とともに経済的窮迫の中に陥って行ったのである。すなわち、明治四年の廃藩置県とともに、これまで各藩から支給されていた俸禄は、新政府に肩代りされることになった。廃藩置県が実現をみた以上は、封建制度を前提とした禄制をそのまま存置することはもとより理由ないことであったが、しかし、直ちにこれを廃止することは士族層の生計の基礎を一挙に断つことになるので、新政府としては政治的に考えてそれを行うべきではないと考えたのであった。けれどもまた、今後長く俸禄を支給しつづけることは、財政的にも到底なしえないところであった。(1)そこで、禄制の廃止を将来に期しつつ差あたりのところ俸禄の整理（禄制整理）を行うことにし、新政府は明治六年（一八七三年）俸禄奉還制度を実施し、華士族でこの際俸禄の奉還を申出たものに対しては数年分の俸禄を一時金として交付することにした。新政府はこの制度により、俸禄整理をはかると同時に華士族がこの一時金を資本として生業に就くことを期待したのであった。この奉還制度施行の結果、明治八年七月までの間に全士族の約三分の一、全俸禄の約四分の一が奉還されたが、(2) この制度は明治八年七月で中止された。それは、右の一時金で生計の途を見出しえたものが甚だ少かったためであると今日考えられている。(3) その後、同年九月に新政府はこれまで俸禄が現米で支給されていたのを貨幣によることにし、いわゆる金禄に改めた。(4) しかし、財政的困難に苦しむ新政府は、俸禄問題をこのままに放置しておくことはできず、ついに翌明治九年(一八七六年)八月金禄公債発行条例を公布し、当時まで俸禄を受けていたものに対して、その禄高を考慮して定めた額面ならびに利率をもった金禄公債証書を交付して、俸禄の支給を打切ることにしたのである。華士族は、このようにして今や俸禄の数年分を額面とした一片の公債証書の所有者に変ったのである。

(1) 俸禄が国家歳出において占める割合は、たとえば明治四年一〇月—同五年一二月には三一・八パーセント、明治六年一月—同年一二月には二一・一パーセント、明治七年一月—同年一二月には三六・一パーセント、明治八年一月—同年六月には三二・四パーセントであった(楫西光速、加藤俊彦、大島清、大内力、『日本資本主義の成立Ⅱ』、昭和三一年、三三三頁)。

（2）吉川秀造、『士族授産の研究』、改訂版、昭和一七年、八〇頁。
（3）前掲書、七七―九頁。
（4）金禄制への切替えにあたっては、新政府はこれまで俸禄として支給せられていた現米高を明治五―七年の米価の平均価格によって金額に換算したのであった。ところが、金禄制の採用以後米価および物価は明治五―七年の平均米価および平均物価以上に上昇することになったので、金禄制の実施は結果においては俸禄の実質的削減になった。

ところで、旧藩主、大藩の家老のように在来高額の禄をえていた少数のものを別とすれば、この公債の利子で生活を支えることは到底不可能であった(1)。そこで、きわめて多くのものは公債証書を売却して、その代金を資本として農工商等で生計を立てようと企てたが、しかし、慣れない事業に失敗して、悲惨な経済的没落をとげるものが続出することになった。「士族の商法」という喩《たと》えが示すように、武士層は由来金銭を卑しみ、営利を蔑視する気風の中に長く生きて来ただけに、一朝事業に携ったときにこれに失敗するものの多かったのは、自然のことといわねばならない。しかも、彼らは武士という曽ってのその身分に強い誇りを抱いており、それればかりでなく、長年の伝統によって「平民」からは一般に依然尊敬の念をもってみられていた(2)。それらの故に、みじめにも落魄に駆り立てられて行くとき、彼らの痛苦は実に深刻なものがあった(3)。明治一一年右大臣岩倉具視は「華士族授産之儀に付建議」の中で、「一新の前に至りて大に其忠誠の気を奪ひ、一身を擲《なげう》ち妻子を忘れ以て力を王事に尽し、朝廷をして忽《たちまち》曠古の大業を成し文明の洪運を開く事を得せしむる者、是れ皆士族の力なり。……士族は已に一新の盛業に遭遇し、楽で其効用を致し、以て報国の意を快くせんと企望せしに、豈料《はか》らんや廃藩還禄の気運に会し、其産を減じ、其職を失ひ、饑寒且つ之に及ぶ。曩《さき》に創業艱難の際は引て干城とし、其守成を楽むの時に至ては却て門外の人たる事を免れず」と述べているが(4)、士族層の運命は、まことに悲劇的であったといわなければならない。そして、以上これらの事情の下に、全国各地の士族層の間には強烈な現状不満の空気が鬱積する有様になったのである(5)。

(1) 当時金禄公債証書を与えられた華士族の総数は三一三、五一七名であったが、その中金禄元高一〇〇円以下のものは二六二、三一七名で、それは全体の約八四パーセントにあたる。ところで、金禄元高一〇〇円のものには七分利付一一〇〇円の金禄公債証書が与えられたが、その場合の利子はわずかに年七七円、月額にして約六円三三銭であった。しかも、それだけの額をうけ得るものは、前記の二六万二千余人の中の最高所得者であり、大多数は額面二、三百円に足らない公債証書を与えられ、従って、月額一円乃至二円に足らない利子を支給されることになった（我妻東策、『明治社会政策史』、昭和一五年、二三頁）。

(2) 新政府は初めから士族を平民とは若干区別して取扱っていた。「華士族」という呼称がしばしば用いられて、士族を華族と並称したのもそうである。そのほかに、たとえば明治四年一二月までは華士族は農工商に従事することが許されていなかったこと、明治五年一一月八日には平民で任官されたものは在官中はその子孫にいたるまで士族として待遇されるという旨の布達が発せられたこと、明治一五年一月の刑法施行までは士族には閏刑《じゅんけい》の制度が適用されたことなどによっても、明かである。なお、閏刑というのは、老幼者、病人または身分の高いものに対して本刑を課せず、それに代えて適用した刑罰をいう。

(3)　経済的に窮迫した士族の中には、小学校教員、巡査などになるものが少くなかった。このような職業選択は、一面では昔日の身分への誇りを幾分ともつなぎとめようとする彼らの焦燥を示すものである。しかしまた、全く零落して、人力車夫になるもの、そればかりでなく常習の窃盗に身を落したものなど、各地において少からぬ数に上った。

(4)　『岩倉具視関係文書』、第一。

(5)　明治初年における士族(卒族――士分以下の足軽、小者など――をふくむ)の合計は四〇万戸、二〇〇万人、全人口の約六パーセントと算定されている(吉川、『士族授産の研究』、一四―五頁、参照)。

ところで、士族層のこの経済的没落に対しては、新政府としても到底無関心ではありえなかった。明治六年に参議木戸孝允はその建議の中で、「我邦人口三千余万と称すと雖《いえ》ども、其実を推して之を算すれば、僅かに二三百万人に過ぎざるべし。何となれば、孝允嘗《かつ》て西洋諸国を歴覧するに、其人民貴賤を問はず貧富を論ぜず一も国の為に其義務を尽さざるは莫《な》くして、我邦は則ち之に反せり。農は唯穀粟を出すを以て己が務と為し、工は唯什器を製するを以て其業と為し、商は唯有無を通ずるを以て之が職と為し、皆国事に於て毫も関渉する所無し。国の正気は民心に在て、民既に国事に心無し。何を以て民と為すに足らんや」とし、このような中で、「我邦四民中、猶能く廉恥を知り愛国の念を存し、国の為に其義務を尽さんと欲する者、独り一士族中に多きのみ。是三千万人中其器械たるを免かるる者、僅かに二三百万人に過ぎずと謂ふべきなり」として、士族をまことに貴重な存在であるとなしている(1)。また、明治一一年に右大臣岩倉具視は上に引用した「華士族授産之儀に付建議」の中で述べて、「士族の情況を考ふるに、鎌倉以来の武士は猶馬を騁《は》せ剣を試みるの戦卒たるに過ぎざりしに、徳川氏の中葉以後儒学世に行はれ、地方に学校あらざるなく、士族たる者身文武を兼ぬるを以て常職とし、其子弟学問に就かざる者なく、父兄の訓《おし》ゆる所、師友の導く所一に忠孝節義、治国安民に非ざるはなく、脳漿に浸涵して幾《ほと》んど固有の天性を成すに至り、其中才徳の士彬々《ひんぴん》輩出し、諸藩の治績間々観るべきものあり」とし、「士族は其積世涵養の力を以て、其精神以て百科に進むに足り、其志行以て艱苦に耐るに足り、其気力以て外人と競争するに足る。今の現況に据るに、学問百科凡そ以て国の事業を進むべき者、士族の性の尤も近き所とす。……今姑《しば》らく士族の名称を除き虚心以て之を商量するに、将来果して国の文明を扶《たす》けて独立を維持する者、此の高尚なる種族に非ずして何ぞ乎。此高尚なる種族を除く外、我邦の人民を槩論《がいろん》するに、学問なく士気なく、以て重任を負担するに足らず。蓋し其の能く進修有為の地に進み、外人と競争するに足るの日を待つは、猶ほ二三十年の後に在るべし。故に我政府は此の高尚の種族を失はずして与に共に前路に進むとき、大に将来の進歩を裨益すべし」となしている。(2) また、参議伊藤博文は明治一三年一二月のその建議の中で、「今天下の人物、品流を概論するに、其国事を担当して文明に率先たるに堪ふるもの、士族に望まざることを得ず。而して、士族の位置は宜く貴族の一部たるべし」と唱えており、(3) 翌一四年に諸参議が連署して提出した立憲政体に関する奏議の中にも、「士族の封建武門の世に於ける、平民の上に位し、教育素より気節有為の人多く其間に出づ。是れ宜く貴族の一部たるべし」となしている。(4)

(1)　『松菊木戸公伝』、下巻、昭和二年、一六四〇―八頁所収。
(2)　『岩倉具視関係文書』、第一。
(3)　渡辺幾治郎監修、『日本憲政基礎史料』、昭和一四年、二九七頁。
(4)　前掲書、三四一頁。

士族層を高く評価して、これを重要視したのは、しかし、新政府に限らなかった。福沢諭吉の場合のごときも、その一つのよい例である。福沢は「封建の門閥制度」のためにその父が学才を生かしえなかったのを回想して「門閥制度は親の敵」と考えたことは、よく知られている。しかし、そのような彼もまた封建制度の遺産である士族層に対し強い期待を寄せたのであった。彼は『時事小言』(明治一四年)の中で「国民之気力を養ふ」方策として「士族の気力を維持、保護する」ことが必要であるとし、「日本の社会に於て事を為す者は古来必ず士族に限り、乱に戦ふ者も士族なり。治に事を執る者も士族なり。近くは三十年来西洋近時の文明を入れて其主義を世間に分布し、又維新の大業を成して爾後新政を施したる者も士族ならざるはなし。所謂百姓町人の輩は唯これを傍観して、社会の為に衣食を給するのみ。之を人身に譬れば百姓町人は国の胃の腑にして、士族は其脳の如く又腕の如きものなり。事を為すの本源は脳に位して、其働は腕に在り」とし、胃のみが丈夫で脳と腕との力を発揮できないものは「活潑の人」とはいいえない。これを動物にたとえれば豚のごときものである。それ故に、「今我国に士族の気力を消滅するは、恰も国を豚にするものにして、国権維持の一事に付き其影響の大なること論を俟たずして明」かである。士族はひとり政治、学術の面ばかりでなく「殖産の道」においても「全国の魁《さきがけ》を為して人民の標準たるべき者」であるとし、また述べて、人の能力は実際には血統に因る天賦である。「この能力遺伝の主義を以て日本全国の人民を通覧したらば、士族の血統惜しむ可しとの理由は特に喋々の弁を俟たずして明白」であろう。それ故に、士族の「数百年来遺伝の教育血統（武士層の間に行われて来た伝統的な精神教育を指す—著者）」を保全することは、「天下の大計」上から必要であり、士族層をむなしく経済的没落の運命に委ねることは、「百丈の大木鬱々たるものを故《こと》さらに発掘して其根を露し之を日に照らして、坐して其枯るるを待つ」ようなもので、「智者の策」とはいえない、と力説したのである。(2)

（1）『福翁自伝』、明治三二年、一〇頁。

（2）『時事小言』、二九五—三一九頁。

福沢諭吉の家で書生をつとめた三宅豹三は追懐談の中で述べて、福沢は曽って三宅に手紙を書いて、その女婿を探すことを依頼したが、その中に条件の一つとして「門閥は問ふ所に非ざれども、士族ならば申分なし」とあった、と語っている（高橋義雄編、『福沢先生を語る』、昭和九年、所収の「三宅豹三直話」、二六五頁）。また、慶応義塾に学んだ犬養毅は回想して、あれほど平民主義を唱えまた実行もした福沢先生さえも「百姓町人を一人前に仕上げるには、三代かかるだらう」といわれた、と語っている（木堂会、『犬養木堂』、昭和五年、所収の「木堂回顧録」、二一七頁）。

さて、新政府が士族層の経済的没落を傍観しえないと考えたのについては、また別に重要な政治的動機も存在していたのである。新政府はその政策について国民の積極的な支持と協力とを獲得しようとした。けれども、明治初期においては国民一般の意識水準は低く、これに対して士族は国民の中の有識者層を形づくっていた。(1) また前にふれたように、彼らは庶民からは未だに伝統的に尊敬をうけていた。伊藤博文は上に引用した明治一三年一二月の意見書の中で、「士族の武門の世に於ける、実に平民の上に位し、曽て常禄を食み、常産を有し、教育素あり、国事自ら任ずるを習とするを以て、其今日に至ても猶好で政談に従ひ、気節議論の士多くは其間に出で、勢上流に居り、庶民の方向は専ら其麾《さしまね》く所を視る。之を人身に譬ふるに、士族は猶ほ筋骨の如し。平民は猶ほ皮肉の如し。筋骨の動く所皮肉之に従ふ」と述べているが、新政府は士族層が一般の国民に対して大きな影響力をもちうることをふかく認識していた。そこで、士族層の経済的没落をいかにかして阻止して、彼らを支配体制の中に組み入れ、各分野において国民を指導しつつ政府に協力する補助者的役割を営ませることを望んでいたと考えられる。

(1) 『第一回統計年鑑』(明治一五年)によって、明治初期の官吏を族籍別にすると、左のごとくである。

族籍	明治九年	同一〇年	同一一年	同一二年	同一三年
皇族	四	四	四	四	四
華族	七五	七〇	八五	一〇八	一一八
士族	一七、九三五	一七、五二九	二三、九七六	二三、三〇五	二六、九七〇
平民	四、八四六	四、七七四	七、四三七	七、七一八	九、〇四一
族籍不明	二七五	三一六	三九六	四八九	四二七
合計	二三、一三五	二二、六九三	三一、八九八	三一、六二四	三六、五六〇

上の数字も、行政にあたりうるような知能の持主は士族層以外に求めることの容易でなかった実情を物語るものである。またたとえば、明治初期において教育に関心をもち、子弟を東京に遊学させて高等の教育をうけさせようとしたのも、多くは士族であった。犬養毅は回顧して、彼が慶応義塾に在学した当時（明治九―一三年）学生の十人中で九人までは士族の子弟で、彼らは机の傍に刀を置くか、あるいは行李《こうり》の中に脇差か短刀ぐらいはもっており、討論や喧嘩でも先に立つのは士族の子弟で、平民出身者たちは息をひそめていた。平民の子弟、とくに地方の富豪の子弟で東京に遊学するものの出はじめたのは、西南戦争後からのことであると述べている（木堂会、『犬養木堂』、所収の「木堂回顧録」、一一七頁）。なお、門野幾之進は語って、慶応義塾が経営上もっとも困難を感じたのは、明治五年家禄奉還になり士族の子弟の多数が郷里に帰り、生徒数が著しく減少した際と、西南戦争のときであったと述べて

いる（高橋義雄編、『福沢先生を語る』、所収の門野幾之進直語、一四四頁）。なお、大隈重信も後年回想して、明治一五年に彼が東京専門学校（後の早稲田大学）を創立して学生を募ったとき、入学者の十分の七は士族の子弟であったと語っている（松枝保二編、『大隈侯昔日譚』、大正一一年、一一三頁）。

以上のことを反面からいえば、新政府としては士族層が国民を指導して支配体制に挑戦するにいたるのを甚だしく恐れた。前に引用した明治六年の木戸孝允の建議は述べて、新政府が禄制の整理を急ぎ、士族層を窮乏へ駆り立てることになれば、彼らは「危疑飢寒の余り、遂に良民を煽動し、所在をして乱を作さしむるに至らん」となしているが、そのような憂慮が新政府内においては抱かれたのであった。そこで、新政府は士族層に経済的安定を与えることをきわめて緊要と考えた。そして、士族に起業資金貸付の便宜を提供して、彼らが生計の途を見出すのを助け、あるいは、政府事業として開墾計画を立てて士族に移住してこれに従事することを勧め、その他種々いわゆる士族授産の方策を講ずることに力めた。けれども、それらによっても士族の多くが没落の運命を辿るのを結局ついに阻止しえず、全国には烈しい現状不満の念に燃える士族の巨大な層が存在することになったのである。

さて、このような有様の中で明治六年（一八七三年）に入ると、新政府の内外においては征韓論が烈しく唱えられるようになった。

元来朝鮮は古くから清国の宗主権の下にあって、鎖国の方針を堅持して来た。この朝鮮とわが国との関係をみると、江戸時代には対馬藩が釜山に和館と称するものを置いて、この和館を通して朝鮮と同藩との間には小規模な通商がいとなまれており、そして、この対馬藩を媒介として朝鮮政府と幕府との間にも通交が保たれていた。しかし、一九世紀の中頃に清国が天津、牛荘、芝罘《チーフー》を外国貿易に開放して以来は、北支と南支との間に西洋諸国の船舶の往来が始まり、それにつれてそれらの船が朝鮮西海岸で難破することも時折生じるようになった。そこで、朝鮮が鎖国の状態にあることに対して西洋諸国は次第に不便を感じて、その開国を望むようになった。けれども、朝鮮は鎖国の方針を改める意向を全くもたなかった。そのような中で、朝鮮で起ったフランス人主教をふくむカトリック教徒の虐殺は一八六六年(慶応二年)フランス艦隊による江華占領をひき起した。但し、フランスは当時京城まで進撃する用意をもたなかったため、事件は発展をみずに終った。しかし、同年の中にアメリカ汽船が宣教師をのせて大同江を遡航し坐礁したのに対し、朝鮮側がこの船に火を放ち乗組員を殺害するという事件も生じた。江戸幕府はこれらの事態を少からず憂慮した。そして、慶応三年に駐日フランスおよびアメリカ公使から右の両事件に関して両国が近く朝鮮に艦隊を派遣する意向であることを伝えきいたとき、幕府は使節を朝鮮に送って、世界の情勢を説き西洋諸国の開国要求に応ずるよう勧告することを計画した。けれども、それを果さない中に大政奉還となり、幕府は瓦解した。当時幕府としては、朝鮮が鎖国方針を固守する結果西洋諸国との間に紛争をひき起し、それを契機として西洋諸国の勢力が朝鮮の上に及ぶことになれば、地理的に近接しているわが国も西洋諸国の重大な脅威にさらされることになるとして、それを強く恐れたのであった。そして、幕府はわが国の安全のために、みずからが曽つてなした開国への決断を朝鮮に要請しようとしたのであった。

幕府に代った明治新政府は、ついでその成立後対馬藩主を通して王政復古のことを朝鮮政府に告知したが、朝鮮側はその際この文書に皇、奉勅、その他従来の朝鮮宛のわが国文書にない字句の含まれているのを不快とし、ことに「皇」の文字を朝鮮政府に対して用いうるものは宗主国である清国のみであるとし、右の文書の受理を拒否した。そこで、新政府と朝鮮との関係は甚だもつれ、新政府関係者の間においては、朝鮮に対して非礼を責め、謝罪しない場合には出兵してこれを膺懲すべきであるとの論、すなわち、いわゆる征韓論が早くも起るにいたった(1)。しかも、排外主義に立つ朝鮮側はその後、明治新政府が西洋諸国に対して開国和親の方針をもって臨み、また西洋文明の移植を熱心にはかりつつあるのに対してこれを侮蔑し、一八七二年(明治五年)には和館との交渉をもついに絶つにいたった。このような態度はわが国側をさらに憤激させ、新政府の内外においては朝鮮を武力をもって討つとともに、その機会にわが国との間に正常な国交関係をひらかせ、且つ西洋諸国に対する鎖国方針をも放棄させてわが国の安全をはかるべきであるとの論が高まることになった。そして、この征韓論は岩倉具視を特命全権大使とする使節団出発後の留守政府内においてついに支配的となり、参議西郷隆盛を使節として朝鮮に派遣して交渉を行わせ、朝鮮政府がその態度を依然改めない場合には戦争をひらくことに内決したのである(明治六年〔一八七三年〕八月)。

(1)　参与木戸孝允も、当時それを強硬に主張した一人であった。彼は明治元年一二月および翌二年二月の両度にわたって建議して、新政府としては朝鮮問題の解決をはかるべきであり、場合によっては武力を行使しなければならないとした。木戸が当時征韓論を唱えたのには、実は多分に内政的考慮があった。彼は戊辰戦争以来国内の人心が分裂して騒然たる有様を呈しているのに対して、この際朝鮮問題をとり上げることは、人心の注意を外に転じさせ、それによって国内の統一を促進しうるとともに、この機会に外に対する備えを整備、充実することができると考えたのであった(『木戸孝允日記』、第一、明治元年一二月一四日の条、および、明治二年一月上旬の大村益次郎宛書翰(『木戸孝允文書』、第三)参照)。

このようにして、征韓論は新政府内を風靡するにいたったものの、しかし、これを唱えたひとびとの意図、動機は必ずしも同一ではなかった。たとえば、参議西郷隆盛は征韓の実行が対露戦争を誘発することを予想しつつ、しかも、そうなることはわが国として望ましいと考えた。彼は、ロシアはわが国侵略の意図を抱いており、そうであるとすれば、「只今北海道を保護し、夫にて露国に対峙可ㇾ相成ㇾ哉。さすれば、弥《いよいよ》以《もっ》て朝鮮の事御取運びに相成り、ホッセット(Possiet Bay)よりニコライ(Nikolaievsk)までも張り出し、此方より屹度《きっと》一歩彼地に踏込んで此地を護衛」すべきであるとなしたのである。(1) そして、のちに征韓反対派との論争に際しては、「方今宇内の形勢に於て、皇威を海外に張り万国対峙を計る、須《すべか》らく速かに海外搆兵の策を立て、先づ朝鮮、満洲地方を経略」すべきであると主張したのであった。(2) 西郷の側近であった薩摩藩出身の軍人桐野利秋《としあき》も同様の考えを抱いていた。(3) 参議江藤新平もまた、ロシアとの戦争を予想しつつ征韓の断行を唱えたのであった。(4) さらに外務卿副島種臣の場合には、その主張は当時の外務省顧問ル・ジャンドゥル(C. W. Le Gendre)の意見に負うところ大であったが、ル・ジャンドゥルは、日本としては朝鮮、台湾を併呑して、清国に関して強い発言権をもちうる地位に立ち、それによってロシアのアジア侵略を阻止すべきであるとなしたのであった。(5) 以上によっても明かなように、征韓派は往々その大陸への膨脹構想の一環として征韓を唱えたのであった。

(1) 庄内藩士酒井玄蕃《げんば》は、征韓論争(後述)に敗れて郷里鹿児島に隠退した西郷隆盛を訪ねて、征韓論争のいきさつをきいたが、その筆記(『大西郷全集』、第二巻、昭和二年、所収)では、西郷は以上のように語っている。

(2) 明治七年に、石川県人中川九郎、同中村俊次郎は西郷の側近である桐野利秋を鹿児島に訪れた。そして、桐野から西郷および桐野の征韓意見をきき、これを筆録した。それは写本あるいは刊本として伝えられているが、本文の引用は主として刊本『憂国の至情』(昭和九年)に拠った。

(3) 前註に引用した談話筆記によれば、桐野利秋は論じて、「夫れ方今宇内の状勢、各国分争し、大小強弱相併呑し、甲起り乙仆《たお》れ、互に盛衰をなす」。このときにあたり「我日本、東洋海中に孤立し、二千五百余年の国風に慣習し、未だ五大洲裡の状勢を熟知せず、又国力衰熾兵備空虚、人心惰弱、皇国独立の気概なし。苟も斯くの如くにして因循推移せば、未だ多年ならずして斃踣《へいほく》覆滅、他国の属領となるや昭々乎として明かなり。今是を振起作興し、我国をして各国と併馳し宇内に独立せしめんと欲するときは、唯戦闘攻伐して海外に渡り、先づ欧米各国の間に縦横し、威力を較し、以て竟《つい》に宇内万国に対峙併立するに在るのみ。今や英仏普魯の如き各国に相峙するを以て、未だ力を支那、朝鮮、満洲の間に及ぼすに暇あらず。此時に及んで我日本宜しく閑に乗じ支那、満洲、朝鮮を跋渉して之を略取し、以て欧米の両洲に侵入するの基を立つべし」とし、戦争は名分の立たない場合には失敗する。しかしながら、たまたま朝鮮がわが国に無礼な態度をとっているのは「失ふ可からざる好機会」であるとなしている。桐野はまた語って、「日本島は之を開くを欲すべし。之を維持せんと期す可からず。進んで海外を伐つに在り。退て此国を守る可からず。古人言ふ、一方に主たらんと欲して、能く一方に主たり。今日本彼を攻略し、然る後僕《われ》に之を保するに、初より其志只居守するに非ず。何ぞ終に保するを得ん。是れ西郷並に野生等兵を海外に搆せんと欲する所以」である、と述べている。

桐野はまた、征韓論争の際に岩倉具視と会談した際の模様について語って、わが国が朝鮮に出兵した場合にロシアが朝鮮を援助することになったらいかにすべきか、と岩倉が尋ねたので、自分は答えて、戦略はあらかじめ定めることはできない。しかし、強いていえば、わが国が正しい名分の下に朝鮮を討ち、これに対してロシアが「信義」をやぶり「公法」を無視して、朝鮮の「非」を助けたら、それはわが国にとって「天幸」である。自分の考えでは征韓には一〇個大隊をもって足りる。ロシアが朝鮮に加担した場合においては、勝敗は戦略如何にかかっている。もしロシアが北海道に侵入して朝鮮に呼応する態度に出たら、わが方は一〇個大隊で北進し、ロシアの首府を奪取しよう。「我に於て充分の勝算あり」と述べた、と云っている。

（4）『岩倉公実記』、下巻、六七頁。
（5）大隈重信、『早稲田清話』、大正一一年、七一―二頁。

さらにまた、征韓派は朝鮮との戦争は士族層の間に抱かれている「内乱を冀《こいねが》ふの心を外に移して国を興すの遠略」(1)であり、また弛緩している一般人心を緊張させ振い立たせ、それによって国内刷新の途もまたひらかれるとなした(2)。しかし、土肥両藩出身の征韓論者の場合には、この外征による戦功で国内政治におけるこれまでの薩長の優越的地位を打破することも可能であるとし、そのこともまた彼らが征韓論を熱心に唱えた動機の一つであったと考えられる。

(1)　征韓計画内決直前の西郷隆盛の板垣退助宛書翰(『玄洋社社史』、大正六年、五〇一頁所収)中の字句。

(2)　長沼熊太郎、『征韓論分裂始末』、明治三九年、八―一〇枚。著者は征韓論争当時内閣書記官であり、彼自身も征韓論を抱いていた。

さて、新政府内において征韓論が高まって行く中で、世上ではこれを支持するものが実に少くなかった。江戸幕府の瓦解・明治新政府の成立という巨大な変革が一面で民族革命としての性格をもつものであった関係から、そのあとをうけた明治初年の国内には外国に対抗する気分が濃厚であり、そのことは征韓論がひろく世上に共鳴をよび起した大きな要因といってもよい。けれども、征韓計画を伝えきいて忽ち色めき立つにいたったのは、士族層のひとびとであった。彼らの間では、朝鮮との戦争が暗澹たる彼らの前途に何らかの光明を点じ、打開の途がそこにひらかれるのを烈しく期待して、征韓論を支持する気分に沸き立つにいたった。このような中で、新政府がついに朝鮮出兵の手順を内決したところへ、さきに欧米に赴いた特命全権大使岩倉具視の一行が帰国して来た。これらのひとびとはその海外巡遊を通じて西洋諸国の文明の高さを眼の当りみて、わが民族の独立を将来にわたって確保する上からも国内の整備(国内近代化)が正に焦眉の急務であることを痛感しつつ、帰来したのであった。そのような彼らは留守政府による征韓内決を知って大いに驚愕するとともに、この計画に烈しく反対し、征韓派との間にここに激烈な論争が交えられた。そして、紛糾の末ついに勅裁によって内決は覆され、朝鮮への使節派遣は中止されることになった。それは、右大臣岩倉具視の努力に負うことも少くないが、参議大久保利通はその不屈の意志をもって局面に処して実に決定的役割を演じたのであった。征韓計画がこのようにして中止に決したとき、西郷隆盛(旧薩摩藩)、板垣退助(旧土佐藩)、後藤象二郎(同)、江藤新平(旧肥前藩)、副島種臣(同)の征韓派参議は憤然連袂《れんべい》して辞表を提出して、政府を去るにいたった(明治六年〔一八七三年〕一〇月)。新政府はこうして大分裂をとげ、これまで政府にあって重きをなして来た多くのひとびとを失ったのである。

この征韓論争は、どのような意味をもつものであろうか。新政府が民族の独立確保をその重要な課題としたことはすでに述べたとおりであるが、西郷らの征韓論の構想を対外策としてみた場合、以上からも明かなように、その意図は対外的膨脹によってわが国を西洋諸大国に対抗しうる「大国」たらしめ、それによって西洋諸大国との間に勢力均衡《バランス・オヴ・パワー》を創出してわが民族の独立を確立することにあった。従って、それは幕末における航海遠略論の系譜に立つものということができる。そして、民族の独立と民族の膨脹とを密接・不可分に結びつけたこの構想は、幕末のこれら思想と同じく、西洋諸大国との関係で抱かれていた民族的危機感の所産であり、また政治的、軍事的観点から割り出された一つの見解にほかならない。そして、この場合も構想の素朴、空想的で冒険主義的であったことは、実は彼らの抱いていた民族的危機感の深刻さを物語るものでもあった。

これに対して、征韓反対派は民族の独立確保を当面緊急の課題と考えた点は征韓派と何ら異なるところはなかった。且つ、新政府が成立匆々に宣言した開国和親の方針が航海遠略論に立脚したものであったことを考えても、またその後に台湾征討(明治七年)が企てられたことからみても、彼らは対外膨脹に根本的に反対であったのではなかった。(1) 彼らとしては、国内の整備(国内近代化)を推進することこそ、民族の独立を将来にわたって確保する上から当面最も切実な課題であるとなしたのであり、それ故に、きわめて重大な国際的事態を誘発する危険性を内包した征韓計画の実行を阻止したのであった。こうして、征韓論争は民族の独立確保のための方法に関する争いであったのであり、また対外膨脹の計画内容およびそのための時期選択をめぐる争いであったということができる。そして、この論争において征韓反対派が最後に勝利をえて、敗れた征韓派参議がこぞって政府を去ったことは、新政府の施策の重心が今後国内整備に置かれることを予示したものであり、その限りでは征韓論争は歴史的にみて新政府の政策面における分水嶺を形成するものであった。

（1） 征韓論争にあたって征韓計画を阻止するにつき重要な役割を演じた岩倉具視は、明治八年三月の上奏書（『岩倉公実記』、下巻、一三二一—七頁所収）の中で、清国はアジア州の大きな部分を占め、土地・人口の大なる点では比類がない。そして、わが国とは「唇歯の邦」で、近時その国勢は振わないが、わが国との関係は本来甚だふかい。それ故に、清国に対しては「和誼を厚ふし、貿易を盛んにし、邇《ちか》きより遠に及ぼすの基を建つるは今日の当に務む可き所」であると述べ、しかも同時に、「其国勢を窺ひ機に応じて経略を施すは、他年の遠謀なり」（圏点は著者）と記している。

さて、征韓計画がついに中止となったとき、世上ではそれを痛憤してやまないものが実に少くなかった。就中、朝鮮との戦争を予想して勇躍した各地の士族層は失望、落胆して、その憤激は一方でなく、不穏の空気は国内に横溢する有様になった。翌明治七年一月に右大臣岩倉具視は赤坂喰違で征韓論を抱く旧土佐藩出身の軍人らの襲撃をこうむり、辛うじて難をまぬかれたが、犯人たちは岩倉を征韓中止にいたらせた中心人物とみて、この兇行に訴えたのであった。彼らは岩倉を倒し政府をおびえさせて、征韓派前参議らの復職を実現して征韓への途をひらこうとしたのであった。この喰違事件も、征韓中止によって世上に漂ういたった烈しい憤りを象徴するものにほかならない。

　征韓論争による大分裂後、新政府では太政大臣三条実美、右大臣岩倉具視の下において参議兼内務卿大久保利通(薩)が事実上の中心となり、参議兼工部卿伊藤博文(長)、参議兼大蔵卿大隈重信(肥)がこれを助ける形で、施政が行われることになった。ところで、土肥両藩出身の征韓派参議各二名が下野した結果、新政府内では薩長出身者の比重がおのずから著しく増大するにいたった。明治七年(一八七四年)一月に、さきに辞職した征韓派の諸参議のうちで板垣、後藤、江藤、副島の四名[1]が由利公正、小室信夫《しのぶ》、岡本健三郎、古沢滋《うろう》とともに連署して民撰議院設立建白書を政府に提出したのは、実にこのような中においてであった[2]。彼らはこの建白書において述べて、「方今政権の帰する所を察するに、上帝室に在らず、下人民に在らず而独り有司に帰す」とし、「政令百端朝出暮改、政情実に成り、賞罰愛憎に出づ。言路壅蔽《ようへい》、困苦告るなし。夫如レ是にして天下の治安ならん事を欲す、三尺の童子も猶其不可なるを知る。因仍改めず、恐くは国家土崩の勢を致さん。臣等愛国の情自ら已む能はず、乃ち之を振救するの道を講求するに、唯天下の公議を張るに在る而已。天下の公議を張るは民撰議院を立るに在る而已」とし、「今民撰議院を立るは、則政府人民の間情実融通而相共に合て一体となり、国始めて可㆓以強㆒也。政府始めて可㆓以強㆒也」となしたのである。[3] なお、彼らは建白書の提出と前後して、世上によびかける目的で愛国公党と称する政党をつくった。

（1）　征韓派の前参議の中で、西郷隆盛のみは建白に加らなかった。板垣退助は後年このことについて述べて、征韓論争による政府分裂後西郷が鹿児島に帰ろうとしたとき、自分（板垣）は西郷と将来のことを語った。その際に自分としては民撰議院の設立を「畢生の事業」にする考えであると云ったところ、西郷は大いに賛成しつつも、同時に述べて、自分（西郷）はそれを言論によって実現できるとは信じない。むしろみずから政権を手に収めた上でこの「未曽有の盛挙」を行いたいと云った、という（国家学会編、『明治憲政経済史論』、大正八年、所収の板垣退助、「我国憲政の由来」、一八五頁）。

（2）　この建白書提出を主唱したのは、板垣退助であった。板垣は戊辰戦争下で東征軍参謀として奥羽戦争に参加したが、会津落城の際に藩に殉じたものは僅かに五千人の藩士のみで、庶民は難を恐れてひたすら逃げまどう有様であった。それをみて、彼は天下の大藩である会津藩の内部が上下協力して藩を死守したならば、五千に足りない東征軍の兵力では容易にこれを屈服させえなかったはずである。庶民が藩の運命に対してかくも無関心であったのは、藩内で上下が離ればなれで楽みを共にすることのなかったためである。楽を共にしない以上は苦を共にさせることはできない。わが国が今後富国強兵をはかろうとすれば、上下が融和して庶民も苦楽を共にし、国内一致をもって国家の運営をはからねばならない、と考えた。会津での経験は、板垣にこうして自由民権の思想を抱かせることになった(板垣退助編、『自由党史』、上巻、明治四三年、六―七頁)。なお、この『自由党史』は岩波文庫にも飜刻されている。

(3)　建白書の提出者たちが、民撰議院の選挙権について抱いていた考えは、副島、後藤、板垣の連名で公にされた「加藤弘之に答ふる書」(『明治文化全集』、第四巻、所収)からうかがうことができる。それは述べて、われわれは民撰議院の設立を主張するが、しかし、この際に選挙権を一般人民に与えようというのでなく、しばらくのところは「士族及び豪家の農商」にのみ与えるべきであると考える。それは、この士族、豪農、豪商の中から曽って「首唱の義士、維新の功臣」が現われたからである、となしている。

ところで、この建白書が提出されたとき、新政府はこれをもって、征韓派前参議が世上にいわゆる薩長専制に対する不満が鬱積しているのに乗じて、民撰議院設立を唱えて人心の支持を獲得し、政権を奪取しようと企てたものとみたのであった。(1)なお、征韓論が世人の間に相当ひろく共鳴をえていたにもかかわらず、新政府内で阻止されたことは、前参議たちに民撰議院設立を唱道させた重要な動機であったと考えられる。

（1） 民撰議院設立建白のなされる前であるが、大蔵省租税頭陸奥宗光（旧紀伊藩）は「日本人」と題する一文（『伯爵陸奥宗光遺稿』、昭和四年、所収）を参議木戸孝允のもとに提出して辞職した。陸奥はこの文章の中で述べて、維新以来世上では薩長土あるいは薩長土肥ということがいわれている。それは、これらの藩のひとびとが天下に率先して「此国の安危を分任し」、国家に対して「最も深切なる忠勇」を尽したからであり、薩長の功労は以上四藩の中で最も大である。けれども、政府の要職がおおむねこれらの藩の出身者によって占められるにいたったことには、問題がある。何故ならば、元来官職は「現時、未来に対して其職務の責任を尽すべきもの」であり、従って、過去の功績に酬いるのに官職をもってすべきではないからである。そして、官職は以上のような性質のものであるから、官職にあるものは過去のその功績を理由にその職務上の責任をまぬかれることはできない。維新以来「天下の人」が政府に対してつねに不満を抱いているのは、政府に立つものが公私を混淆し、党派的で不公平であるからである。「今夫れ政府の体裁を見るに、参議以上に任ずるは必ず此党（薩長を指す―著者）の人也。海陸軍及其他の枢要なる職務に居るは必ず此党の人なり。故に満朝の大官は過半其党の人に非るなし。又欧米各国に派出する書生は此党の郷土より出る者多く、其他大小の政務皆此党の身勝手に引付けざるはなく、決して此国の人民総体にて此間に在る幸福を頒受し、其安危を分任するの本義あることとなし」。政治上最も公平を必要とする賞罰についてさえも「最も偏頗《へんぱ》私曲の処置」が多い。そして、「此党の権威を以て窃に政府の官吏を黜陟《ちゅっちょく》し暗に国政の基本を動揺し、其威福を私して人心を畏服せしめ、此党の愛するものは不才と雖も之を顕貴の地位に挙げ、此党の憎むものは才識あるも之を棄捐す。往昔平氏の盛時、世人之を目して平氏の族に非らざる者は人間に非ずといへり。今や薩長の人に非ざれば殆んど人間に非らざる者の如し。豈歎息すべき事に非ずや」と述べたのである。覇気に溢れ自己の才幹にふかく自負する陸奥宗光は、非藩閥出身であるがためにその能力を振うことを阻まれ、そこで、これに対する烈しい不満をこの一文に托したのであった。

民撰議院設立建白書に前参議たちとともに名を列ねた岡本健三郎、小室信夫、古沢滋は、「民選議院弁」（明治七年）（『明治文化全集』、第四巻の「民撰議院集説」中に収録）を公にしたが、その文中において政府の要職が藩閥出身者で占められている当時の有様に論及し、勅任官総数六七人の中で一八人は薩、一二人は長、七人が土佐、同じく七人が肥前の出身者であり、四藩出身者は実に六割五分五厘強である。奏任官総数二一二六人の中で三四五人が長、二四七人が薩、一一二人が土、九六人が肥で、三割七分五厘強にあたる、と述べている（前掲全集、前掲巻、三七八―九頁）。

このような有様であったから、非藩閥出身者が官途についた場合その前途は一般には光明に乏しかった。ことに、戊辰戦争において旧幕府側に加担して「朝敵」の烙印を押されたのち降服したいわゆる佐幕藩の出身者は、藩閥勢力からは政治的敗北者として侮蔑、嘲笑の眼で見下されがちであった。そこで、これらの非藩閥出身者にとって残された途は、藩閥政治家に接近して自己を売り込み、その引立てによって昇進をはかることであった。以上のような状況は、この後にわたって実に長くつづくことになった。それ故に、たとえば盛岡（盛岡藩は佐幕藩）出身の原敬は井上馨（長）の庇護をうけ、一六年には外務省御用掛の地位にあったが、その原に対して同郷人で岩手県警部であった八角彪一郎が東京転任の希望を述べて力添えを依頼して来たとき、原はつぎのような返事を送った。「官途は何分にも、御互の国柄にては容易に人の信を得る事難く、残懐なれども十数年以来の大勢如何とも難レ致事に候へば、右等の御含にて御進退被レ遊方可レ然と存候」（前田蓮山、『原敬伝』、上巻、昭和一八年、二八三頁）。またたとえば、福沢諭吉は明治一八年一〇月に在米の息に宛てた書翰の中に、「日本も役人の口は甚六ケ《むつか》敷《しく》、薩長人なれば、或は随分馬鹿でも好地位を得ることあれども、其他は一切熱心も無益なり」（『愛児への手紙』、昭和二八年、一一七頁）と記している。

ついで、建白書提出の翌月に入ると、この建白書に名を列ねた前参議江藤新平（旧肥前藩）は、その郷里佐賀において現状不満の旧肥前藩士族に擁せられて叛旗を翻《ひるがえ》し、征韓反対派を政府から一掃して征韓計画の実行をはかろうと企てるにいたった。佐賀の乱がこれである。当時薩摩にはさきに憤然下野した西郷隆盛があり、私学校をひらいて門下の教育に従事していた。また南の土佐には板垣退助らがあり、いわゆる天下の形勢を観望しつつある有様であった。さらに東北地方には、戊辰戦争に敗れた悲憤の思いを忘れえず新政府に対する憎悪に燃えるものが実に少くなかった。且つ、各地の現状不満の士族層の間には風雲の日を待望する空気がしきりにゆれ動いていた。江藤らとしては、このような情勢の中で一たび叛旗を佐賀に掲げれば、各地の反政府的勢力は続々呼応して立上り、ここに天下を挙げての大動乱となり、新政府は瓦解に導かれるものと考えたのであった。そのような可能性を信じたのは、しかし、江藤らのみではなかった。新政府自身もまた、佐賀のこの叛乱を契機としてそのような重大事態の展開されることを甚だしく危惧した。そこで、新政府はこの叛乱を迅速かつ徹底的に鎮圧して、その拡大を断じて阻止しようと決意し、参議兼内務卿大久保利通に叛乱鎮定のための全権を与えて、現地に派遣したのである。しかし、結局この叛乱は他の地方には波及するにいたらず、江藤らは孤立の戦をつづけた後、ついに敗れ去った。しかも、その鎮圧後、新政府は叛乱関係者に対して峻烈きわまる刑罰を加えた。これは、それにより人心をきびしく戒め、将来におけるこのような叛乱の勃発を防止しようとしたのであった。

佐賀の乱は、このようにして収拾されたものの、征韓中止に平かでない気分は依然として各地の士族層を中心に世上に漂う有様であった。とくに旧薩摩藩士族の間における空気は険悪をきわめていた。そのような中で、新政府はとくに政府内の旧薩摩藩出身者の意向をも考慮して、明治七年(一八七四年)四月に台湾征討を断行するにいたった。新政府としてはこの外征によって各地の士族層、とりわけ旧薩摩藩士族に鬱憤のはけ口を与えて彼らを宥和し、国内不安の緩和を期待したのであった。そして、政府関係者は台湾の征討は征韓とは異なり戦争の規模も小さく、国際的紛糾を誘発する惧れも少いと考えたのであった(1)。この台湾征討の背景としては、明治四年に琉球人五四名が台湾に漂着して原住民のために殺害され、さらに同六年には小田県(今日の岡山県の一部)人四名が同じく漂着して掠奪をこうむるという事件が起った。しかも、外国人に関してこの種の事件はたびたび起ったが、清国政府はつねに台湾は「化外《けがい》の地」で治めずと称して、その責任をとることを拒んで来た。明治六年に外務卿副島種臣が特命全権大使として中国に赴いて交渉した際にも、清国側は同様の態度を持し、そこで副島はわが国みずから原住民膺懲を企てる意向を伝えたのであった。台湾出兵は、このような経過の中にその理由づけを求めて画策されたのであった。なお、新政府は出兵を機会に台湾をわが国領土に編入することも暗に期待していたと考えられる(2)。

(1) さきに征韓計画に対しては強硬に反対した大久保利通、岩倉具視らは、以上のような政治的考慮の下に台湾征討に賛成した。ただ、そのような中で参議木戸孝允は征韓論に反対したのと同一の理由で征討をあくまで不可とし、その意見の容れられないのをみると、参議を辞して政府の外に去った。

(2) 征討軍が台湾にむかって出発するとともに、新政府は特命全権公使柳原前光《さきみつ》を北京に送って、出兵措置について清国政府に説明することにしたが、柳原は出発前に右大臣岩倉具視に建言して、このたびの挙は生蕃討伐が「主」であり、生蕃の地を獲得するのが「客」であると述べた（『岩倉公実記』、下巻、一七二頁）。そして、征討が行われた後、後述のように参議大久保利通は北京に赴き清国との間に事態の外交的収拾をはかったが、その交渉において大久保は台湾をもって中国の領土ではないと主張したのであった（二五九頁註（1）参照）。

新政府がこのようにして出兵の準備を進めるにいたったとき、西洋諸国はこの台湾征討が契機になって日中両国間に戦争がひらかれ、これがために極東貿易が攪乱されることを恐れた。同時にまた、日本が征討を機会に台湾の領有を企てることを危惧した。そして、清国領土である台湾への出兵を国際法に違反する行為とみ、イギリス、アメリカの両国はこの遠征に自国船舶および自国民を雇傭することを認めえない旨をわが国側に通告するにいたったのである。以上のような国際的反響は新政府として実は全く予想していなかったので、極度に困惑した。そして、征討を中止し清国に対して外交交渉をひらいて事を解決することについにその方針を一変した。けれども、台湾蕃地事務都督に任ぜられ、征討軍指揮の地位に立った西郷従道《つぐみち》（薩）はこの決定に従うことをあくまで拒み、征討は実行に移されたのであった。なお、清国は当初は傍観的態度を持したのであったが、西洋諸大国が以上のような態度をとるのをみると、わが国に対して清国の領土である台湾に事前の交渉なく出兵したことを烈しく抗議し、撤兵を要求するにいたった。このような中で、征討軍は討伐を進めて原住民部族を降服させ、膺懲の目的を一先ず達した。そこで、ここに新政府は参議兼内務卿大久保利通を全権弁理大臣に任じ、「和戦を決するの権」(1)を委任して北京に派遣し、清国側との間に折衝を行わせることにし、しかも、同時に交渉の決裂にそなえて戦備を急ぐことになった。ところで、当時軍人の間においては開戦論がさかんに唱えられ、世上でも戦争を予想して出征を志願するもの、あるいは献金を申出ずるものが続出し、人心は騒然たる有様を呈するのである。けれども、新政府は清国を依然警戒すべき大国とみており、清国との戦争をいかにかして回避したいとひたすら切望し、そこで、この間にあって折衝の局にあたった大久保利通の苦慮は一方ではなかった。(2)

(1) 太政大臣三条実美が勅を奉じて大久保に与えた権限委任状の中の字句。

(2) 参議兼陸軍卿山県有朋は、さきに征討軍が原住民膺懲の目的を果した際に主張して、わが国としてはこの際すみやかに台湾から撤兵し、それによって中国との戦争を避けるべきであるとなした。しかし、その意見は採用されず、駐兵は継続されることになった。当時山県は木戸孝允宛書翰(明治七年九月六日付)(徳富猪一郎、『公爵山県有朋伝』、中巻、昭和八年、三六四―五頁所収)において、「今日国家之事騎虎臨二深淵一之勢、痛哭流涕亦及なし。嗚呼神武弐千五百有余年、天下日本生霊三千万之期望一朝岌々《きゅうきゅう》之危に到不レ堪二痛憤一候」と記して、前途を憂慮して止まぬ有様であった。木戸が台湾征討に反対して参議を辞したことは前に述べたとおりであるが、彼もその頃に青木周蔵宛書翰（明治七年九月三日付）（『木戸孝允文書』、第五）に記して、「台湾一条より支那との戦争は百万遺憾至極、是にて五六十年歟二三百年歟日本之進歩を妨害いたし申候。……於二于爰《ここに》一は弟も世に望みは最早無レ之候。数十年之事も至二於此一候て皆属二水泡一候。心事御憫察可レ被レ下候」とし、清国との間の戦争がもたらすべき結果を想って、憂悶限りない思いであった。

その後大久保利通によって北京交渉がひらかれ、しかも、その折衝が難航を予想されるにいたった当時、太政大臣三条実美も木戸に書面（『松菊木戸公伝』、昭和二年、一七七三―五頁所引）を送り、その中に述べて、台湾征討は貴下の反対にもかかわらず実行に移されたのであったが、清国側が抗議して困難な局面に入り込み、しかも、国内の世論は沸き立って抑制しがたい有様になり、「実国家之大難事」となった。大久保による交渉が幸にまとまれば国家のために喜ばしいが、しかし、決裂して戦争にならないとも限らず、その場合の方策を考えるとき、とくに懸念すべきものは「財兵之二件」である。開戦の暁には恐らく国債を募らざるを得ず、そうなれば「窮困之士民怨嗟之極、禍乱実不レ可レ測、不二容易一事」である。また、わが国の海軍は整備されていない。戦争においては陸軍に頼らざるをえないが、近時各地の士族たちで出征を願い出る者が続出している。しかも、「万一有事の日に当て右等輩各自奮起、鼎沸《ていふつ》之勢を為さば」、ほとんど制御できないようになろう。そうなれば、兵制の基礎は失われることになる。またもし「右等之驕兵を以て征戦功を奏するあらば、其勢自ら封建の旧に復す」るであろう。その場合彼らを統御し処置することは、実に困難と思われる。

台湾征討に貴下が反対されたのに、朝廷も自分もその意見を容れず、ついに今日の難局を迎えることになり、貴下に対して顔むけができない。幸にして平和的収拾を行う良策あり、撤兵の運びとなれば結構であるが、万一処置を誤れば「外軽侮を招くのみならず、内政府の維持も殆んど保つべからず。折角之一新も終に泡幻之如きに至る而已《のみ》ならず、実に痛心慨歎之至り」である。どうか貴下においても上京して新政府に入り、協力して難局に対処されたいと懇請した。

三条実美のみならず、当時の新政府関係者は中国との戦争回避を望んでやまなかったのである。

北京における交渉は、しかし、難航を重ねた(1)。そして、一旦は決裂の寸前にも立ちいたった。けれども、清国駐箚イギリス公使ウェード(Sir Thomas Wade)の斡旋にも助けられて、結局辛くも妥結に到達することができた。当時イギリスは、交渉が不調に終って日中間に戦争勃発をみることをその極東貿易上好ましくないと考え、熱心に側面工作を試みたのであった。そして、清国はわが国の台湾征討を「義挙」とみとめ、補償金として五〇万両《テール》を支払い、今後原住民を取締ることを約束したのであった(明治七年〔一八七四年〕一〇月)。条約の調印された翌日大久保利通は北京を去ったが、彼は日記のこの日の条に次のように記した。「二字過通州え着、船用意調居たれば直に乗船、四字解纜《かいらん》。九月十日北京え着滞在凡五十日余。実に重難の任を受、困苦不レ可レ言。幸に事成局に至り、北京を発し自ら心中覚レ快。嗚呼如レ此大事に際す、古今稀有の事にして生涯亦無き所なり。舟中無事。此日天気殊に平穏、秋天高霽四望浩々如レ海。往事を思、将来を考、潜《ひそか》に心事の期するあり」(2)。冷静、剛毅をもって知られた彼も、この困難重大な局面を収拾しえたとき、さすがにふかい満足と感慨とを禁ずることができなかったのである。そして、交渉の妥結が伝えられたとき、太政大臣三条実美、左大臣島津久光、右大臣岩倉具視および参議一同は連署して大久保に書翰(一一月一三日付)を送った。そして、「今日より追想候ても、其困難千状万態筆記の外に隠然有レ之、然る処大事結果此に至り候は、全く足下尽力の所レ致と一同不レ堪二感賞一候。御渡清後は毎信申入候通り、朝野とも開戦の覚悟に日を送り、就中去月中旬以来は海陸軍省其他処蕃関係の向々は諸般取調寸時を争ひ、来信を相待候処、去る八日上海の電信到着、殆んど隔世の思をなし申候。国家の隆運、人民の洪福不レ過レ之」(3)と述べて、その限りない安堵と喜びとを表明したのであった(4)。

(1)　大久保利通はこの交渉において、清国側は「台湾蕃地」をその領土であると主張するが、曽つて統治されたという「実跡」を欠いている。「公法」上においてはそのような地域は領土と認めないことになっている、と述べた。しかし、中国側は、これに反論して、国際法は近来西洋諸国でつくったものであり、ことに清国のことにはふれていない。それ故に、国際法を根拠に論ずる要はなく、「正理」にもとづいて商議したい。過去について論ずるのでは、論議はまとまらないであろう。今後清国としては原住民を開明に導き他国人に対して加害行為をなさぬようにする、と述べた(金井之恭《ゆきやす》編、『使清弁理始末』、『明治文化全集』、第六巻所収。同全集、同巻、九三—四頁)。

(2)『大久保利通日記』、下巻。

(3)『大久保利通文書』、第六。

(4)駐日イギリス公使パークスは、新政府が台湾征討を計画していた当時ロバートスン(Brooke Robertson)宛書翰に記して、日本は台湾を領有しようとしている。台湾という「砂糖を産する大きな植民地」——「第二のキューバ」を手に入れようと望んでいる。しかし、そのような「彼ら(日本人)は結局ひどい失望を味わうことになるのだろうと思う。失望は当然至極の報いだと信じる」(Dickins and Lane-Poole, The Life of Sir Harry Parkes, vol. II, pp. 191, 192.)と述べた。その後、大久保利通の北京における折衝が妥結をみたあと、パークスはロバートスンに宛てた書翰に記して、交渉の成立はウェードの力に負うものであり、ウェードの成功に対して祝賀を表すべきである。また、彼のお蔭によって日本人たちはみずから作り出したきわめて重大な困難の中から脱出できたのであり、従って、日本人たちに対してもまた祝意を表する。けれども、清国に対しては祝意を表する理由を見出しえないと思う。このたびの取極で、清国はみじめな地位に落されたようである。余は清国側が日本の台湾撤兵を条件に双方「損得なし」ということに同意することはあり得ると思っていた。しかし、

「余としては、侵入をうけたことに対して清国が補償しようとはもとより予期していなかった」。「好運が、明かにそれを受けるに価しない日本の手に入ったのである。対立した古き国(清国を指す―著者)が、自分の側の正しいのに諸国中でのこの年少者(日本のこと―著者)に降服したのをみて、余は悲しみの気持を抑ええない。余は戦争にならずにすんだのをうれしく思う。しかし、日本はたとえびた一文受取れなかったとしても、平和の中に解決したのを喜んだことであろう。日本はそういうもの(補償を指す―著者)を要求する正当な権利をもたないことをよく知っているのである」(op. cit., pp. 194-5.)。

台湾征討は一旦は戦争の危機をはらみつつも、結局以上のようにして外交的に収拾をみた。しかし、琉球の帰属をめぐって日中両国間に生じていた見解の対立については当時解決をみるにいたらなかった。そもそも琉球は過去長年にわたって薩摩藩および清国に対して進貢関係をもっていた。ところが、明治新政府は成立後やがて琉球をわが国に併合することを画策した。そして、明治五年(一八七二年)に琉球に藩の地位を与え、琉球王尚泰を華族に列し、同時に清国への朝貢をとりやめるよう命令した。そして、明治四年に琉球人が台湾で殺害された前述の事件についても、新政府は明治六年に外務卿副島種臣を渡清させて清国側に抗議し、ついで、翌年の台湾征討にあたっても、この事件を出兵の理由の一つとしたのであった。

しかし、清国側は、長年自国への朝貢をつづけ、また封冊を与えて来た琉球を属国とみ、これを日本領土の一部であるとするわが国側の主張をあくまでも承認しなかった。そして、大久保利通の北京における交渉にあたっても、この問題解決の見込はついに立ちえなかった。けれども、それにもかかわらず、台湾征討問題に関するこの交渉の妥結に先だち、新政府は琉球藩を内務省の管轄下に置くことに決定した（明治七年〔一八七四年〕七月）。このような中で他方、琉球側は清国との間の伝統的関係を絶つことを欲せず、そこで新政府はその後琉球側を威迫、強圧して併合の実をあげることに力めた。そして、明治一二年四月には熊本鎮台から軍隊を琉球に送り、この武力を背景に琉球藩を廃して沖縄県を置くことを宣言し、在来の国王尚泰を東京に居住させることにし、新たに沖縄県令を任命して施政にあたらせることにした。わが国のこのような方針に対して、琉球側は清国に救援を求めるとともに、清国もまたわが国に対して抗議をくり返えす有様であった。琉球問題は、このようにして日中間の係争問題として解決されないまま日清戦争のときに及ぶのである。[1]

（1）　わが国側は明治一三年に清国側と交渉して、清国が日清修好条規を改正して最恵国条款を加える代りに、わが国は琉球諸島の中で宮古、八重山の二島を清国領とすることを提案し、清国側もこれに同意して、一旦条約案もつくられたのであった。しかし、その後に清国側は調印を拒んだため、琉球問題はまたも解決にいたらず、その間に後述のように朝鮮問題が日中両国間の関心の焦点となり、琉球問題はいきおい後景に退いた形で明治二七年にいたるのである。

新政府は台湾征討によって、征韓計画中止以来士族層、とくに旧薩摩藩士族の間に鬱積して来た不穏な空気の緩和されることを期待したのであったが、その効果はさしてみられなかった。ところで、民撰議院設立建白の主唱者であった板垣退助は明治七年(一八七四年)四月土佐に立志社を創立し、郷里のひとびとの間に自由民権思想を鼓吹することに着手していた。民撰議院設立建白書を提出したひとびとは、さきに愛国公党と称する政党を樹立して世上によびかけることを試みたのであったが、その後に喰違《くいちがい》事件、佐賀の乱の起る中で世上ではこの政党創立者たちと岩倉襲撃の犯人、また江藤新平などとの間に気脈が保たれているという観測も行われ、これがために愛国公党の存続は困難になり、ついに自然消滅をとげた。このような中で、板垣は「失意の政治家が集まりて、中央に於て政党を組織し、之が政綱を掲げて地方の賛成を求むるが如きは、これ真の民権論にあらず」と考え、「輿論政治の本領は人民の自覚自動」にあるとし、郷里土佐に帰って立志社をつくった。そして、各地方にも民権思想の起るのをまち、その上で「天下の同志」とともに中央に大政党を組織することにしたのである。[1] この立志社は鹿児島における西郷隆盛の私学校と相並んで、全国各地の士族層の間に漂う烈しい現状不満の空気を背景として、新政府と鋭く対立する姿を呈することになった。そして、その後諸地方には次第に自由民権主義を標榜する結社が生れるようになるが、立志社はこれらの諸団体に対して先駆者として指導的地位に立ち、やがて明治八年(一八七五年)二月には板垣はこれら各地の自由民権団体の連合体として大阪に愛国社を創立するにいたった。

(1) 前掲、板垣退助、『我国憲政の由来』、一八八—九頁。

このようにして自由民権運動が成長することになったが、当時これに参加したものは、ほとんど士族層に限られていたといってよかった。それは、政治意識の一般に低いこの頃においては自由民権思想を理解しうるものは、士族層以外に見出すことが困難であったのにも因るが、なお一つには、この運動は政治の運用に対する大きな変革を意図するものであり、従って、烈しい現状不満の念を抱く士族層の間にはこれを熱心に支持するものが現われることになったのである。

愛国社が創立された同じ二月、いわゆる大阪会議がひらかれて、新政府の立直しが企てられた。新政府はさきに征韓論争によって五人の参議を失い、ついで台湾征討に際しては参議木戸孝允の辞職をみた。そこで、新政府の事実上の中心に立つにいたった大久保利通は、長州派を代表する地位にある木戸を再び政府に迎え入れて、政府の基礎強化をはかることを必要と考えた。ところで、長州藩出身の参議伊藤博文、井上馨は薩摩藩出身の大久保に政府の権力が集中する傾きにあることにかねてから快くなく、彼らは木戸のほかに板垣退助(旧土佐藩)をも政府に加えて、大久保の勢力を抑制しようと考えた。しかも、木戸もまた同様の意見であったので、大久保の同意をえて、木戸、板垣の両人を政府に迎え入れることとなり、伊藤、井上の斡旋の下に明治八年(一八七五年)二月大阪で大久保は木戸、板垣と会談し、新政府として今後立憲政体の樹立に漸次進む方針をとる旨の諒解が結ばれ、両人はここに参議として再び新政府に列することになった(1)。ついで、大久保、木戸、板垣、伊藤はこの会談での話合いを基礎に今後の政体について協議を行った後、その結果を上奏した。そして、四月これにもとづいて詔勅が発せられた。この詔勅は、五ケ条の御誓文の趣旨をこのたび拡充して、元老院を設けて立法を司らせ、大審院を置いて司法を取扱わせ、地方官会議を設置して「民情」を徴する機関とし、漸次立憲政体の樹立にむかって進む旨を述べたもので、それは「明治八年の聖詔」ともよばれることになった。このような次第で、大阪会議は新政府の基礎補強の観点と大久保の勢力を抑制する意図とに由来し、そして、木戸、板垣を新政府に入れる必要から新政府としては漸次立憲政を導入することに今後の方針を定めたのである。明治八年の詔勅の渙発は、それ故に、徐々に進められている自由民権運動の圧力にもとづくものとはいいえない。けれども、この詔勅は自由民権派を刺戟し、彼らを活気づけることになった。

（1）　板垣退助は、当時民撰議院の設立、少くとも議員の半数を民選とした議院の設置を唱えたが、結局木戸の漸進論に折合った（中央新聞社編、『伊藤侯・井上伯・山県侯、元勲談』、明治三三年、二五頁）。

しかし、大阪会議による政府の基礎補強は、予期の効果を挙げえずに終った。すなわち、明治八年一〇月には板垣退助は議合わず参議を辞し、翌九年三月には木戸孝允もまた意見を異にして参議をやめて内閣顧問という閑職に退いたのであった。

さて、新政府は詔勅の形で漸次立憲政体を樹立する方針を明かにしながらも、他方では同年六月には新聞紙条例を改正し、また同時に讒謗律《ざんぼうりつ》を発布して、言論に対する取締をきびしくするにいたった。この頃までに新聞事業はいよいよさかんになって、新聞の発行部数は著しく増加するにいたったが、同時に諸新聞において政治記事がとみに殖えるようになった。征韓論争、ついで民撰議院設立建白がなされて、世上でこれらについて種々論議が行われるようになると、諸新聞は世上の政論を記事として報道するようになったが、明治八年には多くの新聞は社説を設けて、政治問題、そのほか時の重要問題について新聞社としての意見を表明する有様になった。しかも、新聞がこのように次第に政治的色彩を帯びるにいたったとき、東京の代表的新聞のきわめて多くは反政府的立場をとることになった。それは、この前後の時期に新聞を主宰したものが薩長以外の諸藩出身の士族であり、しかも、有力な若干の新聞の中心には主家を倒した薩長に対する憤りと憎しみとに燃える旧幕臣たちがいたのによること、大である。(1) そして、藩閥政治に対するこれら諸新聞の痛烈な攻撃、嘲弄の筆陣は、士族層を中心にひろく鬱積する現状不満の空気の中で大きな反響を世上に生み出すようになった。

(1)　その代表的な例としては、明治七年以降の『朝野新聞』には成島柳北《りゅうほく》があり、彼は幕末には大隅守として会計副総裁兼外国奉行の重職にあった。また、明治六年以降『郵便報知新聞』には栗本鋤雲《じょううん》があり、彼も幕末には安芸守として外国奉行の地位にあった。なお、明治一二年以後『東京横浜毎日新聞』に沼間守一《ぬまもりかず》があり、彼は幕末伝習隊の訓練にあたり、その名を世上に知られていた。

なお、幕臣の出身でありながら反対の道を進んだのは、福地源一郎(桜痴)であった。江戸幕府が瓦解すると、彼は戊辰戦争下で佐幕的空気のたてこめている江戸において『江湖新聞』を発刊し、東征軍を嘲弄する筆をふるい、これがために捕えられて、投獄された。しかし、その後彼は明治新政府に仕えるにいたり、明治七年からは『東京日日新聞』に入って藩閥擁護の筆をとり、爾来いわゆる御用記者の第一人者とみられるようになった。

新政府は、その成立の当初には前述したように、新聞の啓蒙的役割をきわめて重要視して、新聞事業に対して保護、奨励の方針をとった。けれども、新聞が以上のようにして政治的色彩を帯びるにいたったとき、ここに新聞に対するその方針を改めて、新聞紙条例の改正と讒謗律の制定を行って、反政府的言論を厳重に取締るようになった。(1)

(1) 改正された新聞紙条例は、「新聞紙若くは雑誌、雑報に於て人を教唆して罪を犯さしめたる者は犯す者と同罪。其教唆に止まる者は禁獄五日以上三年以下、罰金十円以上五百円以下を科す。其教唆して兇衆を煽起し或は官に強逼せしめたる者は犯す者の首と同く論ず。其教唆に止まる者は罪前に同じ」(第一二条)、「政府を変壊し国家を顚覆するの論を載せ騒乱を煽起せんとする者は禁獄一月以上三年に至る迄を科す。其実犯に至る者は首犯と同く論ず」(第一三条)、「成法を誹毀して国民法に遵ふの義を乱り、及顕はに刑律に触れたるの罪犯を曲庇するの論を為す者は、禁獄一月以上一年以下、罰金五円以上百円以下を科す」(第一四条)と定めたのである。

また、讒謗律は「凡そ事実の有無を論ぜず人の栄誉を害すべきの行事を摘発公布する者、之を讒謗とす。人の行事を挙るに非ずして悪名を以て人に加へ公布する者、之を誹毀とす」(第一条)とし、「官吏の職務に関し讒毀する者は禁獄十日以上二年以下、罰金十円以上五百円以下、誹謗する者は禁獄五日以上一年以下、罰金五円以上三百円以下」(第四条)と規定したのである。新政府は、この二つの法令を恣意的に運用してきびしい言論取締を行うにいたり、これがため新聞記者で筆禍をこうむるものが続出することになった。

このような中で、同じ明治八年の秋には江華島事件の勃発をみた。新政府は征韓計画中止の後においても、すでに述べたような理由により朝鮮との間に正常の国交をひらくことを強く望んでいた。そして、このような意図の下に、軍艦を朝鮮の東海岸および西海岸に送って武力的示威を行い、開国への何らかの糸口をとらえようとするのである。ところが、この明治八年九月に右の目的の下に出動中であった軍艦雲揚(二四五噸《トン》)は江華湾で朝鮮砲台から砲撃をこうむり、これに対して同艦は砲台と交戦してこれを占領し、大砲を鹵獲《ろかく》した上で長崎に引揚げたのである。ところで、一たびこの事件が起ると、わが国内人心は沸騰し、新政府内、とりわけ軍人の間においては開戦論がしきりに叫ばれる有様になった。しかし、新政府は戦争を回避して、この事件についての外交交渉を機会に朝鮮の開国を実現させようとし、翌明治九年(一八七六年)一月に開拓使長官黒田清隆(旧薩摩藩)を全権弁理大臣とする一行を朝鮮に送った。この使節の一行は合計六隻の軍艦および舷側を塗りかえて軍艦のように装った運送船から編成された艦隊に坐乗して、江華湾に赴いた。軍事力をこのように物々しく誇示しつつ外交交渉をひらくことにしたのは、朝鮮開国問題についてのこれまでの経過から推して交渉を妥結に導く上に効果的であると考えたのによる。(1)

(1) 黒田清隆が使節に任命された日に、外務卿寺島宗則(旧薩摩藩)はアメリカ公使ビンガム(J. Bingham)に対して使節派遣の趣旨を説明した。その際の談話記録によると、ビンガムが「今般派出のコムミッショネルは軍艦にて御渡海の事に候哉」と尋ねたのに対して、寺島は答えて、「左様に候。仮令《たとえ》ば貴国コモドールペルリが下田に来る如きの処置なり。右は平和の主意にて条約を結ぶが為なり」と述べている(『日本外交文書』、第八巻、一五三頁)。そして、現に政府はこの開国交渉を行うに際してアメリカ公使館からペリーの復命書を借り出して参考にしたといわれている。

黒田清隆は江華において交渉をひらき、朝鮮側が年来わが国との国交開始を拒否して来たこと、および、雲揚砲撃事件の責任を詰問し、交渉を重ねた末、ついに日韓修好条規の調印をみることになった(二月)。ついで、その後、この修好条規にもとづく修好条規付録と貿易規則とが結ばれた(八月)。この修好条規について注目すべき点は、第一には「朝鮮国は自主の邦にして日本国と平等の権を保有せり。嗣後両国和親の実を表せんと欲するには彼此互に同等の礼義を以て相接待し、毫も侵越猜嫌《さいけん》する事あるべからず」(第一款)と規定されたことである。この条項は、清国がこれまで朝鮮に対する宗主権を主張して来たのに対して、朝鮮が独立の国家であることを示したものである。この規定は、わが国側の要求によって設けられたものであったが、当時わが国は清国を警戒すべき大国と考えており、そのような清国が将来その宗主権を通じて朝鮮半島に対する支配を強化することは、地理的に近接したわが国の独立にとって重大な危険を意味するものとし、それを甚だしく恐れたのであった。但し、清国はこの後も朝鮮に対する宗主権を主張して変ることがなかったので、この規定による宗主権の否認は結局わが国側の一方的措置以上の意味をもちえなかったのである。

日韓修好条規について注目すべき第二の点は、朝鮮の開港場に在留する日本人が朝鮮人との関係で罪を犯した場合には、その裁判管轄権は日本側にあることが規定され（第一〇款）、しかも、わが国に在留する朝鮮人の犯罪については同様の規定を欠いていたことである。条約改正の達成を望んでやまない新政府は、このようにして、朝鮮との関係では今や治外法権の特権を一方的に獲得したのである(1)。そもそも、新政府の成立以来政府の内外においては「西力東漸」に対処するためには、清国、あるいは、清国・朝鮮と提携すべきであるとの論も行われ、明治四年の日清修好条規第二条は前述のようにこの日中提携論に立つものであった。しかし、これらの提携論は元来わが民族の独立確保という観点から構想されたものであった。そして、新政府が成立匆々に宣言した開国和親の方針は実は航海遠略論の伝統に立つものであり、そのことがすでに暗示しているように、民族の独立確保のためには将来の対外膨張をも期待する意図が政府の内外に当初から存在していたのである。征韓論、台湾征討、琉球問題などに示された朝鮮あるいは清国に対する強硬な姿勢も、一つにはそのような意図につらなるものであった。この日韓修好条規第一〇款も、その点に関する一つの例ということができる。このようにして、明治初年以来わが国の外交あるいは外交論は、民族の独立確保という命題を軸として日中(あるいは日中韓)提携論と対外膨脹論という両極の間をゆれ動いていたということができる。そして、この両極のいずれに傾斜するかは、多分に各時点における国際状況およびわが国とこれらの国との間の力関係で規定されることになった。

(1) パークスは、当時本国政府宛報告の中に次のように述べている。「第一〇款は特に注目に価する。日本政府は、日本と外国との条約中の治外法権条項に近時不満を述べて来たのに、朝鮮における自国民の裁判管轄権を抜目なく規定したからである。外務卿が余にむかって、右の規定は朝鮮側に対しては日本に在留するその国民に対する裁判管轄権を与えていないと説明したように、日本政府はこの権利を相互的なものにしなかった点においてもこれらの条約(日本と西洋諸国との間の条約を指す—著者)を模倣している。この条約と一八五八年の日英間の条約（日英通商条約――著者）とは、著しく類似しているのである」（Dickins and Lane-Poole, The Life of Sir Harry Parkes, vol. II, pp. 204-5.）。

日韓修好条規の成立によって、わが国と朝鮮との間にはここに正常な国交が樹立されたが、西洋諸国もまた朝鮮の開国を望んだ。これに対して、直隷総督李鴻章はこれら西洋諸国と朝鮮との間に通商条約の結ばれるよう仲介を試みた。彼はそうすることによって、それらの条約においても日韓修好条規と同様に朝鮮に対する清国の宗主権が否認されるのを阻止しようとしたのであった。それ故に、先ずアメリカと朝鮮との間に通商条約交渉がひらかれたとき、李は朝鮮が中国の属国である旨を明文をもって規定するよう固執した。しかし、アメリカはそれに同意しようとせず、結局李は譲歩して、条約とは別個に朝鮮国王がアメリカ大統領宛に書翰を送り、その中で朝鮮が清国の属国である旨を明かにすることを提案した。アメリカはこの案に積極的異議を述べなかったが、しかし、条約調印後に書翰が送られて来たとき、アメリカ政府はそれを受取るにとどめ、公表せずまたこれに対する回答を送ることもしなかった(1)。この米韓条約（一八八二年〈明治一五年〉調印）を最初として、朝鮮と西洋諸国との間には相ついで通商条約が締結されたが、朝鮮に対する清国の宗主権の問題についてはアメリカの場合の例に倣って処置された。なお、西洋諸国は朝鮮国王の書翰にもかかわらず、朝鮮が独立の国家であることを既成事実とみて、その建前で朝鮮との関係を規律することにした。(2)従って、清国側の主張にもかかわらず、事態は実際上は日韓修好条規第一款に条文化されたわが国側の主張に添うようなものになって行くのである。

(1) 奥平武彦、『朝鮮開国交渉始末』、昭和一〇年、一四一頁。
(2) 奥平、前掲書、一六七—八頁参照。

さて、全国各地の士族層の空気はその後も依然として甚だ険悪であった。そのことについては、新政府による禄制整理が着々と進められていたことをとくに考え合さねばならない。そして、日韓修好条規が結ばれた明治九年(一八七六年)の中に、現状不満の士族たちによる一連の叛乱が相ついで爆発をみた。すなわち、この年一〇月に熊本において敬神党(神風連)の乱が起った。この敬神党のひとびとは攘夷鎖国をその信条とし、また惟神道《かんながらのみち》による政治の実現を夢みていた。彼らは、新政府が開国和親の方針の下に「夷狄」と親しみ、また西洋文明の移植をはかって旧来の国風を破壊しつつあるとして、かねてから痛憤していたが、同年三月の廃刀令の発布に接して激昂してやまず、ついにやがて蹶起するにいたった。しかも、熊本において一たびこの叛乱が勃発すると、これに呼応して秋月には秋月党の乱が起り、また萩に萩の乱の爆発をみた。これら二つの叛乱は、しかし、敬神党と同じ思想に立つものではなかった。前者は対外硬の立場から新政府の外交を排撃して立ち上ったものであり、後者は前参議前原一誠《いっせい》(旧長州藩)が輩下の士族を率いて蹶起したもので、彼らは新政府の対外方針、ことに朝鮮政策および樺太・千島交換を痛憤し、また地租改正ならびに士族に対する政府の措置に激昂して、この挙に及んだのであった。各地の士族層の間に不穏な空気がみなぎる中で、敬神党の乱を導火線としてこのように忽ち相ついで二つの叛乱の火の手が上り、事態は単純に楽観を許さなかった。(1) しかし、それらは結局政府の手によって鎮圧されたのである。

(1)　木戸孝允は敬神党の乱勃発直後にその日記に、「倩《つらつら》今日之形情を察するに、農なり商なり士なり満天下皆不平もの而已にして、纔《わずか》に静寧なるも真に平和に至りしにあらず、不平の張弛有レ之而已。只得意なるものは官員ばかりなり。故に人心自ら動乱を好み、自然肥後の暴動(敬神党の乱を指す―著者)の如きも数日鎮定せざる時は、必波及して諸処に蜂起いたすは当然なり」(一〇月二七日の条)と記している(『木戸孝允日記』、第三)。

しかし、これらの叛乱のあと、同年一二月には三重、愛知、岐阜、堺の四県にわたって大規模な農民一揆が勃発をみた。新政府の施政はこれまでにもしばしば農民暴動をひき起して来たが、地租改正事業の進行は地価の決定、入会地の収奪をめぐって各地に農民蜂起を頻発させ、そして、ついに今この巨大な一揆の爆発となったのである。しかも、他の諸地方の農民の間に漂う険悪な空気は暴動の続発を予想させる形勢であった。そこで、前述のようにただでさえ不穏な政治情勢の中に置かれている新政府は、ついに翌明治一〇年(一八七七年)一月地租税率の五パーセント引下げを詔勅をもって告示し、それによって農民層の宥和をはからねばならなかった。

ところで、この減租の詔の発せられた翌月には、西南戦争の勃発をみることになった。さきに征韓論争に敗れて憤然政府を去った西郷隆盛は、前にもふれたように、郷里鹿児島に退いて、爾来私学校と称する塾をひらき門下の教育に従って来たのであるが、この私学校へは鹿児島県下の士族の子弟ばかりでなく、各地の士族で西郷を慕って入るもの多数に上り、県下の諸地には分校が設けられる盛況を呈するのである。しかも、私学校に学ぶ少壮血気のひとびとの間では、西郷が征韓計画を阻止した政府に対して烈しい憤懣を抱いているのに共感し、機会をとらえて西郷を擁して立ち上り、政府を断然打倒すべきことを叫ぶものが少くなく、現に明治九年に相ついで爆発した前述の叛乱も彼らを少からず刺戟したのであった。(1)このように私学校を中心に不穏な空気が高まりつつあるのをみて、新政府側は次第に警戒を厳重にし、やがて、これまで鹿児島にあった陸海軍省の武器弾薬を大阪に移すことに着手した。これは、私学校派が暴発した場合にそれらが彼らの手に落ちるのを防止するためであった。ところが、この措置を知ったとき、私学校のひとびとはこれをもって政府が彼らを弾圧する決意を堅めたものと受取った。そして、政府との衝突が時間の問題であるとすればもはや空しく傍観しえないとして、進んでこれらの武器弾薬の掠奪を開始した。あたかもそのような折柄、東京から薩摩出身の警察官らの一行が到着した。これは、大警視川路利良がそれらの警察官らを私学校に入らせて、説得によって事態の緩和をはかろうとして派遣したものであった。私学校派は、しかし、警察官らは西郷暗殺の密命を帯びて帰郷したものと信じた。そして拷問によってそのことを承認させ、その疑惑は適中したと確信したのである。そこで、彼らは西郷隆盛、桐野利秋、篠原国幹《くにもと》が兵を率いて上京しこの件につき政府の責任を問うという名目を掲げて、ついに蹶起するにいたり、ここに西南戦争の開幕となったのである。西郷は過去私学校のひとびとを制してその暴発を阻止して来たのであったが、私学校の者らが今や立上るにいたったとき、彼はもはや到底抑ええずと考え、ここに愛するその輩下のために身命を投げだすにいたったのである。(2)

（1）　明治九年末に、高橋新吉（旧薩摩藩）は政府の命で情勢視察のため鹿児島を訪れたが、そのとき西郷の門下である村田新八は高橋に語って、「私学校党の形勢は日に急を告げ、之が破裂は早晩免れざる状態である。今や〈ウド、サア〉（西郷）の力では奈何《いかん》ともすることが出来ぬ。予等の如きは、専ら其の制馭に注意するも、到底其及ぶ所では無い。今日の形勢は恰かも水を四斗樽に盛り、腐れた縄にて之を纏ひたると同一だ。予は即ち腐れたる縄にして、毫も其効能が無い。足下にして帰京せば、但だ此の実情を大久保に語られたい」と述べたという(徳富猪一郎、『公爵山県有朋伝』、中巻、昭和八年、四八五頁)。

(2) 牧野伸顕は大久保利通の次男であるが、彼は後年に述べて、私学校派がついに蹶起を決定したとき、西郷は長男菊次郎をつれて温泉に赴き留守であった。菊次郎は自分(牧野)の竹馬の友で、その菊次郎が後に自分に話したところによると、私学校のひとびとが勢揃いをしたあとで西郷の末弟小兵衛がそのことを西郷のところへ報告に来た。それを聞いた西郷は「驚いて膝を打ち、〈しまつた〉と言つた。其処の所を話す時、菊次郎は私(牧野)にその手真似までして見せた。西郷は湯治や狩りで城下には留守勝ちで、其処まで行くとは思つて居なかつたのであらう」。しかし、輩下のものが蹶起した以上もはやとめる術もないと考え、彼らのために身を捧げたのだとも考えられる、と述べている(牧野伸顕、「父利通の暗殺」、『文藝春秋』、昭和二二年九月号、三二―二二頁)。

このようにして西南戦争がひらかれるにいたったとき、それは全国各地の現状不満の士族層を正に聳動させた。とくに征韓論争以来、これら士族層の間における西郷隆盛の声望はまことに巨大なものがあり、新政府に烈しい憤りを抱く西郷ならびに私学派の動向は、これまで彼らの注視して来たところであったのである。(1) それ故に、西郷起つとの報道が一たび伝わると、ひとり旧薩摩藩の士族のみならず、九州または九州に近い地方の士族らで馳せて西郷の軍に投ずるもの続出する有様になり、さらにその他各地の士族層の間においても、今や西南の一角に翻《ひるがえ》るにいたった叛旗を遥かに望んで戦況の如何によっては呼応して立上る気配が漂うにいたった。新政府は、こうして全く重大な局面を迎え、政府首脳者の憂慮は正に喩《たと》えがたいものがあった。(2)(3)

(1)　松本の自由民権団体の奨匡社で刊行した秘密出版といわれる『評論文集』(明治一二年一一月印刷)に、「日本帝国に二大党派ありて両立せざるの論並評」(柴田勝文)という文章が収録されている。それは西南戦争前に書かれたものであるが、筆者は「世の有志者は皆西郷公の挙動に注目して、天下の安危をトし……」と述べ、田中直哉の意見というのを紹介している。それは、いう。「今や全国の間に於て其政府と方向を異にし、社を結び党を立て、或は封建を唱へ、或は民権を主張し、陰然政府に抵抗するもの幾千百万人なるを知らず。然れども其力弱くして其勢微なるを以て、常に鹿児島党に連結して其事を為さんとす。曰く麑《かご》城《しま》の模様は如何。曰く西郷の近状は如何と。其持論全然相ひ背違すると雖ども、其政府の勢力に抵抗する能はざるにより自ら西郷公に依頼するの心情なきあたはず。故に今日天下の政府に満たざるものは、自ら結合して鹿児島党と為らざるを得ざるの形勢を現出せり」(二八―九枚)。この記述は、西南戦争前の各地士族層が西郷の動向に強い期待を寄せていた有様をよく描いたものということができる。

（2） 私学校派の激発が伝えられたとき、西郷と過去長年親交のあった参議兼内務卿大久保利通は、西郷がこれに関与するとは信じなかった。彼は当時伊藤博文宛の書翰（明治一〇年二月七日付）に次のように記している、「……此節の端緒よりして、若干戈と相成候得ば、名もなく義もなく実に天下後世中外に対しても一辞柄の以て云訳も不二相立一次第、実に曲直分明、正々堂々其罪を鳴らし鼓を打て之対《（ママ）》せば、誰か之を間然するものあらんや。就ては此節事端を此事に発きしは、誠に朝廷不幸の幸と窃に心中には笑を生候位に有レ之候。前条次第に候得ば、西郷に於ては此一挙に付ては万不同意、縦令一死を以てするとも、不レ得レ止雷同して江藤、前原如きの同轍には決て出で申間敷候。万に一も是迄の名節砕て終身を誤り候義有レ之候得ば、さりとは残念千万に候得共、実不レ得レ止、それまでの事に断念仕外無二御座一候」（『大久保利通文書』、第七）。内閣顧問木戸孝允もまた、この叛乱は桐野、篠原らの起したものであり、西郷が関係しているはずはないと語ったという（林有造、『旧夢談』、明治二四年、『明治文化全集』、第二二巻所収、六四一頁）。当時の世上でも同様の見解をもつものが少くなかった。

（3） 戦争勃発の直前、大久保利通は前註に引用した書翰の中で「西郷は斃るるにもせよ関せざるにもせよ、同県に事有る日には全国其影響を及ぼし、一時天下は瓦解と見るより外なし。宛然《えんぜん》戊辰東北戦争之時分に異ならざる可し」と記し（『大久保利通文書』、第七）、参議兼陸軍卿山県有朋も太政大臣三条実美宛意見書（二月一二日付）（『岩倉公実記』、下巻、三六三―五頁所収)において、「南隅の事情甚だ切迫、其発作に当り如何なる景況を現出し如何なる変動に立至るも計り難し。……而して南隅一たび動かば、之に応ずる者蓋し両肥、久留米、柳川。南海にては阿波、土佐。山陽、山陰にては因備。東海、東山、北陸にては彦根、桑名、静岡、松代、大垣、高田、金沢、及、酒田、津軽、会津、米沢なり。而して関八州の館林、佐倉、其他の旧小藩の向背一として定まるものなし。……其已に破裂するや、天下土崩の勢とならん。何ぞ今指名する所の旧諸藩に止まらんや。実に天下の大乱と予図せざる可からず」となしたのである。また、戦争勃発の日にあたる二月一五日に木戸孝允は右大臣岩倉具視宛書翰において、「去月三十日鹿児島弾薬強奪後は元より兵戈の兆《きざし》は現然にて、世諺にも雁も飛べば鳩も飛ぶと申す如く世間之臆病士族共に影響候は当然の事と存候。元来御一新も余り廉価之買物に御座候間、毫も好み候事には無レ之為二国家人民一可レ歎之至に御座候得共、腕力を頼み国家の法憲を破り候者は至当之罰に被レ処候は、不レ得レ已事と奉レ存候。今一度御一新を買得するの苦労を不レ仕ては不二相成一事と西京御発輦後も度々奏聞仕、難レ有頓《とみ》に御内決被レ為レ遊、南海之平定を叡覧不レ被レ為レ在ては還幸不レ被二仰出一事と奉レ伺候。影響は必然中西四国に可レ及と想像仕候」(『木戸孝允文書』、第七)と記し、岩倉具視も三月九日付の三条実美宛書翰において、折柄鶴岡の士族が不穏な状態を呈していることを述べて、「暴発之上は内閣及海陸軍責任者と密議し、其機を誤らず討伐奏功す可くと存候。是れ関東は勿論天下之大勢に関係する所言ふ可からざる者可レ有と存候。既に金沢の士族輩、茨城県及旧会津、弘前其外追々と少々づつ可レ怪《あやしむ》之挙動も相聞候。若し鶴岡之処分日を曠し候はば、東京の脚下迚《とて》も不レ可レ測之事相起り可レ申と存候」(『岩倉具視関係文書』、第七)と記しまた四月一一日付の大久保利通宛書翰にも「此節は四方之人心恟々、東京も何時脚底より禍患を発し候哉も難レ測形況暗中に相見へ、探偵報告も不レ少候」(『岩倉具視関係文書』、第七)と記している。

このような中で、かねてから西郷の私学校と並んで新政府に対する隠然たる敵国の観を呈して来た板垣退助の立志社においても、林有造、大江卓らの一派は陸奥宗光(旧紀伊藩)と通謀して、この機会をとらえて挙兵し、政府を打倒して立憲政を導入しようとして画策したが、この陰謀は未然に発覚して逮捕されるという事件も生じた。

さて、開戦以来戦況は当初互角の形勢を呈したが、新政府としてはこのような有様がつづくことは事態の拡大、波及の危険をいよいよ大きくするものと考え、戦局の打開をしきりに焦慮してやまなかった。そして、そのような中で、やがて天下の耳目は西郷側の包囲の下に置かれた熊本城の運命に集中されることになった。それとともに、もしも一たびこの熊本城が陥落するならば、これまで戦況を観望して来た諸地方の士族層はこれを機会に蹶起し、事態は急転して全く重大化することも予想されるにいたり、熊本城の攻防戦はこうして戦局を決する分水嶺となり、それとともに新政府の憂慮はただならぬものになった。しかし、四月中旬にいたって、熊本城を死守した政府軍の一部は西郷側の囲みの一角を突破して城外の政府軍との間に連絡をとることについに成功した。そして、それを境として大勢は全く決し、戦況は政府側に有利に転ずることになった。このような中で、西郷はやがて敗残の軍を率い血路をひらきつつ退却して、三百余名とともに城山に籠って最後の抵抗を試みて敗れ、一世を震撼させたこの大きな内乱もようやく鎮定をみたのである(明治一〇年九月)。そして、西郷隆盛以下旧薩摩藩の擁した幾多の人材は、このようにして戦場の露と消えた。

なお、この西南戦争にあたって新政府は徴兵制度によってつくられた鎮台(後の師団)兵を出動させて、鎮圧にあたらせた。士族から成る西郷側の軍は、初めはこれを百姓町人の軍隊として侮蔑、冷笑する有様であったが、しかし、戦闘を交えるにいたったとき、秩序ある訓練をうけた鎮台兵は勇敢な戦いぶりを示し、そのような軽蔑の根拠ないことが立証された。少からぬひとびとによってその効用性について不信の念の抱かれていた徴兵制度が、そのように実効を挙げたことは、西南戦争のもたらした重要な副産物ということができる。(1)(2)

(1)　西南戦争の進む中で、徴兵制度による鎮台兵だけでは兵力に不足を来すことになった。そのとき、政府部内には兵士を士族の間に募って戦地に送るべきであるとの論もしきりに唱えられた。しかし、徴兵制度の創始者であった参議兼陸軍卿山県有朋はそのような措置は徴兵制度の建前を崩すものとして烈しく反対し、結局各地士族の間において巡査を募集し、これを武装させて戦線に送ることにした。

なお、新政府はこの募集を関東、北越、東北の諸地方においてとくにさかんに行い、これらの地方の旧藩主たちを集めて旧藩士の応募するよう斡旋方を求めたのであった。これは、戊辰戦争の当時以上の諸地方にあった多くの藩は東征軍に抗して薩摩藩兵と戦い、敗れて屈服したのであり、西郷隆盛はこの東征軍の参謀であった。そこで、これらの旧藩の士族層の間においては薩摩人に対する憎しみは爾来骨髄に徹して忘れえぬものがあった。そのような事情を知る新政府は、そこで、これらの地方で巡査を募ることに力を注いだのであった。この企ては成功し、以上の諸地方ではおびただしい数の士族が薩摩人に対する復讐の感情に駆られて募集に応じたのであった。西南戦争下で『郵便報知新聞』主幹藤田茂吉は神戸経由で九州に赴き、従軍記者として戦況の報道を同紙に掲げたが、彼が先ず横浜から船で神戸にむかった際、戦地にむかう軍人、六百人の徴募巡査などと同船した。藤田はそのときの模様を報じた文章の中で述べて、この巡査たちの言葉は皆北方の訛を帯びており、旧会津藩の者が多かった。その中の一人に歌曲の才をもつものがあり、甲板で次のような歌を鼻歌にしてしきりにくり返えして歌っていた。それで自分(藤田)もそれを暗記することができた。その歌は次のようなものであった。「妻や子を振り棄てて古郷の春を跡になし、恨かさなる薩摩潟、心尽しの甲斐ありて巡査の拝命受しより、酬ふ刀の切れ味を胸の礪石《といし》で研ぎすまし、はむかふ奴原《やつばら》切りて捨て、君と我身の敵《かたき》を除き、光り輝く日の丸を天が下にて振照らし、お医者様ではなけれども、国の病が直し度《た》い」(『郵便報知新聞』、明治一〇年四月一二日)。また、この戦争下で犬養毅は藤田茂吉に命ぜられて『郵便報知新聞』記者として従軍し、長文の従軍記を同新聞に寄せたが、彼はその中に記して、田原坂《たばるざか》の戦闘で官軍が敵の堡塁に迫ったとき、残兵一三名がこれを死守しようと試みた。「其の時故会津藩某(巡査隊の中)身を挺て奮闘し、直に賊十三人を斬る。其闘ふとき大声呼て曰く、戊辰の復讐、戊辰の復讐と。是は少々小説家言の様なれども、決して虚説に非ず」(『郵便報知新聞』、明治一〇年三月二八日)。

この徴募巡査は戦場においてきわめて勇敢であり、殊勲を挙げた。西郷側では「赤い帽子と銀筋なけりゃ(または、東京巡査と近衛がなけりゃ)花のお江戸に躍り込む」という歌が歌われたが、「赤い帽子」とは近衛兵のことで、赤色帽子をつけていたからである。徴兵制度による兵士たちの中でも、とりわけ近衛兵は勇ましい戦い振りを示した。また、「銀筋」とは徴募巡査のことであり、彼らが巡査の帽子に銀線を巻いていたのによる。こうして、徴募巡査は近衛兵と並んで西郷側にその勇敢さを強く印象させたのであった。

(2)　西郷隆盛は、その度量と情愛、勇気と情熱との故に、またその征韓論の故に、ひろく世上の敬愛をかち得ていた。それだけに、彼がその愛する門下のために一身を投げ出して、ついに城山に悲劇的最期をとげたことは、世人をふかく悼ましめた。西南戦争の年に来日したアメリカ人動物学者モース(E. S. Morse)はその日記の同年九月八日の条に記している。東京で「街を乗馬で行くと、戦争画(西南戦争に関する画—著者)で色華かな絵画店の前に人だかりのしているのに気づく。薩摩の叛乱が絵描きたちに画材を提供しているのである。絵は赤と黒とのきらびやかなもので、極度に芝居じみた態度をした将校の姿や、〈血腥い戦争〉が――われわれからみるとグロテスクな筆致で――とにかく描かれている。一枚の絵は、空の星(遊星の火星)を描いて其の真中に西郷将軍がいるものである。将軍は叛乱者の頭目であるが、すべての日本人から大変に愛されている。鹿児島が攻略された後、彼とその士官たちとは〈ハラキリ〉をした。多くのひとびとは、この頃異常にきらめいている火星の中に彼がいると信じている」(Morse, Japan Day by Day, 1917, p. 269.)。ここにも記されているように、西南戦争ののち街では西郷は天上に昇って星になったという噂も流れ、西郷星が光っているといって暗い夜空を仰ぐひとびともあった。なお、幕末に西郷と接触し、江戸城明渡しの際に西郷と折衝した勝安房(海舟)は、「夫れ達人は大観す。抜山蓋世《ばつざんがいせい》の勇あるも、栄枯は夢か幻か」に始まる歌をつくり西郷の死をふかく悼んだが、この歌は世上にひろく愛唱されることになった。

このようにして、西郷はその死後も世人の間において敬愛の情を寄せられたのである。

第四節　自由民権運動の展開

さて、西南戦争という巨大な政治的危機を克服したとき、政府において重きをなして来た大久保利通の威望はいよいよ隆々たる観を呈し、他方自由民権を唱えるものはいきおい

「朝敵」視されるような空気になった。そして、京阪の書店では立志社の刊行する雑誌などを店頭に列べることを拒絶するような事件さえも生じた。そして、明治八年の詔勅は前に述べたように木戸孝允、板垣退助に負うこと大であったが、板垣は今は土佐に退いて立志社の経営にあたるようになっており、木戸はすでに西南戦争下で病のために歿した（明治一〇年五月）。そこで、戦争後の以上のような空気の中で世上では、政府が果して詔勅のごとくに漸次立憲政の樹立にむかって進む意向を今なおもっているか否かを疑う声もきかれる有様であった。

そのような折柄、明治一一年（一八七八年）五月大久保利通は紀尾井坂で暗殺された。犯人は大久保の施政を専制的であり、公議世論を無視、抑圧するものであるとして、この挙に訴えたのであった(1)。

（1）　西郷隆盛、木戸孝允、大久保利通は世上で維新の三傑とよばれたが、この三人は奇しくも明治一〇―一一年の間に一人は戦場において、一人は病床で、一人は刺客の刃にかかって相ついで歿した。西郷は四九歳、木戸は四四歳、大久保は四八歳であった。

ところで、板垣退助は明治一一年四月に立志社のひとびとと協議して、彼が大阪会議の結果政府に入ったために中心を失って自然消滅をとげた愛国社を再興することにし、各地の自由民権団体にひとを派遣してこの計画を伝えて、参加を勧誘することに着手した。それをみて、政府は立志社に対する警戒を一段と厳重にするとともに、愛国社再興のためのこの遊説を種々妨害することを試みたが、この年九月にいたり大阪において再興はついに実現をみた。なお、このとき大阪に集ったのは高知を初め各地の士族のみであり、平民の姿は未だみられなかったといわれている。(1) ついで、翌一二年東京に愛国社の支社がつくられた。そして、これを足場にして自由民権運動がこれまでほとんど起るにいたっていなかった関東、東北の諸地方への働きかけがなされるようになった。この間において、愛国社再興以来その中心となった立志社は各地の自由民権団体からは先駆者としてきわめて重んぜられ、自由民権に心を寄せる各地のひとびとで、はるばる土佐を訪れるものも実に少くない有様であった。(2)

(1) 若林清、『大日本政党史』、大正二年、一四四頁。

(2) 「自由はゲルマンの森より出づ」という西洋の諺をよみかえて、「自由は土佐の山林より出づ」などといわれたりした。

愛国社は明治一三年三月には第四回大会をひらいて、当面の運動目標を国会の開設に置くことを決め、その名を国会期成同盟と改めた。そして、翌四月には「国会を開設するの允可を上願する書」と題する長文の請願書を天皇にあてて提出するにいたった。また、これと相前後して、各地の自由民権派は続々として国会開設の請願を行うようになった。『東京日日新聞』は「明治十三年記事本末」の中でその有様を述べて、「今は此請願に従事せざる地方は、慶応年間に勤王仆幕を唱へざりし諸藩の如く世上に片身狭き心地せらるる様に思ひ、何れも我れ後れじと憤起したるもの歟。於レ是乎丹波、丹後、相模、駿河、伊豆、甲斐、常陸、越後、信濃、奥羽七国、備前、備中、美作、讃岐、土佐、筑前、薩摩等の諸国より有志総代を以請願書を太政官に捧げ、或は建白を元老院に呈したるもの枚挙するに遑《いとま》あらざるに至り」と記している。(1) このようにして世上は騒然たるものになった。(2)

（1）『東京日日新聞』、明治一四年一月八日。なおこの論説は、『明治文化全集』、第二二巻に収録されている。

（2）福沢諭吉はその自伝の中で述べて、西南戦争が終って世の中が静かになり、ひとびとが無聊に苦んでいるとき、「私が不図《ふと》思付て是れは国会論を論じたら天下に応ずる者もあらう、随分面白からうと思て」、そういう論説を書き、『郵便報知新聞』の主筆藤田茂吉、箕浦勝人《みのうらかつんど》にその草稿を示して「此論説は新聞の社説として出されるなら出して見なさい。屹《きっ》と世間の人が悦ぶに違ひない」。しかし、このまま掲載すると、文章の具合で福沢が書いたことが判るから、重要でない部分には自由に手を入れた上で載せてはどうか。どのような反響があるか、面白いといったところ、両人は喜んで、そのようにして早速新聞に掲げた（これは藤田、箕浦の名で発表された—著者)。「当時世の中にマダ国会論の勢力のない時ですから、此社説が果して人気に投ずるやら又は何でもない事になつて仕舞ふやら頓と見込みが付かぬ。凡そ一週間ばかり毎日のやうに社説欄内を塡めて、又藤田、箕浦が筆を加へて東京の同業者を煽動するやうに書立てて、世間の形勢如何と見て居た所が、不思議なる哉、凡そ二三箇月も経つと、東京市中の諸新聞は無論田舎の方にも段々議論が喧しくなつて来て、遂には例の地方の有志者が国会開設請願なんて東京に出て来るやうな騒ぎになつて来たのは、面白くもあれば、又ヒヨイと考直して見れば仮令ひ文明進歩の方針とは云ひながら、直に自分の身に必要がなければ物数奇《ものずき》と云はねばならぬ其物数奇な政治論を吐て、図らずも天下の大騒ぎになつて、サア留めどころがない。恰も秋の枯野に自分が火を付けて自分で当惑するやうなものだと少し怖くなりました」と述べ、すでに以前に民撰議院論もあり、その後にも同様の論を唱えたものも多く、国会開設論の起るのには「深い永い原因」があったわけではあるが、「不《ふ》図《と》した事で私が筆を執て事の必要なる理由を論じて、喋々喃々《なんなん》数千言喃んでくくめるやうに言て聞かせた跡で間もなく天下の輿論が一時に持上て来たから、如何しても報知新聞の論説が一寸と導火になつて居ませう」といっている(福沢諭吉、『福翁自伝』、五二〇—三頁)。

このようにして高揚するにいたった自由民権運動について、注目すべき若干の点がある。その第一は、この運動はとくに士族層の間に広汎な支持を獲得しつつ進展したということである。士族層が自由民権運動にひきつけられるようになったのは、すでに述べたように、彼らが自由民権思想を理解する能力の持主であったということ、および、この運動が政治の運用に対する大きな変革を意図するものであったのに因る。しかし、佐賀の乱を初めとして各地に起った大小の叛乱がいずれも失敗に終り、この種の最大のものであった西南戦争もまた鎮圧されたとき、現状不満の士族層は武力行動を通して政府を打倒することの至難を痛感することになった。それとともに、彼らの間には現状変革的、反政府的性格をもつ自由民権運動の傘下に投ずるものが続々と現われるにいたった。これにともなって、自由民権運動はその勢力を増大するとともに、士族層の間に鬱積する烈しい現状不満の感情はこの運動の闘争のエネルギーとなるのである[1]。

（1）　小久保喜七《こくぼきしち》は明治一二年当時の自由民権運動のことを回顧して、「何しろ民権運動などをやる者は、大抵は士族ばかりで、小倉袴に鉄扇を持つて、錦絵の壮士其ままだつた。勿論議論なども随分無茶苦茶なものがあつたのだ。可なり有名な男でさへ〈俺は徳川時代へ逆転させれば宜いんだ〉などと公言して居たのでも、一般が想像出来よう。兎《と》に角《かく》誰れ一人として不平でない者はなかつた」（平塚篤編、『伊藤博文秘録』、昭和四年、二〇頁）と述べているが、「明治十四年頃の話として聞く処によれば、民権遊説の途上同行を顧みて〈吾々、何時になつたらば槍一本立てて道中が出来るかね〉などと談《かた》り合つて奔走する連中もあつた」（藤井甚太郎、「憲法の制定」、岩波講座『日本歴史』、昭和八年、所収、八頁）ともいわれている。

これらの挿話は、自由民権運動に加わった士族層の中にはデクラッセ(Déclassé)化の傾向が内包されていたことを示すものであろう。

つぎに第二に、士族層を地盤として展開される自由民権運動には、明治一二、三年頃から平民層の間からこれに参加するものが徐々に生じだした。そのことは注意されねばならない。(1) これら平民の多くは富農あるいはその子弟であったようである。平民層のこのような参加については、有識者の資格において自由民権思想に心をひかれた場合のほかにも、その原因が考えられる。一つは明治一一年に府県会規則が発布されて翌年から府県会が開設されたことである。この府県会の選挙資格・被選挙資格には高い納税条件が付されており、府県会の権限も狭いものであったが、(2) しかし、それにしても、府県会の設置は、政治に対する世上一般の関心を刺戟する結果になった。そのことは、府県会への選挙権・被選挙権を与えられた地主層の場合においてとくにそうであった。(3) また一つには、当時は地租改正事業が進められており、しかも、地租改正条例では明治一三年に地価の修正が予定されていた。(4) 従って、地租問題も地主層の間に自由民権運動の支持者を生む一つの原因になったと考えられる。(5)

(1) 明治一二年一一月二八日の『郵便報知新聞』の社説は、これまでは政治を論じ政策を説くものは一部の士族にとどまっていたが、近頃は政論をするものの範囲がひろがり、「苟も書を読むことを知るものは、亦政談をなさざるもの無し」。自分でしなくても、他人の政談に耳をかたむけぬものはない。政治を論ずる団体は今や都市にも地方にもできて、政論が今日ほどさかんなことは未だ曽つてない、と述べている。また、明治一三年七月九日の『朝野新聞』の記事に、新潟の有志代表二名がこのたび上京して、国会開設の建白書を元老院に提出したが、この新潟の有志は大体平民で士族は三分の一にすぎない。またきくところでは、近頃茨城県の有志総代二名が右大臣に面会したが、右大臣はこの二人の者が平民であることを知り、どうして平民が国会などのことを知ったのかという口振りであった。しかし、国会の開設はもっぱら「不平士族」の要求であると思うのは、「恐らく時節後れの考へ」であろうと、請願運動者たちはいっている、とある。さらに、同じ明治一三年一一月に国会期成同盟第二回大会が東京でひらかれ、各地の加盟者一三万人を代表する合計六四名の総代が列席したが、その中で族籍不明のものを除いても三四名は平民であった。この頃の自由民権運動を全体としてみた場合に、これに関係した平民の数、割合、役割は明かではないが、平民の参加者が生じつつあったことは、事実である。

（2）　選挙権は満二〇歳以上の男子で、その郡区内に本籍をもち且つその府県内で地租年額五円以上を納めているものに与えられ、被選挙権は満二五歳以上の男子で、その府県内に本籍をもち満三年以上居住し且つその府県内で地租年額一〇円以上を納めるものに与えられた。府県会の主たる権限は、地方税収入で支弁する経費の予算とその徴収方法とを議決することに限られた。

(3)　福沢諭吉は、『時事大勢論』(明治一五年)の中で述べて、明治一二年に府県会の開設されたことは「民情一変」の機会になったとし、「抑《そもそ》も府県会の開設は決して人民より促がしたるものに非ず。政府に於ても亦これに促されたる積りに非ず。唯施政の都合に民議を利用せんとするまでの廟算《びょうさん》なりしと云ふ。然るに、其成跡を見れば大に所期に異にして、開会の一挙以て人民の耳目を開て始めて政権の真味を嘗《なめ》るの機会たりしは、其然るを図て然るものに非ず。信に偶然の事変と云ふべきものなり。従前は府県の小吏に逢ふても仰ぎ見るを得ざりし農民商賈の輩が今は巍々《ぎぎ》たる会堂に列坐して地方税の事を議し、費目の多寡を討論して定めて一府一県の法と為るときは、府知事、県令も容易に之を左右するを得ず。従前農家の年貢は領主、地主より課せられ、其軽重多寡は奥深き上の手に定められて厳命天外より下るものと思ひしに、何ぞ料らん、今日は我々の年貢(地方税も老眼を以て見れば、則ち年貢なり)を我々が議するのは誠に上下顚倒の有様にして、俗言之を評すれば、百姓にして殿様の事を行ふ者の如し。民情変ずることなからんとするも得んや」(『福沢諭吉全集』、第五巻、昭和三四年、二三九頁)と記している。

(4)　この修正は実際には行われずに終った。

(5)　楫西ほか、『日本資本主義の成立Ⅱ』、五二六頁。

ところで、国会期成同盟をはじめ各地の自由民権派から続々と国会開設の請願書が提出されるのに対して、政府はこれらを受理することを拒否した。そこで、国会期成同盟は明治一三年一一月に第二回大会をひらいて対策を協議したが、結論をうるにいたらず、運動はここに一旦行詰りの観を呈することになった。なお、この大会で国会期成同盟はその名称を大日本国会期成有志公会と改めた。[1]

(1)　民撰議院設立建白の前後にかけて、自由民権を唱え立憲政の必要を説いた書物が次第に多く刊行され、自由民権運動の高揚する中でこの種類の書物は世上で熱心に手にされるようになった。それらの中で特にひろくよまれたものとしては、著書では福沢諭吉の『学問のすゝめ』(明治五―九年)、加藤弘之の『立憲政体略』(明治元年)、『真政大意』(明治三年)、『国体新論』(明治七年)、翻訳書としては中村正直、『自由之理』(明治四年)(J. S. Mill, On Liberty の訳)、何《が》礼之《のりゆき》、『万法精理』(明治八年)(Montesquieu, Esprit des Lois の訳)、永峰秀樹、『代議政体』(明治八年)(J. S. Mill, Representative Government の訳)、河津祐之、『仏国革命史』(明治九年)(T. Carlyle, The French Revolution の訳)、服部徳、『民約論』(明治一〇年)、中江兆民、『民約訳解』(明治一五年)(ともにJ. J. Rousseau, Contrat social の訳)、松島剛、『社会平権論』(明治一四年)(H. Spencer, Social Statics の訳)等を挙げることができる。なお、モンテスキュー、ミル、スペンサーのその他の書物、ベンサム(J. Bentham)、バックル(H. T. Buckle)、ギゾー(F. Guizot)、トクヴィル(A. de Tocqueville)の著書なども翻訳されて、愛読された。

明治一四年五月九日の『東京日日新聞』に、「此ほど府下の上等講談師が十余名臨時会議を開きて、当節がらいつまでも見て来た様な虚言ばかり吐いて居ては、終には聴人《ききて》がなく張扇と共に我々の口も叩き上がるべし。就ては自今国会とか憲法とか乃至《ないし》衛生、経済説の片端でも実地の研究と聴取傍聞とに論なく幾らか人の為になることを饒舌《しゃべ》り立てたら、些《ちっ》とは教導職の名称にも叶ふやうにならんかとの事にて、毎席一くさりづつ是らの事を述べると云ふ。併し文政度の薬鑵《やかん》あたま、謂ゆる定連の隠居など云ふ、ア、講釈も衰へたりと歎息するなるべし」とある。このユーモラスな記事も、自由民権思想が世上に流布しつつある当時の有様を物語るものとして興味をひく。

つぎに、以上のようにして展開される自由民権運動の思想的基礎についてみてみたい。自由民権派のひとびとは、その主張をなすにあたっていわゆる天賦人権論をしばしば援用した。しかも、一般的にいえば、そのような際に彼らはその自由民権論を国家主義的見地から理由づけることをもまた熱心に試みた。すなわち、世論にもとづいて政治を行うことは国家に対する国民の関心を高めることになり、従って、それはひいて国家を強大にすることに役だつということを強調したのである。このように「民権を張るは国権を張る所以」ということを力説したかぎりでは、自由民権派は国民自由主義的《ナショナル・リベラル》立場に立っていたのである。(1)明治七年一月の民撰議院設立建白書にも、そのような点がすでにうかがわれるが、またたとえば、明治七年板垣退助が土佐で立志社を創立したときの設立趣意書においても、天賦人権論とともに以上の意味での国権論が述べられている。翌明治八年板垣が自由民権団体の全国的連合体をつくったとき、それを愛国社と名づけたことはすでにふれたとおりであるが、明治一一年に愛国社が再興された際の愛国社合議書は述べて、「我輩此社を結ぶの主意は、愛国の至情自ら止む能はざるを以て也」（圏点は著者。以下同じ）とし、およそ国を愛するものは先ずその身を愛する。その身を愛するものは互に親しむことを必要とし、そのためには同志集って会議をひらくべきである。われわれは、今この会議をひらき、研究、協議して各人の権利の伸張をはかり、人間本来の義務をつくし、「小にしては一身一家を保全し、大にしては天下国家を維持するの道より終に以て天皇陛下の尊栄、福祉を増し、我帝国をして欧米諸国と対峙、屹立せしめんと欲するに在り」となしている。また、明治一三年に国会期成同盟はすでに述べたように国会開設の請願をなすにいたったが、その請願書の中においても、国会開設の必要をやはり天賦人権論と国権論との両方の立場から理由づけることが試みられている。これらは例にすぎない。そして、今述べている時期よりあとの自由民権運動についても同様のことを指摘することができる。以上のことを考えるとき、板垣退助が自由民権思想を抱くにいたったそもそもの契機は、戊辰戦争下で会津の庶民がひたすら戦禍を逃れようとして藩の運命に無関心であったのを眼の当りみたことにあったというのは、まことに象徴的である。[2]

(1) 建白書は、いわゆる有司専制の実状を非難して、このままでは「国家土崩の勢」を招くであろうとし、そこで「臣等愛国の情自ら已む能はず、乃ち之を振救するの道を講求するに、唯天下の公議を張るに在る而已。天下の公議を張るは民撰議院を立るに在る而已」(圏点著者。以下同じ)とし、今日国民は政治に対して関心を抱いていない。「今民撰議院を立るは、則政府人民の間情実融通而相共に合て一体となり、国始めて可㆓以強㆒也。政府始めて可㆓以強㆒也」と述べている。なお、この建白をなしたひとびとは政党をつくって世上によびかけることを試みたが、それを愛国公党と命名した。そして、愛国公党本盟と題する趣意書は、天賦人権論を掲げ、しかも、天賦の人権を発揚することは「其君主人民の間融然一体ならしめ、其禍福緩急を分ち、以て我日本帝国を維持、昌盛ならしむるの道」であるとしている。このようにして、天賦人権論は、国の「維持・昌盛」といういわゆる国権論的見地ときわめて簡単に、また不可分に結びつけられている。

(2) 本書、二四八頁註(2)参照。

ところで、烈しい反政府運動として発展する自由民権運動がこのように国民自由主義《ナショナル・リベラル》的な色彩を強く帯びていたのは、民族の独立確保ということが正に国民的課題であったことを端的に示すものにほかならない。そして、ここに述べている時期の前後を通じて、自由民権派のひとびとはその言論において好んで外国の故事を援用したが、その場合フランス革命、アメリカ独立、マグナ・カルタ、ロシアの虚無党《ニヒリスツ》の事例などを引いて、政治的自由獲得への情熱を鼓舞しようと試みたとともに、同時にポーランド、アイルランド、エジプト、インドが他民族の支配下に苦悩しているみじめな状況を指摘して、国民の力によって民族の独立を確保する必要を強調したのは、偶然ではないのである。(1)

（1）小久保喜七は国会開設運動当時の自由民権派について後年回想して、人間は「個人主義」の理想を実現しようとして「命懸け」になれるものではない。「個人の利益」をはかるためというのでは、命を捨てる気にはなれない。国家のためと思うからこそ命を捨てることができると述べ、自由民権派が強烈な国家主義的心情の持主であったことを強調している（旧憲政史編纂会、『小久保喜七氏談話速記』）。この談話も、本文に述べたような事実を考え合わせるとき、当時の自由民権運動の重要な一面を指摘したものといってよいであろう。

さて、自由民権運動が急激に高揚して来る中で、政府は警戒の態度をいよいよふかめることになった。大久保利通の死後代って内務卿に就任した参議伊藤博文は明治一二年三月に上奏して、「臣博文近頃頻りに道路の説を聞くに、失意の旧官吏、不平の士族等陛下叡旨の在る所を察せず、党類を結合し、名を民権に仮託して衆庶を煽動し、政府を誹議し、漫《みだり》に政体を変革せんと謀る者ありと。臣日夜天顔に咫尺《しせき》し親しく陛下至仁の叡旨民を愛し国を利するに汲々たるを知る。然り而して陛下の叡旨独り未だ天下衆庶に貫徹せざる者あるが如し。臣一念此に至る毎に恐懼身を措く所を知らず」と述べたが(1)、また、同年七月に参議兼参謀本部長山県有朋は伊藤博文宛書翰に記して、「渠《かれ》の論究する点は民権を主眼とし、政事を誹謗し、官吏を罵詈し、暴論誹譏無レ所レ不レ到、以て四方不平士族を誘惑し、禍害を天下に蔓延せんが為、年月を遅延し、人心を結合し、時機に投じ政府を顚覆せんとするの外なかるべし。故に日一日を稽緩《けいかん》すれば禍害益各洲に流注し、壮士少年輩の心頭に浸潤し、遂に不レ可二測知一の禍機を醸出するは必然の勢也」となしている(2)。たとえばまた、明治一三年右大臣岩倉具視は左大臣有栖川宮熾仁親王に述べて、「今や国会開設を熱望し嗷々《ごうごう》と論議する者、四方に起る。若し放擲して之を顧みざるときは、恐らくは詭激の言行を以て益〻衆心を煽動し、国家の平安を擾攪し、終に防制す可からざるの禍患を見るに至らん」となした(3)。これらの例によっても、自由民権運動が支配層の眼にどのように映じていたかを想像することができよう。そして、藩閥勢力を根幹とする支配層は、彼らの支配に挑戦する自由民権運動に対してもまた、熾烈な使命感と強靱な権力意志とをもって対処し、峻厳な取締方針をもってこれに臨んだ。そして、前述のように明治一三年愛国社が国会期成同盟と改称し、自由民権運動当面の目標を国会開設に置くようになったのをみると、

集会条例を発布して政治的集会および結社に対する取締を格段に厳重にしたのであった。(4)

（1）　平塚篤編、『伊藤博文秘録』、一八―九頁。
（2）　『伊藤家文書』、第二一巻。
（3）　『岩倉公実記』、下巻、六五五頁。
（4）　この集会条例は、公開の政治的集会をひらくには開催の三日前に「講談論議の事項」、「講談論議する人の姓名住所」、「会同の場所」などを所轄警察署に届け出て認可をうくべきものとし、また、政治について「講談論議」する目的で結社をつくろうとするものは、その結社名、会場、社員名簿を所轄警察署に提出して認可をうけなければならず、「此届出を為すに当り警察署より尋問することあれば社中の事は何事たりとも之に答弁すべし」と定めている。また、警察署は必要に応じ会場に制服の警官を出張させて「監視」しうるものとし、右の警官は「講談論議」が届出の範囲外の事項に及んだ場合や、それが「人を罪戻《ざいれい》に教唆誘導する意」をふくみまたは「公衆の安寧に妨害あり」と認めた場合には集会に解散を命じうるとし、さらに、「政治に関する事項を講談論議する為め其旨趣を広告し又は委員若くは文書を発して公衆を誘導し又は他の社と連結し及び通信往復することを得ず」とし、公開の政治的集会を屋外でひらくことを禁止している。

政府はこのように自由民権運動を警戒してその取締を強化すると同時に、他方立憲政導入の問題についても考慮をめぐらすことになった。さきに明治八年の詔勅で漸次立憲政体を樹立する方針が明かにされた後、明治九年には天皇から元老院に対して憲法の起草が命ぜられたのであった(1)。そして、元老院は爾来憲法草案の起草に従事するが、そのような中で、政府は他方、諸参議に対して立憲政実施に関する意見書の提出を命じた。そして、明治一二年一二月の山県有朋の建議を最初として明治一四年にかけて諸参議から建議が行われた。しかも、すでに述べたように、明治一三年に入ると自由民権派の間には国会開設の要求が急速に高まる有様になった。そこで、太政大臣三条実美、左大臣有栖川宮熾仁親王、右大臣岩倉具視は、このままに推移するならば「王室の安危」も問題となる惧れがあるとして、国体を基礎とした憲法の制定を急ぐことに申合わせた(2)(明治一三年二月)。そして、元老院が当時までに前後三度にわたって稿を改めては起草した憲法草案も結局未だ不十分のものとして採択されないことになった(3)。

(1) そもそも、明治新政府の成立後まもない頃から政府内には憲法制定の必要を唱えるひとびとがすでにあった。しかし、当時には憲法とは国家の根本組織を規定した法律を単純に意味し、今日一般に理解されているように、国民の政治的自由の保障こそ憲法の核心であるとは考えられていなかった。しかも、憲法制定の要を説いたひとびとは、そのようなひろい意味での憲法をもつことは国家の重要な安定条件と考えたのであった。たとえば、明治二年一月岩倉具視は輔相三条実美に意見書（『岩倉公実記』、中巻、六八五―九頁所収）を提出し、その中で「政体は建国の体に基づき之を建て、君臣の道、上下の分を明かにして富強の基本を鞏固《きょうこ》にし国家の運勢を興隆するを以て」その目的とすべきである。「臣子の分として之を言ふに憚《はばか》ると雖、明天子賢宰相の出づるを待たずとも自ら国家を保持するに足るの制度を確立するに非れば不可なり。否らざれば、明天子、賢宰相の出づるに非らざれば千仞の堤防も蟻穴より崩壊するの患あり」と記している。そして、明治三年閏一〇月に中弁江藤新平は右大臣三条実美の許に「国政改革案」を提出したが、彼はその中で論じて、西洋諸国では政府・国民の関係は「国法」で規律され、国民相互の関係は民法によって規律されている。そして、「総て国家富強盛衰の根元も専ら国法、民法施行の厳否に管係」している。ついては「速に永世国法御確定無レ之ては不都合の儀も可レ有レ之」となした（『南白江藤新平遺稿』、後集、明治三三年、三一枚）。

　木戸孝允のごときも、以上の意味での憲法制度の必要を早くからみとめていた一人であった。彼は明治四年に岩倉具視を特命全権大使とする一行に副使として加わったが、滞米中その日記（明治五年一月二二日の条）に記して、明治維新の際自分（木戸）の意見にもとづいて五ケ条の御誓文が発布をみ、それによって国民にその向うところをある程度知らしめたのであった。しかし、今や政治の根本基準となるような法律を制定することが必要である。それ故に、このたびの外遊においては西洋諸国の「根本とする処の律法」、「政府の組み建等」を研究しなければならないとしている（『木戸孝允日記』、第二）。そのような彼は明治六年七月帰国した後、建言書を提出して、西洋諸国を巡遊して国家の「廃興存亡」の原因を考えてみると、結局それは「政規典則の隆替、得失如何」にあると思われる。ポーランドが分割されて滅亡したごときはそのよい例である。戊辰の年に五ケ条の御誓文が定められたが、施政の基準としてはそれは今日では実際には不充分と思われる。それ故に、目下の急務は御誓文にもとづいて「其条目を加へ政規を増定する」ことであるとなした(『木戸孝允文書』、第八)。後年に伊藤博文は語って、木戸はきわめて早くから「憲法思想」をもっていたが、どういう憲法を作ったらよいかについて彼の意見を聞いたことはなかった。「明治四年洋行した当時、木戸は我輩に〈どうも王政復古をして廃藩置県までしたが、斯《こ》ふガタガタではいかぬ。何とか憲法と云ふ様なものを拵《こしら》へて、根拠のある制度を布かなければならぬ〉と云はれた」といっている(大橋乙羽筆記、『藤侯実歴』、明治三二年、一二七—八頁)。伊藤のこの言葉のように、ことに木戸の場合は憲法によって政治に枠組みを与えて国政の安定をはかるべきであるとし、もっぱらそのような観点から憲法の制定を緊要と考えたのであった。青木周蔵(旧長州藩)が木戸の意をうけて明治六—七年に起草した憲法私案「大日本政規草案」および「帝号大日本国政典草案」(稲田正次、『明治憲法成立史』、上巻、昭和三五年、一九四—五頁参照。なお、両草案の原文は、同書二一二—二八頁に収録されている)では民選議会の設置が考えられていず、また明治六年に伊藤博文から政体に関する意見を尋ねられたのに対して木戸は「建国の大法はデスポチックに無レ之ては相立申間敷」と答えた(『木戸孝允日記』、第二、明治六年一一月二〇日の条)のなども、以上の点を物語るものである。

（2）岩倉具視、『座右日歴覚書』（『岩倉具視関係文書』、第一、所収）。
（3）稲田、『明治憲法成立史』、上巻、二九一頁以下。

ところで、前述の立憲政に関する諸参議の意見書はいずれも漸進論に立つものであった。けれども、参議の中で伊藤博文、井上馨、大隈重信の三人はこの問題について開明的立場をとり、国会を近い将来に開設することに政府内の議をまとめようとしていた。そして、国会開設にそなえて立憲思想の普及をはかるために政府から新聞紙を発刊する計画を立て、福沢諭吉にこの新聞を主宰して協力するよう求めた。福沢は井上馨から三人の参議の右のような意向をきき、且つ国会開設の暁には「如何なる政党が進出るも、民心の多数を得たる者」に政権を委ねる考えであることもきいて、[1]それを自説に全く合致するとして新聞刊行の件を引受けることにした。[2]

（1）明治一四年一〇月一四日付の井上馨、伊藤博文宛福沢諭吉書翰（『大隈重信関係文書』、第四、所収）。
（2）福沢諭吉は、すでに述べたように、明治一二年に国会開設の必要を論じて自由民権派の国会開設運動の導火線を布いたのであった（二八九頁註（2）参照）が、しかし、その後全国に高揚するにいたった自由民権運動の実状をみて少からず失望した。彼はその手記「明治辛巳紀事」(明治一四年一一月稿)(石河幹明、『福沢諭吉伝』、第三巻、昭和七年、五二一―六二二頁所収)に記して、「明治十三年春の頃より、諸方の有志者が国会開設の建白又請願とて社を結び党を集めて、都鄙に奔走し、又或は東京府下にも何社、何会など称して、雑誌、新聞紙等を発兌し、暗に地方の輩と連絡を通じて之と結合を謀り、処々に演説者を派出する等、以て人心を動揺せしむること甚し」い有様になった。しかし、その内情をみると、「有志者」というのは「血気の少年」か「無智無識の愚民」にすぎず、「何社、何会」というのも多くは「免職官吏」、「無産の青年書生輩」が地位を手に入れるための口実として国会論を唱えるものか、あるいは雑誌、新聞紙を刊行してその売行を大きくするため「心に思はぬ事」を述べ立てているものにすぎず、甚だ頼もしくないばかりか、彼らの言論は「専ら政府の正面に向て直に之を攻撃するもの」なので、結局は「腕力」に訴えるにいたることは不可避の勢であった。そこで、当時「諸方の壮年書生輩」で自分(福沢)のところに相談めいたことを申出るものも多かったが、自分は「頓と取合はず、殆ど無主義の体を示し」、ただ学問上の話から「外国の形勢」などを話して、彼らの興奮をさまし、「国権論」に導こうとした。これに対して相手は甚だ不満のようであった。自分は親しい友人だけには、雑談の機会にしばしば「駄民権論の愚」を嘲り、とにかくわれわれの仲間としては政策の勉強をして将来日本を「盛大なもの」にすべきであると語った。ところで、「此国の政権は固より王政維新の功臣を外にしては行はる可らず、去迚《さりとて》これを唯其功臣のみに専にせしめては民情安からず。斯くては、我日本政府の政権を強大にして国権を皇張するに由なし。誠に困却の次第なりとて、唯困却するのみにて更に定まりたる考もあらざれば、世上にても少しく不審を起したることと見へ」、自分に対してさまざまの非難、攻撃が加えられるようになった。そのところに、明治一三年一二月に大隈、伊藤、井上と会談し、さらに翌年一月井上から打明け話をきいたところ、彼らの考え方と自分の持論とは全く同じであった。そこで、彼らの方針で国会開設に進ませ、「必ず今の政府の人をして多数を得せしめん。或は開会第一に失敗して他の政党に権を取られん歟、重ねて之を取返すこと甚だ容易なり。兎に角に今の政府は人才の集まる所、人望の属する所なれば、我輩は之に応援して穏に内の政権を維持して、外に向て大に国権を皇張すること決して難きに非ず」と考え、将来に対する自分の方針はここで決まった。そして、新聞発行の計画にも協力することにした、と述べている。

なお、福沢は明治一四年に著わした『時事小言』の中でも、彼の以上のような見解を詳しく述べている。

さて、諸参議が立憲政に関する意見書をつぎつぎ差出した中で、ひとり大隈重信からはその提出がなかったので、左大臣有栖川宮熾仁親王は天皇の意をうけて大隈に督促した。そのとき、大隈は天皇が諸参議を召した際に自分の考えを口頭で親しく上奏したく、書面では意を尽しがたい上に世上に洩れる惧れもあると述べた。しかし、書面にて差出すよう重ねて内諭があり、そこで彼は有栖川宮の手許に意見書を提出したが、その際それを他見させぬようとの強い希望を述べた(明治一四年三月)。この意見書は、その大体の骨子においてはイギリス風の政党内閣制を採用すべきことを主張したものであった。[(1)(2)] ところで、左大臣有栖川宮は大隈のこの意見書を太政大臣三条実美、右大臣岩倉具視に示したほか、岩倉の意見により伊藤博文にもまた内示した。ところで、これをよんだ伊藤は意見書を意外に急進的であるとし、このような内容のものを彼に予め相談せずに提出したことを激怒し、大隈とは到底ともに政府に立ちえないとして一時は辞意を表明するにいたった。しかし、結局伊藤の自重によって事は一応落着した。

(1) この意見書(渡辺、『日本憲政基礎史料』、三二一—三二二頁所収)は大体においてイギリス風の政党内閣制の採用を主張しながらも、政変の際の「顕官の更迭」範囲に関しては、「各官庁の長、次官、局長を除て以下の奏任及び属官」を「永久官」として、政変にかかわりないものにし、さらに太政大臣、左右大臣、「軍官」、「警視官」、「法官」を「永久中立官」として、政党と全く無関係の地位に置くべきであるとしている。また、憲法は、勅裁で制定さるべきこと(欽定憲法主義)、明治一五年末に議員選挙を実施して翌一六年に国会を開設すべきことを主張し、さらに「政党を成立せんと欲するときは、則ち其持張する施政の主義を定めざるべからず。故に現内閣をして一派の政党を形くる者たらしめんと欲せば、其成立に最も緊要なるは則ち施政主義を定るの一事是なり。然るが故に、国議院設立の年月を公布せらるるの後に於て直に現在内閣の施政主義を定められん事を切望す」となし、当時の政府関係者を中心に政党を作るべきことを唱えている。

　この意見書は、統計院幹事太政官大書記官矢野文雄（竜渓）の執筆したものである。矢野は慶応義塾の出身で福沢門下の一人であり、大隈は福沢の推薦で彼を官吏に登用し、その後側近として重用していた。矢野は慶応義塾在学中にすでにイギリス、アメリカの政治制度の研究をし、当時ではその方面について最も知識をもっていた一人であった。
（2）　本文に記したように、大隈は初めはその意見を天皇が諸参議を召した際に口頭で上奏したいと述べた。ついで、結局意見書を提出することになったとき、左大臣有栖川宮にそれを他見させぬよう強く要望した。これらは、どのような動機によるものであろうか。覇気と野心とにみちた当時の大隈は、天皇の意向により、あるいは、彼とかねて親しい間柄にあった有栖川宮の斡旋によって意見書の趣旨が採択されるのをひそかに期待していたとも想像される。大隈が後年天皇を自己の側に引きつけることを往々試みたことも、このような推測を下すについて思い合わされるのである。

　ところが、翌明治一四年に入ると、いわゆる開拓使官有物払下事件が起った。すなわち、当時の参議兼開拓使長官黒田清隆（旧薩摩藩）が開拓使（今日の北海道庁の前身）の設置された明治二年から同一三年にいたる期間に合計約一四一〇万円を投じた北海道官有事業の時価を約三九万円と評価し、これを三〇ヶ年賦で且つ無利息で五代才助（友厚）（旧薩摩藩）、中野梧一《ごいち》(旧幕臣)らの経営する関西貿易商会に払下げることにし、太政官に伺を立てた。左大臣有栖川宮、大隈重信はその際このような払下処分に対して異議を唱えたが、黒田の強い要望で政府は申請のような措置をとることに決定した。

元来殖産興業政策の下で、政府は諸種の産業を官営事業として経営して来たのであったが、西南戦争後インフレーションを収拾するために緊縮財政の方針をとることになり、それとの連関で明治一三年工場払下概則を発布して、これまでの官営事業の中で軍事的重要度の高いものを除きそれ以外のものを民間に払下げることにした。そして、それらは甚だ低い価格、きわめて寛大な支払条件で三井、三菱、住友、安田、古河、川崎、浅野、久原、その他の政商に払下げられた。この措置は、これら政商が後年に財閥へと成長するのを大いに助ける結果になったのである。なお、政府はこのような大規模な払下を行ったのちも補助金、奨励金、貸付金、その他の形で、民間に成長する近代産業に対して手厚い保護を与え、育成をはかるのである。それにしても、殖産興業政策はこのようにして産業保護政策へと転換されることになった。開拓使官有物払下処分も、実は政府によるこの払下計画実施過程において生じたものにほかならない。

さて、この開拓使官有物払下処分のことが世上に伝えられると、諸新聞はこれを取上げて、藩閥政治の弊害を烈しく論難してやまない有様になった。それのみならず、さきに国会開設請願運動が一旦行詰りに陥り、何らか局面打開の途を求めねばならなくなっていた自由民権派にとっては、この件によって藩閥政府攻撃の絶好の材料が提供された形になった。そこで、彼らは一斉に立上った。そして、この払下処分こそは国会を開設して藩閥専制を打破する必要を正に立証したものであると論じて、政府に痛撃を浴びせる有様になった。こうして、世上は政府を非難する声に沸き立ち、人心は騒然たる姿を呈することになり(1)、政府は世を挙げての烈しい論難、攻撃の中に孤立して、藩閥勢力は実に重大な政治的危機に直面することになったのである。当時元老院幹事東久世《ひがしくぜ》通禧《みちとみ》は京都滞在中の右大臣岩倉具視宛書翰に、目下の情勢は「実に明治維新よりも内情は六ケ《むつか》敷《しき》位に存込候」と記したが(2)、参議伊藤博文も天皇に随行して北海道に旅行中の黒田清隆に書面を送り、天皇が巡幸のため離京されて後「都下之形勢頗《すこぶる》騒然、新聞演説至る処に北海道官物払下之処分を非として閣下之名誉を汚辱し、併て政府を顚覆し国会を新設せんと罵詈造言誹謗至らざる所なき形情」であり、また各地に人を出して煽動、教唆して禍乱をつくりだそうとしているようである。「其原因する所固より不レ可レ誣者あれども、如レ斯の大仕掛とは不二存寄一ことにて、実に人心の不レ可レ恃殆《ほとんど》名状し難き程」である。「今日之時機は六年征韓論分裂之秋《とき》よりも危急」であり、北海道御巡幸終り次第一刻も早く帰京されるよう一同切望している。「此際之事北海道一部の得失に拘泥する時には無二御座一、明治政府を維持し皇家の安全を謀る、今日を誤る可らざるの時機と奉レ存候」と述べた。[3] しかも、その後世上の形勢がますます不穏を加える中で、太政大臣三条実美は京都の岩倉具視に打電して至急帰京して対策をともに協議するよう切望し、閣下の御帰京がおくれれば、時機を失して百事休すとまで極言したのである。[4] ついで帰京した岩倉も、世上の有様に深刻な衝撃をうけた。そのことは、翌一五年に三条の許に提出した意見書の中で彼が次のように記したことからもよく想像することができよう。「昨明治一四年夏秋の際に至て開拓使の事あり。此事や僅に行政事務の一小処分に過ぎざると雖、明治七、八年以来上威軟弱下民横恣《おうし》の弊漸く積《せき》聚《しゅう》するを以て、此機に投じて其懐抱《かいほう》を逞ふせんと欲する者あり。一たび詭激の論説を以て人心を煽動するや上下惑乱し、官民鼎沸す。平常忠実の官吏と雖《いえども》其向背を定めず、誠偽黒白を判ず可らざるに至れり。夫れ此の不逞の徒空拳赤手徒に口舌を鼓し、筆管を弄す。固より三軍の衆あるに非るなり。又剣銃の利器あるに非るなり。然り而して政府の岌々として危く、業々として安からざること驚愕に堪へざるものあり。嗚呼大権下移の漸此に至て其機を察す可きなり。蓋し今日政府の頼て以て威権の重を為すものは、海陸軍を一手に掌握し人民をして寸兵尺鉄を有せしめざるに因れり。然ども若し今日の如くにして人心を収束することなく権柄益下に移り道徳倫理滔々として日に下らば、兵卒軍士と雖焉《いずくん》ぞ心を離し戈を倒末にせざるを保せんや。気運一旦にして此に至らば、夫の一夫夜呼て関中守を失ふの覆轍を履まざらんと欲するも豈に得べけんや」(5)。

(1)　指原安三《さしはらやすぞう》『明治政史』(明治二五―六年)(『明治文化全集』、第二―三巻所収)はその有様を述べて、「維新以来日本全国の人民智となく愚となく挙つて政府の措置を非議せしこと、未だ此時より甚しきはなし」(第二巻、三六九頁)と記している。

(2)　九月二〇日付書翰(『大隈重信関係文書』、第四)。

(3)　八月三〇日付書翰(稲田正次、『明治憲法成立史』、上巻、五一一頁所引)。

(4)　『岩倉公実記』、下巻、七六二頁。

(5)　意見書は、『岩倉公実記』、下巻、九四四―五三頁に収録されている。岩倉具視は意見書の中で本文のように述べたあと、それにつづけて今日の形勢を招くにいたったのには種々の原因があるにせよ、国民の間に「犯上の道」を用意し「政府を蔑視するの思想」を生むにいたったのは、主としては府県会の開設が尚早であったためである。それ故に「今日にして政府の威権を恢復し、民心の頽瀾《たいらん》を挽回せんと欲せば、先づ今明両年の景況を察し機宜に由り断乎として一たび府県会を中止し、上み陛下より下も百官僚属に至るまで主義を一にして動かず、目的を同ふして変せず、更に万機を一新するの精神を奮励し、陛下の愛信して股肱とし且つ以て国家の重を為す所の海陸軍及警視の勢威を左右に提げ、凜然として下に臨み民心をして戦栗《せんりつ》する所あらしむべし」と述べている。当時の不穏な世上の形勢は、岩倉に将来のためのこのような対策を主張させたのであった。

ところで、政府関係者の間では、開拓使官有物払下処分が世上においてこのように烈しい物議を呼び、これがために政府がついに重大な窮地に陥れられたのについては、参議大隈重信が福沢諭吉と策謀した結果であるとする見解がひろく抱かれたのであった。すなわち、さきにこの払下に反対した大隈は由来福沢と親しく、しかも、福沢門下の慶応義塾出身者が各地の新聞に記者として筆をとっているものが少くなかった。且つ大隈は元来三菱と親しい関係にあり、しかも、三菱は曽つて開拓使官有物の払下を申請して拒否されたのであった。そこで、大隈は福沢を通じて諸新聞を動かし、また三菱は資金を提供して世上の反政府的空気をもり上げ、こうして払下処分の機会をとらえて薩長による政治支配を打破しようと企てたのであるという解釈がなされたのであった。そこで、そのように考えた政府関係者たちとしては、さきに立憲政に関する意見書を通じて薩長勢力を覆そうとした大隈は、今や開拓使官有物払下措置をとり上げてまたも薩長勢力に大打撃を下そうと企てたものとみて、痛憤するにいたった(1)。

(1) 大隈・福沢の以上のような陰謀ということは、単なる臆測に過ぎなかったものと今日では解されている。

さて、以上のような状況の中で政府はついに問題の払下処分を取止めることに決するとともに、詔勅をもって明治二三年を期して国会を開設する旨を告知し、(1)沸騰する世論の宥和をはかると同時に、大隈重信を免官処分に付して、権力の座にある薩長勢力の結束・一致を示したのである(明治一四年一〇月)。なお、大隈がこのように免官されると、これまで大隈から重用されていたひとびとも連袂して辞職した。(2)以上が明治一四年(一八八一年)の政変とよばれるものの内容である。

(1) その詔勅は次のごとくであった。「朕祖宗二千五百有余年の鴻緒《こうしょ》を嗣ぎ中古紐を解くの乾綱《けんこう》を振張し大政の統一を総攬し、又夙《つと》に立憲の政体を建て後世子孫継ぐべきの業を為さんことを期す。嚮《さき》に明治八年に元老院を設け十一年に府県会を開かしむ。此れ皆漸次基を創め序に循て歩を進むるの道に由るに非ざるは莫し。爾《なんじ》有衆亦朕が心を諒とせん。顧みるに立国の体国各其宜きを殊にす。非常の事業実に軽挙に便ならず。我祖我宗照臨して上に在り。遺烈を揚げ洪謨《こうぼ》を弘め古今を変通し断じて之を行ふ、責朕が躬に在り。将に明治二十三年を期し議員を召し国会を開き、以て朕が初志を成さんとす。今在廷臣僚に命じ仮すに時日を以てし経画の責に当らしむ。其組織権限に至ては朕親ら衷を裁し、時に及んで公布する所あらんとす。朕惟ふに人心進むに偏して時会速なるを競ふ。浮言相動かし竟《つい》に大計を遺《わす》る。是れ宜しく今に及て謨訓を明徴し、以て朝野臣民に公示すべし。若し仍《な》ほ故《こと》さらに躁急を争ひ事変を煽し国安を害する者あらば処するに国典を以てすべし。特に茲に言明に爾有衆に諭す」。

(2) その主なひとびとは、農商務卿河野敏鎌《こうのとがま》、駅逓総監前島密《ひそか》、判事北畠治房《はるふさ》、統計院幹事

太政官大書記官矢野文雄、統計院権少書記官尾崎行雄、同犬養毅、会計検査院一等検査官小野梓《あずさ》、外務権大書記官中上川《なかみがわ》彦次郎、外務権少書記官小松原英太郎、文部権大書記官島田三郎である。

政府がついにこのように国会の開設を約束するにいたったことは、国会開設を烈しく要求して来た自由民権派にとってともかくも一つの収穫ということができる。しかし、彼らが政府からこのような譲歩をかちえたのは、政府に対する彼らの論難、攻撃のみによるものではなく、開拓使官有物払下処分をめぐって高揚した烈しい反政府的世論と結びつき、これを彼らの背後にもちえたことによること大である。つぎに、政府のこの譲歩は果してどのような程度のものであったか。その点について考慮すべきことは、第一には政府はこの払下事件の起るに先だって諸参議に対して立憲政に関する意見書を提出させていたばかりでなく、遠くない将来に立憲政を実施する意向も政府関係者の間には存在していた。これは一つには自由民権運動に対処する含みもあったと同時に、なお一つには後述のように西洋諸国を条約改正に同意させる上からも必要と考えていたのであった。さらに第二に、明治二三年における議会開設に先だって帝国憲法が発布されたが、この憲法自体のみならずその起草過程においても議会には甚だ限定された権限を与えることしか考えられていなかった。しかも、明治一三年から同一四年にかけて自由民権派の間でつくられたさまざまの憲法私案ではイギリス型の立憲政が構想されていたのである。これらのことを考え合わすならば、明治一四年に自由民権派によってなされた烈しい藩閥政府攻撃は国会開設とその開設時期とを政府に公約させることに成功したにしても、開設される国会の権限について彼らの抱いている主張を強いうるだけの力を政府に印象づけることは、できなかったといってよい。また第三に、政府は明治二三年、すなわち九年後に国会をひらくことを約束することで事態収拾をはかったわけであるが、このことの中にも政府が自由民権派の力をどの程度に秤量していたかが示されている。以上これらの点を考えるとき、明治一四年の政変に際して政府が自由民権派に対してなした譲歩は、程度において大きいものとはいいがたい。

さて、以上のようにして国会開設の時期が決定をみるにいたったとき、これまで国会の開設を当面の運動目標に掲げて来た自由民権派は、ここに政党を組織して来るべき国会に備えようとすることになった。そして、明治一四年(一八八一年)一〇月には板垣退助(旧土佐藩)を総理、中島信行を副総理として自由党がつくられた。これに参加した重立ったひとびとには後藤象二郎(旧土佐藩)、馬場辰猪《たつい》(同)、中江篤介(兆民)(同)、大石正巳(同)、末広重恭《しげやす》(鉄腸)、大井憲太郎などがあった。さらに翌一五年三月には、前年の政変で政府を追われその動向を注目されていた大隈重信（旧肥前藩）は同志とともに立憲改進党を組織した。[1] 同党は大隈を総理、河野敏鎌（旧土佐藩）を副総理とし、領袖として重きをなすにいたったひとびとに小野梓（旧土佐藩）、矢野文雄（竜渓）、犬養毅、沼間守一（幕臣）、尾崎行雄、箕浦勝人、高田早苗、島田三郎、大岡育造などがあった。[2] この両党の創立と前後して、諸地方には自由民権主義を標榜する地方政党も相ついでつくられた。

（1）大隈重信は、幕末蘭学を学んでいた当時にオランダ憲法に関する書物をよみ、またアメリカ独立宣言をよんで、爾来立憲政に心をひかれるようになった、とみずから語っている（円城寺清編『大隈伯昔日譚』、大正三年、一五頁）。

（2）このように、自由党は土佐藩出身の前参議板垣退助を総理とし、同藩出身の前参議後藤象二郎を領袖とし、改進党は肥前藩出身の前参議大隈重信を総理として成立した。在来政府内においてとかく伴食的地位に置かれた土佐派、肥前派の代表的政治家がそれぞれ中心となって二つの政党が生れ、薩長両藩出身者を中核とする政府と対抗することになったのは、注目に価する。

ところで、ともに自由民権主義を標榜したこの自由、改進の両党はその立場に著しい差があったのではない。その相違は急進、漸進の点にあった。[1] そして、そのような違いは両党の党員の気風、言動のみならず、[2] 地盤にもおのずから反映した。自由党はその急進的な言論をもって士族層に呼びかけるとともに、現状に対して何らかの意味で烈しい不満を抱いているひとびとにも働きかけて、これらのものの支持を運動のエネルギーとして役だたせようとした。これに対して、改進党は漸進主義を標榜することにより、自由民権論に心をひかれながらも自由党の急進的な言動にあきたらなく感じている士族層のひとびと、さらにそれに加えて有産者層、有識者の間に支持を獲得することを試みた。そして、この二つの政党は成立後、共同の敵である藩閥政府を眼前にしてとかく烈しく反目して抗争する有様になった。(3)

（1）　自由党は政綱として、「自由を拡充し権利を保全し幸福を増進し社会の改良を図る」こと、および「善美なる立憲政体を確立すること」を掲げ、改進党は、「一、王室の尊栄を保ち人民の幸福を全ふする事。二、内治の改良を主とし国権の拡張に及ぼす事。三、中央干渉の政略を省き地方自治の基礎を建つる事。四、社会進歩の度に随ひ選挙権を伸闊する事。五、外国に対し勉めて政略上の交渉を薄くし通商の関係を厚くする事。六、貨幣の制は硬貨の主義を持する事」の六ヶ条を政綱に掲げた。

改進党副総理河野敏鎌は結党式の際に演説して、「自由党は正義を標榜し、剛直にして平等を唱ふ。故に必ず貧民の味方たらん。既に貧民の味方たらば富人は之を喜ばず。自由党はまた気節を負うて実行を主とす。故に学者は之を快とせず。自由党は又少壮活潑の士を愛す。故に老実の人は之を好まず。されば財産家、学者、老成家は遂に政党の圏外に逸出し、其の勢力は終に他党の獲る所とならん。故に我党は是等の人々を網羅し、予め別働隊を組織し、以て他日合同一致の運動を為すの素地を作るべし」と述べた。この言葉は、ある程度自由、改進両党の異同点を物語るものといってよい。

この前後の時期において世上で政論をなすものは、とかく西洋諸国の例、西洋学者の説を援用して自己の主張を権威づけることを試みたが、そのような場合に自由党のひとびとは好んでフランス革命に言及しまたルソーの説を引いて、その急進的主張を裏づけようとしたのに対して、改進党のひとびとは彼らの漸進論を主張するとき、イギリスの立憲政とこれを理論づけたイギリスの書物をしきりに引用した。自由党はフランス思想の、改進党はイギリス思想の影響をうけていたというようなことが往々いわれるが、それは大体は以上のような意味においてであったといってよい。そして、『民約論』の訳者である中江兆民が自由党の領袖であったことは、その点で注目されねばならない。自由党員であった伊藤仁太郎(痴遊)は後年回顧して、ルソーの『民約論』は「自由党のバイブルです。しかも、これは中江先生が漢文で訳したものです。中江先生について解釈を聞いて、これくらゐ有難いものはない。それを地方遊説に出る吾々青年は皆な鞄の中に入れたものです」。バイブルのようにしてよんだ本は一般にはルソーの『民約論』一つであった、と述べている(旧憲政史編纂会、『伊藤仁太郎談話速記』)。また、改進党の場合には、イギリスの立憲政について知識をもっていた矢野文雄、小野梓が党幹部であったことは、やはり以上の点で注意されねばならない。

(2) 当時自由党に参加した小久保喜七、伊藤仁太郎らは後年回顧して次のように述べている。

自由党のひとびとは髪を長くし、衣は骭《すね》にいたり袖腕にいたるというような姿をしたり、木綿の着物に兵児帯をしめ、朴歯《ほおば》の下駄をはいているものが多かった。これに対して、改進党の方は西洋の本をよみ、曽つて役人をしていたものが多く、服装も風采もととのっており、洋服を着たり、仙台平の袴をつけていた。相談会をするといっても、改進党は「柳橋か新橋の大きな青楼《おちゃや》へ行つて綺麗な芸者を呼んで相談会を開くといふ訳」なのに対し、自由党の方は「中村楼へ集まつて三十銭の会費といふ時代があつた。三十銭で鯵の煮付か何かで茶碗盛りで飯を食ひ、酒を飲みながら騒いだといふ調子で、一切が違ふ」有様であった(旧憲政史編纂会記録、『小久保喜七氏談話速記』。同、『伊藤仁太郎談話速記』)。

(3)　小久保喜七は前註に引用した談話の中で述べて、自由党が「善美なる立憲政体」の樹立を力説するのに対し、改進党は六つの政策(註(1)参照)を掲げた。そして、改進党はその演説会で自由党は無学であるから政策をもたないと非難した。しかし、自由党としては政策のことは立憲政が布かれたのち取上ぐべきであるという考えであった。そして、自由党は改進党員を評して、服装をととのえていても彼らは命がけでないから何もなしえぬと嘲り、改進党の方は自由党員を評して、あのように野蛮な者どもに国家を預けることはできないと罵る有様であった、と語っている(前掲、『小久保喜七氏談話速記』)。

自由民権運動は、このように政党運動の形で進められることになったが、この頃には

「自由民権」という言葉は時代の流行語となり、「自由」という字が世上では好んで用いられ、自由湯、自由温泉の類から菓子に自由糖、薬に自由丸、料理屋に自由亭あり、自由踊、自由帽子などが出現する有様になった。(1) そのような中で、自由民権思想を述べた著書、飜訳書が世人の間で一層ひろくよまれるのである。(2)

（1） 板垣退助監修、『自由党史』、上巻、六八一頁。

（2） 二九五頁註(1)参照。

ところで、こうして進められる自由民権運動についてその支持層をみてみると、前にふれたように平民層の中から参加するものが次第に殖えつつあったものの、士族層が依然として運動のきわめて重要な地盤をなしており、彼らは烈しい現状不満の念に駆り立てられて、あるいはまた有識者として自由民権思想に共鳴して、この運動を支持したのであった。そのことをいいかえれば、自由民権運動は有産者層の中にひろく且つ強い支持を獲得するまでにいたらなかった。たとえば、自由党の創立に際してこれに参加した杉田定一は彼自身豪農の出身であるが、明治二〇年に草稿「国是策」の中に述べて、「一国政権に参与するの権利あるは、其幾分か租税を支弁するの義務を有すればなり。故に政党たるものは、幾分か資産ある者を以て成立するに非ざれば、利害一身に適切ならざるより空論に走るの弊あらん。然るに、我邦従来資産ある者は政治の思想なく、資産なき士族の如き多くは社会の事に尽くす。是積習の然らしむる所と雖も、将来は資産ある者政治上に注意尽力せずば、徒らに官員希望党を増加するのみにして、国益々貧弱に陥るべし。且一国政権に参与する者已に独立の産なければ、独立の思想も維持する能はざるなり。故に既往は時勢の沿習已むを得ずと雖ども、向来は資産あるものを以て政党を組織する様、致し度き者なり」と述べている。(1) 杉田の以上の言葉は、明治二〇年頃においても自由民権運動は未だ士族層を重要な地盤としていたことを示すものである。またたとえば、明治一五年に改進党の領袖沼間守一は述べて、「我国は智と財との隔離するの甚しき、人才にして利器を抱く者は多くは、文繍を纏ひ玉堂に趨走するの紳士にあらずして、却て敝履《へいり》褞袍《うんぽう》を着くるの書生間に在るの傾き」があるとし、選挙資格については「財産の一方に偏せずして智力の資格を設くる」よう考慮することがきわめて肝要であると主張している。(2) 同趣旨のことは明治二二年に刊行された『立憲改進党綱領撮要』にも述べられている。(3) そして、「智力」という場合には、士族層が考えられていた。自由党に比較すれば有産者層の中に支持者を多くもった改進党の場合でさえも、このようにして、地盤として士族層を重要視していたのである。なお、自由民権運動が一面において有識者層の運動としての面をもまたそなえていたことは、以上の引用の中にも示されている。(4)

（1）「国是策」は田中喜三郎、『杉田定一翁小伝』、昭和九年、に収録されている。同書、一六〇―一頁。
（2）『立憲改進党諸名士政談演説筆記』、明治一五年、六〇、六五頁。
（3）『立憲改進党綱領撮要』、明治二二年、三一、三四頁。
（4）末広重恭（鉄腸）は自由党創立以来党内で重きをなしたが、その後脱党した。彼は明治一九年に『二十三年未来記』を著わし、国会開設の暁のことをいろいろと想像している。彼はその中で述べて、わが国の「書生社会」をみると、学者をでなく政治家を志しているひとびとが以前にはバックル、ギゾオ、ミルの書物などを耽読し、近来はスペンサーの著書によみふけり、それらをもとにして好んで抽象論をもてあそんでいる。そして、わが国が当面している具体的な問題については何の知識もなく、また考えようともしない。東京府下や地方の政談演説会をみても、そのことがはっきりうかがわれ、府県会の議事さえもまた同様である。それ故に、国会のひらかれた暁には自由、権利などということが国会では熱心に論議され、経済問題などは議員の関心をひかないであろう、と述べている（同書、八六―九六頁）。

さて、以上のようにして自由民権運動が烈しく高揚して来る中で、一つにはそれに刺戟されて、政府の教育政策は明治五年の学制でとられた建前から大きく転換されることになった。すなわち、明治一三年（一八八〇年）には改正教育令が発布をみ、これにもとづいて翌明治一四年五月には小学校教則綱領が制定された。この綱領では、これまで小学校教科の最下位に置かれていた修身が最上位に置かれ、また歴史の授業について「凡歴史を授くるには務て生徒をして沿革の原因結果を了解せしめ、殊に尊王愛国の志気を養成せんことを要す」と定められた。つづいて翌月同じく文部省達として出された小学教員心得には、文部卿福岡孝弟《たかちか》の名をもつ前文が付されているが、それには「今夫小学教員其人を得て普通教育の目的を達し、人々をして身を修め業に就かしむるにあらずんば、何に由てか尊王愛国の志気を振起し、風俗をして淳美ならしめ、民生をして富厚ならしめ、以て国家の安寧福祉を増進するを得んや。小学教員たる者宜く深く此意を体すべきなり。因て其恪守実践すべき要款を左に掲示す」とあり、本文においても「教員たる者は殊に道徳の教育に力を用ひ、生徒をして皇室に忠にして国家を愛し、父母に孝にして長上を敬し、朋友に信にして卑幼を慈し、及自己を重んずる等凡て人倫の大道に通暁せしめ……」とある。さらに、明治一五年一二月には宮内省は元田永孚《もとだながざね》が勅命によって編纂した『幼学綱要』に勅諭を付して地方長官に頒布したが、この勅諭はいう。「彝倫《いりん》道徳は教育の主本、我朝支那の専ら崇尚する所。欧米各国も亦修身の学ありと雖も、之を本朝に採用する未だ其要を得ず。方今学科多端本末を誤る者亦鮮《すくな》からず。年少就学最も当に忠孝を本とし仁義を先にすべし。因て儒臣に命じて此書を編纂し、群下に頒賜し、明倫修徳の要茲に在る事を知らしむ」。

このようにして、今や儒教的道徳教育の重大、肝要なことが強調されるようになった。そして、文部省は小学校教科書についても自由主義思想を内容としたものを使用することを差止めるにいたった。(1)(2)

（1）　福沢諭吉は『福沢全集緒言』(明治三〇年)の中で、当時のことをつぎのように述べている。「明治十四、五年の頃なり。政府が教育に儒教主義とて不思議なることを唱へ出し、文部省にては学校読本の検定と称して世上一般の著訳書等を集め、省の役人が集会して其書の可否を議定し、又は時候後れの老儒者を呼び集めて読本の編纂を嘱託するなど、恰も文明世界に古流回復の狂言を演ずる其最中に福沢の著訳書は学校の読本として有害無益なりと認められ、唯の一部も検定に及第せざりしこそ可笑しけれ。……明治十四五年の政変に政府が何か狼狽して古風復活の真似したるが為めに国中の少年子弟は恰も之に欺かれ、真面目に文明主義を排斥して漢学に入門したる者多く……」(一二三―四頁)。次註参照。

（2）　文部省は明治一六年には小学校教科書について認可制度を布き、明治一九年には検定制度に改めた。のち明治三六年にいたって国定教科書制を採用することになるのである。

明治五年の学制は政府の国内近代化の方針との連関で制定されたものであり、この近代化は実に民族の独立確保を動機としたものであった。それ故に、政府のこの近代化政策はそのような目的意識によって規定、制約され、従ってまた、この目的意識からみて必要と考えられる場合には、政府としては近代化とは逆行する施策をとることを何らためらわなかった。そこで、一面では近代化されるわが国は他面においては前近代的な神権王国《ディヴァイン・ライト・モナキー》としての面をもつことになった。そのことは、すでに前に述べたとおりである。この点を考えるとき、政府の教育政策が以上のように大きく転換されて、教育は神権王国《ディヴァイン・ライト・モナキー》の観念的基礎を強化することをその課題とするようになったのは、とくに怪しむべきことではない。そして、教育政策のこの転換は、上述のように、江戸封建体制の崩壊、西洋思想の流入とともに社会的規制力を一旦失った形になっていた儒教倫理を復活させることになった。しかも、それとともに、政府が過去その高揚に力を尽して来た神国思想はこの儒教倫理と堅く結びつけられることになった。その結果、封建体制の下において身分的上位者に対する関係で要求された献身・犠牲の儒教倫理は、今や奉仕の対象を天皇に置きかえてよみがえることになったのである[1]。文部省が前述の小学校教則綱領にもとづいて刊行した『小学修身書・初等科之部、巻一』(明治一六年)の巻頭には「教師須知八則」が掲げられ、その一条に「編中の諸章は皆先哲当時の国君を指すものなり[2]。然れども、今日に於ては此是を吾が皇上の上に遷し参らすべし。……」とあるのは、以上の意味においてまことに象徴的といわねばならない。新しい革袋の中に古き酒がもられたのである。

(1)　建国の説話においては国民は天皇家を宗家とする後裔とされていた。そこで、わが国を一家族の拡大したものとみて、天皇を家父長になぞらえ、父に対する子の服従という儒教倫理を天皇・国民の関係に適用するとき、そこにいわゆる家族国家の思想が生れる。それ故に、本文に述べたような神国思想と儒教倫理との結びつきは、後年の家族国家思想の成立を準備したものということができる。

（2）唐沢富太郎、『教科書の歴史』、昭和三一年、一一六頁。

自由民権運動の発展は、政府の教育政策のこのような転換の重要な契機をなしたが、政府はまた他方自由民権運動との連関で皇室の将来について少からぬ危惧を抱いた。曽つて明治九年に木戸孝允は、皇室がその尊厳を維持するには十分の経済的基礎をもたねばならぬ。「実に人心如レ風変化無レ窮、今日至当之事も数年を過ぎ候時は意外之難事と相成、其証は比々已往之事を以而推了仕候ても明々白々に御座候。本邦之形勢を熟視し人情顧慮仕候に、軽燥変移世間之学者も才子も実に此弊は不レ被レ免」[1]とし、皇室の富裕をはかることは機を逸せず今の中になすべきである、としたのであったが、しかし、その後、自由民権運動の展開する中で、明治一五年二月右大臣岩倉具視は建議して、「為政の要は大権の鈞《きん》石《せき》を和するに在り。而て和鈞の道、時と勢とに随て其宜を異にす。君主専制の時に於ては大権の下移を恐れ、君民共治の時に於ては大権の動揺上下せんことを恐る。故に大権一たび其釣石を失ふことあらば、君其位を保つこと能はず。民其生を聊すること能はず。往々にして革命の大変を生ずるに至ること有り。謹で惟みるに、朝廷曩きに立憲政体漸立の詔を下せしより庶政の方針、人民の思想大に変革する所あり。乃ち目今の機会宜く大に皇室の基礎と政府の組織とを鞏固にし、因て以て大権の釣石を和せざる可からず」とし、先般自分としては制定さるべき憲法の基本原則について建議し、「皇威、政権」をともに鞏固にしたいと考えた。けれども、憲法は要するに「法律」にすぎず、「大権」を永久に動揺しないようにするには、皇室の基礎を鞏固にしなければならない。その点から考えて、今日最大の急務は皇室財産を確乎たるものにすることである。「眼眶《がんがい》を合せて国会開設以後我邦の景況如何を瞑想するに、激進の民権論は常に其適当の程度を超越するが故に、非政府論議は益其の勢力を得可く、而て人民自治を務めずして自由を求め、官民乖離の情況は今日の府県会議を以て之を推察するに足るべし。然る後は民権論次第に激進し、憲法の明文其力を実際に保つこと能はず、天子と雖も国会に左右せられ、皇位は有れども無きが如く、大権遂に其釣石を失ひ、万世不易の国体を損じ、外は其侮を受け内は其民を安んずること能はざるに至らんは、此事の必無を今日に保証するは甚だ難し」とし、従って「憲法の力を保つが為めには其実質、即ち皇室の財産を富贍《ふせん》にして、陸海軍の経費等は悉皆皇室財産の歳入を以て支弁するに足る」ようにすべきである。そのようになっていれば、国会でいかなる「過激論」が起ろうとも、また国庫の経費を議決しないようなことがあろうとも、それを抑えて懐柔することは甚だ容易である。従って、「大権の鈞石を失はざらんと欲せば、国民の財産と皇室の財産とをして大差等なからしむるに在り」とし、「我邦の法、古来皇室は全国を奄有《えんゆう》し、人民は尺寸の私地」ももたないのであるから、現在の「官有地」を一括して皇室財産としたらよい。そして、それからうる収入は旧来どおり国家に納れ、「政府維持の費途に支出し（是に於て政府は純《もっぱ》ら民人の租税に因て維持するの名なく、人民は常に皇室の恩恵に依るの実あり）」たらよい。ところで、立憲政の施行とともに政府の「形質」も変化するから、「官有地」の性質も変ることになる。従って、これを皇室財産に編入することは、憲法の制定に先だってなされねばならない。なお、官有地のほかに鉄道、「諸製造所」なども皇室の所有に移すことを併せて考慮すべきである、と述べた。(2)

（1）木戸孝允の明治九年五月三一日付岩倉具視宛書簡（『松菊木戸公伝』、下巻、一九三四—六頁所収）。なお、同趣旨のことを同年七月二四日付岩倉宛書翰（前掲書、前掲巻、一九三七—四〇頁所収）でも述べている。

（2）『岩倉公実記』、下巻、八二二—五頁所収。

岩倉はこのように自由民権運動との連関で皇室の前途についてふかい憂慮を抱いたので

あった。しかも、そのような懸念を痛切に感じていたのは、彼一人ではなかった。この後、明治一八年から同二三年（帝国議会開設の年）までの間に政府は尨大な国有林野を無償で御料林に移管し、それが皇室の大きな経済的基礎をなすことになったが、(1)この事実は政府関係者の間において岩倉と同様の考慮が抱かれていたことを示すものである。

（1）　大内兵衛、向坂逸郎、土屋喬雄、高橋正雄、『日本資本主義の研究』、下巻、昭和二三年、二一一九頁、参照。

支配層のこのような危惧は、彼らの政治支配が天皇親政の名で正当化されていたこととも連関する。そして、その後自由民権運動が政党運動の形をとって進展する中で、政府は自由民権派が天皇に対して異心を抱くもののように宣伝し、この運動に対する世上の不信感を煽ろうと試みた。改進党は創立後「施政の要義」を発表し（明治一五年四月）、その中に述べて「帝室の威望」は政権武家の手に帰するとともに全く衰え、「維新中興」を迎えてやや復興したものの、未だ我党を満足させる程度には達していない。「我党は大に皇有の財産を聚《あつ》め、帝室の威望を維がせ給ふに十全ならんことを期す」となしたが、(1)自由党は改進党に比して急進的色彩を帯びていた関係から、政府の以上のような宣伝にとくに苦しめられ、明治一五年に土居光華《こうか》は板垣退助の意を体して「自由党の尊王論」という一文を公にした。[2] それは述べて、天皇の御意志が立憲政体の樹立にあることは過去幾度かの詔勅によって明かである。それ故に、われわれの主張は正に天皇の御意志にそうものである。世上には「始終尊王主義を誤り、専制政体否な有司専制を援助し、立憲政体を妨害せんと欲する者」があるが、わが党は「平生尊王の主義を執り、立憲政体の事業に従事するもの」である。前者のような尊王論者は天皇を「魯帝の危難」に陥れるものであるのに対し、わが党は天皇に「英帝の尊栄を保たしめんと欲する者」であるとなした。自由党はこのような文章を発表して、政府の以上の宣伝に対抗したのである。福沢諭吉は明治一五年に『帝室論』を、明治二一年には『尊王論』を著わして、皇室を政争の外に置くよう世上に強くよびかけたが、このことも天皇への忠誠の問題をめぐる政府と自由民権派との間の応酬が当時いかに烈しいものであったかを物語るものである。[3]

（1）渡辺、『日本憲政基礎史料』、四一四―八頁に収録。
（2）板垣退助監修、『自由党史』、上巻、五六五―九頁所収。
（3）明治一五年四月に板垣退助は遊説先の岐阜で刺客に襲撃されて、負傷した。この事件が起ると、自由党員の間では事件の背後に政府があるのではないかと疑い、また他の自由民権派の領袖たちに対しても政府は刺客を放っていると噂し、党内は一時は騒然たる有様を呈した。ところで、この事件の裁判言渡書は犯人の動機について述べて、被告は明治一四年一一月の詔勅で「国是」がすでに決定をみたにもかかわらず「自由急進の風潮」はますます強まり、自由党のごときは「動《やや》もすれば政府に激昂するの言論」を弄し、「自由を濫用して王室の尊崇を忘るるが如き情勢」にむかおうとしている。もしこのような思想が今後世上にひろまれば、ついには社会の秩序は乱れ、「我邦固有の国体」は傷けられて、いかなる禍を生ずるか予測を許さないと思いつめ、「党魁、唱主」である板垣を斃せば、自由党は潰滅して将来の「禍害」を防止できると考え、兇行を決意した、と述べている。こうして、板垣のこの岐阜遭難事件も本文に述べたような雰囲気の所産ということができる。

政府は自由民権派に対するこのような宣伝を行うほか、自由民権運動の発展をしきりに押えようと試みた。そして、政府内の一部のもの(1)はいわゆる御用政党をつくって自由民権主義の諸党に対抗させることをも考えた。福地源一郎、丸山作楽《さくら》、水野寅次郎らによる立憲帝政党創立の背後には、このような事情があったのである(2)。しかし、この政党は世上の支持をさして獲得できず、党勢は不振に終始した。

(1)　伊藤博文、井上馨、山田顕義《あきよし》らが、これである。

(2)　同党は「我立憲帝政党は明治八年四月十四日及明治十四年十月十二日の勅諭を奉戴し、内は万世不易の国体を保守し、公衆の康福、権利を鞏固ならしめ、外は国権を拡張し、各国に対して光栄を保たんことを冀《こいねが》ひ、漸に循て歩を進め、守旧に泥《なず》まず躁急を争はず、恒《つね》に秩序と進歩の併行を求め、以て国安を保維し、以て改進を計画せんことを主趣とす」(立憲帝政党議綱領)と称したのである。

自由民権運動の高潮期は、しかし、長くはつづかなかった。明治一四年一〇月松方正義(薩)が大蔵卿に就任するとともに紙幣整理が開始され、(1)そのデフレーション政策の進行につれて物価は下落して、経済界は不況を迎えることになった。それとともに、自由党、改進党は全般的には党勢不振に陥るにいたった。すなわち、運動の重要な地盤をなして来た士族層は、不況による生活条件の悪化によって運動に対する態度を消極化することになり、またこれまで運動を資金面でも助けて来た地方の地主層あるいは都市の中小商工業者は、不況の到来とともに資金的援助をなす余裕をいたく失うことになったのである。(2)

(1) 政府は西南戦争の戦費約四一五六万円を銀行紙幣の増発と二七〇〇万円の不換紙幣の発行とによって調達したが、その結果経済界にはインフレーションによる好景気が到来した。しかし、松方大蔵卿は通貨および信用制度の安定をはかるために紙幣整理を行い、インフレーションを収束させることに着手するにいたったのである。

(2) 明治一九年に刊行された末広重恭の『二十三年未来記』は述べて、「夫《そ》れ四五年前一時世運の活潑なるに当り、何人と雖ども社会の萎靡《いび》して有志家の気力を喪失する今日の如きに至るべきを夢想せし者あらざるべし。……府下に在る学者、紳士は曰く、今日地方一般の不景気なる、我々をして如何に率先して国会の準備の為めに奔走せしむるとも、地方有志の起て之れに応援するもの無きを如何せん。姑《しば》らく坐して時運の恢復するを待つに若かずと。而して地方に在る者は曰く、曽て我々と与に政治社会の改良に尽力したる東京府下の学者、紳士すら手を束ねて為す所を知らざる有様あり。我々をして独り自ら興起せしむるとも、力微にして勢弱なれば到底其の目的を貫徹するの希望なし。今より数年を歴《へ》る内には亦人気の一変する時節もあるべしと。夫れ此くの如く人々に就きて之を問へば、皆社会の有様を歎息せざるは無く、止《た》だ之れを諉するに時運不可なりの一語を以てせり」（一一三—五頁）と記しているが、これは不況期を迎えて以後の自由民権派の意気沮喪した有様を述べたものにほかならない。

なお、経済界はこの書物の公刊された明治一九年の中にようやく好況に転じることになった。

自由民権運動がこのようにして沈滞にむかう中で、政府は明治一五年に集会条例を、翌一六年には新聞紙条例を改正して、自由民権運動に対する取締を一段と峻烈にすることになったのである。(1) 政府はまた明治一四年以来、自由民権主義を標榜する各地の新聞についてそれらを買収することに努め、買収に応じない地方にはいわゆる御用新聞を刊行することを試みた。そして、このような方策と新聞紙条例の改正とによって、自由民権思想のひろがるのを強く阻止しようとするのである。さらにまた、政府は地方の自由民権派のひとびとに対して官途につくように勧誘した。不況期に入って資産乏しいものにとって生活が一段困難になると、政府はこれに乗じて在来にもましてこのような勧誘に努め、しばしば成功を収めたのである。この仕官の勧めは、士族層出身の貧しい自由民権派のひとびとに対してなされたばかりではない。当時各地の府県会における自由民権派議員の中には地主層出身者が多くふくまれており、これらのひとびとが不況下においても生活に追われることなく政府との抗争を継続し、また自由民権運動を資金面において引つづき援助して、それにより士族層出身の貧しい自由民権論者も運動をつづけることが考えられた。そこで、政府は彼らに対してもしきりに仕官を勧めたのである。当時において官尊民卑の伝統的気風は依然強く漂っていたので、平民層に属する彼らにとっては官途につくことは往々強い誘惑になりえたのであった(2)。

(1) 集会条例のこの改正によって条例違反に対する罰則が強化され、ある種の違反行為の場合には、地方長官(東京では警視総監)は演説者に対して一年以内管轄地域内で「公然政治を講談論議」することを禁止することができ、結社については解散させうることになり、さらに情状によっては内務卿は演説者に対して一年以内全国内で「公然政治を講談論議する」ことを禁止できることになった。また、どのような名義のものでも「多衆集会」の場合には警察官は治安上必要とみとめたときは臨監できることになった。さらに、内務卿はいかなる結社または集会に対しても治安をみだすとみとめた場合には禁止できることになった。

つぎに、新聞紙条例の改正によって、新聞を発行する者は保証金を納付しなければならないことになり、その額は東京府では一〇〇〇円、京都、大阪、横浜、兵庫、神戸、長崎では七〇〇円、その他の地方では三五〇円と定められた。また、内務卿は新聞に発行禁止または停止を命じた場合に、情状重いものについては印刷機械を差押えうることになった。また、新聞記載事項に関する犯罪は持主、社主、編輯人、印刷人、筆者、訳者を共犯として取扱うことに定められた。

なお、言論に対する取締が峻烈になるにともない、自由党員の間には講談師になって講談を通して民衆に自由民権思想をひろめようと試みる者も生じた。たとえば、栗原亮一、奥宮健之、坂崎斌《さかん》、森久保作蔵、伊藤仁太郎(痴遊《ちゆう》)のごとき、そうである。また、出版の自由が以上のように圧迫されるにいたったとき、新聞は伏字を用いてその主張を読者に暗に伝えようとするにいたった。さらに、事を他国のことに托して自由思想を鼓吹しようとして、フランス革命、ロシアのニヒリストの運動などに関する著書、翻訳が刊行されたりする有様になった。

(2)　明治初期には官公吏は「官員」とよばれた。そして、消えやらぬ封建的伝統の中で官員は一般の世人から尊敬された。そして、たとえば、前にもふれたように明治五年一一月七日の布告には「平民任官の者、勅奏判(勅任官、奏任官、判任官を指す―著者)を不レ論、本人在官中は子孫に至る迄士族を以可㆓取扱㆒事」とあり、また、同年の額田県の管内士族平民心得書（『明治文化全集』、第二一巻、所収）に「一、勅奏任御印付笠・提灯等見受候はば、別して無礼無㆑之様可㆑致事」とあり、また明治一六年刊行の文部省『小学作法書』巻一には「大臣参議卿輔議官将校書記官、府知事県令その他官位ある人に対しては敬礼し、車に逢えば路傍によりて是をさくべし」、「警部巡査及び憲兵は途中に於ても路を譲りて失礼すべからず」とあるが（唐沢、『教科書の歴史』、一一七頁）、官公吏もまた、世上の以上のような気風を背景にとかく威厳を誇示し、傲然として一般人に接する有様であった。明治七年一月の駅逓寮の達に「脚夫（郵便配達夫―著者）の者共府下商家等へ郵便配達の砌《みぎり》威権ケ間敷挙動有㆑之趣頻りに相聞、以《もって》の外《ほか》の事に有㆑之候。右は即今の御趣意不㆓相弁《あいわきまえず》㆒全く前日公役相勤候悪習を存し候よりの儀に可㆑有㆑之条、以来屹度《きっと》其悪習を脱し、配達先の者何様鄙賤の者たり共敬礼の意を不㆑失様屹度為㆓相心得㆒、本人共の請書可㆓差出㆒、万一請書差出候後猶右様の儀有㆑之候はば速に放逐可㆑致事」とある。郵便制度が施行されて以後、郵便御用と記した法被《はっぴ》をつけ御用と朱書した鞄をさげた郵便配達夫が、自分も政府の者であるとして気を負い、配達の際に威を示すことが、しばしば生じた。上記の達は、それをきびしく戒める目的で発せられたものである。またたとえば、明治一二年の『府県珍報』の社説「各郡区役所の受付諸君に白《もう》す」は、郡区役所の受付、またときにはそれを真似て少年の書記までが官員然として一般人に傲慢な態度で臨むようであるが、これは改められねばならないと論じている（同誌、第三号）。官員気質は、このように行政の末端にまで及んでいた。官公吏のこのような振舞いは、さすがに往々世上の烈しい反感をそそった。「髭を生やして官員ならば猫も鯰もみな官員」という当時の俗謡には、世人のそのような憎しみと軽蔑とが托されていたのである。

政府はまた、自由民権運動の指導的地位にあるひとびとを外遊させて、運動の気勢をそごうと試みた。それとの関連で生じた有名なものは、板垣退助の洋行問題である。自由党が創立されてからわずか一年を経た明治一五年一一月に、突然党総理板垣退助および党常議員後藤象二郎の渡欧が発表された。その際に板垣は説明して、この外遊は一つにはヨーロッパ諸国を視察して、それを党の将来に役だてたいと考えたからであり、なお一つは政府が海外にひとを派遣して諸外国の立憲政を調査させ、憲法制定の準備を進めているときに、自由党としてもまた諸国の立憲政のことを独自に取調べることが必要と考えたからであるとした。両人のこの洋行の計画の背後には、しかし、実は政府関係者の策謀があった。当時政府側はこの両人を外遊させて自由党の気勢を弱めるとともに、出先の外交官に命じて自由党員のかねて憧れているフランスの裏面を板垣に示して幻滅感を抱かせようと画策したのであった。そして、外遊費を調達し、後藤象二郎と通謀して後藤から板垣に外遊を説得させたのであった。その際に、後藤は外遊費用の出所について板垣を偽ったが、板垣は後藤の言葉を信じ、洋行が政府側の画策によるものであることを全く知らなかった(1)。政府はまた、改進党総理大隈重信をも洋行させようと企てた。政府は大隈の縁故者、銀行等に手をまわして大隈に金を融通させぬようにし、これがために大隈は高利貸に金融を求めねばならないような窮地に陥った。政府はまた、改進党の背後には三菱社の資金的援助があるとみて、そのような援助を困難にしようとして明治一五年の中に浅野総一郎、渋沢喜作らに共同運輸会社を創立させ、これに保護を与えて、海運業においてこれまで独占的地位に立って来た三菱社に対抗させて打撃を与えようと試み、この両社はそこで烈しい競争を演じることになった(2)。政府はこれらの手段を用いて大隈とその改進党とに圧迫を加え、これがために大隈が甚だしく苦しむにいたったところをみて、彼に外遊を勧めた。但し、その試みは成功しなかった。また、政府は改進党の領袖小野梓に対しても外交官として海外に赴任するよう勧誘したが、これも、失敗に終った。なお、政府が政治資金の面から圧迫を加えたのは、大隈の場合だけではなかった。自由民権派の領袖たちについても、銀行、その他に働きかけて金融の途を絶たせようと試みた。また、地方などでは自由民権主義の政党に資金を提供している地主、その他の有産者に対して警察を用いて脅かし、資金的援助をとりやめさせようとした。政府はこれらさまざまの方法に訴えるほかに、自由民権派の間に交わされる信書を開封あるいは没収し、また密偵を用いて運動を攪乱することをもしきりに試みたのである。自由民権派に対する政府の攻勢は、このようにして、正に手段をえらばない観があった。当時政府の中心を形づくっていたひとびとの多くは、曽つて幕末において江戸幕府の支配を打倒するために手段をえらばず、ついにそれに成功したのであったが、今や彼らが一変して権力の座にあり、彼らにとっていわば第二の政敵である自由民権派に対して自己の支配的地位を断乎防衛しようとするにいたったとき、彼らは幕末の日におけると同様手段をえらばず、経済不況下で勢の鈍り後退の方向を辿りつつある自由民権運動の上に苛烈な追撃を加える有様となったのである。

（1）　政府は三井に交渉して、陸軍省と三井との間の請負契約の期限を三井の希望を容れて延長することにし、その代償として三井から両人の外遊費用を提供させたのであった。後藤はこのような背後の事情を知りながらも、板垣に対しては費用は大和の富豪土倉庄三郎が調達するものと説明し、板垣はそれを信じて疑わなかったのであった。

板垣、後藤の渡欧が発表されたとき、自由党内には動揺が生じた。党員の間には結党後日浅い折柄党総理が外遊することは適当でないとの反対論が起ったほか、洋行費の出所についても疑惑が抱かれ、ついに脱党するものさえ生じた。しかも、かねて自由党ととかく烈しく反目しがちであった改進党は、洋行費の出所を疑わしいとし、板垣らは政府の金によって渡欧するものであろうと論じて、自由党攻撃を試みた。これに対しては、自由党側も沈黙していず、同党の機関紙『自由新聞』は改進党総理大隈重信がその大蔵卿時代(明治六―一三年)にとった紙幣増発政策を痛難するほか、大隈がこの在官時代に海運業助成の建前で行った三菱社保護の政策をとり上げ、大隈はこの保護政策により、同社から収賄して巨富を築いたと称し、且つ彼と三菱社との間のこのような縁故で改進党は三菱社から資金を仰いでおり、従って彼らは「国利民福」をかえりみない政党であると罵倒し、「偽党撲滅」、「海坊主（三菱社を指す―著者）退治」という合言葉を掲げて攻撃してやまず、板垣の渡欧問題を機会に、自由民権主義を標榜する二政党は共同の敵である「藩閥政府」を前にまたも烈しく相争ったのである。

なお、板垣渡欧問題については、尾佐竹猛、『明治政治史点描』、昭和一三年、所収の論文「板垣退助洋行問題」、参照。

（2） この競争において、三菱社は打撃をこうむりながらも優勢を示した。そして、結局政府が調停して両社は合同して明治一八年日本郵船会社が設立されることになった。政府の企ては、こうして、当初期待した効果を挙げえずに終った。

このようにして、経済不況の重圧と峻烈化する政府の取締との中で、自由民権運動は一方では全体的には退潮にむかうのであるが、しかも、他方この逆境を冒して運動の中にふみとどまったひとびとは運動の不振に陥るのに焦立ち、また政府の苛烈な弾圧に激憤し、その言動は急進的となって行った。(1) ところで、この経済不況は、金禄公債の交付をうけたのち西南戦争を契機とするインフレーションの中で「士族の商法」をはじめた士族たちの間に、事業に失敗するものを続出させた。また、中小商工業者の中に倒産、没落するものを生じさせた。且つ、大蔵卿松方正義のデフレーション政策は米価の下落、地租負担の増大をもたらして、小農、小作農の生活を窮迫させ、その結果地租改正以来顕著となった農村における階級的分化はここに一段と大きく進展することになった。(2) 以上これらの結果として、全国各地の都市、農村には社会不安の空気が烈しくゆれ動く有様になった。そこで、上述のようにして急進化する自由民権運動は、経済不況下に苦悩するこれら社会層の間における烈しい現状不満の気持を正に代弁するものにおのずからなって行くのである。

(1)　この頃は自由民権派のひとびとの間で口にされた俗謡として、たとえば、「よしや武士」と題して「よしやおまへの仰せじやとても、権利無い身に義務は無い」、「よしや朝寝が好きじやといへど、殺し尽くせぬ明鴉《あけがらす》」、「よしや此身はどうなり果てよが、国に自由が残るなら」の句がある。また「二十三年そりや大馬鹿よ、善は急げと書いてある」、また「他所《よそ》の花羨むばかしぢやそりや気が弱い、与二我自由一否与レ死、熱血染出十三州、羨ましけりや咲くがよい」(以上、『自由党史』、下巻、八一―二頁収録)。これらの俗謡も、当時の自由民権運動の殺気を帯びた雰囲気を物語るものといってよい。

(2)　江戸時代には農業人口の中で自作農が最も多く、小作農これにつぎ、地主は比較的少かったといわれている。しかし、明治維新以後やがて地主への土地集中、自作農の自小作農または小作農への転落が大きく発展することになった。このような階級的分化の進行は、複雑な原因にもとづくが、第一には、資本主義が農村経済に大きな変革をもたらしたことを考えねばならない。すなわち、国内における近代産業の成長は、廉価な商品を農村に流入させることになり、それにつれて農家の消費経済は膨脹し、伝統的な農村自給経済が崩れ出すと同時に農村家内工業の衰退を来すことになった。つぎに第二に、外国貿易の発達にともなって農産物(生糸、茶、米など)が輸出品として重要視されるようになり、また国内産業の成長につれて人口を増大する都市は農産物の重要な市場となることになった。これらの結果、古来自給経済の建前で営まれて来た農業には企業的(営利的)観点が次第にとり入れられることになり、この意味で農業において資本主義化の傾向が徐々に進むことになった。しかも、以上のような資本主義の農村への浸透および農業経営の資本主義化は、農民層の間において生活のために、または農業経営に失敗したために、土地を手離すものを生じさせた。第三には、地租改正によって地租は金納化されたので、地主および自作農は地租納付のために収穫物をできるだけ有利に売却、換金しようと試みることになった。しかも、この売却にあたって投機的判断を誤り、その結果土地を手離す場合も生じた。そして、以上のような経済上の諸変動は、地主層に比して本来経済的基盤の脆弱な自作農をして土地を手離し自小作農あるいは小作農に転落させた場合が多い。このようにして、農村では土地集中、階級的分化が進展することになったのである。

ところで、以上の過程は、本文に述べた経済不況の到来とともにさらに大きく押し進められることになった。すなわち、この経済不況にともなう米価の下落は税、とくに地租の負担を実質的に増大させ、とくに自作農の中には納税困難に陥るものが続出することになった。また、西南戦争を契機とするインフレーションの時代になした負債を返済できないものが多数生じた。それらの結果として、土地、家屋を手離すものが相当数に上り、土地集中、自作農没落の傾向はいよいよ大きく進行することになった。農家では古来その所有する田畑をきわめて大切にし、非常やむをえない場合以外には手離すことを決してしないのが、その慣習であった。そこで、そのことからも想像しうるように、農村における階級的分化の以上のような進展は、農村に不穏、険悪な空気を醸し出すことになった。

なお注意すべきことは、この時期において近代産業の発展速度は鈍いため農民が都市に吸収されるということは少く、窮迫した農民は一般に農村にそのままとどまった。その結果として、農村では土地の細分化、零細農化が昂進し、また小作料の引上が行われ、自小作農・小作農の生活は甚だしく逼迫した状態に置かれることになったのである。因みに、地租改正後においても小作料はそれ以前と同様に収穫物による物納制が維持された。また、小作農の保有米と自家消費量との差は本来狭いものであった。これらのために、米価騰貴の場合にも小作農はそれによって利益をうけることがきわめて少かったのである。

明治一四年に国会開設の詔勅が発せられたにもかかわらず、政府が自由民権運動に対して以上のような峻烈な抑圧を加えて迫害しつつあることは、立憲政実施に対する政府の誠意を疑う声を世上に生む有様になった。そればかりでなく、自由党員の間にはもはや言論に頼るも効なく、むしろ断然直接行動に訴えて政府を打倒し、立憲政体樹立への血路をひらくべきであると叫ぶものを生じ、これらのひとびとによって政府転覆の陰謀が相ついで画策されることになった。すなわち、明治一五年には福島事件(1)が起り、翌一六年には高田事件(2)が続発をみた。しかも、この両事件は、政府側に大きな衝撃を与え、とくに自由党に対する取締は一段と烈しくなった。そして、たとえば、各地では自由党員でなくとも党員と縁故関係のあるものは県の吏員のみならず、郡村の吏員、学校教員にも採用されなくなり、すでにそれらの地位にあるものは解雇される有様になった(3)。しかも、以上二つの事件の勃発は少壮の自由党員の血を沸き立たせた。板垣退助監修の『自由党史』は述べていう。「時勢は福島、高田の大獄に激発せられて倍々《ますます》奔騰し、党中往往地方に偏局して単独軽挙を事とする者を生じ、協同一致旅進旅退の目的を誤らんとする傾向に陥れり。少壮血気の輩は皆な言論の道絶へたりと称して、郷関を脱走して東京に輻湊《ふくそう》し、泊するに定居なく食するに常資なく、略《ほ》ぼ維新前浪士の状に彷彿たり。領袖之を制するに苦み、纔《わず》かに抑へて発せしめず、脱徒之を目して因循姑息と為し、少しく其所を失へば潰裂四出復《ま》た収拾すべからざらんとす。猶朽索六馬《きゅうさくりくば》を繋ぐの観あり」(4)。そして、明治一七年に入ると五月には群馬事件(5)、九月には加波山《かばさん》事件(6)とよばれる何れも政府転覆を目的とする直接行動が自由党員によって企てられるのである。

（1）　福島県令三島通庸《みちつね》（旧薩摩藩）は自分の在職する限りは火付け強盗と自由党との擡頭は許さぬと放言したといわれているが、彼は就任以来職権を濫用してしきりに土木事業を起し、そのため大きな負担が県民の上に加わり、県民の反感を招くことになった。彼はまた、県会を無視してその施策を実行に移し、これがために県会と正面衝突に陥り、県会は県側の提出する議案を片端から否決する事態となった。この紛争において自由党は県令攻撃の先頭に立って戦うのであるが、これに対し三島は弾圧を決意し、自由党員を続々逮捕してその数ついに二千人に上るにいたった。しかし、彼はその後処罰すべき理由に苦むことになったが、そのところにたまたま福島における自由党本部の紙屑の中から自由党員河野広中《こうのひろなか》らの起草した「誓約」が密偵の手で発見された。この誓約は「第一、吾党は自由の公敵たる擅制政府を顚覆し、公議政体を建立するを以て任となす。第二、吾党は吾党の目的を達するが為め生命財産を抛ち恩愛の繫縄を絶ち、事に臨みて一切顧慮する所なかるべし」とあった。そこでこの紙片を証拠物件として、結局河野ほか六名が内乱を計画したものとして処罰されるにいたった。

（2）　この事件は新潟県の自由党員赤井景韶《かげあき》らを主謀者としたもので、彼らは明治初年以来のたびたびの詔勅で天皇の意向が立憲政体の樹立にあることは明かであるにもかかわらず事がそのような方向に取運ばれないのは、政府の責任であるとし、高田において大臣・参議の暗殺計画を立てた。しかし、事前に発覚し、内乱を企てたものとして処罰されたのである。

（3） 鈴木安蔵編、『自由民権運動史』、昭和二二年、一五五頁。この書物は明治二三年に『土陽新聞』に連載された「土陽新聞小歴史」を校訂したものである。

（4） 板垣退助監修、『自由党史』、下巻、一二九頁。

（5） これは隣県に起った福島事件に刺戟されて、高崎における自由党系の団体である有信社が計画したもので、事件関係者は大臣らが中仙道鉄道の開通式に参列するため高崎に来る機会に彼らを逮捕し、つづいて高崎分営を襲撃して武器、弾薬を入手し、沼田城趾に拠ってひろく世上に呼びかけ、新政府の樹立をはかろうとした。しかし、鉄道開通式が延期を重ねたので、計画を変更し、これまで調えた準備を利用して妙義山麓に三千余名のひとびとを集め、高崎分営を襲おうとした。けれども、高崎にむかう途中で食糧は尽き、ひとびとは疲れ、計画はついに挫折して主謀者の逮捕をもって終った。

（6） 福島事件後、これに関係した自由党員の間においては三島県令をいかにかして暗殺しようとして、同志を集めて謀議をこらした。他方、三島通庸は明治一六年一〇月からは栃木県令をも兼ねることになったが、彼は栃木県においても職権を濫用して土木事業をさかんに起し、県会・県民との対立をひき起す有様であった。そのような中で、以上の自由党員は三島県令が栃木県庁落成式に大臣・参議を招くことにしたのを伝えきくと、計画を変更し、この式典の機会にこれら政府高官を暗殺した上で挙兵することにした。そして、下館で爆弾の製造を行うとともに、資金調達のため東京で強盗を行った。そのような中で、彼らの身辺に警察の探索が次第に迫って来たので、下館を引払うことにし、去るにあたって爆弾一箇を地上に投じて爆発させて気勢を揚げた後、加波山に赴いた。そして、山頂の加波神社を本拠として「革命挙兵の檄」を発し同志の馳せ参じるのを待ったが、その期待はみたされず、彼らはそこで東京に潜行した上で再挙をはかることにしたが、上京の途中で逮捕された。以上の彼らの行動は当時の世上に劇的な印象を与え、自由民権に心を寄せ政府の弾圧を憤るひとびとはこの企てを壮烈とし、「自由の旗は翻る加波山の頂き、爆弾はとどろく下館の町」という歌までも生れた。なお、この事件の主謀者は上述のように爆弾の製造を行ったが、これはロシアのニヒリストの事例に暗示されてのことであった。

自由党員による相つぐこのような直接行動の陰謀とそれらを契機としてますます強化される政府の抑圧政策とは、血気の党員を烈しく刺戟して、彼らの間の空気はいよいよ不穏、険悪にむかい、各自の判断で激発する惧れが一段と高まるにいたった。このような状況の中で、直接行動の可否について党幹部の見解は対立し、こうして党としての統制を維持することは甚だしく困難となった(1)。しかも、党の資金は当時いよいよ窮乏を告げる有様であり、且つ頻発する以上のような直接行動の陰謀は、世人から自由党をとかく白眼視させることになった。このようにして、進退行きづまるにいたった自由党はついに明治一七年(一八八四年)一〇月結党わずか三年で党を解き、総理板垣退助は土佐に引退するにいたった。(2)この解党後も旧自由党員の直接行動の企ては続き、明治一七年一一月には秩父事件(3)、飯田事件(4)および名古屋事件(5)、明治一九年には静岡事件(6)が起るという有様であった。

(1)　この時期の党内において直接行動論の急先鋒として重きをなしたのは、大井憲太郎であった。生来激情的な彼は政府要人の暗殺、挙兵などに訴えて局面の一挙打開をはかるべきであると唱え、少壮血気の党員の間に大きな声望を擁する有様であった。これに対して、星亨《とおる》を中心とするひとびとはあくまで言論、文章を通じて合法的に運動を推進すべきことを力説し、党内では両派の間にしきりに烈しい論争が交えられた。しかも、すでに述べたような情勢下で逸《はや》り立つ若い党員の間では、撃剣、要馬、騎射、旗奪などの武技がさかんに行われるのであるが、明治一七年八月に党は東京の築地に「文武の業を攻究する所」として有一館を設けた。直接行動論を唱えるひとびとは、当時この有一館を将来の蹶起にそなえて心身を鍛錬する場と考えたのであったが、合法主義を主張するひとびとはこの施設がややもすれば激発しようとする党員に鬱憤の捌口《はけぐち》として役だつことを期待したのであった。そして、『自由党史』は述べて、「有一館の設置せらるや、諸県風を聞いて皆な心を武事に傾け、壮年義に勇むの徒競ふて剣を暁風に撃ち、馬を草原に駆らざるなく、竹刀の音、鉄蹄の響到る処に戛々《かつかつ》たり。信州小諸の文武館、常州下館の有為館、土佐高知の聯合各社の如き最も盛なりと称せらる」(前掲書、下巻、一八四頁)、としているが、自由党員の間に流行するこのさかんな練武の風は、政府に警戒の念をますますふかめさせることになった。

(2)　後年に小久保喜七《きしち》は解党の事情について回顧して、当時党内には党員の行動が板垣に禍を及ぼすにいたることを惧れて、解党に賛成するものがあったが、直接行動論を抱く大井憲太郎のごときは、党が存在すればこそ板垣、その他のひとびとのことをも顧慮しなければならない。それ故に、むしろ党を解いて党員は行動の自由を獲得すべきであるとなした。なお、これらの他に政府の弾圧を恐れて解党を主張したものもあった、と述べている(前掲、『小久保喜七氏談話速記』)。

(3)　これは、秩父地方で旧自由党員の指揮の下に竹槍、刀剣、猟銃を帯びた民衆によって行われた暴動である。主謀者たちの目的は前橋監獄を襲って、群馬事件でそこに収容されている同志たちを救出し、さらに高崎分営を襲撃して兵器、弾薬を手に入れ、その上で世上に同志を求めつつ上京し、政治の根本的刷新を断行することにあった。そのような計画を抱いた彼らは、不況下で高利貸のために苦しめられている農民層に対して、高利貸征伐は自由党の主義であるとよびかけ、農民を参加させたのであった。この暴動は忽ちに鎮圧されたが、それは窮迫した農民層を動員して企てられた反政府陰謀であった点において注目に価する。

(4)　この事件は飯田の旧自由党員によって起されたもので、名古屋鎮台の兵の一部と策応して将校を殺害し、鎮台をその手に収め、さらに名古屋監獄を襲って囚人の中で用いうるものはこれを兵士にし、このようにして調えた武力を擁して下伊那に拠り、いわゆる天下によびかけて現政府を覆し立憲政体を樹立するというのが、その計画であった。この事件の主謀者の一人はロシア語に通じ、ニヒリストのことを調べており、計画を立てる際にもニヒリストの戦術を参考にしたといわれている。しかし、この陰謀も未然に発覚して、関係者は逮捕された。

(5) この事件を計画した旧自由党員は、飯田事件の場合と似て、名古屋鎮台の兵の中に同志を募った上で鎮台を襲い、内外呼応して鎮台を占領し、名古屋監獄を襲撃して囚人を解放してこれを味方にし、県下を支配下に置いたのち各地の旧自由党員によびかけて協力を獲得し、政府打倒、立憲政の実現をはかろうと考えた。この計画は事前に探知されて、関係者は逮捕された。

(6) 主謀者たる旧自由党員は、自由民権派に対する政府の峻烈な取締方針から推して明治二三年に国会が開設されることは到底期待しえないとし、明治一九年七月箱根離宮竣成の式典に大臣らが列席する機会に彼らを暗殺し、それによっていわゆる君側の奸を除いて立憲政体の樹立をはかろうと計画した。この陰謀も、しかし、未然に暴露し、関係者は捕えられた。

自由党員(または旧自由党員)による以上のような政府転覆の陰謀は、多分に空想的色彩を帯びていた。しかし、主謀者たちとしては、当時の世上に漂っている険悪ただならぬ現状不満の雰囲気から判断して、彼らの蹶起はそのような空気に点火して、巨大な民衆蜂起を誘発しうると考えたのであった。

なお、自由党員(または旧自由党員)によって直接行動の陰謀が以上のようにしきりに企てられたが、この種の動きは改進党の側についてはみられなかった。それのみならず、改進党は自由党系のこれらの政府転覆計画に対しては批判的態度を持したのであった。しかし、深刻な不況と政府の苛烈な取締との中で同党の内部にもまた解党論が擡頭し、その是非をめぐって党内は紛糾を来したすえ、解党を主張していた党総理大隈重信、同副総理河野敏鎌以下のひとびとは明治一七年(一八八四年)一二月党を脱し、改進党は依然存続はしつつも形骸を残すにすぎない姿に陥った。なお、これよりさき、自由、改進両党が党勢不振に悩むようになったとき、両党に対抗することを主たる目的としてつくられた立憲帝政党は存在の理由に乏しくなり、明治一六年九月解散した。

第五節　朝鮮問題と条約改正交渉

幕末以来、「西力東漸」の大勢の中でわが民族の独立について深刻な危機感が抱かれるにともない、わが国に地理的に近接した清国の上に西洋諸大国の勢力が拡大・強化されることは、ひいてわが国の独立に対する重大な脅威を意味するものとして、清国をめぐる西洋諸大国の動きに対してわが国側はふかい関心を注ぐことになった。そして、そのような中で、日中両国は提携して「西力東漸」の大勢に抗し自国の独立を確保すべきであるとの主張もなされ、また朝鮮をも加えた日清韓提携論も唱えられ、現に明治四年の日清修好条規第二条も、実にこのような日中提携論を基礎としたものであった。(1)それらは、前にふれたとおりである。そして、この種の構想は、その後も政府関係者の間にも見出された。(2)それにもかかわらず、しかし、明治新政府成立以後の現実の日中関係は、台湾征討、琉球帰属問題、朝鮮の宗属問題等によってとかく緊張しがちであり、ことに台湾征討事件の際には戦争の危険さえ一時は切迫したのであった。このようにして、両国の関係は、日中提携論とはおよそかけ離れた推移を辿ったのである。そして、この点は明治一〇年代に入っても変ることがなかった。そのことを、以下に述べることにしたい。

（1） 一八九—九〇頁、参照。

（2） たとえば、右大臣岩倉具視は明治八年二月の上奏書(『岩倉公実記』、下巻、二二二—六頁、所収)に述べて、西洋諸国の富強はわが国の及ぶところでなく、従ってこれと対峙、並立することは容易なことではない。その点でとくに注意を要するのはロシアであり、ロシアは東亜に領土を拡大しようとしている。もしもそのようなロシアが他日中国を併呑するにいたるならば、わが国は「唇亡《ほろび》て歯寒きの憂」がある。それ故に、わが国は清国との友好関係の増進に努め、両全をはかるべきであるとなしている。なお、彼は翌三月に提出した上奏書(『岩倉具視関係文書』、第一、所収)においては、「清国の如き、亜細亜洲の勝地にあり。封《ほう》疆《きょう》人口列国に卓越し、而も唇歯《しんし》の旧邦なり。委靡《いび》不振と雖ども、其強弱盛衰我国に関係す。故に和誼を敦うし、貿易を開き、自邇到遠の基を創むるは今日の可レ務処にして、其国勢を窺《うかが》ひ機に応じて経略を施すは、他年の深謀也」と述べている。この文章の後段は、前年の台湾征討事件の際に国内に沸き立った開戦論に対する彼の批判的立場を述べたものと考えられるが、また同時に未来における対外膨脹への彼の期待をも示したものといってよい（なお、二七一―二頁参照）。それにしても、日中提携の当面の必要を強調する彼の立場は、その後も変らなかった。明治一五年朝鮮に壬午政変が起り、その機会に日中関係は一旦甚だしく緊迫する（後述参照）が、その危機が外交的に収拾をみたあと、岩倉は外務卿井上馨に意見書（『岩倉公実記』、下巻、九〇六―八頁、所収）を送り、その中で述べて、「今日亜細亜全洲に在て僅に其独立の権を全するもの、独り我国と清国有るのみ。苟も唇歯相依り以て独立の堤防を固くするに非れば、西来の狂瀾を永遠に禦《ふせ》ぐこと難かるべし。然るに区々たる朝鮮の為め日清の争端を開くに於ては、我に在て一も利する所なく徒《いたずら》に欧洲の猾商をして船艦武器を売售するの機を得せしむるのみ」となしている。またたとえば、明治一三年にわが国側は清国との間に琉球帰属問題について交渉を行ったが、その際外務卿井上馨はこの交渉の全権委員に任ぜられた駐清公使宍戸璣《ししどたまき》宛書翰の中に、わが国側が今般この問題について妥協的解決をはかろうとするのは、それによって両国が独立国として西洋諸大国の侵略に対抗できるようにしたいとの「深意」によるものであると記している（『日本外交文書』、第一三巻、三六九―七〇頁）。以上は、単なる例証にすぎない。

明治一五年（一八八二年）に入ると、朝鮮にはいわゆる壬午政変が勃発をみた。この政変前においては、朝鮮政治の実権は王妃である閔妃《びんひ》を中心とする派閥(閔妃派)の手に掌握されており、これに対して、国王の生父であり前摂政であった李昰応《りかおう》を頂く派閥(大院君《だいいんくん》派)[(1)]が対立して、政権奪取の機会をうかがい、両派の間には苛烈な軋轢が重ねられて来た。そして、互いに他に対抗する必要上から閔妃派はわが国に、大院君派は清国に親しむ有様であった。このような中で、明治一五年七月に入ると大院君派は兵士を煽動して宮廷に侵入させるとともに、民衆を交えた叛徒に閔妃派要人の邸宅を襲わせるほか、また日本公使館をも襲撃させて、その結果公使花房義質《はなぶさよしもと》以下の公使館員は辛うじて避難して仁川に逃れイギリス船に投じてわが国に引揚げ、公使館は叛徒の手で焼き払われるという事件が勃発した。そして、このような中で、ついに大院君派は閔妃派に代わって政権の座につくにいたった。壬午の政変とよばれるものが、これである。

(1) 李朝時代の朝鮮においては、国王の生父には大院君という尊号が与えられた。

以上の事態が生じると、わが国内の人心は激昂して、対韓開戦論もしきりに叫ばれる有様になった。ところで、清国側としては日本がこの事件を機会に朝鮮に出兵し、その結果清国の堅持しようとする朝鮮との宗属関係が覆されることをいたく惧れ、その主張する宗主権にもとづいて五千の兵力を海路朝鮮に派遣して、わが国を牽制することを試みた。このような中で、わが国側は花房公使に一個大隊を付し軍艦に護衛させて朝鮮に帰任させ、京城で朝鮮側との間に折衝をひらいて謝罪、賠償、加害者の処罰、その他を要求させたが、これに対して朝鮮側は交渉に熱意を示さず、花房公使はそこで交渉を打切って仁川に引揚げるにいたり、日韓関係はここに断絶の危機に瀕した。それをみると、清国側は日本の朝鮮出兵をあくまでも防ごうと考え、ついに大院君をとらえて自国に連れ去るとともに、閔妃派を政権に復帰させたのである。そこで、朝鮮側と花房公使との間には交渉が再開されることになり、やがて済物浦《さいもっぽ》条約の成立をみた(明治一五年八月)。この条約で、わが国側は加害者の処罰、損害の賠償を約束させるとともに、日本公使館警備のため軍隊を京城に駐屯させる権利を獲得したのである。

けれども、この政変後閔妃派は彼らを政権に復帰させた清国に接近するようになるとともに、清国も在韓自国民の保護を名目として軍隊を京城に駐留させることになった。そればかりでなく、清国は朝鮮政府の外交・内政にしきりに干渉を試みるようになり、軍事使節団を送って朝鮮軍隊をその支配下に置くことをも企てるにいたった。こうして、清国は結局壬午政変を機会に朝鮮に対するその地位を強化し、宗属関係の実体化を熱心にはかることになった。

朝鮮において清国の勢力がこのように強化されだしたのに対して、わが国支配層は事態を甚だしく重大視することになった。そして、この明治一五年一一月に東京に召集された地方長官に対して軍備拡張の急務を述べた詔勅が発せられ、またさらにつづいて天皇から太政大臣三条実美に対して御沙汰が伝達されたが、この御沙汰には「隣国の感触より或は不虞《ふぐ》の変あるに備ゆる為め、武備を充実するの議は尤国を護するの要点なり」(圏点は著者)とある。(1) そして、わが国は清国を仮想敵国として陸海軍にわたる軍備拡張を行い将来の情勢に対処することとなり、その結果、在来国土の防衛をその建前として来た陸軍は、大陸において作戦行動をなしうるものに切替えられることになったのである。(2)

(1) 『三条実美公年譜』、巻二九、明治三四年、所収。
(2) 松下芳男、『明治軍制史論』、下巻、昭和三一年、一三一―七頁。

わが国はこのように軍備拡張をはかる一方、朝鮮の以上のような国内情勢をわが国に有利な方向に打開しようとして、金玉均、朴泳孝らの独立党と結んで敢行したのが、明治一七年(一八八四年)一二月における甲申政変であった。金玉均らはかねてから日本との提携によって朝鮮を中国の勢力から独立させ、その上で朝鮮の政治改革を断行しようと考えていたが、この年八月に清仏戦争がひらかれると、彼らは清国は今や朝鮮に干渉する余裕を失ったものと判断し、わが国公使館および公使館警備隊と結んでクーデタに訴え、閔妃派を宮中から放逐して、国王に独立党を支持させた。そして、予《か》ねての計画にもとづき、国王の要請という名目の下に公使館警備隊が王宮警護の任につき、そのような中で独立党の新政府が成立をみた。ところが、政変計画者たちの予期に異なって、袁世凱《えんせいがい》の率いる清国軍は出動して、国王の保護を名として王宮に進入するにいたり、それとともに王宮内の朝鮮兵はこれに内応し、その結果わが国軍隊とこれら中韓両軍隊との間には戦闘がひらかれた。しかし、わが国側の兵数は甚だ少かった上に、国王は清国軍に投ずる有様になり、わが国軍隊は結局王宮から撤兵を余儀なくされることになった。それとともにクーデタは完全な失敗に帰し、閔妃派が政権を回復することになった。しかも、このようになったとき、勝誇った中韓両国兵およびこれと呼応する朝鮮民衆はわが国居留民に対して殺傷、掠奪を行い、公使館を焼払い、公使竹添進一郎は館員とともに仁川に避難し、ついでわが国に引揚げるにいたった。そして、独立党の領袖らはあるいは殺され、あるいは国外に逃れ、政変は、惨憺たる結果に終った。

以上のような経過がわが国内に伝えられると、それは世上に大きな衝撃を与え、清国に対して開戦すべしとの論が沸き立ち、人心は騒然たる有様になった。そして、諸地方においては旧自由党員は戦争に備えて義勇兵組織を企て、改進党内においてもまた主戦論がしきりに唱えられた。自由民権運動が本来もつ国民自由主義《ナショナル・リベラリズム》的性格は、このような形で露呈したのである。ところで、政府内部においてもまた、開戦論は甚だ優勢であったが、その間にあって外交交渉を通じて事態収拾をはかるよう政府内の議をまとめるにつき指導的役割を演じたのは、参議伊藤博文であった。彼は国内の整備を緊急とする征韓論争以来の建前をこの際もまたあくまで貫くべきであるとしたのであった。こうして、翌明治一八年一月外務卿井上馨が特派全権大使として京城に赴いて、朝鮮政府との間に折衝して、謝罪と賠償とを約束させ、さらに二月に伊藤博文は特派全権大使として天津で清国政府との間に交渉を重ね、四月に天津条約の調印をみたのである。この天津条約においては、日中両国はこれまで朝鮮に駐屯させていた各自の軍隊を撤収すること、両国は朝鮮に軍事教官を派遣しないこと、将来朝鮮に「変乱重大の事件」が生じて両国またはその一国が朝鮮に出兵しようとする場合には予め他方に通告し、事態鎮静の上はすみやかに撤兵すること、が約束された。こうして、この条約によってわが国は朝鮮に対する軍事的干渉に関して清国とある程度平等の地歩を獲得したのである。なお、天津におけるこの交渉の際にも、朝鮮の国際的地位について論議が行われ、わが国側は朝鮮が独立国であることを改めて主張したが、清国側は宗主権をもつことを唱えて譲らず、見解は依然対立のままで終った。(1)

（1）　甲申政変前に、自由党領袖後藤象二郎は独立党の朴泳孝、金玉均と会談して、独立党を助けて朝鮮を清国の勢力下から解放するとともに朝鮮の改革を実行させることを画策し、その資金調達のためフランスとの間に交渉をすすめた。しかし、この策謀を伝えきいた外務卿井上馨は民間人によってそのような計画の実行されるのを好ましくないと考え、竹添駐韓公使と連絡して甲申政変を起させた、といわれている。しかし、このクーデタが前述のように挫折した後、さきに後藤の下で計画に関与した小林樟雄《くすお》は大井憲太郎らと謀議して、閔妃派領袖を暗殺して独立党を政権の座に擁立し、朝鮮の独立を達成し、傍らこの陰謀の実行によって生じる日中関係の緊迫化で国民の愛国感情が高揚し、それがわが国内改革の契機となることを期待したのであった。そして、資金および武器の調達に力めるとともに、渡韓して事にあたる有志を集めた。これら旧自由党員の画策は、しかし、未然に大阪で発覚して（明治一八年一一月）、関係者は逮捕された。大阪事件とよばれるものが、これである。

甲申政変が外交的収拾をみた翌年、丁汝昌《ていじょしょう》の率いる北洋艦隊が長崎に来航した（明治一九年八月）。この艦隊は当時の清国が大いに誇りとしていたものであり、その中の定遠・鎮遠の両艦は当時の世界の水準からも優秀な軍艦とされていた。そのような北洋艦隊およびその司令官である丁汝昌の名はわが国世上につとにひろく知られており、それは警戒すべき大国と伝統的に考えられていた清国の威圧的な象徴《シンボル》として受けとられていたのであった。そして、この北洋艦隊の長崎訪問は、現にわが国に対する示威運動としての意味をもつものであった。しかも、このとき長崎で上陸した中国水兵の一部は乱酔してわが国警察と衝突し、それが糸口になって水兵数百名と警察・民衆との間の乱闘事件となり、双方に死傷者を生じた。清国水兵のこの暴行は、北洋艦隊がかねて人心に与えていた重圧感の故に一段と屈辱的なものとして世人を憤激させたこと一方ではなかった。

以上のようにして、日中関係はとかく烈しく緊張しがちであり、そして、明治七年の台湾征討から一〇年を経た甲申政変に際してもまた戦争の危機に直面する有様であった。しかも、両国間の係争点の一つをなした朝鮮問題は、わが民族の独立にかかわる問題と考えられており、そこで、日中関係のこのような推移はわが国内の民族意識をたえず烈しく刺戟し、高揚させることになった。そして、すでに述べたように、江戸幕府の瓦解・明治新政府成立が一面において民族革命であった結果として、明治維新後ひとり支配層ばかりでなくひろく一般人心においても外に対抗する志向が本来的に強く抱かれていた。且つまた、清国および朝鮮においては国内の近代化が遅々として進まず、その上清国は西洋諸大国の重圧下にあり、朝鮮の場合にはその内政がきわめて不安定であり、ともに将来のその国家的存立は危まれていた。しかも、この危惧は、地理的近接の故にわが民族の独立に対する危惧を同時に意味するものとされたのである。そこで、以上これらの状況の下で、わが国内には日中(あるいは日中韓)提携論を排して、可能な場合にはわが国としてこれらの国の上に勢力を押し及ぼすべきであるとの論も次第に擡頭することになった。その場合、わが国に近接した清国（あるいは朝鮮）にわが国の勢力を拡大することによってわが民族の独立自体を確保すべきであるという防衛意図が、以上の次第で大きく混入していたのであった。福沢諭吉が明治一八年（一八八五年）以来熱心に唱えるにいたった「脱亜論」のごとき、このような主張の最も典型的な例ということができる。(1)

（1）　福沢諭吉は明治八年に『文明論之概略』を著わし、その中でわが国の独立をはかる上から西洋文明の導入が緊急の課題であることを痛論した。そして、その後彼は明治一四年に『時事小言』を公にして、わが国のごとく西洋の文物をとり入れて文明の進歩をみた国は東洋諸国中ほかに類例がない。清国の開化が遅々たる有様である今日、東洋諸国の中で「文明の中心」となり他の先頭に立って西洋諸国にあたれるものは日本国民以外にはない。「亜細亜東方の保護は我責任なりと覚悟す可き」である。世上には、わが国の独立さえはかればよく、他国を保護することなどは無用であるとの論もあろうが、それは誤っている。たとえば、自家を石造にしたからとて近隣に木造の建物があれば、火災に対して安心していられない。防火のためには自家のほかに近隣の家のことも考え、万一の場合には応援することはもちろんながら、無事の日に近隣の家に交渉してわが家と同じ石造にさせることが大事である。場合によっては、そうするように強制してもよい。また事情切迫の場合には「無遠慮に其地面を押領して我手を以て新築」してもよい。これは隣家のためではなくて類焼を恐れるからである。現在西洋諸国が東洋に勢力をのばそうとしている有様は、火の燃えひろがるのに同じである。東洋諸国、ことにわが国に近い清国、朝鮮などが「遅鈍」で対抗できないのは、木造家屋が火に堪え得ないのと同じである。それ故に、わが国はこれらの国のためではなく自国のために「武以て之を保護し文以て之を誘導し、速に我例に倣て近時の文明に入らしめ」ねばならない。やむをえない場合には「力を以て其進歩を脅迫」しても差支えない。「輔車相依り唇歯相助るとは同等の国と国との間には通用す可しと雖ども、今の支那、朝鮮に向て互に相依頼せんことを望むは迂闊の甚しきもの」であると主張した(前掲書、第四編、「国権之事」)。

そして、その後明治一八年に彼は『時事新報』に「脱亜論」(『福沢諭吉全集』、第一〇巻、所収)と題する論説を公にして、その中で述べて、今日の世界では西洋文明をとり入れることなくしては国の独立を保つことはできない。それ故にわが国は万端のことについて西洋文明を採用して旧風を脱し、全アジアにあって新機軸を示して来た。その主義は「脱亜」の二字に尽きる。これに対して清国・朝鮮の両国は古い伝統を固守しており、このような有様ではその独立を維持しうる見込もない。これらの国に明治維新のような変革が起れば格別、そうでなければ数年の中に「亡国」となり、その領土は世界の文明諸国の間に分割されることは、一点の疑いもない。輔車唇歯とは隣国助け合うのを喩えた言葉であるが、両国は今日のわが国にとり毫も助けにならないばかりか、西洋諸国はわが国を未開化のこの両国と同一視し、これがため間接にわが国外交も支障をこうむること少くない。そこで、わが国としてとるべき策としては「我国は隣国の開明を待て共に亜細亜を興すの猶予ある可らず。寧ろ其伍を脱して西洋の文明国と進退を共にし、其支那朝鮮に接するの法も隣国なるが故にとて特別の会釈に及ばず、正に西洋人が之に接するの風に従て処分す可きのみ。悪友を親しむ者は共に悪名を免かる可らず。我れは心に於て亜細亜東方の悪友を謝絶するものなり」と主張したのである。

さて、他方わが国内をみると、明治一七年(一八八四年)に華族令が発布されて爵位の制が設けられた。明治二年の版籍奉還とともに「公卿諸侯」は華族とよばれることになったが、この華族令にもとづいて爵位を与えられたものを今後華族とよぶことになった。そして、当時授爵されることになったのは、旧「公卿諸侯」だけでなく、明治新政府成立以来政府において重きをなすにいたったひとびとに対しても爵位が与えられた(1)。ところで、これらのひとびとの多くは江戸幕府下においてはそれぞれの藩の下級武士層に属していた。新政府はその成立以来しばらくの間は四民平等の建前を強調し、多くの下級武士層出身者を重要構成分子とする新政府の統治を正当化することを試みたことは、前述したが、しかし、藩閥支配の確立によってこれらのひとびとの支配的地位が安定するにいたった今、この華族令の制定によって彼らは爵位を獲て、みずからをこの新しい身分的差別の中の高い序列に位置づけ、それによって自己と政府とを権威づけることが試みられたのである(2)。

（1）　たとえば、故木戸孝允、故大久保利通の後嗣は侯爵、伊藤博文、山県有朋、黒田清隆、西郷従道、井上馨、松方正義、大山巌は伯爵を授けられた。

（2）　この当時にいたって華族令が制定されたのは、一つには将来立憲政実施の暁において上院の中核をなすべき華族を確固たるものにして置こうという意図が背景にあった（稲田正次『明治憲法成立史』、上巻、昭和三五年、六九九―七〇〇頁）。

ついで明治一八年（一八八五年）一二月に入ると、太政官制に代えて内閣制度が採用されることになった。これまでの太政官制の下では、天皇を輔弼するものとして太政大臣、左大臣および右大臣があり、この三大臣の下に参議があって、三大臣を補佐することになっていた。なお、参議の下に行政各部局の長官として初め卿が置かれていたが、明治一四年の太政官制の改正により参議が卿を兼ねることに改められた。このような太政官制の下では施政の中心は三大臣であったが、しかし、三大臣間の意見が一致しないために政務が滞るという弊害がみられた。また、明治四年以来太政大臣の地位にあった三条実美は参議、とくに薩長出身の参議を統御する力量に乏しかったが、しかし、右大臣岩倉具視は生来機略にとみ、三条を助けてそのような欠陥を補って来た。けれども、その岩倉は明治一六年に歿した。さらにまた、行政各部局の長官である参議兼卿は所管事項について三大臣の指示を仰いで決定を行ったのであり、天皇を直接輔弼して施政に対して責任を負うものではなかったが、そのことは不自然であったばかりでなく、岩倉の死後これら参議兼卿が施政の実際上の中心となるにいたったので、その点は一層問題とならざるをえなくなった。

このような実情を呈していた太政官制を廃止して新たに内閣制度を施行するについて、最も力を尽したのは参議兼宮内卿伊藤博文であった。彼は太政官制に代えて内閣総理大臣および各省大臣を設け、これらが合して政府を構成して天皇を輔弼するものにし、しかも、内閣総理大臣には在来の三大臣任用の場合のように門閥によらず、才幹あるものを起用し、政府の統一を堅めるとともに政務の迅速な処理をはかるべきであるとなしたのである。そして、そのことは立憲政施行の日が近づいていることを考えても、緊急になされねばならないと考えたのであった。この改革によって、太政大臣、左大臣、右大臣という大宝令以来の古い由緒をもつ官職は廃止されるとともに、古来これらの地位にはわずかの例外を除き藤原氏の後裔のみが任ぜられたのに対して、新たに設けられた内閣制度の中心をなす内閣総理大臣には長州藩下級武士層の出身である伊藤博文が任ぜられたのである。なお、三条実美は、新たに設けられた内大臣(内府)に任ぜられて宮中に入ることになった。内大臣は、天皇の「常侍輔弼《じょうじほひつ》」にあたるものと定められたが、しかし、この官職は実は内閣制度の施行にともないこれまで太政大臣であった三条実美を優遇する目的で設けたものであ

った。(1)

(1) 内閣制度の施行によって、国務について天皇を輔弼するものは国務大臣、宮務について天皇を輔弼するものは宮内大臣ということになった。それ故に、内大臣は儀礼的な地位にすぎなかった。ただ、後年政治状況の変化にともない内大臣はきわめて重要な政治的役割を荷うようになるのである。

内閣制度の実施は、以上のような次第できわめて重要な制度改革であった。けれども、それは藩閥による政治支配というすでに確立された事実に何ら変更を加えたものではなく、現にわが国最初の内閣として生れた第一次伊藤内閣もその人的構成において薩長両藩出身者が絶対的優越を占めた藩閥政権であったのである。(1) これにつづく今後の歴代内閣もまた、同様であった。藩閥の政治支配は、今や全く鞏固であった。そして、非藩閥出身者が政府の要職につくことは、有力な藩閥政治家の引立てをうけている場合を除いては依然不可能であった。(2) そして、国家の実力機構である軍および警察も、藩閥勢力の手に確固として掌握されていた。陸軍大臣は第一次伊藤内閣の大山巌以来、明治二八年(一八九五年)第二次伊藤内閣の下で山県有朋(長)が二ヶ月余り兼任陸相であったのを除けば、明治三一年(一八九八年)一月第三次伊藤内閣に桂太郎(長)が陸相に就任するまでは歴代薩摩出身者によって占められ、その後は長州出身の陸相がつづき、明治四四年(一九一一年)に初めて非藩閥出身の石本新六が陸相となった。海軍大臣も第一次伊藤内閣の西郷従道以後明治三九年(一九〇六年)に第一次西園寺内閣の海相に斎藤実《まこと》が就任するまでは終始薩摩出身者であった。そして、たとえば明治二一年には陸軍部内では長州出身者が、海軍部内では薩摩出身者が大きな勢力をもち、(3)後年「薩の海軍・長の陸軍」といわれる素地はすでに形づくられていた。また、警察行政は内務省の所管であったが、内閣制度採用以後第一議会の開会(明治二三年(一八九〇年))にいたる期間の歴代内務大臣は旧薩摩藩または旧長州藩出身者であった。そして、明治一四年に再興されて以後の警視庁をみても、明治四一年(一九〇八年)までは歴代総監のきわめて多くは薩長出身者であった。(4)

(1)　第一次伊藤内閣の顔触と出身藩とは、つぎのとおりである。内閣総理大臣兼宮内大臣伊藤博文(旧長州藩)、外務大臣井上馨(同)、内務大臣山県有朋(同)、大蔵大臣松方正義(旧薩摩藩)、陸軍大臣大山巌(同)、海軍大臣西郷従道(同)、司法大臣山田顕義(旧長州藩)、文部大臣森有礼(旧薩摩藩)、農商務大臣谷干城(旧土佐藩)、逓信大臣榎本武揚(旧幕臣)。

(2)　藩閥勢力は、年を経るにつれて、また国家機構の拡大するにともなって、重要な官職を後進の藩閥出身者で充当することに次第に困難を感じるようになるが、それとともに、藩閥長老政治家は非藩閥出身者の若い世代の才能あるひとびとに着目し、彼らを引立てて恩を売り、彼らを藩閥の政治支配を補強する具として利用することを次第に熱心に試みるようになるのである。そして、非藩閥出身者の間においても、藩閥政治家に接近して自己の前途をひらこうとするひとびとが少くなかった。このようにして、世上あるいは「帰化薩人」、「帰化長人」とよばれた人たちが生じたのである。このような現象は、今述べている時代にすでに生じ出していた。

（3） 小山弘健、浅田光輝、『日本帝国主義史』、第一巻、昭和三三年、三九頁。

（4） 右の期間に薩長以外の出身で警視総監に就任したものは、明治二二―四年の田中光顕(旧土佐藩)、明治三一年の西山志澄《ゆきずみ》(同)、明治三八―九年の関清英(旧肥前藩)を挙げうるにすぎない。

なお、内閣制度の実施と連関して注目すべきものは、元老の制度である。内閣制度が採られるようになってから、政変の際に天皇は次の内閣を何人に組織せしむべきかについて「維新の元勲」とみられていた若干のひとびとの意見を徴し、これらのものが協議して推薦したものに組閣の勅命を与えるという慣行が生れるにいたった。そして、天皇のこの下問に答えるひとびとは世上から俗に「元老」とよばれることになった。伊藤博文(長)、山県有朋(同)、井上馨(同)、松方正義(薩)、西郷従道(同)、大山巌(同)が、それであった。元老は、このようにして、事実上の地位であり、法制に根拠をもつものではなかった。しかも、彼らは内閣製造者《キャビネット・メーカー》という実に重大な役割を演じたのである。ところで、この元老は以上のようにすべて薩摩藩または長州藩の出身者であったのであり、藩閥勢力は、こうして、元老という地位を通してもまた今後政治を左右することになるのである。(1)

（1）　大正に入ってから新たに桂太郎、西園寺公望が元老に加えられたが、桂は長州藩の出身であった。従って、藩閥外で元老の地位についたのは、前後を通じて公家出身の西園寺公望ただ一人であった。

さて、伊藤内閣は明治初年以来のわが国外交の大きな懸案である条約改正問題の解決を企てた。そもそも、明治四年特命全権大使岩倉具視の一行が条約改正の使命を帯びて欧米に赴いたが、その後明治九年（一八七六年）外務卿寺島宗則（旧薩摩藩）は条約改正交渉に着手した。彼は条約改正の全面的実現、すなわち、治外法権制度の撤廃と関税自主権の獲得とを一挙に達成することは到底不可能と考え、当面の交渉を後者、すなわち、いわゆる税権の回復に限ることにした。元来関税自主権をもたないことは、独立国の建前に反するばかりではなく、協定輸入税率が従価五分という低率であることは、西洋先進資本主義諸国の商品流入を容易にし、そのことは、連年にわたる輸入超過の重要な原因となったばかりでなく、民族資本の育成を目的として政府のとりつつあった殖産興業政策、またその後の産業保護政策の効果を甚だしく減殺して来たのである。また、協定税率の低い結果関税収入は少く、そこで政府は財政上の必要を充たすためにはいきおい内国税を重課せねばならず、しかも、地租負担はすでに限界に達していると考えられたので、他の内国税を加重することは資本の蓄積を妨げ、国内生産の発達を阻害すること、実に少くなかった。

このような中で、寺島外務卿は、岩倉具視一行が訪米した際にアメリカ政府が関税自主権の問題について好意的態度を示したのを考慮して(1)、先ずアメリカとの間に交渉をひらき、明治一一年(一八七八年)にわが国の関税自主権を承認した改正条約の調印をみたのである。けれども、イギリス、その他の西洋諸国は同趣旨の改正には応じようとせず、しかも、日米間の新条約はわが国と他の諸国との間にも同様の条約が締結されることを効力発生の条件と定めていたので、寺島の努力も空しく水泡に帰した。

(1) この前後の時期において、アメリカの対日輸出は僅少で、輸入が比較的大きかった。そのような関係から、わが国の関税自主権獲得の要求に対してアメリカは好意的態度を示したものと考えられる。

寺島のあとを襲って明治一二年九月外務卿に就任したのは、井上馨(長)であった。さきに寺島外務卿が条約改正交渉を進めていた当時、たまたまハートリー(J. Hartley)事件(1)、ヘスペリア号事件(2)が起り、この両事件はわが国人に治外法権制度の弊害を一段と痛感させ、治外法権制度の撤廃（いわゆる法権の独立）を要求する声を世上に高まらせることになった。そのようなところに井上が外務卿に就任したのであった。彼はその後明治一八年内閣制度の施行とともに第一次伊藤内閣の外務大臣となり、爾来明治二〇年にいたるまで前後実に八ヶ年にわたって外交の局を担当することになったのである。その間を通じて彼は条約改正のために終始苦心を重ねた。そして、井上は外務卿の時代以来いわゆる欧化政策をとり、伊藤内閣の成立とともにそれは同内閣の方針として採用された。彼は、西力東漸の大勢の中でわが国の独立を維持するには国民が「敢為《かんい》の気象」、「独立自治の精神」をもたねばならない。それには「泰西《たいせい》活潑の知識」の「吸取」によって「我帝国及び人民を化して、恰も欧洲邦国の如く恰も欧洲人民の如くならしむるに在るのみ。即ち之を切言すれば、欧洲的一新帝国を東洋の表に造出するに至るのみ」(3)という信念を抱いていた。そのような井上はわが国に西洋の生活様式を力めて取入れることは、西洋人に日本もまた西洋諸国と類似の国家であると考えさせることに役だち、そのことは治外法権撤廃の交渉に西洋諸国を同意させるのを容易にすると考えたのであった。すでに明治初年に「文明開化」の風潮の下に西洋の文物が一時さかんに移植、導入されたのであったが、伊藤内閣成立の前後からこの欧化政策との連関で西洋模倣が滔々として一代の風潮をなす時代がひらかれた。そして、世上では洋風の宴会、「舞踏会」、バザーがさかんとなり、女子の洋装がもてはやされ、西洋音楽が流行し、洋服、洋食がますますひろく行われ、英語を学ぶことも競ってなされる状態になった。(4) 鹿鳴館時代とよばれるものが、これである。(5) そして、このような風潮の反面として、わが国の事物を西洋のそれと対比してこれら伝統的なものを批判し、それらを改良する必要がしきりに主張されることになった。たとえば、小説、演劇、美術などの改良論、日本音楽改良論、文章は漢文調を廃して言文一致に改むべきであるとの論など、さかんに唱えられる有様であった。(6)

(1) これは、在留イギリス人ハートリーが明治一〇―一一年に二回にわたって阿片をわが国に密輸入しようと企てて、発覚した。ところが、これら事件を審理したイギリスの領事裁判は一回は無罪とし、他の一回は軽い過料を課すにとどまった。そこで、将来もこの種の密輸入が行われて、阿片吸飲の風が国民の間にひろがることがふかく憂慮されたのである。

(2) 明治一一年政府はコレラの流行に対して検疫規則を制定したが、西洋諸国の公使は治外法権の特権を理由として、この規則を西洋人に対して実施することをみとめようとせず、そのような中で翌一二年ドイツ汽船ヘスペリア号がコレラの流行している清国から横浜に到着した。その際、わが国の関係当局は一旦港外の検疫所に碇泊させたが、ついでドイツ公使の命令で同船は検疫をうけることなく入港してしまった。この事件も、治外法権制度廃止の必要を世人に痛感させることになったのである。

(3) 井上外相が内閣に提出した明治二〇年七月九日付意見書(『条約改正関係・大日本外交文

書』、第二巻、五四七―六二頁、所収)中の句。

(4)　たとえば女子の洋装について、明治二〇年三月一六日の『東京日日新聞』は、「女子の洋服は昨今日の出の勢ひにて、白木の洋服店、大倉の裁縫店抔《など》は昨今男子の服よりも女子の洋服の注文を受ける方多しと云ふ。又既に柳原の古洋服店にも婦女の洋服が釣下りたるを見れば、貴婦人而已ならで中等以下の婦人にも此の流行を推及せしものと思はる」とあり、同年三月一三日の同新聞の「京都近況」に、「官員の婦女子か中等以上の町家の婦女等は洋服一具づつは嗜《たしな》みに備へ置なれども、一般といふ訳にも往かず」とある。

また、明治一九年一一月二八日の『毎日新聞』は「高木海軍々医総監外数名は、我国の婦人中兎角洋食を嫌ふものありて、内外人交際の繁き今日に在りては不都合なりとて、今度海軍々医の妻女姉妹等有志の婦人を集めて、毎月両三回づつ洋食会を催ふすことに決したるよし」と報じている。

またたとえば、英語の流行について、明治一八年二月八日の『東京横浜毎日新聞』に「日下貴顕方の令閨には、英語を解せざる時は宴会の席等往々不都合なりとて、三番町なる桜井女学校に通はれ、英語を学ばるるよし」とあるが、英語を学ぼうとするものは社会上層のひとびとに限られなかった。明治二〇年三月一三日の『東京日日新聞』前掲の「京都近況」の中で「○英学。昨今官公私立学校生徒は勿論、市中の息子や娘抔も英学の欠べからざる必用なる事を知りたる故か、リードル、スペルリングでも覚えし位ゐの息子あれば、近傍の息子や娘或は雇人抔が直に入門して伝習を乞ふ。故に、右の先生、又元方(私塾教師)へ仕入に赴くとて是又多忙なり。故に英学私塾の一雨に殖ること甚し。現に大家の商店抔は毎夜学校の如き有様を見る家多し。そこで、旧印の家にては彼是いふ間に時節後れの不具人間と成りて、迂遠極る人々の目立つも又甚だし」とある。

(5) 明治一六年末に鹿鳴館が落成した。内外人の社交クラブとして設けられたこの鹿鳴館は、時代の象徴《シンボル》とみられたのである。

(6) なお、指原安三『明治政史』(明治二五―六年)(『明治文化全集』、第二―三巻、所収)は当時の世の姿をつぎのように記述している。「我国の上流社会は靡然《びぜん》として百事日本の旧風を棄て、忽焉《こつえん》として一朝欧洲風に変ず。夫の輪奐《りんかん》の美を尽し結構を極めし所の鹿鳴館は便《すなわ》ち此時建築し(十六年十一月廿八日竣功す)、以て享楽の場と為し、昼遊夜讌、舞踏、音楽、骨《こっ》牌《ぱい》、棒珠等物として適せざるなく、以て内外貴人情を結ぶの便に供し、且つ東京倶楽部も亦井上外務卿の発企に係り、十七年五月十四日其第一会を開く。其主意に曰く〈修好の媒介を謀り、内外国人の交際を親密にせんが為、海外諸国に現行するくらぶの体裁に準拠し、茲に倶楽部を設立し、会員を募集す〉云々。其一意専心只管《ひたすら》洋風を慕ひ以て交際を求めんとする所の舞踏会は、此時に於て開け、華奢風流の余に出る婦人慈善会は是時に於て起り、其他和を脱して洋に入る羅馬字会あり、風致を捨てて見状を取る演劇改良会あり、古雅を迂として直情に馳する講談歌舞の矯風会あり、書方改良、言文一致、小説改良、音楽改良、唱歌改良、美術改良、衣食住改良の如き、貴賤上下翕然《きゅうぜん》として洋風是擬し、西人是倣ひ、其甚きに至ては人種改良論を主張し、大和民族に換ふるに高加索《コーカサス》人種を以てせんとするに至る。是に於て遂に畏くも洋装衣服を宮廷内に行はせ奉り、其礼式も亦欧洲に模擬せしめ奉る。是国家の基く所、社会の仰ぐ所なり。故ある哉、其所為矣。而して宴会の旺盛なる古今未だ此時より旺盛なるはなく、彼処に総理大臣の讌会あり、此処に外務大臣の夜会あり、朝には雍々《ようよう》の声東京府知事の官舎に起り、夕には鏘々《そうそう》の音陸軍大臣の邸内に響く。就中二十年四月二十日伊藤伯の主催仮装舞会、同廿七日井上伯の鳥居坂邸に於て演劇天覧の如き其の最なるものにして、人或は之を評して、未だ羅馬の盛時に至らずして先づ其の弊を学ぶものなりと云ふ。是れ実に明治十七八年より同二十年に至るの状情なり」(前掲全集、第二巻、五二五—六頁)。

鹿鳴館時代のこのような世相は、のちのちまでも語り草となった。その西洋心酔の風潮は、たしかに批評をうくべきものを多くふくんでいた。けれどももまた、このような世相を生み出した欧化政策の意図は、条約改正を実現してわが民族の独立に役だてようという悲願に根ざしていたこともまた、無視されてはならない。なお、井上馨は西洋諸国の好感を獲得しようとしてしきりに苦心したが、その有様は迎合、卑屈に流れながらも、それもまた条約改正交渉において成果を挙げようという焦慮、熱望の現われにほかならなかった。(1) それにしても、しかし、条約改正を達成して民族の独立に役だてようとする願望が、ついに民族の文化的伝統をとかく無批判的に抹殺しかねない一時代を生みだしたことは、後進国がその発展の途上において迎えた悲喜劇というべきであろう。

（1）　明治一二年当時工部省に勤務していた林董《ただす》はその『後は昔の記』（明治四三年）の中に記して、この年にエドワード・リード（Sir E. J. Reed）がわが国に来遊したが、彼はイギリスの造船監督官で下院議員であり、知名の人であり、またわが国の軍艦を設計したこともあって親日家であった。井上外務卿はこのリードを甚だ丁重に歓待した。井上としては、条約改正の大きな障害はイギリス公使パークスであるから、イギリスに働きかけてパークスを転任させるか、そうでなくてもパークスを抑制させたいと考えていた。そこで、そのような底意の下にリードを歓待したようである。しかし、条約改正はイギリスの外交に関することであり、リードの如何ともなしえないところで、イギリス政府が彼の意見をきいてパークスの地位を動かすごときことは全くありえない。けれども、井上はその点に考え及ばず、それがために彼のこのような策略はパークスの感情を害しただけで終った。ところが、また同年に香港総督のヘネシー（Sir J. P. Hennessy）が来日した。その際にも、リードのときと同じ動機で手厚い接待がなされた。「此度は其夫人と小児と共に霊南坂上外務卿の官邸に館し、優待遠くリードの時に超えたり。其寝台及び室内の諸具悉皆有名なる漆工橋一に命じて新調したるを以て、其待遇の盛なるを知るべし。当時橋一の細工は煙管筒《きせる》一本を塗りたるもの尚ほ十数円の時価ありたり」と林は述べ、ヘネシーはパークスを批評して、井上の意を迎え、「其箱根に遊び日光に詣づるに、外務卿夫婦令嬢と共に之に伴なひ、奥羽、北海道を巡回したる時は大蔵卿大隈伯夫婦之に伴なひたり。予（林のこと—著者）は其途次伯が条約改正、税権回復の要を説明する通訳の為めに伯に随行す。然れども、伯が是等の事に説及する毎に、ヘネシーは巧みに話頭を他に転じて数週間の旅中終に何等の要領を得ずして帰京せり。外交に小刀細工の有害無益なること、之を以て証するに足れり。公使パークスは公平の人物なりしを以て、是等の事其感情を害したるに拘はらず、外交上の公事に影響を及ぼさずして休みたるは幸なりと云ふべし」と評している。なお、井上は彼の友である内務卿伊藤博文がヘネシーの接待に協力しようとしないのを歎息したが、伊藤は林からそのことをきいて「井上が英政府の信任する公使を措いて他の力を借りて条約を改正せんとするは間違なり」といい、井上の不平を何ら意に介しなかった、という(前掲書、一六〇―四頁)。

　吉田正春は外務省に勤務していた時代を回顧して、鹿鳴館時代には外相官邸に外国公使が着くと、大臣自身とび出して行って馬車の扉をあけたことさえあった。それをみて、自分はそのようなことは属官にやらせるべきであると注意したのであった、と述べている(『朝日新聞』、大正八年二月一七日所載、吉田正春、「憲法発布まで」)。

　また、注目に価するのは、明治一六年の伊藤博文の北垣国道宛書翰(平塚篤、『子爵栗野慎一郎伝』、昭和一七年、八八頁所引)である。伊藤は、その中につぎのように記している。「先般粗《あらく》御《お》咄《はな》し申上候宗教一件は、昨年小官在独中彼のビス君(ビスマークのこと―著者)の為めに説諭せられ、其際百方抗論致候へ共、論じて究極すれば、文明各国と対峙するには何分内国人心の帰結を固めざるべからず。之を固むるには文明国の宗教を採用せざるべからず。小官元より宗教の事には淡泊にして未だ身後之計画を為すの余地は無レ之候得共、外人に直接する者宗教の異なるより大に蔑視せらるは常に甚感ずる処、小官ドイツにありて先非を悟り直に彼宗の宗教に入門し、帰朝の後同僚井上を説き改宗為レ致候へ共、小官なり井上なり彼の宗教を尊崇する事今日に発表致し候ては、聊《いささか》不都合の廉有レ之候に付、暫く之を秘する事に申合せ居候事に御座候」。この書翰の書かれたのは、鹿鳴館時代のことである。文中では条約改正のことに何ら言及されてはいないが、彼が「文明各国と対峙するには」と記したとき、条約改正問題のことも当然にふくまれていたものと考えられる。伊藤、井上は、人間として最も内面的な心情につらなる信仰の問題をもこのように純政治的見地から端的に処理して、意に介しなかったようにみえる。曽つて岩倉具視を特命全権大使とする一行の欧米巡遊を契機として、条約改正の促進という政治的考慮から信仰の自由がわが国で容認されるにいたった(本書、一八七—九頁参照)のが、思い合わされるが、それにしても、自己を政治的人間の中に埋没、解消させるこの心境こそ、たとえば条約改正の成果を挙げようとする井上馨の切願、焦慮と相表裏するものであったのである。

さて、以上のような中で井上馨は条約改正交渉を進めたのであるが、彼は西洋諸国と折衝して、関税については協定輸入税率の引上げをみとめさせ、また軽度の罰則をともなったわが国の行政法規を在留西洋人にも遵守させることを承認させようとした。ところで、協定税率引上げの件については交渉は順調に進んだが、以上の意味での治外法権の一部的廃止に対しては西洋諸国の側は強硬に反対した。そして、交渉が重ねられたすえ、明治二〇年(一八八七年)四月にいたってようやく裁判管轄条約案が議定された。その主たる内容は、この条約の批准交換後二年以内にわが国は内地を開放して、西洋人に通商、居住(内地雑居)を許し、また土地所有権、鉱山採掘権などを享有させること、右の二年以内にわが国側は「泰西の主義」に即して刑法、治罪法、民法、商法、訴訟法を制定し、且つその施行前にその英訳文を西洋諸国側に送付して承認をうること、わが国の主要裁判所に西洋人判事を任命して西洋人に関係ある一切の事件の審理に干与させ、西洋人を被告とする事件については西洋人判事が過半数を占めた合議裁判で審理すること、というのであった。なお、この条約の期限は一七年と定められた。この条約案が議定された頃には、協定税率引上げの問題も、妥結に近づいていた。

そのような折柄、はからずもこの裁判管轄条約案は世上に漏洩するにいたった(1)。そして、それとともに世人の間には政府の交渉方針を卑屈、軟弱であるとして論難、攻撃の声が忽ちにして沸騰する有様になった。その際に非難の焦点となったのは、西洋人の関係する事件の審理に西洋人裁判官を干与させることにした点、わが国の行う重要立法について西洋諸国側の同意を必要とした点であった(2)。ところで、このときに際して、政府攻撃の世論の先頭に立つにいたったのは、実は自由民権派であった。これより先、デフレーションの時代は明治一八年をもって終り、それとともに経済界は明治一五年以来の不況を脱して好況に転じ出していたが、そのことは国会開設の年が近づきつつあることと相まって、沈滞に陥っていた自由民権運動をようやく活気づけ始めていた。正にその矢先に、条約改正問題をめぐって世論が以上のように烈しく沸き立つにいたったとき、自由民権派のひとびとは立ち上り、世上の反政府的世論を背景に政府に肉薄することになったのである。

（1）　当時外務省飜訳局次長の地位にあった小村寿太郎は、この条約案の内容を屈辱的として痛憤し、これを世上に漏洩させたのであった（鷲尾義直、『古島一雄』、昭和二四年、六三頁）。

（2）　この前年の明治一九年（一八八六年）一〇月にイギリス汽船ノーマントン（Normanton）号が横浜から神戸に赴く途中紀州沖で坐礁、沈没した。その際に船長以下多くの船員はボートでいち早く逃れたが、日本人乗客二三名全員はイギリス水夫一部とともに見捨てられて、溺死した。事件は神戸駐在イギリス領事による海事審判に付せられたが、審理の結果この事件は船長および機関士の船員としての不適格性を示したものではないと認定された。それを知ったわが国世上はイギリスおよびイギリス人攻撃の声沸く有様となり、そのような中でわが国政府もイギリス人船長を告訴し、ついで領事裁判がひらかれ、審理の結果船長を職務怠慢の理由で三ヶ月の懲役に処する旨の判決がなされた。ノーマントン号事件は、当時の人心を痛憤させた大問題であった。そして、事件の直後それはいち早く芝居にも仕組まれ、またこの事件を歌った「岸打つ浪の音高く、夜半の嵐に夢さめて、青海原を眺めつつ、わが同胞《はらから》は何処《いずく》ぞと、叫べど呼べど声はなし、捜せど尋ねど影はなし、……」の歌は、世上で流行歌としてひろく世人の間に悲憤をこめて唱われた。この事件は、わが民族感情を強く刺戟したばかりではなく、治外法権制度の弊害を世人に痛感させたのであった。ついで、そのようなあとをうけて裁判管轄条約案の漏洩となり、世論の沸騰となったのである。

なお、条約改正問題はこのときを最初として国会開設後にかけて、しばしば政府反対派による政府攻撃の絶好の題目になったのである。すなわち、条約改正を実現して不平等条約の束縛から離脱することは、長年の国民的願望であったが、しかし、現実の外交交渉においても治外法権の撤廃と関税自主権の獲得とを一挙に実現することは不可能といってよく、またこの両者について現状を若干改めるのにも対価の提供が必要とされた。これらの結果として、政府の条約改正案はつねに改良的、妥協的なものになった。そこで、政府反対派としては政府の対案を姑息、不徹底であるとして烈しく攻撃し、不平等条約の打破を望む世上の民族感情を背景に政府に迫り、政府を窮地に陥れることができたのであった(1)。

(1)　条約改正問題は、時の支配層を国際的局面と国内的要求との板挟みの窮境に陥れる恰好の題目であった点で、幕末の攘夷鎖国の問題に似通っていた。

さて、自由民権派は井上外相の裁判管轄条約案を痛撃してやまないとともに、欧化政策に対しても烈しい論難を浴びせたのである。ところで、この前後にかけて欧化政策に対する批判的な動きは識者の間にも現われるにいたった。(1) その代表的なものを挙げるならば、その一つは徳富猪一郎《とくとみいいちろう》(蘇峰《そほう》)を中心とするひとびとであった。徳富は同志のものとともに民友社をつくり、明治二〇年二月以来雑誌『国民之友』を発刊して筆陣を張るにいたったが、彼らは欧化主義自体を肯定しつつも、政府の欧化政策にまつわる貴族主義的色彩を排斥していわゆる平民主義を唱え、その主張は清新な進歩主義に立つものとして知識層の間に少からぬ共鳴者を獲得したのであった。(2) その二は、雑誌『日本人』および新聞『日本』に拠ったひとびとである。三宅雄二郎(雪嶺《せつれい》)、志賀重昂《しがしげたか》らは同志とともに政教社をつくって、明治二一年四月以来雑誌『日本人』を刊行し、欧化主義をもって西洋文明に心酔して自国の長所、美点を忘却したものであると批判して、わが国のすぐれた点を明かにしようとした。また、陸実《くがみのる》(羯南《かつなん》)、福本誠(日南《にちなん》)らも明治二二年二月以来新聞『日本』を発行して、同様の立場から世上に働きかけたのである。(3) なお、この新聞『日本』の中心をなしたひとびとと政教社の同人との間には密接な人的結びつきがあり、『日本』の経営には政教社のひとびとで関係したものもまた少くなかった。

(1) 明治一九年一二月に西村茂樹は東京大学で三日間にわたって日本道徳に関する講演を行

い、それは当時の世上に波紋を投じた。彼は佐倉藩の出身で、儒学を修めるとともに洋学を学び、明治維新後文部省、宮内省等に仕官したが、かねて国民道徳の問題にふかい関心を抱いて、その攻究に力めて来た。彼は、維新以後国民の道徳生活を規律すべき基準が確立するにいたらないのを甚だしく遺憾としていたが、欧化主義が一代の風潮をなすにいたったのに対して、彼は右の講演において国民道徳樹立の必要を痛論し、儒教と西洋哲学とにもとづいて道徳の基準を樹立すべきであるとして、そのような見地に立って道徳の条目を提唱したのである。この講演は、翌明治二〇年『日本道徳論』の名で公刊され、世上にひろくよまれた。

彼は後年に当時のことを回想して、「朝政改革（内閣制度の実施を指す——著者）以来、朝廷の法令、民間の風俗益〻欧米の風を模倣し、所謂文明国の所為に近似する事は頗る多しと雖も、人心は益〻軽躁浮薄を極め、道徳を以て迂闊として之を唾棄する者少からず。加ふるに大官、貴人は首として舞踏会、仮粧会、活人画等を勧奨するを以て、民風の破壊其底止する所を知らず。余国家の為めに憂慮に堪へず」、この講演を行うにいたった（『日本弘道会創立紀事』、明治三一年、二九—三〇頁）と述べている。

西村茂樹のこの講演は、欧化主義に対する批判の最初の大きな現われということができる。なお、彼は明治一九年に日本弘道会を設立して、その主張する国民道徳の確立、普及に力を尽したが、この運動は目ざましい発展を示し、明治三〇年には支部八一、会員七八〇〇人を擁するまでになった。

（２）　徳富蘇峰は熊本の出身で、熊本洋学校に学び、のちに京都で新島襄《にいじまじょう》の経営するミッション・スクールである同志社で勉学した。この間において、彼は自由民権思想を抱き且つ平和主義を信奉するようになり、ついで、イギリスのマンチェスター派の思想的影響の下に以上の所信をさらに強めたのである。彼は明治一九年に『将来之日本』を著わし、この中で主張して、一九世紀の世界はもはや「腕力主義」、「武備主義」の世界ではなくて産業主義《インダストリアリズム》の世界に変りつつある。そして、産業の発達が貿易を旺んにし、それとともに平和主義が世界の大勢になろうとしているとし、さらに述べて、「腕力主義」、「武備主義」の時代においては社会は貴族主義的構成をとるが、産業主義の時代になると、商取引の関係が社会の基本原理となり、その結果社会は構成において平等主義的になるとし、この平等主義を平民主義と名づけた。そして、世界の大勢は今や平和主義と平民主義とであると論じたのである。この書物は当時の世上で甚だ好評を博し、彼の名は世に知られるようになった。ついで、彼は民友社を組織し、平民主義的欧化主義を標榜して雑誌『国民之友』を刊行するにいたった。この『国民之友』もまたひろく世人の間に愛読された。彼はまた、同じ明治二〇年に『新日本之青年』を公にし、これもまた世上の歓迎をうけたが、この書物において彼は、「東洋流の学問」は「専制学問」であるが、西洋の学問は進歩的であるとして洋学を讃美し、この二つの学問はその本質を異にするから両者を折衷する余地はないとし、すべからく洋学をしてわが国を支配せしめよと唱え、「今や我が社会は既に泰西的の社会とならんと欲す。而して独り此の社会を支配する所の泰西的の道義法のみ之を輸入せざるは抑も何ぞや。……願くば彼の小学、近思録の道徳に代るに自助論、品行論等の道徳を以てせよ」(一五〇―一頁)と述べ、

「封建社会の歴史と其の学問とは尤も親密なる関係を有し、其の存亡興敗を共にせり。……忠臣なる哉、漢学よ。爾は其の主人たる封建社会に殉死して、共に過去の世界に葬れり。漢学よ。爾は茲に永眠せよ」(五七頁)と論じたのである。こうして、『将来之日本』で平和主義、平民主義を主張した彼は、『新日本之青年』で欧化主義を力説したのである。

(3)　新聞『日本』の創刊の辞は述べて、「一個人と一国民とに論なく苟も自立の資を備ふる者は、必ず毅然侵す可らざるの本領を保つを要す。近世の日本は其本領を失ひ自ら固有の事物を棄るの極、殆ど全国民を挙げて泰西に帰化せんとし、日本と名づくる此島地は漸く将に輿地図の上にただ空名を懸くるのみならんとす」とし、新聞『日本』は「国民精神の回復発揚を自任すと雖も、泰西文明の善美は之を知らざるにあらず。其権利、自由及平等の説は之を重んじ、其哲学道義の理は之を敬し、其風俗習慣も或る点は之を愛し、特に理学、経済、実業の事は最も之を欣慕《きんぼ》す。然れども、之れを日本に採用するには其泰西事物の名あるを以てせずして、只日本の利益及幸福に資するの実あるを以てす。故に、〈日本〉は狭隘なる攘夷論の再挙にあらず。博愛の間に国民精神を回復発揚するものなり」となしている。

しかし、政府は世論およびこれと結ぶ自由民権派の熾烈な攻撃を浴びるにいたったばかりではなかった。これより先、政府の法律顧問ボアソナード(G. E. Boissonade)は意見書を提出して、前述のような裁判管轄条約案はむしろ現状に対する改悪を意味する旨を詳論して、是非とも廃案とすべきことを力説した。(1) また、勝安房(旧幕臣)も意見書を提出して、時代の弊風を論じ、政府の欧化政策を痛難したが、農商務大臣谷干城(旧土佐藩)もまた意見書を出し、政府は今般の条約改正交渉において、西洋人の意見を徴して西洋風の法令を制定し、西洋人の歓心を買おうとしているとのことであるが、元来法令は「一国の建国歴史及人民の風俗、習慣、教法等」を基礎とすべきものであり、その目的は「自国の安寧幸福」の保全にある。それにもかかわらず、「国家独立の重権なる立法」について外国人の干渉を許すのは、正に「亡国の兆」である。条約改正は現在のように外務当局者に一任して行うべきではない。明治二三年の立憲政施行を待ち、その上で条約改正案を「天下の人民に謀り、公議輿論を仮りて以て是非を世界の公判に訴ひ、侃々諤々誓て断行するを期す可きのみ」とし、西洋諸国は「公議輿論」を最も尊重する。それ故に、わが国も「公議輿論」を背後に交渉を行うならば、条約改正も実現できないはずはないと痛論し、しかも、その意見の容れられないのをみると、彼は辞職した。(2) 井上外相の条約改正交渉に対しては、このように、政府部内および周辺からも烈しい異議が唱えられる有様であった。

(1) ボアソナードはその意見書(『明治文化全集』、第六巻、所収)において、裁判管轄条約案では、日本が西洋人に国をひらくことになっているが、その場合西洋人を日本の法律および裁判所に服従させることに定めてあれば、せめてまだしもであるが、この条約案では、そうなっていない。そして、西洋人を原告とする訴訟は在来は日本の法律にもとづいて日本人裁判官の手で審理されていたのであるから、西洋人に関する事件の審理を定めているこの条約案中の規定は改悪である。また、西洋人裁判官多数から構成された裁判所は真の「日本の裁判所」ではない。且つ、「何れの国に於ても、官に立て官権を行ふは、国民の特権也。裁判官は一国の最も貴重なる官なり。其の職たる、官権の最も貴重なる施行の一なり。此の官職を以て外国人に委任するを得ず」とし、「外国人混合の裁判所」の例としてはエジプトの場合があるが、エジプトは日本と違って独立国ではない。「埃及《エジプト》国の例は、決して傚《なら》ふべからず。若し日本をして埃及の制に似するの議あらば、是れ実に国家の凶兆」であり、将来日本はエジプトのように諸国の侮辱をうけることになろう。また、この条約案では、日本は制定する法律およびその改正について西洋諸国の承認を必要とすることになっている。これは、「日本の面目」を傷け、国民の憤りを招く惧れがある。ボアソナードは、以上のほか条約案の諸点について詳細な論評を試みている。そして、彼は結論して、この条約案は「日本の利益、日本の面目」を害するものであるから、国民がその内容を知った暁には、不満を抱くであろう。しかも、調印後または批准後に国内に発表して人心が沸騰して、収拾しがたいことにでもなれば、由々しい事態となる。また、この条約案が実施されて、日本政府がその立法について西洋諸国の承認を乞うようになった場合、その有様は国民を一段と憤らせることになろう。ところで、「国民の心に憤懣あり。外国人に対し、之れを発表する危険なきを期すべからず。外国使臣を侮辱する者なきを保たず。外国政府は、其国民を保護するを口実とし、日本の隙を窺ひ国権に干渉するの権を索め、日本独立の安危に関する問題を惹起する虞《おそれ》あるべし。此時に於ては、軍艦を増加し、兵備を盛にし、海防を厳にするの必要あるべく、従て財政困難を来し、終に独立自治の国体を失ふに至ては、是れ即ち前に論ぜし如く埃及国の位置と同一なり。今を距《さ》る二十年前、外国人の交通を許したるを不当として、革命の乱の起りしなり。今日の問題に付て、国乱の起るときは、其の危害一層大なるべし。何となれば、倒すべきの幕府なく、天皇の威権に響を及ぼすの恐れあり」とし、終りに条約案に対する修正意見を述べたのち、日本政府はこのような条約案を廃案にすべきであると切言している。

(2) 勝安房および谷干城の意見書全文は、『明治文化全集』、第三巻、「名家意見書」の中に収録されている。なお、後者は『条約改正関係・大日本外交文書』、第二巻にも収められている。

しかも、政府に提出されたこれらの意見書は、やがて漏洩して自由民権派の手に入り、彼らはこれらを秘密出版の形で世上に流布して、政府攻撃のために利用したのである。当時自由民権派はまた『西哲夢物語』と題する冊子(1)を同じく秘密出版の形で刊行し、政府がプロイセン王国憲法に倣った専制的色彩の強い憲法を準備していることを暗示して、政府に対する世上の反感をますます高めようと試みた。さらにまた、自由民権派のひとびとは外交の立直し・地租の軽減・言論集会の自由という三要求を標語とした建白運動を組織して、世上に漂う政治的不満を結集、指導して政府を一段と窮地に陥れようとするにいたった。以上の三要求の中で、言論集会の自由は自由民権運動の上に課せられて来た抑圧法令の撤廃を求めるものであり、「外交の立直し」は条約改正の全面的実現を要望して、政府の交渉方針を非とするものであった。しかも、この「外交の立直し」により関税自主権をかちえた場合には、西洋先進資本主義諸国の商品流入によって苦しめられて来たわが国近代産業は関税政策を通じて保護されることを期待しえたとともに、関税収入の増加によって「地租の軽減」は容易になるものと考えられた。(2)それ故に、自由民権派はこの「外交の立直し」、「地租の軽減」という標語を掲げることによって、建白運動の傘下に地主・ブルジョア階級の支持を獲得しようとしたのであった。この建白運動は相当に成功し、それはきわめて幅のひろいいわば国民的な反政府運動へと発展するにいたった。(3)板垣退助監修の『自由党史』がこの運動の状況を記して、「独り自由党員の袂を投じて之に(有志の勧誘に—著者)応ぜるのみならず、苟くも国権の陵替を慨き四海の困窮を憂ふる者は守旧党と改進党等の如何を問はず畢《ことごと》く大同して進撃の隊伍に加はれり。老重なる卿紳あれば、慓悍なる壮士あり。農商工の輩に至るまで斉しく之に連署して総代を派出せざるなく……」と述べているのも、(4)右の点を物語るものにほかならない。こうして、全国各地からは総代と称するひとびとが相ついで上京して、以上の三要求に関する建白書を政府に提出する有様になった。

（1） 当時伊藤博文らによって憲法の起草が進められていたことは後述のごとくであるが、それが多分に専制的な憲法であるという噂がすでに世上でしきりに行われていた。そのところに、この『西哲夢物語』（『明治文化全集』、第四巻、所収）が自由民権派の手で流布されたのである。この書物は、「グナイスト氏談話」、「普魯西憲法」、「日本憲法原規」という三つの部分から成っており、この中の「グナイスト氏談話」は明治一八年に伏見宮貞愛《さだなる》親王と土方久元とがベルリンでグナイスト（R. v. Gneist）から聴いた憲法講義の筆記である。「日本憲法原規」は政府の法律顧問であり且つ憲法起草にきわめてふかく干与したロェスラー（H. Roesler）の執筆した彼の憲法私案であり、それはプロイセン憲法をモデルとしたものであった。

（2） 明治一八―二三年に、関税、地租、所得税が政府の租税収入において占めたパーセンテージはつぎのごとくであった（前掲、『明治大正財政詳覧』による）。

	明治一八年	一九年	二〇年	二一年	二二年	二三年
関税	四・〇	四・六	六・二	七・一	六・六	六・六
地租	八一・八	六七・二	六三・六	五三・六	五九・二	六〇・六
所得税	―	―	〇・八	一・六	一・五	一・七

なお、明治二〇年七月に所得税法が施行されたが、この所得税新設の目的は在来地主階級に重くかかっていた税負担をブルジョア階級にも分担させることにあった。しかし、近代産業は当時においても未成熟の状態にあったので、政府としてはその育成をはかる上からブルジョア階級に対する税負担を重くすることを本来甚だ好まなかったのである。

（3）板垣退助監修の『自由党史』はその有様を述べて、「遡れば先きに明治十三年の交、国会期成同盟会が弐府弐拾二県八万七千人を代表し、片岡健吉、河野広中を請願書捧呈委員に挙げ、太政官、元老院の門に迫るや、各地方争ふて其蹤《あと》を拾はざるなく、勢天下を傾けて、為めに政府をして国会開設を公表するの已むべからざるに至らしめたり。三大事件の建白運動は之と稍々其趣を異にして、諸県独立して各々委員を出せしのみならず、一県下に在てすら、郡村尽く総代を挙げ、少なくとも弐人以上を出京せしめたるが故に、建白人員と出京総代の多き寧ろ前時に倍して、其数殆んど算すべからざらんとす」（前掲書、下巻、五四六頁）と記している。

（4）前掲書、下巻、五四〇頁。

このようにして、自由民権運動は奔騰して、世上の烈しい反政府的空気と結んで政府に肉薄するにいたり、情勢はその点において、明治一四年の開拓使官有物払下事件当時と多分に似通った事態になった。しかも、条約改正方針については政府部内および周辺からも異論が唱えられる有様であったので、政府はついに全く進退窮まった。そして、伊藤内閣はここに西洋諸国との改正交渉を中止して、条約改正を将来に延期することにし(明治二〇年七月)、井上外相はついで責をひいて辞職するにいたった(同年九月)[1]。伊藤首相はそのあと外相を兼任することにしたが、井上馨がこれまで内閣の重鎮であった関係から、薩派の代表的人物とみられている黒田清隆を内閣顧問の閑職から移して農商務大臣に据えて、内閣の基礎補強を試みた。これは、他面からみれば自由民権派の渦巻く攻勢に対して薩長提携して藩閥の政治支配を防衛しようと試みたものということができる。

(1) 井上馨は西洋諸国に対して条約改正交渉の中止を申入れた直後に、伊藤博文に宛てた書翰(明治二〇年七月二九日付)に記して、「実に公使等(に)向つて内話候にも、己のジグニチーを失ひ、人毎に恥辱を与えられ、生来如㆑此困難之場合に立候事無㆑之、思㆑之、之を顧みれば、成程跡を山水に遁《のが》るると云支那人之考慮も一理有㆑之事と真に心胆に徴(徹?)し申候。御推察被㆑下度候」とその心境を訴えている(『伊藤家文書』、第一六巻)。

条約改正交渉の中止、井上外相の辞職は、しかし、人心の緩和には役だたなかった。世上ではこの交渉打切をもって政府の怠慢をいみするものとして非難する声が高く、そのような中で、上記の三問題に関する建白書をたずさえた各地総代の上京は相つぐ有様であった。しかも、自由民権運動がこのように高揚しつつあるその中に登場して巨大な声望を荷うことになったのが、旧自由党の領袖後藤象二郎(土)であった。当時板垣退助は土佐に退いており、大隈重信は改進党を脱してのちは自由民権運動から表面手を引いた形であったが、そのところ、政府が条約改正交渉を打切った後も世論の鎮まる様子もみえない中で、後藤象二郎は主張して、わが国が内外ともに多難をきわめた今日すべからく国民は小異をすてて大同につき、団結して一致した強力な世論をつくり、そのような世論を背景に来るべき国会に議員を送り、それによって民意にもとづく政治を実現して、内治外交の難局を克服しなければならないと主張し、また述べて、自由党といい改進党というも名称の差にすぎず、主義を異にするものではないと称した。そして、彼は各地に遊説を行い、このような主張を掲げて旧自由党員、改進党員にひとしくよびかけたのである。大同団結運動とよばれたものが、これである。後藤象二郎は旧自由党の領袖であり、多年烈しく反目し合って来た自由、改進両党系の互の反情は依然容易に解消しえず、これがために改進党員でこの運動に参加したものは多くはなかった。それにしても、明治二〇年一〇月に始められた大同団結運動は、前述のような当時の人心を背景に活発な進展を示し、こうして世上の空気は騒然たる姿を呈しつづけるのである。(1)

(1)　後藤象二郎は丁亥倶楽部を設立して大同団結運動に着手したのであったが、このクラブ設立直後に旧自由党員と改進党員との和解、提携をはかる目的で全国有志大懇親会と称する会合が浅草の井生村楼《いぶむらろう》で催され、さらに数日後に旧自由、改進両党のひとびとによる連合演説会がやはり同所で催された。清水亮三『壮士運動・社会の花』(明治二〇年)は記して、「彼の開拓使官有物払下事件の演説以来未だ曽て有らざるの雑沓を極めたり」となしている(同書、五四頁)。

こうして、人心は不穏で鎮静にむかう様子もみえないのみならず、自由民権派中の気を負う少壮血気のひとびとの言動は正に殺気に溢れる有様であった。(1) そのような中で、自由民権派の間では東京市内各所に火を放ちその混乱に乗じて大臣を暗殺することが計画されているとの噂、某所あるいは某高官らの門前にはすでに地雷火が埋設されたとの流言も飛び交い、それとともに人心はいよいよ物騒しくなった。そこで、伊藤内閣はついに烈しい不安に駆り立てられ、明治二〇年一二月突如として保安条例を発布して即日施行し、これにもとづいて合計五七〇名のものを条例にいう「内乱を陰謀し又は教唆し又は治安を妨害するの虞」あるものとして、皇居外三里の地に立退きを命じ、(2)(3) これによって自由民権派の機先を挫こうとしたのである。なお、政府はこの保安条例の発布に際して、自由民権派がこれに激昂して蜂起することを極度に警戒し、巡査全員の召集を行い、市内各処には巡査、憲兵を配置し、赤坂の仮皇居は近衛兵をもって堅め、各大臣の官邸も巡査、憲兵で警備し、陸海軍火薬庫、兵器貯蔵庫の守備を厳重にし、軍用電線を臨時に敷設して連絡を十分にするとともに、陸軍病院に医官を集めて変にそなえるという非常措置をとったのである。これもまた、政府が自由民権派の動きにいかに甚だしく脅えていたかを示すものである。[4]

（1）　この前後の時期において、自由民権運動に従事する青年は世上「壮士」とよばれた。尾崎行雄は明治二〇年に著わした『志士処世論』の中で述べて、「封建時代に於ける野蛮殺伐の遺風に養成せられたる我が日本人の常として戦闘以外に政治上の運動あることを知らず、動《やや》もすれば則ち生命財産を賭して一挙に定めんと欲す」（三七頁）とし、「世に精神家なる者あり。曰く言論集会に依頼する者の如きは、口舌の士なり。此輩何ぞ共に国家の大事を経営するに足んや。政府若し柔弱生の所謂る公議輿論なる者に聴従せず断乎として動かずんば、将に之を如何せんと欲するや。我輩の如きは優劣を口舌の間に争ふを欲せず、唯一死以て国に報ずるあるのみと」（四八―九頁）と記しているが、それは当時の壮士の心情、気風であったのである。

この頃壮士として著名であった斎藤新一郎はその『壮士論』（明治二二年）の自序に「逸人幼にして夙に天下の憂を抱き、桑弧《そうこ》蓬矢《ほうし》自ら期する茲に年あり。成童郷を辞し剣に仗《よ》りて四方に周遊し、窃に経営する所あらんとす。然れども、胆大才疎思遠識浅、毎に世と相容れず。落魄轗軻《らくはくかんか》罪なくして空しく配所の月に嘯くの境遇に沈淪するに至る。蓋亦命なる哉。……然れども宿昔回天の素志尚ほ歇《や》む能はず、感慨悲憤の気時に激して往々制する能はざるものあり」と記しているが、当年の壮士たちの中には、このように、みずから国士をもって任じたものが少くなかった。なお、著者は「余輩私《ひそか》に今日我国の壮士社会の動作、言行を見るに、往々未だ旧日本の迷夢を攪破せず、維新前の壮士が国事に奔走せる状態を欽羨《きんせん》模倣し、之を直に今日の新日本の政治社会に実行せんとするものあり。豈に慨嘆に堪ゆべけんや。夫れ今日の日本は決して昔時の日本にあらず。其の政体、其の民俗、其の国風、一として非常の改良進歩を為さざるはなく、彼の封建時代の有様に比すれば殆んど月鼈霄壌《げつべつしょうじょう》の差にあらざるなり。然るに社会の進取的要素を代表する壮士にして斯の如き退歩的の運動をなさんと欲す。果して何の心ぞや。余輩の解せざる所なり」(六三―四頁)と述べているが、壮士たちはしばしば好んで自己を「幕末勤王の志士」に擬したのであった。

板垣退助監修『自由党史』は明治二〇年当時における高知の壮士について記して、「当時土佐に在て爆弾を密造するもの、……東西七郡の各処に散在して、心を塩酸加里、金流黄の配合に用ゆる血気の士亦た尠からざりき。是れ時勢険悪に赴くの秋、自然に来るべき手段にして、重厚なる諸老先輩、如何に力を綏撫《すいぶ》に費すも之を避くべからず。壮士神気昂然として、風粛々を歌ふて連日相率いて東上す。或は白衣冠して之を送るものあり」(前掲書、下巻、五四七―八頁)となしているが、これも当時の壮士運動の以上のような側面を述べたものにほかならない。

(2) 尾崎行雄は後年回顧して、条約改正反対運動中に自分は林有造(土佐出身・旧自由党領袖)と相談して、この反対運動推進のために地方から多数の有志を集めることを計画した。ところが、この画策が行悩みになり、自分は後藤象二郎の許で対策を考えたが、案が中々立たず、そこでそのとき酒に酔った自分は、人数は要らない。二、三十人でよい。風の吹く日に御所のまわりに石油箱を積んで火をつけよう。そうすれば、御所には火がつかないが、御所をめぐって火事が起る。そうなれば、大臣たちが参内して来る。そのとき殺すべきものは殺す。そして、大蔵省の金庫破りをして御用金を引出したらよい、といった。これは酒席の冗談としていったのである。ところが、それを縁の下で探偵がきいたのか、同席していた後藤の親戚の者が洩らしたのか、あるいは他に探偵がいたのか、とにかくそのことが大仰に政府に伝わったので、政府は、急いで保安条例を出すことになったのである、と語っている(旧憲政史編纂会、『尾崎行雄談話速記』)。

(3)　保安条例は、「秘密の結社又は集会は之を禁」(第一条)じ、「屋外の集会又は群集は、予め許可を経たると否とを問はず、警察官に於て必要と認むるときは之を禁ずることを得」(第二条)ることにし、「皇居又は行在所を距る三里以内の地に住居又は寄宿する者にして、内乱を陰謀し又は教唆し又は治安を妨害するの虞《おそれ》ありと認むるときは、警視総監又は地方長官は内務大臣の認可を経期日又は時間を限り退去を命じ、三年以内同一の距離内に出入、寄宿又は住居を禁ずることを得」(第四条)ると定め、また「人心の動乱に由り又は内乱の予備又は陰謀を為す者あるに由り治安を妨害するの虞ある地方に対し、内閣は臨時必要なりと認むる場合に於て、其一地方に限り期限を定め左の各項の全部又は一部を命令することを得。一、凡そ公衆の集会は屋内屋外を問はず及何等の名義を以てするに拘らず予め警察官の許可を経ざるものは総て之を禁ずること、二、新聞紙及其他の印刷物は予め警察官の検閲を経ずして発行するを禁ずる事、三、特別の理由に因り官庁の許可を得たる者を除く外、銃器、短銃、刀剣、仕込杖の類総て携帯、運搬、販売を禁ずる事、四、旅人出入を検査し旅券の制を設くる事」(第五条)と定めていた。

(4) この当時でも、自由民権派の中には土佐出身者が多く、また彼らが重きをなしていた。そこで、保安条例の施行にあたっても当局はとくに高知県人を問題にし、高知県人とみるとそれほど調べもせずに退去処分を言い渡した。その結果政治と何の関係もない商人、職人、学生・生徒で高知県出身のために退去を命ぜられたものが続出した。これもまた、当時における政府の狼狽ぶりを示すものである。

保安条例の発布後においても、大同団結運動は引つづき進展を重ね、後藤は各地を遊説して、その声望はいよいよ高い有様であった。国会開設の年である明治二三年が近づく中で、人心はこのようにして容易に鎮静に向わず、自由民権派の攻勢が続行されるのに対して、伊藤首相は保安条例によって自由民権派の気勢を強く抑えることを試みながらも、他方局面の積極的打開を企てることを必要と考えた。そこで、彼は薩派の中心であり且つ農相である黒田清隆と協議の上、大隈重信を外相として内閣に迎え入れて、条約改正の局を担当させることにした（明治二一年（一八八八年）二月）。それは、井上馨の伊藤に対する助言に因ること大であり、井上は外相としての能力において大隈を最適任者と考えたのであった。しかし、伊藤らが大隈を起用したのについては、他の動機もあったと考えられる。すなわち、大隈は板垣退助と並んで曽つて自由民権運動の指導者であったのであり、改進党総理の地位を辞して後も彼は改進党に対して大きな勢望をもちつづけていた。そこで、そのような大隈を入閣させて、保安条例の発布により世上に抱かせた反感の緩和をはかるとともに、自由民権派を切崩して改進党系勢力を政府の側に引つけようとしたものと考えられる。他方、大隈は明治一四年の政変で伊藤・黒田をふくむ薩長出身の政府関係者から排斥されて失脚し、そして、今や伊藤および黒田に勧められて入閣することになったのであるが、彼としては長年の難問題である条約改正を自己の手で解決しようという自負心に燃えていたと同時に、それを達成することによってみずからの政治的前途を大きく打開しようと考えたと推測される。(1)

（1）　大隈重信は入閣に際してその側近矢野文雄の意見を容れて、入閣の条件として、将来国会開設の暁には数年中に政党内閣制に移行するよう努めること、その他を伊藤・黒田に約束させようと試みた（渡辺幾治郎、『大隈重信』、昭和一八年、九七―一〇二頁）。これに対して、しかし、伊藤・黒田は大隈と協力して今後の局に当りたいと述べるにとどまり、ついに何らの約束をも大隈に与えずに終った。このときのことを矢野文雄は後年つぎのように記している。「三人(伊藤、黒田、大隈を指す—著者)の会合の所で、大隈さんが其紙片(入閣条件を記した覚書—著者)を取り出して話すと、伊藤さんが〈マア、今そんなことを云ふナ。欧羅巴のやうには行かぬ。又分らず家共が三人寄つて内約した等と云ひ出すと五月蝿《うるさ》いし、大権干犯だとか何だとか面倒になるから、それは後《あと》廻しにして……〉と云うて、其紙片を大隈さんの手から奪つてストーブに投げ込んで焼いて了つた」(松枝保二編、『大隈侯昔日譚』、に付せられた矢野文雄、「補大隈侯昔日譚」、一一六頁)。なお、小栗又一編、『竜渓矢野文雄君伝』、昭和五年、二四九—五一頁参照。

大隈入閣の翌々月伊藤博文は新たに天皇の最高顧問府として設けられた枢密院の議長に就任し、彼の推薦によって農相黒田清隆(薩)が代って首相となったが、この黒田内閣は前内閣の閣僚をほとんどそのままに留任させて成立した(明治二一年四月)。しかし、その後井上馨(長)を農相に迎えて(同年七月)、薩長の提携を一段と堅めたのである。

さて、大同団結運動は大隈の入閣によって若干打撃をうけつつも、しかし、この運動は本来旧自由党系のひとびとを中心としていた関係上、さして気勢を削がれることなくその後も活発につづけられた。ところが、翌明治二二年三月に入ると、後藤象二郎は突如黒田内閣に逓信大臣として入閣するにいたった。後藤のこの入閣の事情は今日も十分明かではないが、黒田内閣は一つには、さきに改進党系の大隈を内閣に迎えた上にさらに旧自由党系の有力者後藤をも入閣させ、それによって内閣の基礎の拡大・強化をはかろうとしたものと思われる。そして、また一つには、後藤を内閣に入れることによって大同団結運動に大打撃を与えようとしたものと考えられる。このような工作は、もはや翌年に迫った国会開設後の事態に対処する上から構想されたものであろう。(1) 他方、機会主義的な野心家である後藤にとってはこの入閣勧誘は一つの誘惑でありえたと想像されるが、しかし、それだけではなく、当時板垣退助は政府が来るべき立憲政の円満な実施を望むのであれば、後藤を入閣させ、その意見を取り入れて政治の宿弊除去をはかるべきであると考えており、板垣はこの旨を黒田首相に通ずるとともに、後藤にも伝えて、入閣を勧めたのであった。(2) なお、改進党の事実上の指導者である大隈がすでに政府に入ってその抱負を実行しようとしている以上、後藤の入閣によって旧自由党系の主張を施政の上に反映させるべきであるという改進党に対する対抗意識も、板垣の動機の一つであったことが想像できる。

(1)　なお、後藤の入閣後、黒田内閣は板垣退助を将来貴族院議長に就任させ且つ閣議に列せしめることを計画したが、板垣にはそれに応ずる意志なく、沙汰止みとなった(川田瑞穂、『片岡健吉先生伝』、昭和一五年、五六七頁)といわれている。

(2)　鈴木安蔵編、『自由民権運動史』、二三五頁。川田瑞穂、『片岡健吉先生伝』、五六五頁。

ところで、後藤は入閣にあたって、自分は今後政府の内部から大同団結運動の目的実現にむかって引つづき努力するであろうと称した。けれども、後藤のこの進退は、彼の下で大同団結運動に従事して来た多くのひとびとを唖然とさせるとともに、運動を裏切ったものとして痛憤させたのである。しかし、大同団結運動は元来前述のような甚だ漠然たる主張を掲げ且つ後藤を中心に進められて来たので、彼が入閣して運動を去るとともにこの運動に従って来たひとびとは四分五裂し、全国にわたって澎湃たる勢を呈して来たこの運動は忽ちに分解をとげるにいたった。これに先だって、さきに後藤の入閣を希望した板垣は上京して、激昂するひとびとに対して後藤の進退を弁護しつつ慰撫し、この際一致して後藤を支持することにより政府内で彼に手腕をふるわせるよう要請したが、その効なくして終った。なお、大同団結運動がこのようにして瓦解したとき、黒田内閣における後藤の比重、とくに薩長両派に対する立場は、全く弱まることになった。

さて、外相となった大隈重信は就任以来条約改正問題を解決しようとして、生来の覇気に燃えつつ全力を挙げてこの課題の解決に立ちむかった(1)。彼は、安政条約の規定が西洋人によって現実に十分守られていないのに対して、条約励行の方針をもって臨み、それによって西洋諸国の側に不自由を感じさせて条約改正の必要を認めさせようとした。彼はまた、西洋諸国が条約改正問題に対して公正な態度をとらないならば、わが国は事情変更の原則を援用して安政条約を一方的に破棄する用意をもつ旨を表明したのである。大隈はこのようなきわめて強硬な態度を示しつつ、明治二一年末から西洋諸国との間に個別的折衝をひらいた。彼は井上外相とは異なって税権および法権の改革を内容とした単一の新条約を結ぼうと考え、関税については井上外相の下で妥結に近づいていた協定税率引上げ案を踏襲することにしたが、治外法権撤廃問題に関しては井上外相案が烈しい反対を浴びて不成立に終ったのに鑑みて、新しい対案を作成した。すなわち、わが国は刑法、治罪法、民法、商法および訴訟法を新条約実施後二年以内にまたは少くも領事裁判制撤廃の三年前に公布することにし、但し井上外相案と異なって、これらの立法に関しては「泰西の主義」に即した内容のものにすることを約束せず、またあらかじめ西洋諸国の承認を求めないことにした。また、大審院に西洋人判事を若干名採用して、西洋人を被告とする事件に限りこれら西洋人判事が過半数を占めた合議裁判で審理することにした。そして、わが国はこのような改正条約を締結した国家に対してのみ内地を開放することにした(2)。なお、この新条約の期限は一二年とすることとした。大隈外相のこのような対案は、井上外相案と比較すれば明かに数歩前進したものということができる。

(1)　明治二一年五月から枢密院において憲法草案の審議がひらかれたが、大隈は閣僚の一人でありながら欠席がちであった。それは当時政府関係者に奇異な感を与えたが、後年大隈は金子堅太郎に語って、自分は枢密院議長伊藤博文から憲法草案の内容をきいたが、自分としては草案中に議会の上奏権、法律発案権、衆議院の予算先議権があればそれでよく、その他の条項は伊藤の考えに委せて差支えない。従って、枢密院の会議に列する必要もない、と考えたのであった(国家学会編、『明治憲政経済史論』、所収の金子堅太郎、「帝国憲法制定の由来」、三八頁)と述べている。しかし、枢密院の会議に欠席することの多かったのは、反面では条約改正問題の解決に彼がその力を傾倒していた結果でもあった(深谷博治、『初期議会・条約改正』、昭和一五年、一一五頁)。

(2) 大隈は安政条約における最恵国条款を無条件的なものではなくて、有償的、条件的なものであるという解釈をとった。それ故に、条約改正の交渉においても井上外相の下でなされたような合同交渉の形によらず、諸国との個別交渉の方式を採用した。そして、内地開放の問題についても本文に述べたような主張を行ったのであった。

なお、大隈の解釈と異なって、最恵国条款をもしも無条件的なものと解すれば、たとえばA国との間に本文のような改正条約を結んで内地を開放した場合、そのような新条約を結んでいないB国は旧来の条約による治外法権の特権を維持しつつ内地開放という利益に均霑《きんてん》することになる。また、A国も改正条約における最恵国条款にもとづき、新条約を結んでいないB国、その他の諸国のもつ治外法権の特権に均霑することになる。その結果、わが国は何らの代償をもえずにひろく諸国に内地を開放するという奇妙な結末になる。

大隈外相は以上のような対案をもって西洋諸国との間に交渉をひらいたが、明治二二年（一八八九年）二月にアメリカとの間の商議はまとまり、新条約の調印をみた。しかし、イギリスとの交渉は甚だしく難航を呈し、しかも、そのような中で同年四月に大隈の条約改正案の内容はイギリス新聞『タイムズ』に掲載され、ついでそれはわが国の新聞にも訳載されるにいたった。大隈の交渉案がこのようにして一たび漏洩すると、わが世上は忽ちにしてまたも囂々たる論難に沸き立つ有様になった。このとき政府攻撃の急先鋒となったのは、一つは旧自由党系のひとびとであったが、なお一つは新聞『日本』および雑誌『日本人』に拠る陸羯南《くがかつなん》以下の国家主義者たちであった。なお、改進党系のひとびとは、この大隈外相案を支持する態度をとった。当時攻撃の焦点となったのは、一つは大審院に西洋人判事を任用することにした点であり、それは当時すでに発布されていた憲法の条項に違反するものとして痛難されたのである(1)。また、内地開放についてかねてから世人の間に抱かれて来た危惧もこの機会に爆発して、攻撃の火の手をさらに煽ることになった。すなわち、世上では条約改正の実現を熱望しながらも、西洋人に内地雑居を許し、また土地所有権をみとめることは、わが国の独立を危くする惧れがあるとして、そのような対価を提供することをあくまでも排斥する空気が一部にきわめて濃厚であったのである。この種の論者は主張して、もしも内地雑居をみとめるならば、資本と事業経営の能力とにおいてわが国人に勝る西洋人はついにはわが国経済の実権を掌握するにいたるであろうと論じ、また土地所有権を西洋人に許す場合には、富力においてすぐれている西洋人はわが国内の肥沃な土地、鉱山等をその手に収めるにいたるであろうと唱え、世人の間にはこのような主張に動かされたものも少くなかった。

（1）反対論者は、憲法中の「日本臣民は法律命令の定むる所の資格に応じ均しく文武官に任ぜられ及其の他の公務に就くことを得」（第一九条）、「日本臣民は法律に定めたる裁判官の裁判を受くるの権を奪はるることなし」（第二四条）、「裁判官は法律に定めたる資格を具ふる者を以て之に任ず」（第五八条第一項）の諸条項に違反すると主張したのである。これに対して、大隈外相は第一九条は国民の権利を規定したものであり、外国人を裁判官に任用することを禁じたものではなく、また第二四条および第五八条第一項にいう「法律」とはやがて制定される裁判所構成法を指すものであり、同法中に西洋人判事を大審院に置く旨を規定すれば差支えないとなした。そして、その後彼は憲法上の疑義を取除くために帰化法を制定し、大審院判事に任ぜられる西洋人を任命と同時に日本国籍をもつようにする旨を述べ、世論を宥和しようとした。

大隈外相の条約改正案は、しかし、このように世上の烈しい論難をひき起したにとどまらなかった。黒田首相は大隈を終始支持して動くことはなかったが、政府関係者の間にはこの案に反対するものが続出する有様となった。なお、薩長閥の間では大隈が世論の攻撃を一身に浴びる中で彼を擁護しようとする熱意に乏しかったこと、改進党系のひとびとが大隈の条約改正案を強力に支持しつつ、これを曽っての井上外相案と対比しつつ後者への非難をくり返えして薩長閥を強く刺戟したこと、なども政府関係者の間における反対論を奔放で烈しいものにさせた一因と考えられる。ところで、このような中で、さきに憲法の起草にあたった枢密院議長伊藤博文(長)も西洋人判事の任用を違憲とし、また黒田首相の措置にあきたらず、ついに辞表を提出するにいたり、事態はここに黒田内閣にとっていよいよ収拾しがたいものとなった。政府の内外にわたってこのように物議沸騰する中で、大隈は屈することなくあくまでも既定方針の下に新条約の締結にむかって進む決意を堅持しつづけたが、彼はやがて彼の条約改正案を痛憤するものに襲撃されて重傷を負うという事件が起り、ここにいたって黒田内閣はついにやむなく総辞職するにいたった(明治二二年一〇月)。

黒田内閣が瓦解すると、内大臣三条実美が首相を兼任して組閣し、同内閣は条約改正交渉は対外的平等の回復を目的として行うべきであり、それにそわないような取極めをなすべきでないことを確認し、大隈外相案を基礎とした改正条約案に当時すでに調印を終っていたアメリカ、ドイツ、ロシアの諸国に交渉して、これら条約を取止めにした。なお、以上の三国はわが国政府の置かれている窮境を察して、この異例の外交措置に同意したのであった。三条内閣は紛糾の極に達した条約改正問題の当面の収拾をその使命として成立したものであったから、以上のような措置を講じたのち総辞職し、そのあと山県有朋(長)が彼の第一次内閣を組織するにいたった(明治二二年〔一八八九年〕一二月)。

第六節　支配体制の整備

さて、これより先、明治二二年(一八八九年)二月一一日に大日本帝国憲法が発布せられた。明治一四年の政変に際して明治二三年(一八九〇年)を期して国会を開設する旨の詔勅が発せられたことは、すでに述べたが、政府は爾来この国会開設にそなえて憲法制定の事業に着手することになった。この憲法制定はいうまでもなく自由民権運動に対する支配層の対応としての面をもつが、しかし、条約改正を達成する上からもわが国内の近代化が切実な課題とされていたのであり、憲法の制定もまた一面ではこの近代化の一環として考えられたのであった。

ところで、曽つて元老院によって起草された憲法草案が政府によって採択されず、ついで立憲政体に関する大隈重信の意見書が政府関係者の間に大きな衝撃をひき起し、それらのあとをうけて、今やどのような憲法を制定すべきかは当然きわめて大きな問題とならざるをえなかった。その点でこの役割を演ずることになったのは、右大臣岩倉具視であった。彼はつとに明治一四年六月にその重用する太政官大書記官井上毅《こわし》（旧肥後藩）(1)に憲法制定の方針についてその意見を徴したが、井上は政府の法律顧問であったドイツ人ロェスラー(Hermann Roesler)(2)の助力を求めて意見書および参考書類を起草して、岩倉に差出した。ついで、岩倉はそれらの中の若干を自己の名において政府に提出したのである。この意見書は、イギリス風の政党内閣主義を排斥して、天皇の強力な大権を中核とした立憲君主制を構想し、且つプロイセン王国憲法に学ぶべき点のあることを強調したものであった(3)。そして、明治一四年の政変前にすでに政府関係者の間では、伊藤博文にプロイセン憲法を参考として憲法起草にあたらせることに意見がまとまりつつあった。それは、伊藤と親しい関係にあった井上毅の斡旋工作に因ることきわめて大であった(4)。

(1)　井上毅は幕末および維新直後藩命によって再度にわたり江戸に遊学し、明治四年には司法省に出仕し、翌年司法卿江藤新平が法制取調のため渡欧する際には随行の一員に加わった。その後彼は大久保利通の信任をえ、明治七年台湾征討事件の外交的収拾のため大久保が北京で中国政府との間に折衝を行った際には、井上は北京に赴いて大久保を助けた。その井上はまた、学問と識見とを岩倉具視、伊藤博文にみとめられて重用されるようになった。

(2) ロェスラーはロシュトック(Rostock)大学の教授で、明治一一年(一八七八年)わが国政府の招請によって来日して、同二一年(一八八八年)まで滞留し、その間政府の法律顧問として憲法の制定、その他重要な立法の起草に協力して、大きな役割を荷った。

(3) 岩倉が自己の名で提出した意見書の中の、「意見第一」(渡辺、『日本憲政基礎資料』、三二九—三三頁、所収)は述べて、ヨーロッパ諸国の立憲政体はその目的においては大体同一であるが、しかし、目的達成のための「方法、順序」は各国の文明の程度と「国体、民俗」とにより多少の相違があり、国会の権限にも広狭の差がある。国会の力の最も強いのは、共和国を別とすれば、イギリスの議会である。イギリスの議会は立法権のみでなく、「行政の実権」をも掌握している。イギリスの慣習法では、国王は施政を大臣に委ねて、みずからはその局に当らず、大臣の進退は議会多数派の手中にある。そして、内閣は多数党の党首によって組織される。こうして、「国王は一に議院多数の為に制せられ、政党の贏輸《えいしゅ》に任じ、式に依り成説を宣下するに過ぎずして、一左一右宛も風中の旗の如」くである。従って、国王は名目的には行政権を有しているものの、実際上は「行政長官」には必ず議会の政党党首を任命する結果、行政の実権も議会の政党の手に掌握されている。かくして、「名は国王と議院と主権を分つと雖、其実は主権は専ら議院に在りて、国王は徒に虚器を要するのみ」であり、その有様は「我が国中古以来政治の実権は武門に帰したると異なること」がない。これに対して、プロイセンにおいては、国王は「国民を統ぶるのみならず且実に国政を理し」、立法権は議会とこれを分有しているが、行政権は専ら自己の手中に掌握しており、大臣の選任に関しても議会の政党によって左右されることはない。

そこで、わが国が立憲政を布き国会を開設するにあたっては、わが国とは事情を異にするイギリスの方式をとるべきではない。すなわち、イギリスでは二大政党が対立しているが、わが国には未だ政党は存在せず、また将来政党が生じても小党分立になるであろうし、その場合に「現在の内閣少数を得て罷免せんと仮定せんに、其後に代るの党果して衆望の帰する所、多数の集まる所ならんや。数小党必ず鑣《くつわ》を並べ競立して、相合一する能はず。其現成の政府を攻撃するに当て一時声勢を合せ、以て各自の勝欲を達したるも、一党其位地に代り以て内閣を組織せんとするに当り他の数党必ず争競の勢を成し、行政権の位地は一の争区たるに過ぎずして、輾転相攻め甲蹶《つまず》き乙僵《たお》れて、安定する所なく、将に政務の何物たる国事の緩急何様なるを問ふに暇あらず、其終り力を兵力に仮るに至ることを免れざらんとす」るにいたるであろう。さらにまた、イギリスでは各局課の長と司法官とは「永久官」であるが、それら以外の「諸省卿輔、書記長諸官」には皆同一政党のひとびとが任用され、議会の多数派が変り内閣が更迭するたびに、要職のひとびとは一斉に退任するのがその慣例となっている。ところが、わが国について考えると、内閣交代の場合「参議及各省の長次官並に重要書記官の如き一時其後任に代るべき人を求めんに、在野の俊傑二三著名の人を除く外果して衆望の帰する所、人心の属する所歟」。要するに、「更新以来王化未だ人心に浹洽《しょうこう》せず、廃藩の挙怨望の気正に政府に集まる。今若し俄かに英国政党政府の法に倣ひ、民言の多数を以て政府を交替するの塗轍を踏むときは、今日国会を起して明日内閣を一変せんとするは鏡に懸けて視るに均し。……立憲の大事方に草創に属し、未だ実際の徴験を経ず。其一時に急進して事後の悔を貽《のこ》し、或は与へて後に奪ふの不レ得レ已あらしめんよりは、寧ろ普国に倣ひ歩々漸進し、以て後日の余地を為すに若かずと信ずるなり」となしている。

つぎに「意見第二」(渡辺、前掲書、三三三―五頁、所収)は述べて、政府要職の選任は天皇が行い、国会によって左右されないためには、つぎの三つの配慮が必要である。第一に、憲法の中に「天子は大臣以下勅任諸官を選任し及之を進退す」という明文を掲ぐべきである。プロイセン憲法は、そのようになっている。第二に、憲法の中に大臣の責任を規定して、連帯責任をとるべき場合と個別的に責任を負うべき場合とを明瞭にしておくべきである。イギリスのように大臣の連帯責任制を採用すると、必ずや内閣は議会の攻撃によって頻繁に更代することになる。また理論的に考えても、連帯責任制とすれば行政事務はあらかじめ閣員の協議によって処理しなければならなくなり、且つまた各大臣の責任は軽いものになるであろう。イギリスで連帯責任制の採られているのは、内閣を特定政党の「集合体」とみて、一個人と同一視しているからである。第三には、プロイセン憲法第一〇九条に倣い、予算案について政府と国会との意見の一致しない場合には、政府は前年度の予算を踏襲しうるよう憲法中に規定すべきである。このような規定がない場合には「議院若し内閣を攻撃して内閣の重大法案をして少数なるに至らしめ、而して内閣仍《な》ほ天子の保護に依り退職に至らざるときは、議院は其議を固執する為に独り徴税を抗拒し、国庫須要の資料を貢納せざるの一法あるのみ。議院は其力能く立国の生命なる租税を拒むことを得るが為に、英国及他の白耳義《ベルギー》、伊太里《イタリー》諸邦の如きも亦皆議院の為に政党内閣を組織し、以て議院の衆望を買ふことを務めたり」と述べ、プロイセンのように内閣を議会から独立の地位に置こうとすれば、プロイセン憲法の前記規定をわが国も採用すべきである。そうしないならば、天皇が大臣を任免する旨を規定しても、その条文は有名無実のものになると述べている。

さらに「綱領」と題する意見書(渡辺、前掲書、三一七―九頁、所収)は、憲法制定の基本方針に関する意見を個条書にして列挙し、欽定憲法とすべきこと、あくまでも漸進主義に立脚し、ヨーロッパ諸国の憲法を参考にする場合にはプロイセン憲法がこの漸進主義に最も合致していること、皇位継承は古来の基準によることにし、憲法中には新たに規定しないこと、天皇みずから陸海軍を統率し、外国に対し宣戦・講和し、外国と条約を結ぶこと、天皇みずから「大臣以下文武の重臣」を選任、罷免するようにすること、なお、大臣の起用は議員たると否とを問わないことにし、「内閣の組織」は国会によって左右されないようにすること、大臣の責任は、「根本の大政に係る者(政体の変革、疆土の分割譲与、議院の開閉、和戦の公布、外国条約の重大事の類を根本の大政とすべき歟)」を除き、主管事務について各自責任を負うことにし、連帯責任制としないこと、立法機関としては元老院と民撰議院とを設けること、元老院は「特撰議員」と「華士族中之公撰議員」とで組織すること、民撰議院は制限選挙とするが、華士族には財産条件を付けず選挙権を与えること、法律発案権は政府だけがもつようにすること、予算案について政府と「議院」との議が合わないため徴税期限前にその成立をみなかった場合、解散になった場合、「議院」の定足数が不足して議決できなかった場合などには政府は前年の予算を施行しうること、その他を掲げている。

（4）稲田、『明治憲法成立史』、上巻、四九一―五〇七頁。

ところで、ついで明治一四年の政変となり、明治二三年に国会をひらくことに決したとき、憲法の制定は政府にとって当面の課題となるにいたった。そして、明治一五年（一八八二年）三月伊藤はヨーロッパに渡り諸国の立憲政の制度および運用を取調べるようとの勅命をうけ、同月渡欧の途に上った。ヨーロッパに到着したのち、彼はベルリンでベルリン大学教授グナイスト(Rudolf von Gneist)に会い、また司法官モッセ(Albert Mosse)から公法・政治の講義をきき、ついでウィーンに赴いてウィーン大学教授シュタイン(Lorenz von Stein)からも同じく公法・政治について受講した。[1][2] 彼はその後他の諸国をも訪れたが、滞欧一三ヶ月の中で結局約八ヶ月をベルリンおよびウィーンで以上のようにして過したのであった。そして、この独墺両国滞在の間に彼はプロイセン憲法にいよいよ強く心をひかれ、わが国に実施すべき立憲政の構想について彼としてその自信をふかめるにいたった。明治一五年八月に伊藤はウィーンから岩倉具視に宛てて書翰をしたため、[3] その中に「博文来欧以来取調べの廉々は片紙に尽兼候故不㆓申上㆒候処、独逸にて有名なるグナイスト、スタイン両師に就き国家組織の大体を了解する事を得て、皇室の基礎を固定し大権を不㆑墜の大眼目は充分相立候間、追て御報道可二申上一候。実に英米仏の自由過激論者の著述而已《のみ》を金科玉条の如く誤信し、殆んど国家を傾けんとするの勢は今日我国の現状に御坐候へ共、之を挽回するの道理と手段とを得候。報国の赤心を貫徹するの時機に於て其功験を現はすの大切なる要具と奉レ存候て、心私に死処を得るの心地仕候。将来に向て相楽居候事に御坐候」と記したのも、正にそのことを示すものである。

(1)　グナイストが伊藤に対してなした談話の詳細な内容は、今日不明である。しかし、明治一八―九年に伏見宮貞愛親王と土方久元とがグナイストからきいた講義の筆記は残っており、『西哲夢物語』(三九二頁註(1)参照)に収められた「グナイスト氏談話」は前述のようにこの講義の筆記である。そこで、伊藤がグナイストから聴いたことは、右によってほぼ想像することができる。

モッセおよびシュタインの講義は、当時伊東巳代治の筆記したものが清水伸『独墺に於ける伊藤博文の憲法取調と日本憲法』(昭和一四年)の中に飜刻されている。

(2)　伊藤博文の一行の随員の一人であった吉田正春(当時は外務省書記官)は後年回想して、つぎのように述べている。グナイストに会ったときに伊藤は、このたび日本は憲法を制定することになったので、力を貸して欲しく、また参考になるような材料を頂戴したいと述べたところ、「グナイスト博士頗る冷かな態度で斯う答へた。それは遠方から独逸を目標にお出で下さつたのは感謝の至りだが、憲法は法文ではない。精神である。国家の能力である。余は独逸人であり且つ欧洲人である。欧洲各国の事は一通り知つて居る。独逸の事は最も能く知つて居る。が、遺憾ながら日本国の事は知つて居ない。それも研究したら解るだらうが、先づ余から日本の事情をお尋ね致さう。日本国の今日迄の君民の実体、且は風俗、人情、其他過去の歴史を明瞭に説明して貰ひ度い。……それに就て考へて、御参考になる事は申述べても宜い。それを申上げるけれども、確に夫が貴君の御参考になるか如何か、憲法編纂の根拠になるか如何かは、余に於て自信はない」と云った。また述べて、四、五年前にベルリン会議があって、バルカン諸国が独立または「自由政治」を行いうることになったとき、ブルガリアが憲法をつくりたいというのでドイツに頼んで来たことがある。ドイツの学者たちはブルガリアのことを詳しく調べていなかったので、これを援助する自信がなかった。ところが、自分の友人のある法学者はみずから進んでブルガリアに行こうといい、六ヶ月で作ってみせると云ったので、皆は笑った。しかし、彼は本当に六ヶ月で作った。そして、帰って来て、皆にむかって銅器に金メッキをしたのだから大して手間はかからなかったと云ったので、一同大笑いをした。グナイストのこのような話に、伊藤たちは啞然とした。そして、一行はホテルに帰ってから大いに憤慨した。河島醇《あつし》(大蔵権大書記官)は怒って、このようなことならウィーンに赴いてシュタインに相談しよう。自分はウィーン公使館在勤中にシュタインの講義をきいて知っているから、彼はまさかグナイストのようなことは云うまい、と云った。実はドイツでの取調べに甚だ期待していたので、グナイストの言葉には大いに失望したのである。ウィーンで会ったシュタインはシュレスウィヒ(Schleswig)出身で、政治に関係して国を逐われ、ウィーンに移って大学教授となったひとで、七〇歳近くで如才ない人柄であった。伊藤はウィーンで毎週三回彼からヨーロッパ諸国の憲法および歴史の話をきいた（『東京朝日新聞』、大正八年二月二八日所載、吉田正春、「憲法発布まで」）。

（3）　渡辺、『日本憲政基礎資料』、三五六―八頁所収。

伊藤博文の覚書につぎのようなものがある。「英国主義。王は王位あるも統治せず。此主義を履行せんとすれば、王政復古非なり。我皇室殆んど七百余年間、其統治の大権を挙て覇府に掠奪せられたり。然れども皇位皇統は連綿たり。王政復古は所謂統治大権の復古なり。我等は信ず、統治の大権覇者に在る者を復し、直に之を衆民に附与して皇室は依然其統治権を失（ふ）こと覇府存在の時の如くせんと云が如きは、日本臣民の心を得たるものにあらず。況んや我国体に符合するものにあらず」(1)。この文章の書かれた時期は不明であるが、ここにも示されているように、彼は天皇統治の建前をあくまで保持しつつ立憲政を導入しようと考えたのであった。そして、この二つの要請の間に妥協点を発見することこそ、彼がひそかに苦慮したところであった。ベルリンおよびウィーンにおける彼の取調べは、プロイセン憲法に示唆されつつこの問題の解決について彼として成算をもつようになったのである。生来強い自負心の持主である彼は、それとともに、自由民権派の立憲思想

に対して改めて極度に侮蔑的な気持を抱くようになり、そのことは、上に引用した岩倉具視宛書翰にも露骨に現われている。(2)

(1) 平塚、『伊藤博文秘録』、二二七頁。

(2) 伊藤博文は滞欧中の明治一五年八月に参議兼内務卿山田顕義宛書翰(渡辺、『日本憲政基礎資料』、三五八―六二頁、所収)に記して、プロイセンの有名な学者たちと会談した際、プロイセンが今日「富国強兵以て国民の安寧幸福を維持且増殖する所以の者、決して自由民権の種子より生じ来るに非ず。是皆先王の遺法、遺徳の余光にして、苟も然る者に非るなり」という意見をきいたが、それが正論であることは事にふれて感じると述べ、また記して、ことに近年はわが国の人心は「一層浮薄激昂」の模様であるが、それは御高見のごとく、「二三党派の主領たる者、教唆煽動、賤民を迷溺」させたのに原因するのであり、元来「人心の政府に向つて怨心を懐抱するの根底あるべき理」はない。要するに、過去七八年の間取締を寛大にし、政府の威信が失われたためである。結局「自由民権論の波及する所、政権統一の源を削弱せしめた」といっても「誣言」とは思われない。ドイツ諸邦の政府が「政権を主持して一歩も仮さざるを見る毎に」過去の措置が悔やまれる。従って、今日とるべき方針は「充分に政権を拡張して、道理の在る所は苟も曲従して彼の教唆煽動家の意を候せざるに在る」とし、また述べて、議会があれば政党はおのずから生ずるが、わが国現在の政党というのは実は政党ではなくて、「徒党を結び、衆力を以て君主権を削弱又は破却せんとするの意を含蓄する者」で、はっきりいえば「反逆党」にほかならない、と述べている。

伊藤はなお、明治一五年九月に参議兼大蔵卿松方正義宛の書翰（渡辺、前掲書、三六一―五頁所収）の中で、彼の出発後の自由民権運動の模様について所感を述べて、「彼の改進先生（大隈を指す――著者）の挙動実に可レ憐ものなり。人も身を置くの所を転ずれば、如レ斯志操迄でも変じ得るもの乎。必竟彼是と名称を設けて理窟らしき事を首唱し、世の衆愚を籠絡し、衆力を仮らんと欲するの外なしと雖、抑も国家を経理せんと欲する者一定の見識なく、青年書生が漸く洋書のかじり読みにて拈《ひ》ねり出したる書上の理窟を以て万古不易の定論なりとし、之を実地に施行せんとするが如き、浅薄皮相の考にて、却て自国の国体歴史は度外に置き無人の境に新政府を創立すると一般の陋見に過ぎざる可し。……無智無識の青年輩が糊口の策に苦んで、何か可二依頼一者あらば之に依て己が目下の窮乏を救ひ、歳月を経過する内には何か僥倖もあらんもの位にて、意を迎かへ説を作て附従するとも不レ知、断金の交友と認め、他日志を得て内閣を組織するの時には股肱の輔翼となる者かと馬鹿々々しき夢を楽しむに外ならざるべし。安ぞ知らん。彼等は何も縛束せらるる程の義務もなければ恩愛もなしとて、都合次第に聚散離合、所謂相手代れど主は不レ替との俗諺に墜り、此間人に被レ欺、人に被レ売、数年の後始めて其謀略の非なるを悟るべし。是僕が可レ憐と云所以なり。賢台以為二如何一乎」と記している。これは、直接には大隈を侮蔑したものであるが、しかし、それを通して自由民権派に対する伊藤の見解をうかがうことができる。

さて、明治一六年八月に帰国した伊藤博文は、準備を重ねたのち明治一九年から極秘の中に憲法草案の起草に着手したが、彼の下で立案の局にあたったのは、井上毅であった。井上は政府の法律顧問であった二人のドイツ人ロェスラーおよびモッセ、(1)とくに前者の意見を重んじつつ起草を進めた。さきに明治一四年の岩倉具視の立憲政体に関する意見書の中に井上を介して間接に、しかし、強く現われたロェスラーの影響は、こうして、憲法の起草に際してもまたまことに大きなものがあった。(2)そして、明治二一年四月にいたって憲法草案は完成をみ、それは翌五月に枢密院の審議に付されたのである。

(1)　モッセがベルリンで伊藤博文に対して講義をなしたことは前述したが、彼は明治一九年に政府に招かれて法律顧問として来日し、同二三年まで滞在した。

(2)　前にもふれたように、憲法草案起草の過程でロェスラーは憲法私案を作成して参考に供した(三九二頁註(1)参照)。このロェスラーの私案を明治二二年に発布された大日本帝国憲法と比較しても、憲法起草の上に及ぼした彼の影響のいかに大であったかを知ることができる。

憲法草案がつくられたのち、これをどのような手順で確定して公布すべきかについては、かねてさまざまの意見があったが、この点に関して伊藤博文は、欽定憲法として発布されるものであるから、天皇が草案をいわゆる国家の元勲、練達のひとびとを集めた会議に諮詢し、その審議を経た上で公布するのが妥当であるとし、そこで明治二一年四月枢密院が設けられることになった。この設置を定めた勅令の前文には「朕元勲及練達の人を撰み、国務を諮詢し、其啓沃の力に倚るの必要を察し、枢密院を設け、朕が至高顧問の府となさんとす」とあるが、伊藤は枢密院を設けた上は、今後これを常設的機関にして、天皇が重要な国務をこれに諮詢することにし、国会開設の暁に政府と国会とが衝突したような場合にも、天皇はこの枢密院に諮って収拾の策を講じることが望ましいとなしたのであった。こうして枢密院が設置されるとともに、伊藤博文(長)は枢密院議長に任ぜられたが、枢密顧問官の多数は実に薩長土肥四藩の出身者をもって充当されたのである(1)。

(1)　明治二一年末現在の枢密顧問官の顔触とその出身とは、つぎのとおりである。寺島宗則(薩摩)、川村純義(同)、吉井友実《ともざね》(同)、吉田清成《きよなり》(同)、品川弥二郎(長州)、鳥尾小弥太(同)、野村靖(同)、河野敏鎌(土佐)、福岡孝弟《たかちか》(同)、佐々木高行(同)、土方久元(同)、大木喬任《たかとう》(肥前)、副島種臣(同)、佐野常民《つねたみ》(同)、東久世通禧(公家)、勝安房(幕臣)、元田《もとだ》永孚《ながざね》(肥後)。

さて、枢密院は天皇親臨の下に憲法草案の審議を極秘の中に行い、若干の修正をこれに加えた。その主要なものは、一つは帝国議会に法律発案権を与えたことであり、なお一つは、草案においては貴族院は予算案についてその全体を審議するだけで逐条修正をなしえないことになっていたのを改めて、貴族院、衆議院の予算審議権を平等なものにし、衆議院には予算先議権を与えるにとどめたことである。これら二つの点をのぞけば、その修正はおおむね字句に関するものであった。枢密院のこの審議は明治二二年(一八八九年)二月に終了をみ、同月一一日の紀元節を機会に大日本帝国憲法の発布をみたのである。この日、前夜来の雪の中に明けた東京では宮中において憲法発布の式典が挙行された。

この憲法発布はわが国の歴史の上に一期を劃するものとして、全国各地では祭礼気分の中で盛大に祝われた(1)。しかし、発布されたこの帝国憲法はプロイセン憲法を多分に参考にし、天皇の強大な大権を中心とし、国民の権利を著しく制限的に規定したもので、国民の意志が政治に反映することは種々の面から制約され、それはいわゆる外見的立憲主義(Scheinkonstitutionalismus)の憲法であった。すなわち、先ず憲法および皇室典範の発布に際しての告文には、「皇朕《すめらわ》れ謹み畏み皇祖皇宗の神霊に誥げ白《もう》さく、皇朕れ天壌無窮の宏謨に循《したが》ひ惟神《かんながら》の宝祚を承継し旧図を保持して敢て失墜すること無し」とし、憲法の制定もまた「皇祖皇宗の後裔に貽《のこ》したまへる統治の洪範を紹述するに外ならず。而して朕が躬《みずから》に逮《および》て時と倶《とも》に挙行することを得るは、洵《まこと》に皇祖皇宗及我が皇考の威霊に倚藉するに由らざるは無し。皇朕れ仰て皇祖皇宗及皇考の神祐を禱り、併せて朕が現在及将来に臣民に率先し此の憲章を履行して愆《あやま》らざらむことを誓ふ。庶幾《こいねがわ》くば神霊此れを鑒《かんが》みたまへ」とあり、こうして帝王神権説的な建前が表明されている。そして、憲法の本文においては天皇の大権がきわめて強大に規定されている。憲法草案が枢密院に付議されたとき、枢密院議長伊藤博文は会議第一日に起草に際して彼の採った基本的方針を説明し、この演説の中で右の点について述べて、ヨーロッパでは立憲政はきわめて長い歴史をもち、国民もこれに習熟しており、その上に、宗教が一国の「機軸」として人心を支配している。かくして、立憲政は安定をえている。ところで、わが国が初めて立憲政を施行するにあたり、「機軸」なくして政治を「人民の妄議」にまかすならば「政其統紀を失ひ、国家も亦廃亡」する。しかも、わが国では宗教は微力で、「仏教は一たび隆盛の勢を張り、上下の人心を繋ぎたるも、今日に至ては已に衰替に傾き」、「神道は祖宗の遺訓に基き、之を祖述すと雖も、宗教として人心を帰向せしむるの力に乏し」い。そこで、「我国に在て機軸とすべきは独り皇室あるのみ」である。それ故に、憲法草案の起草にあたっては「君権を機軸とし、偏に之を毀損せざらんことを期し」たとなしている。

（1）　ベルツは憲法発布直前の二月九日にその日記の中に、「東京全市は、十一日の憲法発布をひかえてその準備のため言語を絶した騒ぎを演じている。到るところ奉祝門、照明《イルミネーション》、行列の計画。だが、滑稽なことには、誰も憲法の内容をご存じないのだ」（『ベルツの日記』、第一部上、一〇七―八頁）と記した。

このような感想を抱いたものは、しかし、このドイツ人医師だけではなかった。たとえば、曽つて自由党領袖であった末広重恭《しげやす》に『我国之内政外交』(明治二二年)の著があるが、それは、明治二二年二月に欧米巡遊の旅を終えて帰国した彼が同年三月に東京でなした演説の筆記である。この中で彼は「私の欧羅巴から返つて来て横浜へ上陸しましたは、去月十一日即ち憲法発布式の当日でありました。同処へ迎ひに来た人々が、東京横浜は云ふまでも無く我国中は何処も彼処も憲法発布の御祝で古今未曽有の騒ぎであることを話しましたから、私は其の人々に向ひ〈我国人はそう憲法々々と云ふて御祝をするからには、定めて其憲法の発布になる前に草案が世の中へ出て、皆んなが夫れを一読したのであらうな〉と問ひました処が、其の人々が〈ナアニ今日まで誰れも其の草案を見たものは無い〉と云ひますから、私は頗ぶる奇怪の思を為して〈夫れでは些と御祭が早や過ぎる様じや。我国人は止《た》だ憲法と云ふものが出来さへすれば、其の性質はどの様なものであらうとも国家の為めに利益になるかと思ふのか。夫れは大層な間違である。発布になつた憲法を見て、それから御祝の相談をするのが順序であらう。去り乍ら、我国人は天皇陛下の聖明にましまし陛下を輔佐し奉る人々の賢良忠誠であることを知つて居るから、決して不完全な憲法が天上より舞ひ下つて来る気遣が無いと信用して、早くも御祭の用意をしたものであらうから、私も之に就いて別に異論はありません……〉」(三一—四頁)と甚だ皮肉な語調で述べている。また幸徳伝次郎(秋水)は当時の中江兆民について次のように記している。「明治二十二年春、憲法発布せらるる、全国の民歓呼沸くが如し。先生(兆民を指す—著者)嘆じて曰く、吾人賜与せらるるの憲法果して如何の物乎、玉耶将た瓦耶。未だ其実を見るに及ばずして、先づ其名に酔ふ。我国民の愚にして狂なる、何ぞ如レ此くなるやと。憲法の全文到達するに及んで、先生通読一遍唯だ苦笑する耳《のみ》」(『兆民先生』、明治三五年、二四―五頁)。

それにしても、明治二二年から同二五年にかけて世上でひろく流行した愉快節の一節に、「文明の園に実りし自由の権利、堅く蕾みし我国の、野蛮頑固も何時しかに、解けて和らぐ御代となり、明治六年の頃とかや、板垣後藤の旧参議、始めて蒔きし民選の、議院政治の花の種、年月経るに従ひて、開花の風や文明の、恩に浴して生育し、人の自由や民の智慧、均しく天の性を受け、此世に生れし人類が、などか他人の圧抑に、抑圧せられてあるべきぞ、抑へば揚る噴水器、国会開設請願の、声は四方に鳴り渡り、賢き辺りに聞えけん、欽定憲法発布され、開かせ賜ふ代議政、立憲制度の劈頭に、立ちし明治の臣民は、後世孫子に誇るべし。愉快じや、愉快じや」(藤沢衛彦、『明治流行歌史』、昭和四年、二六六頁)とある。以上の歌詞は憲法制定に対する当時の街のひとびとの単純、素朴なうけとり方を示したものといえよう。

そこで、その反面として、帝国議会の権限はきわめて制限的なものに定められた。すなわち、この憲法では、皇位継承および摂政に関する事項は皇室典範の定めるところに譲り(第二条、第一七条第一項、第七四条第一項)、これらを帝国議会の権限外に置いた。それらはいうまでもなく国家にとって重大な事項に属するが、帝国議会を通じて国民がこの種の事項に発言権をもつことは、国体上適当でないとされたのによる。帝国議会の権限は、また一つには天皇の大権との関係で大幅に制限された。その最も著しい例を挙げれば、第一には「天皇は法律を執行する為に又は公共の安寧秩序を保持し及臣民の幸福を増進する為に必要なる命令を発し又は発せしむ。但し命令を以て法律を変更することを得ず」(第九条)と定められた。これは、他国の憲法に類例をみない規定であり、この条文により天皇は帝国議会とは独立したきわめて広汎な立法権をもつことになった。第二には、宣戦・講和・条約の締結はもっぱら天皇の大権に属することに定められた(第一三条)。君主が条約締結権をもつことは、立憲君主国の憲法に一般にみられるところであるが、しかし、条約の内容が国内の立法事項をふくむ場合または国庫に負担を及ぼすものである場合には、そのような条約は議会の承認をまって初めて効力を発生することに定めているのが通例であり、この点はプロイセン憲法もまた同様であった。しかし、この帝国憲法では、天皇が締結する一切の条約は国内的にも効力を発生するものとされたのである。第三に、「天皇は陸海軍を統帥す」(第一一条)と定められた。そして、天皇のこの統帥権について天皇を輔弼するものが誰であるかは、憲法に何ら明文の定めがなかったが、しかし、一般の国務と統帥(用兵・作戦)とは憲法制定前から過去長年にわたって厳格に区別されて来ており、そこで、軍事に関する国務の中で用兵・作戦に直接関係のないものは、一般国務と同様に国務大臣が天皇を輔弼し、用兵・作戦に関しては参謀総長、軍令部長、陸海軍大臣が輔弼の責に任ずるものと解釈されたのである。いわゆる統帥権の独立がこれであり、その結果、統帥事項は帝国議会の干渉外に置かれたのである。

帝国議会の権限は、さらに政府との関係でも著しく制限的なものに規定された。そのもっとも著しいのは、予算議定権についてであった。すなわち、憲法第七一条は「帝国議会に於て予算を議定せず又は予算成立に至らざるときは、政府は前年度の予算を施行すべし」と定めた。本来予算議定権は議会が政府を制御するもっとも有力な政治的武器であるが、以上のように規定されることによって政府に対する帝国議会の統制力は甚だしく弱いものにされたのである。

つぎに、帝国議会自体についてみると、それは貴族院、衆議院の二院から構成されたが、この両院の権限は全く平等なものに定められた。すなわち、貴族院はきわめて強力な第二院であったのである。しかも、貴族院は貴族院令により皇族、華族議員、「国家に勲労あり又は学識ある者より特に勅任せられたる者」(勅選議員)、「各府県に於て土地或は工業商業に付多額の直接国税を納むる者の中より一人を互選して勅任せられたる者」(多額納税議員)から成ることに定められた。なお注意すべきことは、この貴族院令は一般の勅令とは異なって改正には貴族院自身の議決を要することに定められた(貴族院令第一三条)。それは、将来において時の内閣が衆議院の意向に動かされて貴族院の構成に変更を加えるのを防止しようとの考慮にもとづくものであった。

つぎに、このような帝国憲法の運用方針について、憲法発布の翌日黒田(清隆)首相は地方長官を集めて演説を行ったが、その中で彼は述べて、「施政上の意見は人々其所説を異にし、其合同する者相投じて団結をなし、所謂政党なる者の社会に存立するは、亦情勢の免れざる所なり。然れども、政府は常に一定の方向を取り、超然として政党の外に立ち、至公至正の道に居らざる可らず。各員宜く意を此に留め、不偏不党の心を以て人民に臨み、撫馭《ぶぎょ》宜きを得、以て国家隆盛の治を助けんことを勉むべきなり」とした。さらに同月一五日、枢密院議長伊藤博文は在京の府県会議長を集めて演説し、その際に政党のことに言及し、「苟も帝国議会の議員たるものは、自己の選挙せられたる一部の臣民を代表するものにあらずして、全国の臣民を代表し、敢て郷里の利害に跼蹐《きょくせき》せずして汎く全国の利害得失を洞察し、専ら自己の良心を以て判断するの覚悟なかるべからず。然りと雖も、互に其意見を異にするに至ては勢ひ党派を生ずべし。蓋し議会又は一社会に於て党派の興起するは免れ難しと雖、一政府の党派は甚だ不可なり」とし、「凡そ政党政府の国を観るに、称すべきものは甚だ稀なり。……我国に於て主権は之を至尊に帰するを以て、天皇陛下は全国を統治し玉ひ、宰相は天職を行はせらるるに付ての輔弼たるのみ。而して、其輔弼たるの任に至ては一定の分義なかるべからず。蓋君主は臣民の上に位し各政党の外に立つものなり。故に一の党派の為に利を与へ、他の党派の為に害を与ふるの政治を施すべきものにあらず。則不偏不党ならざるべからず。又宰相は可否献替して天職を輔佐し奉るものなるを以て、政府をして常に党派の左右する所たらしむるは亦甚だ容易ならず」といい、また「畢竟党派は民間に在ては止むを得ざる結果なりと雖も、是を以て政府にまで及ぼすは難事なりと思考せざるを得ず。将来の大勢は能く一人の抑制し又は作為し得べき所にあらざるを以て、容易に確言するを得ずと雖も、憲法の規定する所を按じ議会の前途を考ふるときは、……我日本の政体に於て、天皇は一切の国権を総攬して此国を統治し玉ふを以て、宰相の進退一に勅裁に出でざるべからず。素より衆望に協ふと否らざると、又能不能との如きも陛下親ら裁鑑《さいかん》し玉ふ所なり。而して、宰相は一国の責任を帯び国家の安危を担ふに堪ふるの材能を挙用せらるべきは、亦論を待たざるなり。今後議会を開き政事を公議輿論に問はんとするに当り、遽に議会政府、即政党を以て内閣を組織せむと望むが如き最も至険の事たるを免れず(1)」と述べた。黒田首相および伊藤枢密院議長の以上の演説は、自由民権派が多年主張して来た政党内閣制を排斥して、政府の立憲政運用の方針がいわゆる超然主義にあることを宣言したものにほかならず(2)、そして、それは実に当時の藩閥政治家の支

配的見解の表明でもあったのである。(3)

(1)　枢密院において憲法草案第四九条「両議院は其の意見を天皇に上奏することを得」が審議された際に、伊藤博文は述べて、「大臣若し国会に対し信用を失したる時は、国会は其の意見を国君に上奏し、而して其意見を採納するや否は国君の権内に在り。是れ大臣の国会に対する責任なり。此責任たるや、大臣が国君に対する責任とは大なる差異あるものなり。一は直接の責任にして、一は間接の責任なり。国君に対する大臣の責任は直接のものにして、政治上の責任なり。然れども国会に対する大臣の責任は間接のものにして、道徳上の責任なり。国会は直接に大臣を任免するの権なきが為め、若し国会に於て大臣の政略に関し不同意を唱へ、其意見を上奏して大臣を退けんと欲すと雖ども、大臣にして未だ国君の信用を失はざるときには、依然其職を奉じて国会は大臣を弾劾する事能はざるなり。何となれば国会の意見を採納すると否とは、国君の権内にあればなり」となした(『伊東巳代治文書』、「枢密院会議筆記」)。

(2)　当時の伊藤博文は、超然主義によって将来立憲政を運用できることを確信して疑わなかった。彼の側近の一人であった金子堅太郎の回顧談によれば、伊藤が以上のような演説をして会の閉じられたあと、伊藤、井上毅、伊東巳代治、金子堅太郎の四人が席を改めて坐談をした折に、「其時発言者は誰であつたか、一寸覚えて居らぬが、伊東だつたか、井上だつたかが、さて昨日の総理大臣の御演説と云ひ、又今日のあなたの御演説では、憲法政治に来年からなるが、政府は超然主義を執り、政党以外に立つて超然として国政を運用すると云ふ御意見であるが、一体どうなさるんです。衆議院には三百人、貴族院には二百四五十人ある。其衆議院議員選挙となると、自由党と改進党から多く出て来るに相違ない。それに、政府は一つも党派を持たぬ。則ち政府党なるものは無い。政府は其与党なしで議会の三百人の中へ飛び込み、自由改進の二党を圧して議会の大勢を左右する成算がありますか。今や薩長政府攻撃、藩閥政府倒壊といふ旗印を立てて盛んに騒いで居り、其傘下には改進、自由の両党がある。それに、政府は超然として其圏外に立ち、どうして三百人を纏めることが出来ますか。憲法政治になれば政党政治になる事は当然である。それ故政府は味方の政党を持つことが必要だから、今度の選挙には政府党を作ると云ふことをなさらなければいかぬ。政党以外に立つて超然主義を執ると云ふことは、どうも憲法政治の実際には適せぬことと思ふと言ひ出し、我々三人皆同意であつた。所が伊藤伯は、〈それはいかぬ。君等はそんな事を言ふが、独逸のビスマルクを見ろ。ビスマルクなどは、政党なるものを持つて居ないじやないか。誠意を以て議会に提案すれば、それに反対すると云ふことは出来ぬぢやないか。国政に関し政府は誠心誠意を以て遣りさへすれば、如何なる政党と雖、それに反対せぬ〉と言はれた。〈併しさうは行きませぬ。理窟はさうであつても、政党と云ふものはいろいろ情実がある。是までの行きがかりで、薩長政府を倒すべしと皆が言うて居るのであるから、政党が出来れば、如何にあなたが誠心誠意で説明をなされても、それは馬の耳に風だ。実際に頭数を備へなければならぬ。是非政党をお作りなさい〉と三人が言つたが、なかなか聞入れない。〈君等は幼弱だ。政治の実際などは分らぬ。まだ若い〉と言うて、却て攻撃せられた。併し我々は三人共承服しなかつた。是が丁度二十二年の憲法発布から僅か二日の後の事」であった(金子堅太郎述、『余の知れる伊藤公』、其二、昭和三年、一七―八頁)、という。生来自負心のきわめて強い伊藤の性格は、この挿話の中にもまた遺憾なく示されている。

(3) 黒田内閣の農相井上馨は、この年三月福岡で演説して、わが国でも政党が発達して、イギリスのように政党内閣による政権の円満授受が行われるようになれば、それは喜ぶべきことである。しかし、わが国政党の現状では将来そのようになるともいえない。けれども、内閣は政党に対して超然たる態度をとるべきであるという伊藤枢密院議長の論も、これは将来についての予想であって、必ずそのようになりうるともいえないと述べて(『世外井上公伝』、第四巻、昭和九年、八〇―三頁)、超然主義について若干懐疑的な態度を示した。

しかし、政府関係者の意見としてとくに異色のあったのは、大隈重信(当時外相)のそれであった。彼は憲法発布後の二月一二日に在京の府県会議長三十数名を招いた席で述べて、憲法の妙は運用にあり、条文の不十分なのをさして不満とすべきではない。政党内閣制のことは憲法の中に定むべきものでないので、明記してないが、もしも政党員で天皇の信任をえ、且つ世上の信望をうるならば、政党内閣の実現を見ることは困難ではないであろう。現に英国も歴史的発展のすえ今日の状態に達したのであるから、我国の場合も政党の発達次第で英国と同一のようになれないことはあるまい、と主張し(『大隈侯八十五年史』、第二巻、大正一五年、一七六―七頁)、将来の立憲政の運用に関してその自由民権主義の立場を表明したのであった。

さて、帝国憲法の以上のような内容は、自由民権派が過去熱心に主張して来た立憲政の理想からは甚だしくかけへだたったものであり、その意味では、彼らの主張は帝国憲法についに反映するにいたらなかったのである。藩閥勢力が政治におけるその支配的地位を危くする惧れあるような憲法をみずから制定することは本来ありえないともいえるが、それにしても、以上の事実は藩閥勢力の政治的優越が当時全く鞏固《きょうこ》であったことを物語るものでもある。伊藤博文は後年述べて、ヨーロッパ諸国、とくにフランスの憲法のごときは内乱の所産であるが、わが国の場合は異なる。「我国に於ては、決して王家が専制を極めて非常な虐政を行つたと云ふことは、昔より無いのである。多少の民権論が起つては居つたであらうが、其民権論のあるが為めに已む事を得ずして拵《こしら》へた憲法ではないのである。此理を亦た能く解せねばならぬ。……外国の憲法は多くは今言ふ通り上下の軋轢に成つたものである。而して我国の憲法の成つた所以は何う云ふ訳かと云ふと、国力を帰一し、上下一致の力を以て此昭代の日本国を保つ為めの必要から起つて居るのである。君臣合躰しやうと云ふ目的から起つて居るのである。……成程憲法政治を実行して貰ひたいと云ふ建白書位は出たけれども、併し其憲法政治なるものは欧羅巴で起つた如きとは、マルデ違ふのである。日本に於ては憲法政治を実行して貰ひたいと言ふた者は勿論、未だ曽て憲法政治は如何なるものであるかと云ふ事を日本国民中に於て解釈した者がない位である。それで憲法政治にするのが宜いと云ふのである。素より憲法政治なるものは必要である。必要であるけれどもが、欧羅巴的の憲法論とはマルで趣を異にして居るのみならず又情況を異にして居る」といい、王政復古後天皇と「臣民」との間に「権域」を定めねばならず、どのような政治を行うかも決めねばならない。そこで、憲法を制定することになったのである。「日本の憲法なるものは、君民水火の争を為して起れるものにあらずして、和気靄然《あいぜん》たる中に出来たものである」と語っている[1]。伊藤の以上の所説は、もとより甚だ正確を欠くが、しかし、それは憲法起草にあたって自由民権派の主張を彼が念頭に置くことのなかったことを暗黙に述べたものとして、注目に価する。

（1）　大橋乙羽筆記、『藤侯実歴』、明治三二年、一七一―四、一七七―八頁。

なお、憲法発布と同時に皇室典範、貴族院令および衆議院議員選挙法が公布された。この衆議院議員選挙法では、選挙資格は二五歳以上の男子でその居住する府県内において直接国税一五円以上を一年以上（所得税の場合には三年以上）納めていることを必要とし、被選挙資格は三〇歳以上の男子で選挙資格の場合と同一の納税条件を具えていることを必要と定めた。また、小選挙区制が採られ、投票については記名投票制が採用された[1]。このような規定の結果、明治二三年の帝国議会総選挙についてみれば、有権者数は四五万三六五人で、それは当時の人口総数の約一・一四パーセントにあたった。

（1）この選挙法の起草にあたった金子堅太郎は後年語って、直接国税一五円以上としたのは、そのようにすれば議員総数三〇〇人に対して有権者数が四五万人になるので、その程度がよいと考えたからである。また、小選挙区制としたのは、明治維新以来なお日が浅く、地方によって民俗、風習、利害が少からず異なっているのを考慮した結果である、と述べている（林田亀太郎、『明治大正政界側面史』、上巻、大正一五年、一七五、一七二頁）。

さて、憲法の制定と並行してなされた支配体制整備の試みとして、つぎに明治二一―三年（一八八八―九〇年）における地方自治制の施行を挙げなければならない。さきに明治一一年（一八七八年）に郡区町村編制法、府県会規則、地方税規則が制定され、このいわゆる三新法によって地方自治の糸口がつくられたのであったが[1]、明治二一年四月に市制、町村制、明治二三年五月に郡制、府県制が公布されて、地方自治制はここに一応の整備をみるにいたった。これらの立法は、伊藤、黒田の両内閣に内相であった山県有朋（長）の下でなされたものであるが、その立案にあたってはプロイセン王国の地方制度が多分に参考にされ、政府の法律顧問モッセは制定過程において大きな役割を荷った。以上四つの法律の制定によって、三新法を基礎とした地方自治は全般的にいえば一段と拡充されたといえるが[2]、しかし、それは依然官治主義的色彩を濃厚に帯びたものであった(3)。

(1) 二九二頁、二九三頁註(2)、参照。

(2) 郡制および市制の制定によって、地方自治の単位としての郡および市が生れた。

つぎに、町村および府県についてみると、町村自治については明治一三年に区町村会法が制定され、それは三回の改正を経て明治二一年当時に及んだが、同法の下では町村会の権限は町村費で支弁すべき案件、および、その経費支出、徴収方法の議決に限られていた。これに対して、町村制では「町村一切の事件」に関して議決することに定められた。また、町村会は町村長および助役を選挙する権限をもつことになった(但し、任命には府県知事の認可を必要とする)。旧法では、町村長は町村住民が町村会議員選挙の例に倣って候補者を三名乃至五名選出し、その中から府県知事が任命することに定められていたのであった。また、旧法では町村会の選挙権は、満二〇歳以上の男子でその町村内に居住し且つその町村内で地租を納付しているものに与えられ、被選挙権は年齢満二五歳以上であることを要するほかは選挙権の場合と同様であった。これに対して、町村制では選挙権および被選挙権は満二五歳以上の男子で二年以上、(一)その町村に居住し、(二)その町村の公課(町村税、その他)を負担し、(三)その町村内で地租を納め若しくは直接国税年額二円以上を納付しているものに与えられた。さらに、町村会議員選挙に等級選挙制(この場合は二級選挙制)、を採用された。等級選挙とは、有権者を納税額の順に従って排列した名簿をつくり、その上で有権者を右の順に従ってグループ(たとえば、二級選挙制ならば二つのグループ、三級選挙制ならば三つのグループ)に分け、各グループの有権者の納税総額が相等しいようにし、そして、この各グループ毎におのおの同数の議員を選ばせる選挙制度をいう。

つぎに府県については、明治一一年の府県会規則は制定後頻繁に改正されて明治二三年に及んだが、旧法の下における府県会の権限は前述した(二九三頁註(2))とおりであるが、府県制ではその権限は若干拡張された。また、旧法では府県会の選挙について直接選挙制が採られていた(二九三頁註(2))のを廃止して、府県会議員は市会、市参事会、郡会、郡参事会の構成員が集って選挙することとし、被選挙資格としてはその府県内で直接国税年額一〇円以上を納付していることが必要とされた。なお、この選挙母体に関して市制および郡制によって説明を加えれば、市会は、(一)二年以上その市に居住し、(二)市の公課(市税、その他)を負担し、(三)その市において地租または直接国税年額二円以上を納付しているものを選挙権者とし、三級選挙制によって選出された。郡会は町村会によって選挙された議員と大地主(郡内で町村税を賦課されるその所有地の地価合計が一万円を越えるもの)の選挙した議員とから構成された。また、市参事会は、市長、助役、名誉職参事会員から構成され、後二者は市会が選挙することに定められていた。郡参事会は、郡長と名誉職参事会員とから成り、後者は郡会が選挙することになっていた。

(3)　町村の場合には郡長(官選)、府県知事(官選)、内務大臣により、郡および市の場合は府県知事、内務大臣、府県の場合は内務大臣により強力な行政監督が行われた。なお、この点については、亀卦川浩、『明治地方自治制度の成立過程』、昭和三〇年、大島美津子、「地方

制度(法体制確立期)」(『講座・日本近代法発達史』、第八巻、昭和三四年、所収)参照。

山県有朋は後年回想して、元来地方自治制は国民の「公共心」を育成するものであるとともに、行政に協力するに必要な「知識」と「経験」とを国民に与えて立憲政の運営に役だつことが大きい。それればかりでなく、「中央政局変動の余響をして地方行政に波及せざらしむるの利益」が少くない。それ故に、憲法の制定を目前に控えた当時としては立憲政実施の暁にそなえるために地方行政を整備することが急務であった、と述べている(1)。しかし、彼が以上の立法に際して目指したところは、郡制および府県制の原案が元老院に付議された際に元老院でなした彼の演説の中に一層よく示されている。彼はそのとき述べて、「国家の基礎」を堅め、また近く実施される「立憲政の基礎」を鞏固なものにする上に最も重要なものは、市制、町村制、郡制および府県制である。町村制では二級選挙制を採用して大きな財産をもつものには大きな権利を与えた。また、市制においては三級選挙制を採って、第一級選挙人である「財産家」が一人あるいは数人で市会議員全体の三分の一を選挙できるようにした。そして、郡制の場合には町村会から選挙された議員と「大地主」とで郡会を組織させ、ことに「大地主」が郡会議員の三分の一を占めうるように工夫し、府県制においては、郡会と市会とが参事会と合同して選挙会をひらき議員を選出させるよう配慮した。このような地方制度の下では、「財産を有し知識を備ふる所の有力なる人物」が議員に選ばれることになろう。これらのひとびとは「国家と休戚を共にする」ひとびとであり、従って当然に社会の秩序を重んじるから、地方行政の処理に貢献し、現在のように「漫《みだり》に架空論を唱へて天下の大政を議するの弊」を一掃できるであろう。その上に、みずから責任を負って地方の政務にあたれば、実際の事務に慣れ政治の経験を多く身につけることになり、帝国議会開設の暁には代議士になるものも自然彼らであろう。これらのひとびとを「今日民間に政論家と自称し、行はれざるの空論を唱へ、纔《わずか》に一身の不平を漏し、動《やや》もすれば社会の秩序を紊乱せんと企つる蠢愚《しゅんぐ》の徒」と比べれば、そこに天地の差があろう。もしもこのような「老成着実の人士」によって国会が構成されるならば、その議事は円滑に行われ、政府と議会とが軋轢するごときこともなく、従って「国憲を危くするの虞なく、上下共同して国富を増進し、帝国の安寧を永遠に保維し、以て神武天皇以来未曾有の鴻業たる立憲政体興立の美果を国会開設の上に見んことは、期して待つ可き」である、となしている。(2)

(1)　国家学会編、『明治憲政経済史論』、所収の山県有朋、「徴兵制度及自治制度確立の沿革」、三九八頁。
(2)　『元老院会議筆記』、第一二三。

支配層は、地方自治制を整備し、名望家（一般的には地主層）を地方自治に大幅に参加させ、官治主義的統制の下にこれら名望家を中心に形づくられて来た伝統的な地方的秩序を支配体制に組入れて、その鞏固な基底たらしめようとしたのである。(1) そして、それによって、藩閥の政治支配を一段と補強すると同時に、開設される帝国議会に自由民権派の進出するのを大きく阻もうとしたのであった。

（1）その点で、前述のような地方議会の選挙規定のほかに、町村制においては町村会の選任する町村長および助役を原則として無給の名誉職にし、従って資産ある名望家がこれらの職につくことを予想していたことも、注目に価する。

ついで、明治二三年（一八九〇年）一〇月に入ると、教育勅語が発布された。前述のように、明治一〇年代中頃から政府は教育に対する国家的統制を次第に強化し、国学・神道と儒教とを接合して民族の独立を支える国民倫理を樹立しようと試みるにいたったが、その後天皇への忠誠を核心とする国民倫理の基準を勅語の形で提示し、これを教育の基本方針とすることが政府関係者の間で構想され、それは第一次山県内閣の下で着手されて、教育勅語の発布となったのである。この勅語は井上毅（法制局長官）が起草し、元田永孚《ながざね》（宮中顧問官）がそれに加筆し、さらに閣僚および天皇の意向がとり入れられて、出来たのであった。

この教育勅語は、内容と形式との両面できわめて注目に価する。それは先ず「皇祖皇宗」は「徳を樹つること深厚」であるとし、国民が忠孝の道に力めて来たのは「国体の精華」であると述べ、国民の守るべき徳目を列挙的に指示したのち、「一旦緩急あれば」国民は「義勇公に奉ず」べきであり、それは「天壌無窮の皇運を扶翼」するためであるとなし、以上のことは皆「皇祖皇宗の遺訓」であるとなしている。この勅語の思想的基礎は国学・神道と儒教とにあるが、基本的には天皇家が道徳の具現者、最高善の把持者であるという建前がとられていることは、注目に価する。(1) つぎに、勅語の形式の点では、それは「御名御璽」をもつだけで、内閣大臣の副署を欠いている。それは、この勅語が天皇みずからの意志の表明であるという建前がとられたことを意味する。こうして、天皇はこの勅語を通して天皇自身の判断で道徳の基準を国民に示し、その遵守を国民に要請したのである。従って、この勅語の発布によって、天皇は国民の道徳生活における立法者の地位に立つことになったのである。

(1) 勅語の末段に、この勅語の趣旨を「朕爾臣民と倶に拳々服膺して皆其徳を一つにせんことを庶幾《こいねが》ふ」とあるが、それも本文に述べたような勅語の建前を覆すものではない。

さきに帝国憲法の制定にあたって、天皇は憲法の「機軸」たる地位に置かれることになったのであったが、この教育勅語の発布によって天皇は実に国民の道徳生活の「機軸」的存在となったのである。そして、この勅語の渙発後は諸学校における修身教育はもとより、ひろく国民の教化はこの勅語に即して強力に推進されることになった。

ここで次に、帝国議会開設の年である明治二三年(一八九〇年)現在における支配体制を総括的にみてみたい。先ず、体制を支えるイデオロギーは、以上の教育勅語にもはっきりと示されている。そして、法律的には体制は大日本帝国憲法をその基礎とするものであった。ところで、帝国憲法においては天皇の大権がきわめて強大なものに規定されていたわけであるが、それだけにまた、天皇の下に分置されたさまざまの国家機関の個別的意思を調整し統合するものを現実には必要としたのである。その点で、「内閣製造者《キャビネット・メーカー》」である元老はすべて藩閥出身者であり、歴代の内閣は藩閥勢力によって組織され、そして、藩閥勢力は官僚、警察、軍の要職を自己の系統のものをもって堅めて、それらをその支配下に掌握していた。そして、枢密院もまた枢密顧問官の多数は藩閥出身者で充当されていたのである。さまざまの国家機関をこのように自己の手中に握ることによって、藩閥勢力は彼らの内部でこれら国家機関の意思を調整、統合する機能を行ったのである。かくして、支配体制は政治的には藩閥勢力によって支えられていたのである。

　さらに、支配体制をその社会的基礎についてみると、殖産興業政策以来の政府の産業保護政策によって、わが国においても産業資本は徐々に成長して来たが、明治二三年現在においては、近代産業は軽工業部門では紡績業の発展が顕著であるにとどまり、また重工業部門では官営事業である陸海軍工廠をのぞけばみるべきものに乏しく、また運輸交通部門では主たるものとしては国有鉄道、日本郵船会社を挙げうるにとどまった。しかも、全体的にいって近代産業において国家資本の占める比重は大きく、民間資本の成長はなお未成熟であり、民間資本の典型的なものは、国家権力の庇護の下に伸びつつある「政商」(三井、三菱、住友、安田、古河、浅野など)のそれであったのである。すなわち、当時における代表的ブルジョアは国家権力と結び、従って藩閥勢力としては彼らをその隷属下に置いていたのであった。(1)つぎに農民層についてみると、明治二三年現在のわが国の職業別人口構成においては、農林業に従事するものは全人口の七二・七パーセント弱に上っていたと今日推定されているが、(2)藩閥勢力は前述のように明治二一―三年の地方自治制の整備を通じて「財力、知力を備ふる地方名望家」の協力と支持とを獲得してその政治支配を安定させようとしていたのである。なお注意すべきことは、農村における階級的分化は、明治二三年前後にいたる期間に相当大きく進展するにいたっていた。そして、地租改正前後においては小作地は全国耕地の約三〇パーセントを占めていたと推定されるのに対し、明治二〇年

（一八八七年）にはその比率は三九・五パーセント、明治二五年（一八九二年）には四〇・一パーセントに達するのである。(3) 農民層のこのような分解、いいかえれば、自作農の没落過程の進展は、藩閥勢力にとって懸念すべきことであった。彼らが名望家を中心とした地方的秩序を支配体制の支柱たらしめようとする以上、農村においてそのような秩序が安定を持続するためには土地が少数の大地主に集中されてはならず、経済的に自立できる自作農が農村の中間層として多数に存在することがきわめて望ましかったからである。(4)

（1）ベルツは明治二二年三月一一日の日記に、「今夕、鹿鳴館で、東京の商工業者主催の大舞踏会。皇族、大臣、公使などがこれに招待された。社会的に重要な出来事だ！　というのは、商工業者がこのようにしてその存在を示したのは、今回が初めてであるからだ。この二十年間に彼らの地位が、何とまあ変ったことか！」（『ベルツの日記』、第一部上、一一四頁）と記しているが、たしかに、「商工業者」の社会的地位は、明治初年に比較して大きく上昇するにいたった。けれども、国家権力の手厚い庇護の下に成長して来た彼らは、いきおい政府に対する自主性をとかく欠くことになった。当時の代表的ブルジョアである政商の場合、とくにそうであった。帝国議会がひらかれて二年後の明治二五年に当時の第一次松方（正義）内閣は議会と衝突して、解散・総選挙となったが、その際政府は改進党の犬養毅を落選させようとして、三井物産の重役である馬越《まごし》恭平を犬養の選挙区である岡山から立候補させるよう三井に要求した。このときのことを、後年馬越は回顧して、政府は「三井の銀行と三井物産の重役をお呼び出しになつて、私にやらせよといふことでした。一寸おかしな話ですが、その時分には政府からの御命令といふものは大したもので、三井だつて三菱だつて何でも聴かなければならなかつた時分です」。そこで、立候補することを承諾することになった。ところが、当時財界にすでに大きな勢力をもつにいたっていた井上馨（長）は自分（馬越）の立候補に反対した。しかも、「三井といふものは井上さんに声をかけらるれば、蛙が蛇に遭つたやうなものです。井上さんがそんなことをしてはいかん、三井が政治界に這入つてはいかん、と言はるれば、もう絶対です」。こうして自分は結局時の政府と井上との間に板挟みになってしまい、その結果病気と称して選挙運動をやらず、ついに落選した、と述べている（『品川先生追懐談集』、昭和九年、一一四―一六頁）。この挿話も、この前後におけるブルジョア階級の藩閥勢力に対する従属性を象徴するものとして興味ふかい。

（2）　楫西光速、加藤俊彦、大島清、大内力、『日本資本主義の発展Ⅰ』、昭和三二年、八一―一二頁。

（3）　楫西ほか、『日本資本主義の成立Ⅱ』、四七六頁。

（4）　帝国議会開設後、第一次松方内閣下で内相品川弥二郎（長）は第二議会に信用組合法案を提出した。品川は貴族院でこの法案について説明して、わが国では今日まで国民の間の富が比較的平均しており、貧富のへだたりは著しくない。「全国の国民中十中の七八は小地主、即ち小農、又小商人、又小さい職工」であり、彼らは「国民生産者の要部」を占め、「国家の土台」である。ところが、周知のように「此要部なる中産以下の人民」の「生産力」は次第に衰える傾向にあり、甚だ歎かわしい。「中産以下の人民が其産を破り又其業を失ふ……失ひますことが此勢で止みませんだつたならば、人民自治の精神は全く消え失せて」、多数の人民は少数の「金満家の専制」をうけ、また「中以上の金満家」も「窮民」を救う費用を負担せねばならなくなり、「中以上の人」「中以下の人民」はともに堪えがたいことになる。政府が新しい地方自治制を布いた(明治二一―二三年の前述の立法を指す―著者)のも「地方の独立を重んじ、其福利を増進する」ためであったのであり、「地方の土台となりまする中産以下の人民のために其産業を維持するの方法を立てませんければ、自治制度を設けたる趣旨も廃れ、国権の伸張も国力の発達も如何であらうかと存じます」と述べ、信用組合法案はこの「中産以下の人民」のために低利融資の途をひらき、併せて「勤倹自助の精神」をさかんにして、「地方の実力」を養成することがその目的であるとなしている。

この法案は第二議会がやがて解散されたため審議未了に終った。しかし、品川内相の以上の演説は、農民層の分解に対する藩閥勢力の見解をある程度示すものであろう。

さて、藩閥勢力は以上のように支配体制の整備を着々と進めながらも、しかし、自由民権派の動向については依然ふかい警戒、不安の念を禁じえなかった。そして、前にもふれたように、明治二三年の帝国議会開設に先だって、尨大な国有林を無償で御料林に編入し、明治一八年に三万二千町歩であった御料林は明治二三年には三六五万町歩に激増するにいたったが、これもいうまでもなく議会開設前に将来の皇室の経済的基礎をあらかじめ鞏固なものにして置こうという考慮にもとづくものである。(1)

(1)　山本悌二郎談、「至誠の権化、品川先生」(『品川先生追懐談集』、所収)、九七―八頁。大内兵衛、向坂逸郎、土屋喬雄、高橋正雄、『日本資本主義の研究』、下巻、昭和二三年、一二一―八頁。

このような中で、明治二三年(一八九〇年)七月に第一次山県内閣の下でわが国最初の帝国議会総選挙が施行された。当時内務省県治局長であった末松謙澄はこの総選挙について調査を行い、その結果を発表しているが、(1)彼はその中で述べて、この選挙戦を争った諸政派をみると、「党議とか綱領とか云ふの類は、各党間に行はれたりと雖ども、是れ其言ふ所多く漠然として時論に切実ならず。殊に綱領に至ては、各党共に力めて他人の容喙《ようし》すべき間隙なき論拠を求めしが故に、国利を進め民福を進むる等政論としては絶て価値なき語句を以て互に相雷同せしに過ぎず。其趣大に西洋政治家の選挙檄文と同じからず」(2)とし、また選挙戦の実状について述べて「選挙競争は左ながら戦争に殊ならず。互に遊説員を馳せ、各地に賛成を募り、又敵境に入りて已に敵に帰せるものを説服する等、多事亦極る。此等の事之を切込と唱へ、進撃と称し、攻落したりと誇り、防ぎ止めたりと呼ぶ等、総て戦争用の言語を用ふること各地共概ね然らざるはなしと云ふ」となしている。(3) 明治二〇年に尾崎行雄は「封建時代に於ける野蛮殺伐の遺風に養成せられたる我が日本人の常として、戦闘以外に政治上の運動あることを知らず」と論じたが、(4) そのような気風はこの選挙戦においても露呈したのである。末松はまた、「平民候補者と士族候補者と両々相争ひし選挙区に於ては、平民は多くは平民候補を助け、士族は自ら士族候補を推したる如き形迹は往々之あり」と記している。(5) 封建的伝統は当時もなお未だこのような形で名残りをとどめていたのであろう。つぎに、この総選挙における棄権率は、六・一パーセントであった。(6) つぎに選出された議員総数三〇〇名の中で、士族出身者は一一〇名、平民出身者(但し本来は士族で平民の族称をもつにいたったものをふくむ)は一九〇名であった。一方では上に述べたように封建の遺風がなお残存しつつも、この数字は政治に関心を抱くものがほとんど士族のみであるという時代はすでにもはや遠く過ぎ去っていたことを示すものである。

(1) 末松謙澄、「二十三年の総選挙」(『国家学会雑誌』、第四巻、第四四—五号)。
(2) 同誌、同巻、第四五号、六二〇頁。
(3) 同誌、同巻、同号、六二八—九頁。
(4) 三九七頁註(1)参照。
(5) 前掲誌、前掲巻、六二三頁。

（6）同誌、同巻、第四四号、五五九頁。

ところで、大同団結運動がさきに述べたように四分五裂して以来、旧自由党系のひとびとの間には離合集散が行われた。そして、この年一一月に第一議会がひらかれたときには、議会の政党分野は立憲自由党、一三〇名、立憲改進党、四一名、大成会、七九名、国民自由党、五名、無所属、四五名という内訳であった。これらの中、立憲自由党は同年九月に旧自由党系のひとびとによって結成されたものであり、(1)立憲改進党についてはすでに述べたとおりである。大成会はこの年八月に組織された政派で、その綱領は述べて、「唯国利民福の如何を顧み、着実公平の方針を執り、中正不偏の大道を闊歩」するとし、「要するに、主義綱領は実の賓のみ。其実とは何ぞ。実際の問題是れなり。故に我輩は敢て主義綱領を掲げず。一に実際問題に付き意見を確立し、以て議院政治の大成を期せんとす」と称した。また、国民自由党は国内政治よりもいわゆる国権拡張を重視し強調する小会派であった。これらの諸派の中で大成会と国民自由党とは政府支持の立場をとったが、以上の議席数から明かなように自由、改進の両党は合計で議会過半数を制するにいたったのである。

（1）立憲自由党は、政綱として「一、皇室の尊栄を保ち、民権の拡張を期す。一、内治は干渉の政略を省き、外交は対等の条約を期す。一、代議政体の実を挙げ、政党内閣の成立を期す」の三ヶ条を掲げた。

ところで、自由、改進の両党は、過去長年にわたって藩閥政治の打破を唱えて烈しい弾圧、迫害を冒して政府と抗争を重ねて来た曽っての自由民権派のひとびとから成っていた。しかし、注意すべきことは、彼らの立つその社会的地盤はこの頃には旧時とはすでに大きく変化していた。自由民権運動において曽って重要な地盤をなしていた士族層は、本来維新後崩壊するにいたった封建社会の遺制的存在にほかならず、従って、社会集団としてはやがて没落すべき運命を荷っていたのである。それだけにまた、没落過程を辿る彼らの間にはとかく烈しい且つ救いない現状不満の空気が溢れ、それは自由民権運動における闘争のエネルギーの巨大な補給源にもなったのであった。けれども、時の推移につれて、これら士族層のひとびとは維新後に形成されて来る資本主義社会のうちに結局は必然的に吸収されて、この新しい社会の中にそれぞれ地位を占めることになり、このようにして、一つの社会集団としての士族層は分解して、その輪廓もうすれて行くのである。そこで、その点だけからいっても自由民権運動は当然にその主たる地盤を士族層以外に漸次移動せざるをえず、こうして地主・ブルジョア階級の間にひろく支持を獲得することを次第に熱心に試みるようになっていたのである。ところで、地盤のそのような変化を全く決定的なものにしたのは、実に明治二二年に発布された衆議院議員選挙法であった。この法律によって選挙資格に前述のような高い納税条件が付せられたとき、自由民権派はついに何よりも地主・ブルジョア階級の支持を求めざるをえなくなったのである。それ故に、第一議会に進出した自由、改進の両党は、人的な面では古き自由民権運動の流れをひいており、従って、両党内部は藩閥勢力に対する憎悪に燃え立っていたにもかかわらず、党自体は以上のように地主・ブルジョア党となっていたのであり、(1)その点で曽つての自由民権運動の時期とは地盤を著しく異にしていた。(2)

（1）　明治二二年三月に後藤象二郎が黒田内閣に入閣して、大同団結運動が分裂の危機に陥ったとき、板垣退助は土佐から上京して大同団結派のひとびとを慰撫しようとしたことは、前に述べたが、彼は当時その途上大阪で旧自由党員と会合した際(五月)に、「従前自由党の破壊的なりしも、今日は大に着実温和の言動をなし、政治上の実行を期せざる可からざる所以」を縷々として述べた(鈴木編、『自由民権運動史』、二四二頁)。また、この年一二月板垣は愛国公党(後、立憲自由党の一部となる)を創立することにしたが、そのときにも述べて、「自由党は曽て頗る壮烈なる挙動ありし為め多少世上温厚なる人士の感情を害せしやの傾きあり」といい、そのことも考慮して、新党の名称を愛国公党としたといっている(前掲書、二六〇頁)。板垣のこれらの言葉も、自由党系勢力の主たる地盤の変動と関連するものと思われる。

（2） 第一議会に選出された議員を職業別でみると、農業（一二九名）、弁護士（二〇名）、商業（一九名）、官吏（一二名）、新聞雑誌記者（八名）、会社員（七名）、銀行員（四名）、医業（三名）、工業（二名）、鉱業（一名）、著述業（一名）、ほか雑業（二〇名）、無職（七四名）という内訳である（衆議院事務局編、『衆議院要覧』、明治三五年一一月編纂、に拠る）。このように、議員中三分の一をはるかに越えるひとびとが農業をその職業としていたこともまた、開設された帝国議会の「地主議会」的性格を示すものである。

帝国議会開設後の自由、改進の両党は世上から「民党」とよばれ、これに対して政府支持の立場をとった諸派は「吏党」と綽名された。ところで、藩閥勢力は地主・ブルジョア階級を前述のように支配体制の中に組み入れることを試みて来たのに対して、藩閥勢力と鋭く対立する自由、改進両党もまた地主・ブルジョア階級の支持をみずからの背後に獲得しようとするのであり、そこで藩閥勢力と「民党」との抗争はおのずから甚だ複雑、微妙なものにならざるをえなかった。それにしても、「民党」は過去くり返えして来た反藩閥闘争を今や帝国議会の演壇を通しても烈しく展開して、藩閥政府の名にふさわしい第一次山県内閣[1]に肉薄し、これを打倒しようとして気負いたち、帝国議会の開設とともにひらかれた立憲政は早くも前途容易ならぬ波瀾を予想させたのである。そのような中で、この年

（明治二三年）一一月二九日第一議会の開院式が挙行せられた。

（1）　第一次山県内閣の閣僚とその出身地は、つぎのごとくであった。内閣総理大臣山県有朋（旧長州藩）、外務大臣青木周蔵（同）、内務大臣西郷従道（旧薩摩藩）、大蔵大臣松方正義（同）、陸軍大臣大山巌（同）、海軍大臣樺山資紀（同）、司法大臣山田顕義（旧長州藩）、文部大臣芳川顕正（旧阿波藩）、農商務大臣陸奥宗光（旧紀州藩）、逓信大臣後藤象二郎（旧土佐藩）。この中で、芳川顕正、陸奥宗光の二人は藩閥外の出身であったが、しかし、彼らは伊藤博文、井上馨に接近し、その眷顧《けんこ》をえて内閣にあったのである。

参考文献

以下には、この書物で取扱った時期についての一般的で且つ比較的容易に接しうる文献を挙げることにする。なお、絶版書と非売品とについては発行所を掲げることをひかえた。

年表、職員録、書誌、史料集

信夫清三郎、『現代政治史年表』、昭和三五年、三一書房

山田宗睦、『現代思想史年表』、昭和三六年、同

渡部徹、『現代労農運動史年表』、昭和三六年、同

東洋経済新報社、『索引政治経済大年表』、二冊、昭和一八年

楫西光速・大島清・加藤俊彦・大内力、『日本における資本主義の発達』、年表、昭和二八年、東京大学出版会

遠山茂樹・安達淑子、『近代日本政治史必携』、昭和三六年、岩波書店

朝陽会、『歴代顕官録』、大正一四年

金井之恭、『顕要職務補任録』、二冊、明治三六年

高市慶雄、『明治文献目録』、昭和七年
高梨光司、『維新史籍解題』、伝記篇、昭和一〇年
外務省、『日本外交年表並主要文書』、二冊、昭和三〇年、日本国際連合協会
渡辺幾治郎監修、『日本憲政基礎史料』、昭和一四年
吉野作造編、『明治文化全集』、二四巻、昭和二―五年
木村毅編、『明治文化全集』、一六巻、昭和三〇―四年、日本評論新社（これは、右記の旧版全集に収録されたものの若干を除くとともに新資料を加えたものである）
『明治文化資料叢書』、一三冊、刊行中、風間書房

I　幕末・維新史

維新史料編纂会、『維新史』、六冊、昭和一四―七年
井野辺茂雄、『幕末史概説』、昭和二年
尾佐竹猛、『明治維新』、四冊、昭和一七―二四年
小西四郎、『日本全史8』（近代1）、昭和三七年、東京大学出版会
渋沢栄一編、『徳川慶喜公伝』、八冊、大正七年
田辺太一、『幕末外交談』、明治三一年
遠山茂樹、『明治維新』（岩波全書）、昭和二六年、岩波書店

福地源一郎、『幕府衰亡論』、明治二五年
山川浩、『京都守護職始末』、明治四四年

とくに幕末・維新の外交について

石井孝、『明治維新の国際的環境』、昭和三二年、吉川弘文館
同、『明治維新の舞台裏』(岩波新書)、昭和三五年、岩波書店
田保橋潔、『近代日本外国関係史』、増訂版、昭和一八年

Ⅱ 幕末から明治前半期(明治元―二三年)にいたる期間の外交

外務省監修、『日本外交百年小史』、改訂版、昭和三三年、山田書院
鹿島守之助、『日本外交政策の史的考察』、昭和二七年、鹿島研究所
同、『日英外交史』、昭和三二年、同
同、『日米外交史』、昭和三三年、同
信夫清三郎、『近代日本外交史』、昭和一七年
渡辺幾治郎、『日本近世外交史』、昭和一三年

外国文献

Clyde, P. H., The Far East, 2. ed., 1952(Prentice Hall, N.Y.).
Hudson, G. F., The Far East in World Politics, rev. ed., 1939.

MacNair, H. F. and Lach, D. F., Modern Far Eastern International Relations, 2. ed., 1954 (D. v. Nostrand, N.Y.).

Panikkar, K. M., Asia and Western Dominance, 1953 (Allen and Unwin, London).

とくに条約改正問題について

井上清、『条約改正』〔岩波新書〕、昭和三〇年、岩波書店

下村富士男、『明治初年条約改正史の研究』、昭和三七年、吉川弘文館

山本茂、『条約改正史』、昭和一八年

Jones, F. C., Extraterritoriality in Japan and the Diplomatic Relations resulting in its Abolition, 1853–1899, 1931.

III　同じ期間の内政

指原安三、『明治政史』、明治二五―六年（この書物は、吉野作造篇、『明治文化全集』、第二―三巻に翻刻されている）

藤井甚太郎・森谷秀亮、『明治時代史』〔綜合日本史大系〕、昭和九年

とくに立憲政の成立・自由民権運動に関して

稲田正次、『明治憲法成立史』、二冊、昭和三五―七年、有斐閣

尾佐竹猛、『日本憲政史大綱』、二冊、昭和一三―四年

大津淳一郎、『大日本憲政史』、一〇冊、昭和二―三年
国家学会編、『明治憲政経済史論』、大正八年
鈴木安蔵、『日本憲法史概説』、昭和一六年
内閣官房、『内閣制度七十年史』、昭和三〇年
渡辺幾治郎、『日本憲法制定史講』、昭和一二年
鈴木安蔵、『自由民権』、昭和二三年
堀江英一・遠山茂樹編、『自由民権期の研究』、四冊、昭和三四年、有斐閣

とくに軍事史について

小山弘健、『近代日本軍事史概説』、昭和一九年
藤原彰、『軍事史』(日本現代史大系)、昭和三六年、東洋経済新報社
松下芳男、『明治軍制史論』、二冊、昭和三一年、有斐閣

解説　戦後政治史学の誕生

前田亮介

著者について

本書の著者・岡義武《おかよしたけ》（一九〇二―九〇）は、農商務省の官僚として工場法（一九一一年）の成立に尽力し、のちに大阪毎日新聞の会長となる父實《みのる》と、第一国立銀行総支配人・佐々木勇之助の長女である母マサの間の長男として、東京市麴町に生まれた。岡は府立第一中学、第一高等学校を経て一九二三年に東京帝国大学法学部に入学、二六年に同政治学科を卒業すると、矢部貞治《やべていじ》（政治学専攻）とともに法学部の助手（政治史専攻）に採用された。助手時代は吉野作造に師事してヨーロッパ政治史研究に従事し、二八年、ビスマルク期ドイツにおける「ナチオナルなものとリベラールなものとのたたかい」（篠原一）を論じた助手論文「環境に関聯して観たる十九世紀末独逸の民主主義運動」（のち、『独逸デモクラシーの悲劇』文春学藝ライブラリー、二〇一五所収）を提出してそのまま法学部助教授に就任する。そして一九三一年度から「政治史」講義を開始し、初年度はドイツを中心にしつつ、早くも一九世紀イギリス政治史にも一部論及したという。三三年三月から六月に『国家学会雑誌』で連載した「独立労働党の成立と其の歴史的意義(一)〜(三・完)」(『同』四七—三・五・六)が英独仏三ヶ国の比較を射程に入れていたことは、こうした志向の現われであった。

ただ資料上の制約もあって、岡は当初予定していたよりも早く日本政治史の研究に着手することになる。同年末、岡は明治期の民権結社「筑前共愛会」の憲法草案についての史料紹介を発表し(『国家学会雑誌』四七—一二)、三五年には亡師・吉野の追悼論集に初めての論文「明治初期の自由民権論者の眼に映じたる当時の国際情勢」(蠟山政道編『政治及政治史研究——吉野作造先生追悼記念』岩波書店)を寄せた。そしてこの三五年度から、岡はヨーロッパ政治史と並行して幕末以降の日本政治史講義を開始する。翌三六年から二年間の欧州留学を経て、三九年に教授に昇進、太平洋戦争中もリベラルな立場を堅持し、また幸運にも思想弾圧に巻きこまれることなく、戦争末期の四五年には、南原繁《なんばらしげる》、高木八尺《たかぎやさか》、田中耕太郎を中心とした法学部七教授による終戦工作に加わったことがよく知られている。

戦後には、学内では「ヨーロッパ政治史」に加えて「日本政治外交史」講座の新設に尽力し(五五—五七年法学部長)、また学外でも今日も続く日本政治学会の立ち上げ・運営や、木戸(幸一)日記研究会をはじめとする史料収集プロジェクトの主催など、政治史学の発展に果たした功績は数えきれない。六三年の東大の定年退職後も日本学士院会員（七二年―）、文化勲章受章（八六年）など、二〇世紀の日本を代表する歴史学者・政治学者といってよい。東アジアからヨーロッパまで広く対象としたその主要な業績は、岩波書店から一九九二―九三年に刊行された篠原一・三谷太一郎編『岡義武著作集』全八巻（以下『著作集』と略記し、巻号を付す）に見ることができる。また、『山県有朋――明治日本の象徴』（岩波新書、一九五八）、『近衛文麿――「運命」の政治家』（同、一九七二）、『近代日本の政治家』（岩波現代文庫、二〇〇一）、『国際政治史』（同、二〇〇九）といった、入手しやすく、かつ名著として世評の高い著作を通じて、すでに岡史学に親しんでいる読者も少なくないだろう。本書とこれに続く『明治政治史』下巻と『転換期の大正』もまた、以上のラインナップに加わるべき古典的価値を有するものである。

二人の岡？――丸山眞男の視点

このような政治史の巨人としての岡については、しかし今日二つのイメージが存在するように思われる。一つは、イギリス労働党やフランスの人民戦線に共感を隠さず、講義でも自身の政治的な立場や価値判断を積極的にうちだす、情熱的なリベラル知識人としての岡である。ワイマール共和国の崩壊を描いた『独逸デモクラシーの悲劇』（弘文堂、一九四九)が「自由は与へられるものではなくて、常にそのために闘ふことによつてのみ、確保され又獲得されるものであるといふことである。そして、そのために闘ふといふことは、聡明と勇気とを伴はずしては、何らの意味をももち得ぬといふことである」と締めくくられていたのは、その象徴的な例であろう。実際、一九三四年に東大法学部に入学した丸山眞男は、すでに当時としては「反時代的」だった、こうした岡の講義スタンスに強烈な印象を受け、好感とともに「俗な言葉でいえば、左翼的という印象」を抱いたという(丸山眞男「岡義武――人と学問」『著作集八』付録小冊子、一〇―三頁。以下「丸山談話」)。岡のゼミは戦中でも「学生間では「人民戦線」と呼ばれるような最も進歩的なゼミ」(田澤晴子ほか「三谷太一郎氏インタヴュー記録――「大正デモクラシー」研究をふり返る」同志社大学『社会科学』四八―二、二〇一八)だったのである。それだけに若き日の岡は講義でも、階級関係(とナショナリズム)に力点をおいて政治過程を分析する姿勢を、後年に刊行した二冊の通史(『近代欧洲政治史』弘文堂、一九四五、『近代ヨーロッパ政治史』同、一九五六、『著作集八』所収)よりも鮮明に示しており、当時刊行されたばかりの『日本資本主義発達史講座』全七巻を参考文献に挙げていた。またたとえばソ連についても革命初期の労農評議会を高く評価したという。そして講義中、(反)民主的、進歩的、反動的といった非価値中立的な概念を用いることを躊躇しなかった(「丸山談話」二六―七頁)。こうした岡の廉直さはその生涯を貫くものだった。一九七八年に行われた談話筆記で、岡が自分は実践運動ではなく学問を通じて労働者階級を解放したい、と語った事実に、丸山は「いちばんびっくりした」と岡門下である聞き手の篠原一と三谷太一郎に吐露している(同、二一―二二頁)。以上のように、学問がより良い社会のために積極的な使命をはたすべきことを信じる、強いヒューマニズムと「道徳的な潔癖さ」(丸山)を保ちつづけた人物として、岡は身近な研究者たちの眼に映っていた。

しかし、こうした一方で、丸山は講義に現われなかった「よくいわれる先生(岡)のもうひとつの面、アイロニーをふくんだ話とかユーモア」の側面についても、興味深い考察を行っている。丸山によれば、岡には助教授になった時点から「ニヒリスト」という見方が広く付きまとっており、親しい友人でやがて立場を分岐していく同僚の矢部貞治も、日記で岡の政治的主張を「いやに赤いことを言ふ」と記していた反面、全体主義が台頭する世界情勢の変化を不可逆的なものと甘受するかのような岡の態度には、「非常にニヒリスティック」で「非常に傍観的」だと不平顔だったという(「丸山談話」一五頁)。そうした岡イメージが生じた理由の一端を、丸山は、客観的な真理を追究する歴史学への禁欲的姿勢と、現実における規範と正義を追求する岡の本来の志向のあいだに生じた裂け目が、長い孤独を強いられた戦中の現実のなかで拡大・固定化していったことに見出している――「時代にたいするペシミズムと、それから歴史学が本来備えなければいけない一種の価値判断の抑制、この二つが岡先生の中で微妙に合流した」(同、二五頁)。たとえば岡が大衆の勃興という歴史の趨勢自体は評価しつつも、それが必ずしも好ましいことばかりではない(政治的民主化のみならず全体主義の基盤ともなる)としたように、歴史上のいかなる傾向も、その善悪を問わず「歴史的なひとつの動向として認識しなければいけないのではないか」という必然性への冷徹な視線——E・H・カーが批判するような「未練学派」と正反対の視線だろう——が、そこに生まれることになる。しかも戦後の岡が、マルクス主義と明確な距離をとったことで理念を欠く「実証主義」者と表象され、戦前のニヒリスト像を一層強化する(その結果、岡の孤独感をまた深める)悪循環が生じることになった。

ただ「運命」という語をしばしば用い、深い諦観を湛えた評伝の筆致自体も、こうした岡イメージの再生産に今日まで資したことは否めない。そして淡々と描かれる近代日本の破綻に思いを馳せつつ、岡の流麗で研ぎ澄まされた文章や史料引用の名人芸を味わうことが、岡史学の一つの受容のあり方だったのかもしれない。筆者もそうした価値や魅力を否定するものではもちろんない。しかし、一九六〇年の初版では「その運命と性格」という副題が付せられていた岡の『近代日本の政治家』が一九八六年英訳されたとき、英語圏のある日本政治史家は書評のなかで、伊藤博文が来客をいつも見送らなかったとか、大隈重信が飼い犬を「イヌ」と呼び捨てていたエピソードが、非日本語圏の読者にはたして有意義な視角を提供しうるのか疑問を投げかけている(1)。とくに違和感が表明されるのは、近代日本の崩壊を防げなかったリーダーシップへのやや悲観的にすぎる評価である。原著刊行から三〇年近く経過し、日露戦争後の政党の権力参加についても、また戦間期の政党政治や近衛新体制についても、岡とは異なる内在的な理解に立った研究が日米両国で蓄積されており、本書の英訳は専門家にとってもどこまで意味があるだろうかと手厳しい。日本の読者が好むようないわば「わび・さび」を備えた岡の人間論が、はたして歴史叙述として普遍性をもつのかという根本的な異議申し立てと言い換えることもできるだろう。

この批判への筆者なりの応答は後段でしたいと考えるが、しかし同書評がいま注目に値するのは、戦前のリーダーへの悲観的な評価に岡が傾斜した理由の一端に、「一九六〇年、日米安保改定をめぐる危機の真っ只中に戦後日本を統治していた「憐れむべき政治家たち」への幻滅」を見出している点である。この推測の根拠は示されていないが、たしかに原著はまさに五九年から六〇年にかけて『文藝春秋』に連載された評伝をまとめ、安保改定後の総選挙を控えた九月に世に問われたものであった。戦前の五人の政治家への諦観をにじませた岡の描写も、決して固定した超越的な時空から行われたのではなく、同時代の政治社会の変動と切り離せないものだったという自然な示唆を、ここから得ることができよう。そしてこのような共時性という視点に立ったとき、前述した二つの岡イメージを、同一の歴史叙述に即して総合的に理解することが可能になるのではないだろうか。たとえば、岡がその前半期にはマルクス主義的な構造論の志向を強く有していたにもかかわらず、その後なぜ社会経済的な背景と一見切断されたようなトップ・リーダーの内面描写に旋回していったのか、という理由一つにしても、現在まで十分説得的な説明はなされていない。

ちなみに丸山は、労働者が第一次世界大戦や満州事変を支持したような「どんな醜い現実をも直視しようという」という「ニヒリズムとスレスレのリアリズム」をもつ岡の峻厳な歴史観・人間観も、ヒューマニズムが根底にあるがゆえの「倫理意識の逆説的な現われ」(「丸山談話」三四―五頁)だと鋭く指摘している。分裂するかにみえた二人の岡は、実際は不可分に統合されているというわけであり、そこに「精神的貴族主義」の一つの結晶を認めている。筆者もこのような「ニヒリズムとスレスレのリアリズム」とヒューマニズムの結びつきという解釈をおおむね妥当なものと考えるが、岡の思想に内在する揺らぎは、その歴史叙述のなかで具体的に検証されていくべきであろう。前置きが長くなったが、以下の行論もかかる問題に若干の新たな展望を与えようとする試みである。

本書の位置――一九四七年版から六二年版へ

さて、本書は一九六二年に創文社から刊行された『近代日本政治史Ⅰ』(『著作集一』所収)を底本としている。巻号が振られているように、本来は太平洋戦争にまでいたる全四巻構成が予定であったが、未完に終わった。脱稿直前の高い完成度に達していたⅡは岡の没後に『著作集二』に収められたものの、本書が著者自らの手で世に放たれた唯一の作品である。東大法学部の講義をベースとした日本政治史の通史の完成に、岡はきわめて高い比重を置いており、個別論文や評伝の執筆と並行した不断の改訂作業を生涯にわたって続けた。実際、本書の以前にも、岡は一九四七年に日本政治史の講義案の幕末・維新の部分に手を加えた『近代日本の形成』(弘文堂、以下『形成』)を刊行している。また一九五二年には、矢内原忠雄・日本太平洋問題調査会監修『現代日本小史』上(みすず書房)に「政治」を寄稿している。本書と対象範囲が重なる『形成』と異なり、「政治」では民族革命としての明治維新から敗戦までを一〇〇頁足らずでコンパクトに概観している。後者の第三章「立憲政の導入」は、『山県有朋』の終章「晩年とその死」とともに、六五年にジョセフ・ヤマギワを編者にミシガン大学出版会から刊行された *Reading in Japanese Political Science* に収められ、当時の英語圏での日本研究に相応の影響をもったと推測される。四七年と五二年のこの二つの仕事が、六二年刊行の『近代日本政治史Ⅰ』の直接的な原型となったことは疑いない。

ただそもそも『形成』が当初、近代政治史を三冊にまとめる計画の下で書かれたものの、内容に岡が不満をもったことから、『形成』の続編二冊を書くことよりも、それを全面的に改訂した本書の上梓が優先された事情があった。新たに加わった論点や引用史料はむろん存在するが、構成自体は大きく変更されていない。岡は四七年版のどのような点に不満を感じ、本書を準備することになったのだろうか。以下本解説では、第一に本書の論旨を体系的に抽出し、その歴史叙述としての特徴を明らかにする。第二に、一九四七年の『形成』や五二年の「政治」と六二年の本書の間にどのような問題意識の推移があったかを具体的に示す。この第一巻は明治維新論であり、ナショナリズムによる革命(著者のいう「民族革命」)論としての体系性と、社会・経済・文化までいたる包括性を追求した濃密な通史である。そして下級武士層(明治以降は士族層)の盛衰を指標に、開国から帝国議会開設までの四〇年弱を一まとまりの時代とみた革命史の試みでもある。さらに、岡は革命による近代国家の形成を、新たに研究に着手しはじめた戦後国家の形成過程(代表例として、「政治」矢内原忠雄編『戦後日本小史』下、東京大学出版会、一九六〇)といわば二重写しにしつつ、それぞれの「外圧」、「開国」、「政治的無関心層」、そして「ナショナリズム」を比較するようなかたちで、六二年版を練り上げていったと考えられる。以上の五〇年代における問題意識の変遷をたどることで、岡が政治学の対象として伝記的研究に移行していった事情の一端も浮かび上がるだろう。

ナショナリズムの革命——本書の議論(1)

最初に本書の議論をまとめておきたい。第一章「序論＝江戸封建体制とその瓦解」では、「江戸封建体制」の制度的特質をまず析出したうえで、それが「開国」状況に対応しえず明治維新に帰結する経緯を描いている。よく知られるように、徳川政権は元来、朝廷と諸侯への政治的・経済的優位を確立し、海外との交流や貿易も排他的に管理した。その点で徳川日本は「停滞の社会」(一九頁)であり、あらゆる変化が忌避された。この意図された停滞性を支えたのが、「きわめて複雑な身分的秩序によってきびしく規律された封建社会」(一一頁)である。身分的秩序は支配層たる武士層内部のみならず、被支配層の庶民層(農・工・商)内部まで浸透し、衣食住や文字の用法のような「各個人の生活様式」(一六頁)も規制していた。政権が奨励した「儒教的な思考様式」もまた、庶民層の「生活感情化」(一七頁)する。このように、治者−被治者の日常の生理にひろく溶けこんだいわば「心理的機制」(2)として徳川期の身分制度を位置づけている点が、本書の大きな特徴である。

しかし開国というまったく新たな状況の下で、こうした既存の制度(「江戸封建体制」)に収斂しない行動様式が、市場経済の発達で身分的優越が揺らぎつつあった(特に下級)武士層の間で台頭していく。著者が注目するのは、開国論の中でも受動的に開国を容認した幕府多数派と異なり、日本が開国を通じて列強と対抗しつつ富強を図り、やがて列強を圧倒することを構想した「航海遠略論」(四八頁)の系譜である。そこにある「外圧に対する烈しい民族的反撥感」は、開国を激しく批判した攘夷論者の中で「一旦攘夷、後開国」を唱えた人々にも実は通底していた。これらの「民族の独立」保持の観点に立つ積極的開国論を、本書は民族のロゴスとパトスが「ともかくも、結合していた」(五四頁、傍点は岡)と概して高く評価する。さらに、「パトス」を担う攘夷論と結びつくことになる尊王論についても、それが開国前からの「神国思想」に基づいて天皇への国民的尊崇を説くことで、「江戸封建体制における服従の体系とは別個の異なる価値対象」(五六頁)を用意した点に注意を促している。もちろん、テロリズムを激化させ、朝廷も一時席巻した尊攘派の勢いはやがて急失速するものの、こうした藩や身分を越えたナショナリズムの論理こそが、「民族革命」——すなわち、「民族の独立確保あるいは民族の対外的勢力拡大を目的としてなされる国内政治体制の変革」(一三二頁)——としての明治維新の原動力になったと著者は位置づけるのである。

もっとも、尊攘派の後退で雄藩主導の公武合体論が求心力を得たとき、幕府・朝廷による「国家権力の二元化」体制が新たに定着するかもしれなかった。にもかかわらず薩長両藩が最終的に国家的統一(倒幕)という選択肢にむかった理由を、本書は次のように説明している。薩英戦争と四国連合艦隊の下関砲撃事件は、たしかに両藩に西洋の軍事力の圧倒的優越を痛烈に自覚させた。しかし、それが攘夷論の放棄と欧米接近への転換をもたらしたという一般的なストーリーを著者は採用しない。二つの武力衝突はむしろ「その〔劣等性の自覚の〕故にこそ民族的危機感を一段と高揚させることにもなり、このことはひいて国政の局にある幕府に対する不信感を一層に深刻化させるにいたった。しかも、この熾烈な不信感は……民族の独立保持に対する自藩の使命感を刺戟」(九七頁)したのである。またこの動きこそが、同じ近代国家建設を幕府主導で試みる徳川慶喜のプレゼンスの増大を促し(九九頁)、王政復古クーデターへの道を準備することになった。ここでは、天皇への権力一元化という抜本的な政治的再編成への飛躍がなぜ生じたのか、そしてなぜ藩閥勢力が革命以後も長く凝集性を保ちえたかが、ナショナリズムに立脚する「危機感」「不信感」「使命感」といった人間の心理や感情の側面から実に鮮やかに説明されている。のちに著者は明治維新を「「プログラム」のない革命」と形容しているが、その評価は、革命の当事者の「真剣」さや「ぎりぎりの努力」、「意識過剰なまでの国際的危機感」の歴史的意義を減殺するものではなかった(丸山眞男・林茂・木村毅との座談会、「黎明期の日本外交――明治外交史上の政治家群像」『世界』一六九、一九六〇、のち吉野源三郎編『日本の運命』評論社、一九六九所収)。一見、内実空疎な「白紙」の政綱にみえる王政復古の大号令のうちにも、「革命の完遂、いいかえれば、民族の独立確保」という最重要課題のためには、過去に全くとらわれることなく政策を決定、実行するという新政府の決意が託されていたのである(一六七頁)。

ちなみに本章の洗練を尽くした幕末政治過程の叙述が、いわゆる「不平等条約史観」に立っていないことも付言しておきたい。不平等性が問題として浮上したのは条約締結時のことではなく、あくまで国民形成と並行する事後的現象であることを著者は早くから指摘していた(岡義武「明治初期の政治における国家意識——自由民権運動の一側面」(東京帝国大学編刊『東京帝国大学学術大観　法学部・経済学部』一九四二)四四七頁)。近代日本のナショナリズムが、革命の発火点だった尊皇攘夷運動が沈静化したにもかかわらず、その後なぜ二〇年間で条約改正問題にみられる広汎な国民的基盤を得るにいたったのかという問いが、ここに予告されていたといえよう。

後発国の国民形成をめぐる困難——本書の議論(2)

しかるに、幕末期の「民族意識」の形成は実際には(下級)武士層内部の現象にとどまり、庶民層にはほぼ無縁であった。攘夷思想は庶民に浸透せず、彼・彼女らは多くの場合、来日した西洋人に対して嫌悪や侮蔑より「むしろ好奇心をもって接し、素朴な人間的親愛感を示した」(五八頁)からである。実際、四国連合艦隊が長州藩を攻撃した際、藩内の庶民層は他人事のように観戦を楽しみ、オランダ海軍の大砲のボート積み込みも自ら手伝った。また条約勅許と関税税率の引下げを要求するイギリス軍艦が兵庫入港したときも、住民は上陸したパークスやサトウを恐れるどころか、好意を露に群をなしてあとをついてきた(八三―五、九〇頁)。こうした背景もあって、新政府が導入した徴兵制は当初強く忌避された(一六二頁)。他方、板垣退助に(国権拡張と親和的な)自由民権思想を抱かせた原風景も、戊辰戦争で藩の運命に無関心に逃げ惑う会津の庶民の姿であり、民撰議院設立建白書は人民の政治的無関心を嘆いていた(二九七―八頁)。「日本には政府ありて国民《ネーション》なし」(福沢諭吉)という現状の変革は、新政府とその反対派に共通する課題であった。このような、革命を推進した新政府および旧武士層と、「江戸封建体制」下の庶民層の間に横たわる断絶がどのように埋められていったのかが、第二章「近代国家への移行」の主題である。

やはりここでも強調されるのは、「開国和親」方針を打ちだす際に岩倉具視が「海外万国は皆我が皇国の公敵なり」(一七一頁)と述べたような、民族の独立確保への強烈な意志が、外交のみならず版籍奉還などのあらゆる政策に、いかに強く貫徹されていたかである(一九二頁)。当初、基礎がきわめて脆弱で不安定だった新政府は、一方で「天皇親政の建前」を強調して政権の正統性を補強しつつ、他方で諸藩に「公議世論の尊重」を標榜する配慮を示していたが、廃藩置県で中央政府の政治的優位が確立すると、国民形成の動きが本格化する。その代表が「文明開化」にみられる西洋文明の移植である。一連の啓蒙、さらに学制の発布と新聞の奨励によって、意識水準が低く受動的な庶民の自意識を呼びおこし、「政府の政策を理解し積極的にこれに即応し協力する国民」を創出することがめざされた(二〇三―七頁)。そしてその背後の民族の独立(「富国強兵」)の要請が世上でも感受されたことで文明開化は急速に定着し(二一一頁)、「御一新」後も残存した攘夷思想の影響力を凋落させた(一八〇頁)。興味深いのは、この文明開化の風潮がときに行き過ぎ、西洋文明や国際政治へのオプティミズムや理想化が生じたことについて、「民族的危機感を減殺」「国際法の規制力を過重評価」などと著者が批判的な姿勢を明示していることである。こうした世上や知識人の間で抱かれた「素朴な見解」を強く警戒・牽制したのが福沢諭吉と山県有朋にほかならない(二一九―二〇頁)。著者にとって、国内の近代化とはあくまで「自己保存のための実に至上命令」(一九〇頁)であり、万国公法や国際条約も所詮は、列強の軍事的な膨張の従属変数にすぎないとする両者のリアリズムを、岡はさしあたり評価したわけである。いいかえれば、著者は「早熟なインターナショナリズム」に歴史的重要性を認めなかったのである。

このように革命政権による庶民層への近代化政策が徐々に効果を上げつつある一方で、革命の担い手だった一般士族層(旧一般武士層)の処遇は難しい問題だった。彼らは経済的に没落しつつあったとはいえ、誇り高く、能力をもち、また「平民」の尊敬を集める「国民の中の有識者層」だったからである。したがって、政府は自らの政策について国民の積極的な支持と協力を獲得する必要からも、士族が各分野で(いまだ意識水準の低い)一般庶民を指導しつつ政府に協力することを強く期待し、その支配体制への取り込みを目指した(二一九―三四頁)。最終的にこの試みは失敗したものの、本書が政府内外における士族の政治的・社会的役割への高い評価を紹介することで、つづく士族反乱への過程を、単に守旧派の暴発と捉えるのではなく、新政府の側にも近代化のため彼らをリクルートする積極的な誘因があったという、より複層的な歴史解釈を示唆していることは注目に値する。こうした視点を敷衍すれば、反対派の蜂起とその武力鎮圧という現実の政治的帰結も、政府が糾合に失敗した末のやむをえざる「下策」だったとみることもできるかもしれない。

後発国の国民形成の先導者として士族の役割を重視する岡の視点は、征韓論政変の解釈にも現われている。当初、征韓論には戊辰戦争以来の分裂した人心の統合が期待されており、最初期は木戸孝允でさえ強硬な主唱者だった。さらに、征韓論を唱えて下野することになる人々の間では対露開戦ないし対露抑止の観点が強かったように(二四〇―二頁)、蝦夷地をめぐるロシアの動きは新政府成立後も例外的に存在した「西洋諸大国の重圧」であり、北方防衛をめぐる民族独立の試金石と位置づけられていた(一八一―二頁)。ロシア要因を強調した征韓論者の主張は空想的・冒険的ではあれ、膨張によって列強との新たな「勢力均衡《バランス・オヴ・パワー》」をめざす「航海遠略論」の正統な系譜に属しており、国民形成をどのように進めるかという方法的次元での問題提起でもあったのである(二四五―六頁)。しかし、征韓論争は内戦に起因する国内の亀裂を修復するどころか、新たな分断をつくりだすことになった。

政変の代償は大きかった。国内の分断が生じた結果、政府が啓蒙のため奨励してきた諸新聞は反政府姿勢を以後鮮明にし(二六六―七頁)、さらに政府が恐れていたような、士族層が国民を指導して体制に挑戦する構図(二三六頁)が固定化する。自由民権運動である。著者は自由民権運動を、国会開設前夜の一八八七年頃まで士族が(豪農など有産者層に取って代わられることなく)中心にあり続けた「有識者層の運動」と位置づけ(三二二―三頁。財産より士族の「智力」を重視する姿勢は自由党・改進党に共通していたという。こうした士族概念の拡張は岡のふみこんだ解釈であると同時に、本書の論旨の理解に欠かせない部分である)、彼らがまさにアメリカ・フランスの革命、マグナ・カルタ、ロシアの虚無党《ニヒリスト》から、他国への属領化を強いられたポーランド、アイルランド、エジプト、インドの例まで参照しつつ、天賦人権論と国権論を結びつけた「国民自由主義《ナショナル・リベラリズム》」に即して政府を批判したことで、民族の独立確保が「国民的課題」(二九八頁)に浮上する力学を描いていく。こうしたグローバルな国民国家形成の文脈のなかで、日本のネイションも形づくられていったのである[3]。さらに、憲法問題を焦点とした明治一四年政変で政府から引きだしえた譲歩こそ限定的だったが(三一六—七頁)、民権派と新聞の攻勢は政府を孤立させ、人心の離反で軍や官僚が政府に背を向ける悪夢も想起させた(三一一—三頁)。かくて一八八〇年代、形成されつつある「国民」をめぐって政府と在野の士族＝有識者層の競合が本格化する中で、「支配体制」がどのように再編・確立されていったかが最後の論点となる。

「神権王国」の完成と革命の終焉——本書の議論(3)

ここで想起すべきは、新政府の近代化の方針がそもそも民族独立の確保という「目的意識」に規定・制約されていたため、その目的のためならば新政府はときに近代化に逆行する方針をとることも厭わなかったという指摘である(二一六頁、傍点は前田)。ここに近代国家としての日本が同時に、天皇親政の建前にみられる「前近代的な神権王国《ディヴァイン・ライト・モナキー》」(二一七頁)の一面を備えていた理由がある。そして自由民権運動の攻勢は、政府が国民統合の選択肢として後者に頼る傾向を強めさせ、それまでの文明開化政策に対するいわば

「逆コース」が展開されることになった。その端緒となったのが教育政策の転換である（三二四―七頁）。修身の科目が小学校教科の最下位から最上位に昇格し、また天皇側近の儒学者・元田《もとだ》永孚《ながざね》による道徳教育論が地方長官を通じて各地に広まったことで、学制にあった自由主義的要素は決定的に後退した。こうした初等教育政策の保守化を、著者は「江戸封建体制」の崩壊でいったん失われた「社会的規制力」を、身分的上位者への奉仕から天皇への奉仕に置き換えて再生する意味をもった――「新しい革袋の中に古き酒がもられた」――と捉える。しかも、天皇のプレゼンスは庶民層においてのみならず、藩閥と民権派の間で「天皇をめぐる忠誠」競争が激しく生じたことで、一層上昇することになった（三三二―三頁）。なお著者は天皇を利用した自己正当化の先例を、一四年政変時の大隈重信に見出している（三〇九頁）。

以上の「神権王国」の再浮上と軌を一にする現象が、松方デフレ下における官途人気（杉田定一《ていいち》のいう「官員希望党」（三二三頁））の増大（立身出世熱）である。府県会や地方新聞社を活動拠点とした士族（有識者）・地主（有産者）の別を問わず、政府が試みた民権派のリクルートメントが相当程度成功したことを、本書は強調する（三三六頁）。それは有産者にとってさえ、「官尊民卑の伝統的気風」を残す社会で官途につく選択肢は魅力的だったからであり、こうした集合的心性のなかで官公吏が増大したことで、「とかく威厳を誇示し、傲然として一般人に接する……官員気質」が郵便配達夫や郡区役所の少年書記のような行政の末端まで及んでいたことを、著者は詳細かつ冷ややかに描きだしている（三三八頁）。なお、戦前日本の官僚制への岡の評価は（一高時代は内務省社会局で労働政策を担うことを志望していたにもかかわらず）著しく低かったが（岡義武「日本の官僚」『世界』一〇、一九四六）、その理由も、統治機構の割拠性を増幅した点以上に、官僚が江戸封建社会における「慈恵主義《パタナリズム》」の継承者として「優越的指導者的態度をもつて人民に臨」み、「権力者への盲目的追随の風」を再生産した点に求められていた。岡は戦後日本で政党政治の名の下のテクノクラート支配が出現することを警戒し、官僚制改革を「わが国民主化のプログラムの中の最も重要なる項目の一つ」とまで述べている。岡にとって官僚の問題が、統治機構の問題にとどまらず、何より戦前日本の「封建的」政治文化（官員気質と権力盲従）の問題だったとすれば、本書で意外なほど批判される官途熱は、教育政策の保守化から教育勅語の発布にいたる「天皇制イデオロギー」（岡義武「「明治国家」――その性格とその遺産」『国家学会雑誌』八〇―九・一〇、一九六七）の浸透とともに、そうした克服すべき政治文化の起点と理解されていたのだと思われる。これらは一九四七年の『形成』や五二年の「政治」では『政治」ではさほど強調されていない論点であった（ただ戦後史を扱った六〇年の「政治」（『戦後日本小史』下）では、鳩山一郎内閣と岸信介内閣の教育政策を分析している（同、三六一—二、三七二頁)。いずれも「逆コース」の文脈においてである)。

ところで、このように近代化政策と近代化逆行政策とが同時進行する事態は、明治政府の政治指導に混乱を呼びおこさなかったのだろうか。著者がこのディレンマに最も正面から対峙した政治指導者として高く評価するのが、伊藤博文である。甲申事変では平和的収拾に尽力し(三六〇頁)、また効率性を欠いた太政官制に代えて内閣制度を導入する(三六七頁)など、一四年政変後の内政・外交を主導した伊藤は、まさにその各国憲法調査において「天皇統治の建前をあくまで保持しつつ立憲政を導入しようと考え……この二つの要請の間に妥協点を発見」すべく「ひそかに苦慮」していた(四一九頁)。それゆえ伊藤は、枢密院の創出をはじめ「天皇神権説的な建前」を整え、強大な天皇大権を通じて国民の権利を大きく制限した「外見的立憲主義(Scheinkonstitutionalismus)の憲法」(四二四頁)を導いたのである。ただ本書は、帝国議会の権限の条文上の弱さを説明するとき、その政府に対する弱さ(予算議定権)よりも、天皇大権に対する弱さ(立法権や条約締結権、統帥権)に紙幅を多く割いた上で、天皇大権の実態を以下のように説明している。

帝国憲法においては天皇の大権がきわめて強大なものに規定されていたわけであるが、それだけにまた、天皇の下に分置されたさまざまの国家機関の個別的意思を調整し統合するものを現実には必要としたのである。……〔官僚、警察、軍、枢密院といった〕

さまざまの国家機関をこのように自己の手中に握ることによって、藩閥勢力は彼らの内部でこれら国家機関の意思を調整、統合する機能を行ったのである。かくして、支配体制は政治的には藩閥勢力によって支えられていたのである。（四四四頁）

この部分は、実は六二年刊行の通史ではじめて登場した議論なのだが、そのことの意味は後述しよう。ともあれ、伊藤がつくりあげた支配体制は、藩閥（内閣）が実質的に調整・統合する憲法（立憲制）の領域と、教育勅語にみられるような天皇が国民の「機軸」となる道徳の領域を、相互に分離しつつ内包していた。後者が内閣の副署を欠いた、天皇による発意という形式をとったのも（四四三頁）、そうした二元的な秩序観の表われにほかならない。ここで注意すべきは、著者がイデオロギー政策を必ずしも一概に否定的に捉えていないことである。時期は遡るが、本書はかつて開国前夜に漂着したロシア人ゴロヴニンに対し、日本の「有識者」や通訳が神国思想をとるにたらぬ神話と斥けつつも、「国民がそれらを信じているのを攪乱してはならない。というのは、国民が信じていることは国家にとって有用であり得るから」と語り、日本が最も優れた国だという「偏見」を信じこませることで、国民を外国ではなく「祖国」に結びつけられるのだ、と説いたエピソードを紹介していた（五五―六頁）。岡が国家イデオロギーの虚構性を剔抉するだけには飽き足らず、「民族の独立にとっての神話《ミトス》の政治的効用性」（五六頁）が自覚的に利用された場合、少なくともそこにある統治のリアリズムについては一定の積極的な意義を認めていたことが、こうした記述から窺える。伊藤や井上馨《かおる》が条約改正にむけて自らの宗教的信仰の問題すら「純政治的見地」から処理したことへの、ニュアンスのある評価(三八〇頁)も、以上の認識と重なるものだろう。

では伊藤が発見した神話との「妥協点」の質は、著者を満足させるものだったのだろうか。推測になるが、岡にとって最も悲喜劇的な帰結は、憲法に民権派が唱える「立憲政の理想」(四三五頁)がまったく反映されなかったこと以上に、日本の憲法制定の予定調和性・無風性を強調し、「上下の軋轢」から憲法が生まれた西欧諸国とは異なる「君民調和」でつくられたことを無邪気に言祝ぐ次のような感慨を、伊藤が吐露したことにあったように思われる――「我国の憲法の成つた所以《ゆえん》は何《ど》う云ふ訳かと云ふと、国力を帰一し、上下一致の力を以て此昭代の日本国を保つ為めの必要から起つて居るのである。君臣合躰しやうと云ふ目的から起つて居る」「日本の憲法なるものは……和気靄然《あいぜん》たる中に出来たものである」(四三五―六頁)。政府とは別に国民(ネイション)を創出する福沢らの課題が、対立の不在を美徳とする日本的な「和気靄然」の称揚に回収されたこと、しかもそうしたいわば本質主義への信仰が、統治のリアリズムを弁えていたはずの伊藤の口から発せられたこと。そこに著者が、伊藤が神話と立憲制のはざまで格闘していたときの緊張感を認めていないことは確かだろう。

以上の憲法制定と議会開設の過程はまた、「民族革命」の遂行を社会で支えてきた士族に代わり、庶民層を含む「国民」の時代の到来を告げるものだった。士族対策と政府内政治が主要因だった一八七〇年代の外交と異なり、八〇年代の外交には「国内の人心」の動向が大きく作用しはじめていく。端緒となったのが壬午事変・甲申事変という朝鮮問題である(三五六―六〇頁)。また日中関係の悪化とその後の清の北洋艦隊の訪日が、いかに日本の国民感情を刺戟したかも強調される(三六一―二頁)。この潮流を決定づけたのが条約改正反対運動であり、民権派の復活と相まって「きわめて幅のひろいいわば国民的な反政府運動」(三九一頁)へ発展した。こうして政府外交への批判を通じた国民の政治的関心が高まるにつれ、「一つの社会集団」としての士族は存在意義を失い、分解せざるをえない(四五〇―一頁)。岡において士族＝有識者層の退場は、「国内政治体制の変革」可能性を最終的に失わせ、新たな政治的再均衡を固定化した点で、開国にはじまる革命の終焉と同義であった。本書は最後に、帝国議会で対立する藩閥と政党が実はともに支持基盤を「地主・ブルジョア階級」(有産者層)に求めていたことの含意を展望して叙述を終えている。

徳川「軍事型社会」の二つの貌

以上のように、本書は明治維新を何より「民族革命」と位置づけ、近代日本のネイション・ビルディングを、(i)「江戸封建体制」下でも幕末維新期にも受動的だった庶民層の「国民」化がどのように進展したのか、(ii)士族=有識者層が、政府の啓蒙政策の補助者となる道を選ばず、反乱軍ないし自由民権派として在野で対抗したことは、国民形成のあり方にいかなる影響を与えたのか、(iii)「民族の独立確保」という至上命題の制約の下、不安定な革命政権の安全保障と国民統合を均衡させる政治指導の可能性はどのようなものだったのか、という三つのフェーズから総合的に特徴づけようとした野心的な通史である。しかもそれぞれのフェーズで、近代化要素と近代化逆行要素(ないし封建的要素)が政治情勢に応じて交錯する(たとえば庶民層の「国民」化は「神権王国」への包摂と矛盾しない)ため、実にダイナミックな構図となっている。もちろん、士族層の社会エリート性へのやや過大に映る評価をはじめ、個々の論点については、今日の研究水準からすれば再考されるべきものも少なくないだろう。ただ古典の再読という作業は、まず著者の議論の射程をくまなく照らしだし、その上で著者が歴史叙述(革命の通史)に托した思考の全体像をできるだけ整合的に、かつその臨界点において再現する試みであるべきだと筆者は考える。

そうした観点に立つとき、本書の随所に現われる「前近代的なもの」の比重の大きさにまず驚かされる。とくに評伝を通じて岡に触れたような現代の歴史研究者の多くは、政治過程に階層的基盤を読みこむ社会経済史的な志向以上に、「前近代的な神権王国」に代表される、日本の「未熟」な近代化への規範的評価を隠さないある種の「旧さ」に、立ち止まるのではないだろうか。実は岡は戦後初期において、こうした日本社会の底流にある封建的要素が単に戦前を貫いていたのみならず、戦後も噴出しかねないという危惧をより強く抱いていた。たとえば、大内兵衛や大塚久雄、大河内一男らと共著の『学問と現実――新しい社会科学の出発のために』(東京帝国大学協同組合出版部、一九四七)に寄せた「現代社会の政治史的考察――日本政治民主化のための若干の反省」のなかで、岡は「江戸幕府体制」の封建社会を「一つの社会が軍事力の強化・拡大ということを最高至上の組織原理として、かかる角度からその社会生活の各部面を強力に計画的に秩序だて統制」する「軍事型社会」の一類型と捉えている。軍事的契機を最大の統合原理とするこの政治社会では、身分的上下・尊卑に沿ったピラミッド型支配のもので、人々は「価値とは無関係」な上位者への絶対的服従と「自己否定の道徳」で峻厳に規律され、そこでは「「権力の福音」への信仰と事大主義的心理」が広がっていた。そして、開国によって立場の違いを超えて痛感された「国際社会における「力」の重要性」への認識は、一方で「「権力の福音」への信仰」を国際政治に敷衍した帝国主義国家を準備し、他方「事大主義的心理」の対象を天皇に置き換えることで、「新らしき日本」を「高度の中央集権的な半絶対主義的国家体制」へ導くことになる。岡は維新変革の巨大さを重く捉えつつも、「軍事型社会」は消え去ることなく、「明治維新を境とする古き日本と新らしき日本との間には高度の連続性が又停滞が存在」したと結論づけている。

むろん「わが国近代政治史の開展の中にミリタリー・マーチの調べのみが響きつづけた」わけではなく、自由民権運動、第一次大戦中からのデモクラシー運動、そして労働運動という「三つの不協和音」が鳴ったが、「一つは低く且つ濁つていた。そして、一つは決して高く響くものにはなり得ず、一つは必ずしも低いとはいえなくても長くはつづき得なかつた」というのが、「わが国政治の過去の記録」に対する四七年時点での岡の悲観的総括であった。それだけに、明治維新よりラディカルな「断層」となるべき敗戦後の民主化への期待は痛切だったのである。「「権力の福音」への信仰」だけで満州事変の勃発まで説明する図式はいかにも強引だが、「軍事型社会」が継続した結果、「倨傲尊大」の風土が社会に根づき、デモクラシーの「制度の精神」の定着を妨げる構造的制約となっているという指摘は本書にもつながるものだろう。

しかし、このように「民族革命」前後の日本に「高度の連続性」を見出していた戦後初期の岡は、「軍事型社会」の遺産の一切を克服すべきと考えたわけではなかった。遠山茂樹・木村毅・吉野源三郎との座談会「国難の外交――幕末の外交を担った人々」（『世界』五八、一九五〇、のち前掲吉野編『日本の運命』所収）のなかで岡は、攘夷論から開国論に転じた人々が、民族独立のパトスとロゴスを統合し、「維新の指導者として日本の改革を実行する地位に立ったということは、極めて当然」とし、さらにこの過程で生じた「排外的エレメント」についても、「簡単に純粋の膨張主義の志向とみるべきではなく……（列強と伍していくために）歴史的には自然なプロセスを表現していた」とその必然性を強調している。マルクス主義史家の遠山が「支配者の側の意識としては疑いないでしょうね」と反発含みに応じたように、座談会の議論は、制度が揺らいだ流動的な状況下でのリーダーシップを再発見しようとする『世界』編集長の吉野と、その趣旨自体に「ウルトラ・ナショナリズムにもう一ぺん逆戻りする危険」を読みとる遠山のあいだで平行線をたどった（遠山の明治維新論については、同『明治維新』（岩波文庫、二〇一八）の大日方純夫「解説」参照）。ここでの岡の発言自体は、指導者への規範的再評価よりナショナリズムの歴史的必然性の指摘に力点があり、岡の日本近代史像に講座派の影響が当時大きかったことも、先述したとおりである。ただ、藩閥指導者の「どこまでも封建的な」考えや「民衆に対する蔑視」を批判する遠山に対し[4]、岡は、なぜ彼らが大正期以降の「外交の技術家」と異なる「強さ」を持ちえたかについて、そこに「封建的なモラル」の積極的な作用を見出していた。

〔開国で〕夷狄の軍事力の前に屈服するということは、武士のモラルにとっては何にもました最大の屈辱と考えられたでしょう。……外交の局に立つた人個人にとつても、今いつた意味で非常に重大な瞬間であり、異常な緊張を要求されたわけです。一つにはそこから気魄や強さが生れ得たと思います。

この四年前、岡はすでに明治維新を「民族革命」とする理解を打ちだし、尊王論も攘夷論も封建制克服への契機を内包していたこと、そして当時の民族独立の切実さを考えれば、新政府が政治的自由に冷淡だったことを批難する「啓蒙主義的歴史家」には同意できない旨を表明していた。しかし岡は同時に、明治維新自体は「所詮封建的勢力の自己分裂」の産物であること、また「担当勢力の綱領の貧困」が革命としての特徴であり、貧困の理由も革命の担い手が「封建的勢力」の一部だったことに起因すること、を指摘している（岡義武「明治維新と世界情勢」『世界』三、一九四六、『著作集二』所収。傍点は前田）。自由を後回しにした民族革命は歴史の必然でも、「封建」はマイナス・シンボルでしかなかった。

それだけに、岡が右の引用で「封建的なモラル」や「武士のモラル」が「異常な緊張」と対峙する創造的なリーダーシップの源となるという、「軍事型社会」が近代化にもたらした正の側面についても複眼的に捉える視点を示したことはあらためて興味深い。それはまた、政治家のパーソナリティや資質に依拠した説明とは異なる、リーダーシップの構造的条件の析出を可能にする。四七年の『形成』ではまだ前景化していないが、本書の地域社会エリートとしての士族理解にも、以上の「封建」の再評価が影響していると思われる。こうした再評価は、丸山眞男が六〇年代から展開しはじめ、やがて論文集『忠誠と反逆』（筑摩書房、一九九二）に結実する「武士のエートス」論や、思想史家・藤田省三が政府の「明治一〇〇年」顕彰に維新の「精神」を対置する魅力的な論考（『維新の精神』みすず書房、一九六七）で提起した、幕末の混沌状況に直面した尊攘派の志士たちが新たな思想的契機としての「処士横議」や「横断的結社」を介して旧社会の内部から「新国家の核」を準備したという議論を、遠く先取りするものでもあっただろう。岡は、日本の戦前・戦後を連続する前近代性と特殊性を強調する「近代主義政治学」（大嶽秀夫『戦後政治と政治学』東京大学出版会、一九九四）の枠組みに収まらない、「封建」がはたしたアンビヴァレントな役割を認識しつつあったのである。

安保改定と「天皇制のモラル」の発見

とはいえ、「封建的なモラル」論の通史における射程は実は限られている。明治維新のリーダーシップはたしかに創造的だったが、その後は政治の技術化や官僚化が進展して機能不全になった、という丸山眞男などにも通じる没落史観を排除するものではないからである。この議論と、本書の新出の論点として先に紹介した、割拠的な憲法の統合要因（としての藩閥）という機能的な説明（四四四頁）のあいだには、いまだ距離がある。

ここで注目したいのが、時期を下って一九六〇年五月に国会で新安保条約案を強行採決した岸信介内閣に岡がむけた批判である。平生は学問的禁欲を保った岡も当時、今後の政党政治をめぐる時評を複数発表している。そこで岡はまず、何よりの非は解散で信を問わずに強行採決を行い、かつ後継首班（池田勇人）を旧閣僚から選出する自民党の体質にあると厳しく指弾しつつ、内閣総辞職後も社会党内閣論が高まらない点については社会党にも「深い反省」を促し、非自民勢力を結集した二大政党制の条件を模索した。また国民に対しては、「民主主義は与えられるものではなくて、常にそのために戦うことによってのみ維持し得るものである、ということばを今こそ思い起こすべきであろう」と政治に絶望することなく個々がなしうる範囲で参加を続けるよう、『独逸デモクラシーの悲劇』の末尾を想起させる文言で訴えた（「このごろに思う」『朝日新聞』一九六〇年六月二七日朝刊）。総じて岡は議会制デモクラシーの回路に高い位置づけを置いており、その正常な機能のためにも、きたる一一月の総選挙で主権者たる国民が与党に制裁を下すことを強く望んでいた。それだけに総選挙の現実の結果が、岡の諦観を深めさせたこともまた疑いない。

岡の岸内閣批判はアンチテーゼにとどまらず、第一党たる保守政党が「民主主義のモラル」を備えた政党に成長することが「わが国将来の議会政のために欠くことのできない条件の一つであり、野党のあり方の正常化に対する大きな刺激になる」と述べるなど、建設的かつ長期的な展望に立つ提言となっていた。池田内閣での自民党の路線転換を低く見積もっていたとはいえ、当時の知識人のなかでも優れた強度を持つ言論であろう。この「民主主義のモラル」は議院内閣制を保障した日本国憲法の正常な作動に不可欠とされるものだが、興味深いことに同じ記事のなかで岡は、元来権威主義的で、国民に「臣従の倫理」を強いた戦前の憲法の下でも、ある別種の「モラル」が政治家を規制する装置として機能していたことを指摘している。それは「天皇制のモラル」である。

〔戦前には〕臣従の倫理にもとづく要請が政治家として本来的に負うべき政治道徳上の責任と、結果的に合致する場合が往々生じた。しかも、臣従の倫理は本来名分論的なもので、行為の外形が重視され、いわば外面道徳の要素をふくんでいた。そこで、そのかぎりでは、具体的な場合へのその適用は、まったく個人の自由な判断に委ねられていたのではない。こうして、立憲政治家として本来とるべき政治責任が、往々天皇制のモラルの上から要請され、そのゆえに、政治道徳上の責任をとる結果になったということは、まことに皮肉なことである。（「日本の保守党――その回顧と現在の問題点」『朝日ジャーナル』七三、一九六〇）

大正政変の引き金となった桂太郎首相の詔勅の濫用や、張作霖爆殺事件の処理をめぐる田中義一内閣の辞表提出は、まさに「天皇制のモラル」に政治家が拘束されていたことで、かえって「立憲政治家として本来とるべき政治責任」を果たした皮肉な事例にほかならない。そしてこの「天皇制のモラル」の逆説的な抑止力によって、「武士のモラル」が衰えた後の日本政治にも一定の合理性が保たれていたという知見は、「外見的立憲主義」といった帝国憲法の外在的な性格規定を超えて、いかにそれが制度としてアクターを拘束していたかという、より機能的・内在的な視点に岡を導いていったのではないだろうか。

もっとも割拠性の克服という視点自体は、岡の同僚でもあった行政学者・辻清明がすでに戦中に提示していたものである。ただ辻の議論では、藩閥とは、内閣が本来なら発揮しえたはずの「統制力」を阻害する前近代性の象徴にほかならなかった。つまり辻において割拠性・封建性・藩閥性の三者はほぼ同義であり(荒邦啓介「戦中の辻清明――明治憲法の割拠性を考える上での一視角」『東洋法学』五七―三、二〇一四)、岡のように藩閥にポジティヴな統合機能を見出す議論は、戦後政治学において新鮮なものだったように思われる。

本書が指摘するように、近代日本における藩閥支配は、彼らが廃藩置県に続いて内閣制導入という制度変化に十全に適応し、暴力機構である軍と警察を掌握し、さらに首相奏薦機能をもつ「元老」を構成したことで、一九世紀を通じてはっきりとした趨勢となっていた

(三六八―七一頁)。かくして、「割拠性の統合要因」としての藩閥(元老)という主張が本格的に姿を現わしたのである。ちなみに、岡が藩閥に比べて政党の歴史的役割を評価しなかったことはよく知られており(たとえば、三谷太一郎「解説」『著作集二』)、本書もまたその印象を補強する。しかし、本書の原著刊行の前年に行われた、松本重治・西春彦・川越茂・加瀬俊一との座談会「日本の外交・今と昔　第4回」(『朝日ジャーナル』一一二、一九六一。第2回(『同』一二〇)にも同趣旨の発言がある。のち朝日新聞社編『近代日本の外交』(一九六二)所収)に目を通すと、政党内閣、さらに軍部が、ポスト藩閥の国家統合をそれぞれ担おうとして失敗したという、より包括的な理解に岡が達していたことがわかる。

旧憲法(大日本帝国憲法)では、いろいろな国家機関が分立していて、それらの意思が天皇のところで統合される建て前に法律的にはなっていた。そして政治的には、藩閥とか政党内閣とかが統合の役割をつとめ、あるいはつとめようとしたのであり、満州事変以後は軍部の台頭につれて軍部が統合をやる過程にはいった。ところが、その軍部がやがて内部分裂をして、その結果未曽有の対外的危機の真っただ中で国家権力の分解状態が現出することになった。このときに、天皇が自ら戦争終結のために積極的役割をになったのです。歴史的にみると、旧憲法の最後の時期に旧憲法の建て前が名実ともに実現して、天皇親政によって事態が収拾されたといえる。これは奇妙な歴史的めぐり合わせでしょう。

これは旧憲法では終始建前でしかなかった「天皇親政」が、戦中の「国家権力の分解状態」にピリオドを打つ（「聖断」）ことで最後の瞬間にはじめて実現した逆説を述べたものである。このように、藩閥という非制度的主体の重要性を指摘したのみならず、①明治期の藩閥─②大正〜昭和初期の政党─③（失敗するが）三〇年代の軍部という統合要因の変遷の系譜（今日でも通説的な理解である）を析出した点でも、岡は日本政治外交史という学問領域の名実ともに創設者《ファウンダー》だった。そしてその背後には、「封建的なモラル」から「天皇制のモラル」へいたる、非民主主義体制（ないし民主化途上体制）下のリーダーシップの質を支える心理的機制の発見が存在したのである。

構造論からリーダーシップ論へ

本解説で何度も触れたように、岡は元来、政治史を社会経済史と架橋する志向が強かった。たとえば戦前、吉野作造の明治文化研究会に属し、マルクス主義の立場から先駆的な憲法史研究を行った鈴木安蔵の『日本憲政成立史』（学芸社、一九三三）への書評（『国家学会雑誌』四八─三、一九三四）のなかで、岡は同書が「左翼的研究が持つて然るべき特色、長所が充分に示されてゐない」ことに不満を表明し、「元来我々が左翼の人々の研究から期待するものは、社会的経済的基礎との聯関に於いてなされる歴史解釈なのである。その点について、我々は屢〻《しばしば》啓発されるのである」と記している。ちなみに岡は、「社会的経済的状勢との聯関」による「我が憲政〔史〕の発展」の叙述を、工藤武重のような左派といいがたい著者に対しても注文していた（『同』四八―九、一九三四）。「左翼的」な歴史解釈が研究者の思想的立場を問わず政治史の叙述に貫かれることに、若き岡は高い価値を置いていたのである。そうした政治経済史ないし「政治＝社会史」的な志向の痕跡は、本書にも当然残されている。第一章で用いられ、またかつて自らも占領期日米関係の分析（岡義武「外圧と反応」『年報政治学』四、一九五三、同編『現代日本の政治過程』岩波書店、一九五八）で鍵概念とした「外圧」という用語なども、幕末・維新期の「開国」の性格規定をめぐる戦後マルクス主義史学での「外圧」論争という、同時代的な文脈と切り離せないものだろう。(5) 五九年三月に脱稿した現代史の通史である「政治」（『戦後日本小史』下）に、「アメリカ反共防衛計画への従属」（傍点前田）といった章題があることも、語彙レベルでの影響が岡に長期に及んだことを窺わせる。

ただ、戦後の岡は社会やアカデミズムにおけるマルクシズムの台頭に強い不信感も吐露していた。占領期、「天皇制打倒の風潮」を憂い、「自分はイギリスの立憲君主制が理想だと思うと、寒々とした研究室で語っ」た岡の姿を丸山眞男は伝えている（松沢弘陽・植手通有・平石直昭編『定本 丸山眞男回顧談』上（岩波現代文庫、二〇一六）一三四頁。「丸山談話」三七頁も参照）。ロシア革命に触発された戦前の労働運動の急進化を悲劇的に捉えていた岡にとって、(6) 議会制を否定する共産主義への共感は元来乏しかった。また岡は、明治維新の性格規定をめぐる講座派と労農派の論争に触れて「民族主義革命ですよ、明治維新は」と突き放したという（同編『定本 丸山眞男回顧談』下、一四一頁）。前述のごとく初期の岡の講義は階級関係とナショナリズムを二大要素としていたが、丸山が指摘するように、近代化と統一国家の形成というヨーロッパ近代史との比較の視座をもった議論を、「絶対主義」の確立という否定的評価に収斂させてしまう講座派のマルクス主義史学は、そもそも「民族革命」説と相性が良くなかった。岡が前者を徐々にではあれ後景化させていったのも、自然だったのである。

それだけに、政治過程の下部構造として階層的基盤を組みこんだ通史の構成は、総合性という点では意味があっても、必ずしも歴史家としての岡の最大の美点ではなかったように筆者は考えている。たとえば、武士の経済的な窮迫によって開国前から江戸封建体制に胚胎していたという「内部的矛盾」や、地租改正や松方デフレによる農民の階層分化の指摘は、当時の社会の漠然とした不安要素の高まりを点描するものではあれ、「「民族革命」の勃興と終焉」という全体の論旨において、どこまで中心的なファクターとなりえているだろうか。岡自身、日本政治学会の立ち上げにあたって行われた有名な座談会「日本における政治学の過去と将来」(参加者は丸山眞男、蠟山政道、中村哲、堀豊彦、辻清明、岡。『年報政治学』一、一九五〇)のなかで、一方でマルクス主義をはじめとする隣接社会科学と対話することの、他方で政治学に独自の領域を設定することの必要性を指摘した中村哲の発言を受けるかたちで、「政治の変動はもちろん政治外のファクターで説明し得る、又すべき余地が大きい。しかし、政治現象自体の中にその運動法則とか傾向とかいうものがある程度あるのではないか。この点は、政治学の自律性の問題とも連関する」と述べている。講座派的な問題構制からの戦後政治史学の自立の契機が、ここにいちはやく現われていた。

この「政治現象自体の……運動法則とか傾向」を解明するための切り口として、岡が新たに注目しはじめる領域がリーダーシップである。実際、座談会で岡は政治史が提供しうる「政治学上のテーマ」として「政治権力というものの分析、それから、政治における個人或いはパーソナリティの役割という風な問題」を挙げ、また「政治勢力間の力関係の変動」を研究する現代的な含意として、ナチス・ドイツやソ連のプロパガンダ外交が示すように、「力」を暗黙裡に補強する心理的要素の比重が大きく増大したことを挙げている。大衆化(無関心層の増大)と全体主義の時代に、「力」をいかに適切に集約すべきかという問題の重要性が一層高まっていることを岡は強調したのである。実はこの発言はいずれも、

「十九世紀の政治史」をナショナリズムとリベラリズムから捉えた吉野‐岡のスタイルが、トランスナショナルな政策領域が浮上する現代国際政治を分析するうえで「時代遅れ」(＝これは、脱植民地化の時代の「ネーション・ステイト」研究の意義を擁護した丸山眞男の言葉)ではないか、と暗に示唆した蠟山政道の挑発的な問いかけへの応答でなされたものだった(蠟山の政治思想については、酒井哲哉『近代日本の国際秩序論』岩波書店、二〇〇七)。国家を単位とした「力」の契機への岡の執着には、師の吉野も含む戦間期の国際主義や理想主義の風潮への冷めた視線があったと思われる。

政治学におけるリーダーシップ(政治指導)研究は、一九五〇年代半ばから六〇年代にかけて大きく進展した分野であり、『年報政治学』でも五五年の第六号で大衆デモクラシーにおける政治指導が特集のテーマに選ばれている。丸山が『政治学事典』(平凡社、一九五四)に執筆した項目「リーダーシップ」(『丸山眞男集』六、岩波書店、一九九五所収)によれば、二〇世紀における大衆デモクラシーと全体主義の衝撃を前に、民主的政治過程のなかからいかに有効なリーダーシップを不断に生成するかという問題の具体的探究が、「現代政治学」の大きな問題に浮上していた。指導者の問題を「必要悪」として消極的にのみ位置づけたハンス・ケルゼンのような戦間期のデモクラシー理論が、そこでの批判の対象であった。そして丸山は六〇年に行った「政治学」講義でも、リーダーシップの問題を制度化と状況化という両極のなかでより原論的に取り上げ、例外状態での決断というカール・シュミットの議論を、日常のレベルであらゆる社会集団に要請される critical decision へ敷衍している(『丸山眞男講義録』三、東京大学出版会、一九九八、一〇四頁)。これは、従来の(すなわちプラトンの「哲人王」以来の)政治家の「資質」(traits)に着目したアプローチとはかなり異質なものだった。

そして岡にとって転機となったのが、長浜政寿ほか編『近代国家論』第二部(弘文堂、一九五〇)に寄稿した「近代政治家のストラテジー」(『著作集八』所収)である。この論文は、丸山に影響を与えた京極純一の未完の論文「リーダーシップと象徴過程(一)」(『思想』三八九、一九五六、のち『政治意識の分析』東京大学出版会、一九六八所収)でも、「マス社会におけるリーダーシップ」という新しい対象を、場や状況といった「生態論的なモデル」を通じた新しい方法で開拓した好例として、丸山や辻の業績とともに挙げられたものだった。このなかで岡は、大衆デモクラシー下の政治家がいわば「二重人格的」な「俳優」たらざるをえず、大衆の支持を得るためのストラテジーが奏功した場合も、権力意志と相まってそのことで逆に大衆から拘束され、結果として非合理的な対外政策が選択されてしまうメカニズムを、イギリスと日本の歴史的事例から分析している。そもそもこの論集への寄稿は、丸山と辻が中心となって主題を選び、岡に強く働きかけて実現したものであり、当初渋った岡はこれを機に伝記的研究へ関心を向けていく(「岡義武先生談話筆記」第三回)。ここに広く知られた評伝の名手・岡義武が誕生するのである。岡の二部作の退官記念論集が「政治指導」を主題としたのはその意味で象徴的であり、日本を対象とする第Ⅱ巻では、日本の「近代化」が欧米諸国のそれと異なり、「国際社会における自己保存を目的とした権力政治的関心」に基づく「意識的努力」を要するものだったがゆえに、その主要な推進力となった政治的エリートの政治指導がまず分析されるべきことが、編者(三谷太一郎)の問題意識として宣言されている(7)。

もっとも、岡個人の伝記的研究は、制度と状況の間のリーダーシップの分析を深化したというより、権力者の日常の生理感覚や原初的な秩序イメージが、内政・外交の決定的局面における行動様式にどのように結びつくかという、大小二つの風景の連関を解明(前者を通じて後者のパターンを析出)した点に、最も豊かな含意と功績があったと思われる(8)。パーソナリティの細やかな描写も、政治家のこぼれ話の発掘や「〝偉大〟な政治家」の単純な称揚のためではなく、デモクラシーを少なくとも中長期的な趨勢と意識した(多くが保守)政治家を拘束していた心象風景を捉えるためだった(9)。プロパガンダのような心理的要因がいかに権力政治に作用するかに関心を払ってきた岡ならではの、鋭い着眼であろう(10)。

岡の次世代との関係でいま興味を惹くのは、近代化論の受容を通じてマルクス主義史学から離脱しつつあった東大文学部の政治史研究（伊藤隆、鳥海靖、坂野潤治など）[11]では、圧力団体論のようなアメリカ政治学の集団理論の影響が見られた反面（加藤陽子「政治史を多角的に見る」『戦争の論理』勁草書房、二〇〇五）、リーダーシップの歴史的研究[12]が結果的に根づかなかったことである。もちろん、「割拠性」の下の「統制力」の条件を検討した辻清明が、同時に社会集団研究の先駆者でもあったように（田口富久治『戦後日本政治学史』東京大学出版会、二〇〇一、一四八―九頁）、この二つの系譜を架橋不可能なものと捉えるのは間違いだろう。ただ、丸山が六〇年の「政治学」講義で、『政治学事典』でも引用したアーサー・ベントレーの「弱体な指導とは、第一義的には相剋する利害（quarrelling interests）の産物であって、その逆ではない」という指摘の先駆性を評価しつつ、「弱体な指導」こそが集団間の対立を激化させる場合もやはりある、と反論したことは（『丸山眞男講義録』三、一一〇頁）、いささか示唆的である。このようにおそらくは潜在的な認識論上の対立を内包しつつ、近代主義政治学／戦後歴史学から六〇年代に本格的に自立していった戦後政治史学[13]は、政治指導論と社会集団論を二つの大きな柱として出発したと考えられる[14]。そして五〇年代を通じて、一方で後発国の近代化を可能にするリーダーシップの制度的な条件の析出に先鞭をつけつつ、他方で政党の社会統合能力には懐疑的で、むしろ世論や諸集団の意識（イメージ）分析という沃野を切り開いた岡は、この双方の研究潮流を準備した点で、戦後日本の政治学／歴史学の発展にきわめて重要な役割をはたしたのである。

ポスト「明治国家」を求めて

以上のように、岡史学におけるナショナリズムの重視は強く一貫したものでありながら、その実、一九四七年から六二年までの一五年間において、それを下支えする論理の次元で少なからぬ変容を遂げていた。最も顕著な変化は構造論に代わるリーダーシップ論の前景化であり、政治的統合のメカニズムこそが戦前日本を理解する上で下部構造との接続よりも必須で喫緊の、かつ自律的分析を要する対象となった。そして岡の場合、近代日本の内なる合理性と一般性を前提とする近代化論的な認識枠組みではなく、むしろ特殊日本的な「封建性」の残存を前提とする戦後歴史学／近代主義政治学的な認識枠組みに立っていただけに、この発見はよりラディカルな意味をもったと思われる。それは破滅的戦争を招いたはずの戦前日本政治のうちに、にもかかわらずなぜ一定の合理性が育まれたのか、という逆説の発見であり、岡の「封建的なモラル」や「天皇制のモラル」といった表現には、そうした直観を裏切られた知的驚きが反映されていよう。元来自らが非合理と捉えていた制度のなかに合理性を見出し、また規範的に共感の余地が乏しい主体でもその歴史的重要性に目を背けない。そのような感情の相克から生みだされた独自の緊張感が、岡の静謐な文体には漲っている。

　そうした岡の、とりわけ戦後に開花していく優れた「人間通」ぶりは、観察対象への愛を欠いていた場合、その理解が「深ければ深いほど、底知れぬシニシズムにおちてゆく」ことになるだろう。たとえば政治思想史家の松沢弘陽は、そのように岡を評したエッセイの中で、ある日岡が急にあらたまって「福沢〔諭吉〕先生はおそろしい人です」と漏らしたとの挿話を伝えている。岡にとって日本政治史学とは、福沢の言行のうちにも垣間見たような内なるシニシズムとの壮絶な闘いの記録でもあったのである。ただそれだけに、政治参加の主体をエリートや専門家に限定する志向と岡は無縁だった。議会政治や団体・大衆運動のルートに乗らずとも、たとえば主婦が政府批判への〝目に見えない〟支持や拍手を送ることで十分に世論を動かせるのだと、岡が安保改定時の新聞投書に答えたことを、松沢は紹介している。こうした「路傍の人」への暖かい視線が岡のもう一つの特色だった（以上、松沢弘陽「路傍の人へのまなざし――岡義武先生のこと」『図書』五二二、一九九二）。「ぼくは日本国民というものをあまり信用しない」（「丸山談話」三四頁）と語ったような現代デモクラシーにおける大衆の理性への不信と、市井の一主婦の行動への信頼は、矛盾していなかった。

　ここから窺えるように、岡の秩序観は概して共同体より個を基礎にしている（坂井雄吉

「解説」『著作集六』三五二頁も参照)。そして戦後デモクラシーを支えるのは慎ましやかでも誇り高く自立した個人であり、彼／彼女らの結集核となるものこそ、新しい「健康なナショナリズム」である。松本重治らとの座談会「日本の外交・今と昔」の最終回(『朝日ジャーナル』一二六、一九六二)で岡は、個人の欲望の奔放な追求という戦後の風潮に「明るい面もある」としつつも、「人間はやはり自分の欲望満足にだけ全く徹底してゆくことは実はなかなかできない。やはり少なくとも、他方で有限な自己を何か永遠的な価値に結びつけ、それによって自分の存在を意味づけたいと思う気持ちがある。多くのひとびとには、それがあると思う」と指摘している。人間の「永遠的な価値」へのたえざる希求を、戦中のような民族への貢献や自己犠牲の心理と再び結びつかせないために、岡は「天皇への憧れ」の亡霊から切断されたナショナリズムを提唱するのであるが、それがいわばより良い国民統合の観点以上に、国際政治への日本のより良い参加の観点に立っていることに注意する必要がある。そして日本人の国際政治観が歴史的に、他国を友か敵に二分する傾向がある以上、この問題は実は日常的な人間関係の処し方とも関わってくる。

具体的に申しますと、自分と他人との間の相違を端的に認めた上で他人と協力するという気風が十分に存在していない。自分と他人との関係を誇張していえば「全か無か」(オール・オア・ナッシング)、敵か味方かということで割り切りたがる嫌いがないか、ということです。……そして、このような人間関係観が、国際政治を見る場合にも投影して他の国々を敵か味方かということで、単純に割り切る傾向を助長して来たのではないですか。そうであるとすれば、われわれが国内の対人関係においても、簡単に「意気投合」などといわず、また自他の相違ということについて意識過剰にならないということが、古風な言葉でいいかえれば「和して同ぜず」という生活態度が、本当にリベラルな社会を日本につくって行くために必要であり、……各人が国際政治についてひろい視野に立って判断する上からも、結局は大へん必要なのでしょう。

国内・国際レベルを問わず、他者との交際のあり方の選択肢を、意気投合か全面対立かに狭隘化してしまうこうした心理的機制は、まさに民族革命から生まれた戦前の「明治国家」の負の遺産にほかならない。一九六六年一〇月に国家学会創立八〇周年の記念講演「「明治国家」――その性格とその遺産」(前掲)で岡は、こうした「対決(Confrontation)」を各国の行動の基底に読みこむ態度こそが近代日本外交の特徴であり、そこで国際政治とは「万国の万国に対する闘い」として表象されることになったと指摘している。たしかに、それは「民族独立」に不可避な条件でもあった。ただ、全面講和論を新しいナショナリズムの基軸として支持する論考のなかで岡が述べたように、戦前日本では「ナショナリズムをその政治的プログラムの中心に置いた有力な持続的な政治的反対派」が伸張せず、ナショナリズム団体は体制ないし既成政党と結びつき、さらに反共主義に傾斜した(岡義武「近代日本政治とナショナリズム」『展望』五八、一九五〇。なお「革新右翼」の評価は相対的に高くなっている)。こうした複数のナショナリズムの社会的存立が困難だった理由は「中世的神権王国の建設」に見出されている。反対派なきナショナリズムに立脚した近代化は結局、国際主義よりも排外主義を国民に根づかせていった。

しかしいまや、敗戦によって天皇制イデオロギーは致命的な打撃を受け、さらに核時代と米ソ二強時代の到来によって、軍事力による「国民的利益」間の調整はリアリティを失っていると岡はみる。長年の「対決」的世界観の克服はもちろん困苦を伴うが、そうした「明治国家」の心性がついに清算されたとき、「平和を保障する国際協同社会《コミュニティ・オヴ・ネーションズ》」への日本の貢献が可能となり、「そこに日本人のウェイ・オヴ・ライフ(Way of Life)がおのずから発展し、それが自覚されることになるであろう。そして、それは当然に何らかの意味で民族の文化的伝統につらなる」はずである——。岡のリアリズムは、国際連盟のような戦間期の普遍的国際機構への楽観を許さず(前掲酒井『近代日本の国際秩序論』)、また戦後の国際連合の影響力にも懐疑を向けたが、その視線は同時に、普遍的な道義に基づく「国際協同社会《コミュニティ・オヴ・ネーションズ》」ないし「新ロカルノ体制」(集団安全保障体制を乗り越えた)の現出と、その下でのポスト天皇制的ナショナリズムの始動と発展という夢に支えられていた。そうした夢は、そのネガとしての明治国家の形成を論じた本書にもむろん痕跡をとどめていることだろう。「明治一五一年」の年に本書のような古典的名著を読む楽しみも、このような歴史家の想像力と考証のあいだの格闘を追体験することに、ひとつは求められるのではないだろうか。

(1) プリンストン大学助教授(現教授)のシェルドン・ギャロンによる書評(*The American Historical Review*, Vol. 93, No. 2, 1988)。明示されてはいないが、社会諸集団への言及が少ない、指導者レベルの分析に閉じた政治史叙述も批判対象だったと思われる。以下も参照。Sheldon Garon, "Toward a History of Twentieth-Century Japan", *Monumenta Nipponica*, Vol. 45, No. 3, 1990.

(2) この表現については、全く異なる文脈ながら、宮崎隆次「日本政治史におけるいくつかの概念――一九二〇年代と三〇年代とを統一的に理解するための覚書」(『千葉大学法学論集』五―一、一九九〇)九八頁から借用した。

(3) この理解は今日の「長い一九世紀」研究の知見とも整合的である。セバスティアン・コンラッド「グローバルな時代におけるドイツのナショナリズム――移動と移り変わるネイションの概念(1880～1914年)」(阿部尚史訳、羽田正編『グローバル・ヒストリーの可能性』

山川出版社、二〇一七)。Christopher L. Hill, *National History and the World of Nations: Capital, State, and the Rhetoric of History in Japan, France, and the United States* (Duke University Press, 2009).

(4) ちなみに、石母田正などが見事に体現するように、民衆への関心や共感に根ざした(または下部構造と上部構造の総合を目指した)歴史叙述が常に、権力者(の心理)の内在的かつ魅力的な分析を難しくするわけではない。この点、北岡伸一「解説」(松本清張『史観宰相論』ちくま文庫、二〇〇九、のち北岡『外交的思考』千倉書房、二〇一二所収)から示唆を得た。

(5) 波多野澄雄「「外圧・反応国家論」を超えて――日本外交一五〇年の起伏」(日本国際政治学会二〇一七年度研究大会報告、http://jair.or.jp/wordpress/wp-content/uploads/documents/2017TF_Hatano.pdfで公開、最終アクセス二〇一八年一〇月)一三頁。この論文は、太平洋戦争の開戦原因の追求を原動力とした外交史研究が、帝国憲法に由来する統治機構の多元性を重視した政治過程論をいかに吸収したかという史学史としても、貴重なレヴューとなっている。マルクス主義史学における「対米従属」論と「外圧」研究の結合について、以下も参照。Sebastian Conrad, "The Dialectics of Remembrance: Memoires of Empire in Cold War Japan", *Comparative Studies in Society and History*, Vol. 56, No. 1, 2014, pp. 13–14.

(6) 前掲「現代社会の政治史的考察」(一九四七)をはじめ、戦後初期の岡はヒトラーの台頭過程とおそらく重ねつつ、労働者階級とブルジョワジーが左右両極に分化したことで「政治的自由」がなおざりにされ、リベラル勢力の結集が妨げられたという戦前観を示していた。

（7）篠原一・横山信編『近代国家の政治指導――政治家研究Ⅰ』（東京大学出版会、一九六四）、篠原一・三谷太一郎編『近代日本の政治指導――政治家研究Ⅱ』（同、一九六五）。引用は、後者の三谷「はしがき」から。

（8）これは注（7）前者の「はしがき」で篠原一が用いた表現だが、実は戦後国際秩序の設計に資したような〝偉大〟さの析出が、アクチュアリティを失った遺物と斥けられているわけではない。二度の大戦を経験した二〇世紀に政治指導（者）の「質」の問題が切実さを増したという認識がそこにあったと思われる。当時の篠原の理論的な射程については、永井陽之助との共編著『現代政治学入門』（有斐閣、一九六五）を参照。

（9）『近代日本の政治家』初版にのみ付された索引は、登場頻度と異なる独自の基準で用語を選定しており（「経綸（抱負）」、「権力欲（支配欲）」、「国家的忠誠」、「自負心」、「責任観念」、「対人態度」、「闘志」、「人間的魅力」、「名誉心」など）、興味深い。

（10）丸山眞男は岡史学の特色として、「歴史における人格的契機と非人格的な諸條件との関連づけ」を挙げ、「伝記的研究はともすれば政治的指導者の偉大さとか矮小さとかいった個人レヴェルの問題に停滞しがちであり、他方、インパーソナルな社会関係、社会構造の変動に中心を置く研究は、いわゆる「人間不在」の歴史に陥る傾向があります」と指摘している（「故岡義武会員追悼の辞」（一九九一、『丸山眞男集』一五、岩波書店、一九九六所収）の草稿、「東京女子大学丸山眞男文庫　草稿類デジタルアーカイブ」（http://maruyamabunko.twcu.

ac.jp/archives/index.html、最終アクセス二〇一八年一一月）八〇九―一〇）。この「非人格的な諸条件」とは、丸山が若き岡に看取したような階層関係にとどまらない、アクターの存在被拘束性を広く指したものと解しておきたい。

(11) そのマニフェストが、伊藤隆・佐藤誠三郎・高村直助・鳥海靖「日本近代史研究の二、三の問題――岩波講座『日本歴史』近代（一～四）によせて」（『歴史学研究』二七八、一九六三）である。またこの前史として、マルクス主義史学全盛だった五〇年代の日本近現代史の論争にたいし、篠原一が政治史の方法をめぐる問題提起を行ったことがあるが（「現代史の深さと重さ――一欧洲現代史研究者の立場から」『世界』一三二、一九五六）、上部／下部構造を総合する志向ともある程度親和的な提言だったにもかかわらず、激しい否定を含めた反響自体を（おそらく坂野潤治の一五年後の応答まで）呼ばなかった。大門正克「昭和史論争とは何だったのか」（同編『昭和史論争を問う――歴史を叙述することの可能性』日本経済評論社、二〇〇六）一四頁も参照。

なお、こうした一連の政治史研究（実際は経済史家も含むが）からの問題提起が、戦後歴史学のヒストリオグラフィーで見落とされがちなことを批判したものに、松沢裕作「歴史学のアクチュアリティに関する一つの暫定的立場」（歴史学研究会編『歴史学のアクチュアリティ』東京大学出版会、二〇一三）一四二―四頁。

(12) 代表的成果として、三谷太一郎『日本政党政治の形成――原敬の政治指導の展開』（東京大学出版会、一九六七）、佐藤誠三郎「大久保利通」（『「死の跳躍」を越えて――西洋の衝撃

と日本』千倉書房、二〇〇九、初出一九六五）、北岡伸一「包括政党《キャッチ・オール・パーティ》の合理化——七〇年代の自民党」（『国際化時代の政治指導』中公叢書、一九九〇、原論文一九八一）など。

(13)　同じ岡史学から派生したヨーロッパ政治史はもちろん、アメリカ・中国・ソ連政治史との関係も本来射程に入れられるべきであるが、ここでは日本研究に議論を限定した。

(14)　高度成長初期の自民党研究を背景に升味準之輔が先駆的に体系化した利益政治論は、この両者に霊感を与えたと思われる。升味の議論はまた、六〇年安保でも再浮上したような、「戦前ファシズムの再来」を危惧する近代主義政治学の日本政治理解を徐々に淘汰していく役割を演じたといわれる。大嶽秀夫『高度成長期の政治学』（東京大学出版会、一九九九）五二頁。戦後日本の近代主義について、待鳥聡史「保守本流の近代主義——政治改革の知的起源と帰結についての試論」（アンドルー・ゴードン、瀧井一博編『創発する日本へ——ポスト「失われた二〇年」のデッサン』弘文堂、二〇一八）二三九—四一頁も参照。

〔編集付記〕

一、本書は、『岡義武著作集　第一巻　明治政治史Ⅰ』（岩波書店、一九九二年一〇月刊）に収録の「近代日本政治史Ⅰ」を底本とした。初出は、『近代日本政治史Ⅰ』（創文社、一九六二年一一月刊）である。

一、文庫化にあたり、『明治政治史』上巻と改題した。なお、下巻は、『岡義武著作集　第二巻　明治政治史Ⅱ』に収録の「近代日本政治史Ⅱ」である。

一、読みやすさを考慮し、新たに振り仮名を付した。

一、明らかな誤記・誤植は訂正した。

（岩波文庫編集部）

明治政治史《めいじせいじし》（上）〔全2冊〕

2019年2月15日　第1刷発行

著　者　岡《おか》　義武《よしたけ》

発行者　岡本　厚

発行所　株式会社　岩波書店
〒101-8002 東京都千代田区一ツ橋 2-5-5

案内 03-5210-4000　営業部 03-5210-4111
文庫編集部 03-5210-4051
http://www.iwanami.co.jp/

印刷・精興社　製本・中永製本

ISBN 978-4-00-381261-7　　Printed in Japan

読書子に寄す

――岩波文庫発刊に際して――

岩波茂雄

真理は万人によって求められることを自ら欲し、芸術は万人によって愛されることを自ら望む。かつては民を愚昧ならしめるために学芸が最も狭き堂宇に閉鎖されたことがあった。今や知識と美とを特権階級の独占より奪い返すことはつねに進取的なる民衆の切実なる要求である。岩波文庫はこの要求に応じそれに励まされて生まれた。それは生命ある不朽の書を少数者の書斎と研究室とより解放して街頭にくまなく立たしめ民衆に伍せしめるであろう。近時大量生産予約出版の流行を見る。その広告宣伝の狂態はしばらくおくも、後代にのこすと誇称する全集がその編集に万全の用意をなしたるか。千古の典籍の翻訳企図に敬虔の態度を欠かざりしか。さらに分売を許さず読者を繋縛して数十冊を強うるがごとき、はたしてその揚言する学芸解放のゆえんなりや。吾人は天下の名士の声に和してこれを推挙するに躊躇するものである。このときにあたって、岩波書店は自己の責務のいよいよ重大なるを思い、従来の方針の徹底を期するため、すでに十数年以前より志して来た計画を慎重審議この際断然実行することにした。吾人は範をかのレクラム文庫にとり、古今東西にわたって文芸・哲学・社会科学・自然科学等種類のいかんを問わず、いやしくも万人の必読すべき真に古典的価値ある書をきわめて簡易なる形式において逐次刊行し、あらゆる人間に須要なる生活向上の資料、生活批判の原理を提供せんと欲する。この文庫は予約出版の方法を排したるがゆえに、読者は自己の欲する時に自己の欲する書物を各個に自由に選択することができる。携帯に便にして価格の低きを最主とするがゆえに、外観を顧みざるも内容に至っては厳選最も力を尽くし、従来の岩波出版物の特色をますます発揮せしめようとする。この計画たるや世間の一時の投機的なるものと異なり、永遠の事業として吾人は微力を傾倒し、あらゆる犠牲を忍んで今後永久に継続発展せしめ、もって文庫の使命を遺憾なく果たさしめることを期する。芸術を愛し知識を求むる士の自ら進んでこの挙に参加し、希望と忠言とを寄せられることは吾人の熱望するところである。その性質上経済的には最も困難多きこの事業にあえて当たらんとする吾人の志を諒として、その達成のため世の読書子とのうるわしき共同を期待する。

昭和二年七月

《法律・政治》〔白〕

- 人権宣言集　高木八尺・末延三次・宮沢俊義 編
- 新版 世界憲法集 第二版　高橋和之 編
- 君主論　マキアヴェッリ　河島英昭 訳
- フィレンツェ史 全二冊　マキァヴェッリ　齊藤寛海 訳
- リヴァイアサン 全四冊　ホッブズ　水田洋 訳
- ビヒモス　ホッブズ　山田園子 訳
- 法の精神 全三冊　モンテスキュー　野田良之・稲本洋之助・上原行雄・田中治男・三辺博之・横田地弘 訳
- ローマ人盛衰原因論　モンテスキュー　田中治男・栗田伸子 訳
- 第三身分とは何か　シィエス　稲本洋之助・伊藤洋一・川出良枝・松本英実 訳
- 人間知性論 全四冊　ジョン・ロック　大槻春彦 訳
- 完訳 統治二論　ジョン・ロック　加藤節 訳
- ルソー 社会契約論　桑原武夫・前川貞次郎 訳
- フランス二月革命の日々 ―トクヴィル回想録　トクヴィル　喜安朗 訳
- アメリカのデモクラシー 全四冊　トクヴィル　松本礼二 訳
- 犯罪と刑罰　ベッカリーア　風早八十二・五十嵐二葉 訳
- ヴァジニア覚え書　T・ジェファソン　中屋健一 訳
- リンカーン演説集　高木八尺・斎藤光 訳
- 権利のための闘争　イェーリング　村上淳一 訳
- 民主主義の本質と価値 他一篇　ハンス・ケルゼン　長尾龍一・植田俊太郎 訳
- 法における常識　P・G・ヴィノグラドフ　末延三次・伊藤正己 訳
- 近代国家における自由　H・J・ラスキ　飯坂良明 訳
- 危機の二十年 ―理想と現実　E・H・カー　原彬久 訳
- ザ・フェデラリスト　A・ハミルトン J・ジェイ J・マディソン　斎藤眞・中野勝郎 訳
- アメリカの黒人演説集 ―キング・マルコムX・モリスン 他　荒このみ 編訳
- マッツィーニ 人間の義務について　齋藤ゆかり 訳
- モーゲンソー 国際政治 ―権力と平和 全三冊　原彬久 監訳
- ポリアーキー　ロバート・A・ダール　高畠通敏・前田脩 訳
- 現代議会主義の精神史的状況 他一篇　カール・シュミット　樋口陽一 訳
- 第二次世界大戦外交史 全二冊　芦田均

《経済・社会》〔白〕

- 政治算術　ペティ　大内兵衛・松川七郎 訳
- ケネー 経済表　平田清明・井上泰夫 訳
- チュルゴオ 富に関する省察　永田清 訳
- 国富論 全四冊　アダム・スミス　水田洋 監訳　杉山忠平 訳
- 道徳感情論 全二冊　アダム・スミス　水田洋 訳
- コモン・センス 他三篇　トーマス・ペイン　小松春雄 訳
- ロバート・マルサス初版 人口の原理　ロバート・マルサス　高野岩三郎・大内兵衛 訳
- 経済学における諸定義　マルサス　玉野井芳郎 訳
- オウエン自叙伝　ロバアト・オウエン　五島茂 訳
- 経済学および課税の原理 全二冊　リカードウ　羽鳥卓也・吉澤芳樹 訳
- 農地制度論　フリードリッヒ・リスト　小林昇 訳
- 戦争論 全三冊　クラウゼヴィッツ　篠田英雄 訳
- 自由論　J・S・ミル　塩尻公明・木村健康 訳
- 大学教育について　J・S・ミル　竹内一誠 訳
- ユダヤ人問題によせて ヘーゲル法哲学批判序説　マルクス　城塚登 訳
- 経済学・哲学草稿　マルクス　城塚登・田中吉六 訳
- 新編輯版 ドイツ・イデオロギー　マルクス エンゲルス　廣松渉 編訳　小林昌人 補訳
- 哲学の貧困　カール・マルクス　山村喬 訳
- マルクス エンゲルス 共産党宣言　大内兵衛・向坂逸郎 訳
- 賃労働と資本　マルクス　長谷部文雄 訳

賃銀・価格および利潤　マルクス　長谷部文雄訳
マルクス 経済学批判　武田隆夫・遠藤湘吉・大内力・加藤俊彦訳
マルクス 資本論 全九冊　エンゲルス編　向坂逸郎訳
文学と革命 全二冊　トロツキイ　桑野隆訳
ロシア革命史 全五冊　トロツキー　藤井一行訳
空想より科学へ —社会主義の発展　エンゲルス　大内兵衛訳
帝国主義論 全二冊　ホブスン　矢内原忠雄訳
帝国主義　レーニン　宇高基輔訳
暴力論 全二冊　ソレル　今村仁司・塚原史訳
金融資本論 全二冊　ヒルファディング　岡崎次郎訳
ローザ・ルクセンブルク 獄中からの手紙　秋元寿恵夫訳
産業革命　アシュトン　中川敬一郎訳
雇用、利子および貨幣の一般理論 全二冊　ケインズ　間宮陽介訳
価値と資本 —経済理論の若干の基本原理に関する研究 全二冊　J・R・ヒックス　安井琢磨・熊谷尚夫訳
シュムペーター 経済発展の理論 全二冊　塩野谷祐一・中山伊知郎・東畑精一訳
租税国家の危機　シュムペーター　木村元一・小谷義次訳
恐慌論　宇野弘蔵

経済原論　宇野弘蔵
ユートピアだより　ウィリアム・モリス　川端康雄訳
古代社会 全二冊　L・H・モルガン　青山道夫訳
アメリカ先住民のすまい　L・H・モーガン　古代社会研究会訳　上田篤監修
ゲマインシャフトとゲゼルシャフト —純粋社会学の基本概念 全二冊　テンニエス　杉之原寿一訳
社会科学と社会政策にかかわる認識の「客観性」　マックス・ヴェーバー　富永祐治・立野保男訳　折原浩補訳
プロテスタンティズムの倫理と資本主義の精神　マックス・ヴェーバー　大塚久雄訳
職業としての学問　マックス・ウェーバー　尾高邦雄訳
社会学の根本概念　マックス・ヴェーバー　清水幾太郎訳
職業としての政治　マックス・ヴェーバー　脇圭平訳
古代ユダヤ教 全三冊　マックス・ヴェーバー　内田芳明訳
宗教と資本主義の興隆 歴史的研究 全二冊　トーニー　出口勇蔵・越智武臣訳
未開社会の思惟 全二冊　レヴィ・ブリュル　山田吉彦訳
社会学的方法の規準　デュルケム　宮島喬訳
通過儀礼　ファン・ヘネップ　綾部恒雄・綾部裕子訳
世論 全二冊　リップマン　掛川トミ子訳

天体による永遠　オーギュスト・ブランキ　浜本正文訳
王権　A・M・ホカート　橋本和也訳
鯰絵 —民俗的想像力の世界　C・アウエハント　小松和彦・中沢新一・飯島吉晴・古家信平訳
贈与論 他二篇　マルセル・モース　森山工訳
ヨーロッパの昔話 その形と本質　マックス・リュティ　小澤俊夫訳

《自然科学》〔青〕

科学と仮説　ポアンカレ　河野伊三郎訳
改訳 科学と方法　ポアンカレ　吉田洋一訳
科学者と詩人　ポアンカレ　平林初之輔訳
エネルギー　オストヴァルト　山県春次訳
星界の報告 他一篇　ガリレオ・ガリレイ　山田慶児・谷泰訳
大陸と海洋の起源 —大陸移動説 全二冊　ヴェーゲナー　都城秋穂・紫藤文子訳
ロウソクの科学　ファラデー　竹内敬人訳
種の起原 全二冊　ダーウィン　八杉龍一訳
人及び動物の表情について　ダーウィン　浜中浜太郎訳
実験医学序説　クロード・ベルナール　三浦岱栄訳
完訳 ファーブル昆虫記 全十冊　山田吉彦・林達夫訳

《歴史・地理》〔青〕

新訂 魏志倭人伝・後漢書倭伝・宋書倭国伝・隋書倭国伝 —中国正史日本伝1— 石原道博編訳
ヘロドトス 歴史 全三冊 松平千秋訳
トゥーキュディデース 戦史 全三冊 久保正彰訳
ガリア戦記 カエサル 近山金次訳
タキトゥス ゲルマーニア 泉井久之助訳註
タキトゥス 年代記 全二冊 —ティベリウス帝からネロ帝へ 国原吉之助訳
歴史とは何ぞや ベルンハイム 坂口昂・小野鉄二訳
歴史における個人の役割 プレハーノフ 木原正雄訳
古代への情熱 —シュリーマン自伝 シュリーマン 村田数之亮訳
アーネスト・サトウ 一外交官の見た明治維新 全二冊 坂田精一訳
ベルツの日記 全二冊 トク・ベルツ編 菅沼竜太郎訳
武家の女性 山川菊栄
インディアスの破壊についての簡潔な報告 ラス・カサス 染田秀藤訳
ラス・カサス インディアス史 全七冊 長南実訳 石原保徳編
コロンブス航海誌 林屋永吉訳
コロンブス 全航海の報告 林屋永吉訳

洞窟絵画から連載漫画へ —人間コミュニケーションの万華鏡 ホグベン 寿岳文章・林達夫・平田寛・南博訳
戊辰物語 東京日日新聞社会部編
大森貝塚 —付 関連史料 E・S・モース 近藤義郎・佐原真編訳
魔女 全二冊 ミシュレ 篠田浩一郎訳
中世的世界の形成 石母田正
日本の古代国家 石母田正
フランス二月革命の日々 —トクヴィル回想録 トクヴィル 喜安朗訳
朝鮮・琉球航海記 —一八一六年アマースト使節団とともに ベイジル・ホール 春名徹訳
ローマ皇帝伝 全二冊 スエトニウス 国原吉之助訳
回想の明治維新 —一ロシア人革命家の手記 メーチニコフ 渡辺雅司訳
インカの反乱 —被征服者の声 ティトゥ・クシ・ユパンギ述 染田秀藤訳
三国史記倭人伝 他六篇 朝鮮正史日本伝1 佐伯有清編訳
さまよえる湖 全二冊 ヘディン 福田宏年訳
ヨーロッパ文化と日本文化 ルイス・フロイス 岡田章雄訳注
十八世紀ヨーロッパ監獄事情 ジョン・ハワード 川北稔・森本真美訳
東京に暮す —一九二八〜一九三六 キャサリン・サンソム 大久保美春訳
ミカド —日本の内なる力 W・E・グリフィス 亀井俊介訳

増補 幕末百話 篠田鉱造
明治百話 全二冊 篠田鉱造
幕末明治 女百話 全二冊 篠田鉱造
トゥバ紀行 メンヒェン＝ヘルフェン 田中克彦訳
一七八九年—フランス革命序論 G・ルフェーヴル 高橋幸八郎・柴田三千雄・遅塚忠躬訳
ツアンポー峡谷の謎 F・キングドン－ウォード 金子民雄訳
クック 太平洋探検 全六冊 増田義郎訳
シエサ・デ・レオン インカ帝国地誌 増田義郎訳
インカ皇統記 全四冊 インカ・ガルシラーソ・デ・ラ・ベーガ 牛島信明訳
ローマ建国史 全三冊(既刊上巻) リーウィウス 鈴木一州訳
フランス・プロテスタントの反乱 —カミザール戦争の記録 カヴァリエ 二宮フサ訳
ニコライの日記 —ロシア人宣教師が生きた明治日本 全三冊 中村健之介編訳
パリ・コミューン 全二冊 H・ルフェーヴル 河野健二・柴田朝子・西川長夫訳
徳川制度 全三冊・補遺 加藤貴校注
第二のデモクラテス —戦争の正当原因についての対話 セプールベダ 染田秀藤訳
チベット仏教王伝 —ソンツェン・ガンポ物語 ソナム・ギェルツェン 今枝由郎監訳

《日本文学(古典)》〔黄〕

古事記　倉野憲司校注
記紀歌謡集　武田祐吉校註
日本書紀　全五冊　坂本太郎・家永三郎・井上光貞・大野晋校注
万葉集　全五冊　佐竹昭広・山田英雄・工藤力男・大谷雅夫・山崎福之校注
原文 万葉集　全二冊　佐竹昭広・山田英雄・工藤力男・大谷雅夫・山崎福之校注
竹取物語　阪倉篤義校訂
伊勢物語　大津有一校注
玉造小町子壮衰書 ―小野小町物語　杤尾武校注
古今和歌集　佐伯梅友校注
土左日記　紀貫之　鈴木知太郎校注
蜻蛉日記　今西祐一郎校注
源氏物語　全九冊(既刊二冊)　柳井滋・室伏信助・大朝雄二・鈴木日出男・藤井貞和・今西祐一郎校注
枕草子　池田亀鑑校訂
和泉式部日記　清水文雄校注
和泉式部集・和泉式部続集　清水文雄校注
更級日記　西下経一校注

今昔物語集　全四冊　池上洵一編
三条西家本 栄花物語　全三冊　三条西公正校訂
堤中納言物語　大槻修校注
新訂 梁塵秘抄　後白河院撰　佐佐木信綱校訂
西行全歌集　久保田淳・吉野朋美校注
梅沢本 古本説話集　川口久雄校訂
後撰和歌集　松田武夫校訂
古語拾遺　斎部広成撰　西宮一民校注
王朝漢詩選　小島憲之編
王朝物語秀歌選　全二冊　樋口芳麻呂校注
落窪物語　藤井貞和校注
新訂 方丈記　市古貞次校注
新訂 新古今和歌集　佐佐木信綱校訂
金槐和歌集　源実朝　斎藤茂吉校訂
新訂 徒然草　西尾実・安良岡康作校注
平家物語　全四冊　梶原正昭・山下宏明校注
水鏡　和田英松校訂

神皇正統記　北畠親房　岩佐正校注
吾妻鏡　全八冊　竜粛訳注
宗長日記　島津忠夫校注
御伽草子　全二冊　市古貞次校注
王朝秀歌選　樋口芳麻呂校注
わらんべ草　大蔵虎明　笹野堅校訂
千載和歌集　藤原俊成撰　久保田淳校注
読む能の本 謡曲選集　野上豊一郎編
東関紀行・海道記　玉井幸助校訂
おもろさうし　外間守善校注
太平記　全六冊　兵藤裕己校注
好色五人女　井原西鶴　東明雅校註
日本永代蔵　井原西鶴　東明雅校訂
武道伝来記　井原西鶴　前田金五郎・横山重校注
芭蕉紀行文集 付 嵯峨日記　中村俊定校注
芭蕉 おくのほそ道 付 曾良旅日記・奥細道菅菰抄　萩原恭男校注
芭蕉俳句集　中村俊定校注

芭蕉文集　穎原退蔵編註
芭蕉俳文集　全二冊　堀切実編注
芭蕉自筆 奥の細道　上野洋三・櫻井武次郎校注
蕪村俳句集　付 春風馬堤曲 他二篇　尾形仂校注
蕪村書簡集　大谷篤蔵・藤田真一校注
蕪村七部集　伊藤松宇校訂
蕪村文集　藤田真一編注
曾根崎心中・冥途の飛脚　他五篇　近松門左衛門　祐田善雄校注
国性爺合戦・鑓の権三重帷子　近松門左衛門　和田万吉校訂
東海道四谷怪談　鶴屋南北　河竹繁俊校訂
鶉衣　全二冊　横井也有　堀切実校注
近世畸人伝　伴蒿蹊　森銑三校註
玉くしげ・秘本玉くしげ　本居宣長　村岡典嗣校訂
雨月物語　上田秋成　長島弘明校注
新訂 一茶俳句集　丸山一彦校注
増補 俳諧歳時記栞草　全二冊　曲亭馬琴編　藍亭青藍補　堀切実校注
近世物之本江戸作者部類　曲亭馬琴　徳田武校注

北越雪譜　鈴木牧之編撰　京山人百樹刪定　岡田武松校訂
東海道中膝栗毛　全二冊　十返舎一九　麻生磯次校注
浮世床　式亭三馬　和田万吉校訂
日本外史　全三冊　頼山陽　頼成一・頼惟勤訳
百人一首一夕話　全二冊　尾崎雅嘉　古川久校訂
わらべうた　—日本の伝承童謡　町田嘉章・浅野建二編
誹諧 武玉川　全四冊　山澤英雄校訂
雑兵物語・おあむ物語　附 おきく物語　中村通夫・湯沢幸吉郎校訂
芭蕉臨終記 花屋日記　付 芭蕉翁終焉記・前後日記・行状記　小宮豊隆校訂
俳家奇人談・続俳家奇人談　竹内玄玄一　雲英末雄校注
砂払　—江戸小百科　全二冊　山中共古　中野三敏校訂
与話情浮名横櫛　切られ与三　瀬川如皐　河竹繁俊校訂
江戸怪談集　全三冊　高田衛編・校注
蕉門名家句選　全二冊　堀切実編注
耳囊　全三冊　根岸鎮衛　長谷川強校注
色道諸分 難波鉦　—遊女評判記　酉水庵無底居士　中野三敏校注
弁天小僧・鳩の平右衛門　黙阿弥　河竹繁俊校訂

実録先代萩　黙阿弥　河竹繁俊校訂
橘曙覧全歌集　水島直文・橋本政宣編注
嬉遊笑覧　全五冊　喜多村筠庭　長谷川強・江本裕・渡辺守邦・岡雅彦・花田富二夫・石川了校訂
井月句集　復本一郎編
江戸端唄集　倉田喜弘編

《日本思想》〔青〕

風姿花伝　(花伝書)　世阿弥　野上豊一郎・西尾実校訂
世阿弥 申楽談儀　表章校註
五輪書　宮本武蔵　渡辺一郎校注
政談　荻生徂徠　辻達也校注
葉隠　全三冊　山本常朝　和辻哲郎・古川哲史校訂
童子問　伊藤仁斎　清水茂校注
養生訓・和俗童子訓　貝原益軒　石川謙校訂
貝原益軒 大和俗訓　石川謙校訂
都鄙問答　石田梅岩　足立栗園校訂
町人囊・百姓囊・長崎夜話草　西川如見　飯島忠夫・西川忠幸校訂
日本水土考・水土解弁・増補華夷通商考　西川如見　飯島忠夫・西川忠幸校訂

蘭学事始	杉田玄白／緒方富雄校註
吉田松陰書簡集	広瀬豊編
塵劫記	吉田光由／大矢真一校注
兵法家伝書 付 新陰流兵法目録事	柳生宗矩／渡辺一郎校注
南方録	西山松之助校注
人国記・新人国記	浅野建二校注
上宮聖徳法王帝説	東野治之校注
霊の真柱	平田篤胤／子安宣邦校注
世事見聞録	武陽隠士／本庄栄治郎校訂／奈良本辰也補訂
茶湯一会集・閑夜茶話	井伊直弼／戸田勝久校注
新訂 海舟座談	巌本善治編／勝部真長校注
西郷南洲遺訓 附 手抄言志録及遺文	山田済斎編
文明論之概略	福沢諭吉／松沢弘陽校注
新訂 福翁自伝	富田正文校訂
学問のすゝめ	福沢諭吉
日本道徳論	西村茂樹／吉田熊次校
新島襄の手紙	同志社編

新島襄 教育宗教論集	同志社編
近時政論考	陸羯南
日本の下層社会	横山源之助
中江兆民 三酔人経綸問答	桑原武夫・島田虔次訳・校注
新訂 蹇蹇録 —日清戦争外交秘録	陸奥宗光／中塚明校注
茶の本	岡倉覚三／村岡博訳
新撰讃美歌	植村正久・奥野昌綱・松山高吉編
武士道	新渡戸稲造／矢内原忠雄訳
余はいかにしてキリスト信徒となりしか	内村鑑三／鈴木範久訳
代表的日本人	内村鑑三／鈴木範久訳
後世への最大遺物・デンマルク国の話	内村鑑三
内村鑑三所感集	鈴木俊郎編
求安録	内村鑑三
宗教座談	内村鑑三
ヨブ記講演	内村鑑三
足利尊氏	山路愛山
豊臣秀吉 全二冊	山路愛山

善の研究	西田幾多郎
西田幾多郎哲学論集 I —場所・私と汝 他六篇	上田閑照編
西田幾多郎哲学論集 II —論理と生命 他四篇	上田閑照編
西田幾多郎哲学論集 III —自覚について 他四篇	上田閑照編
西田幾多郎随筆集	上田閑照編
帝国主義	幸徳秋水／山泉進校注
日本の労働運動	片山潜
明六雑誌 全三冊	山室信一・中野目徹校注
吉野作造評論集	岡義武編
貧乏物語	河上肇／大内兵衛解題
河上肇 自叙伝 全五冊	杉原四郎・一海知義編
河上肇評論集	杉原四郎編
中国文明論集	宮崎市定／礪波護編
中国史 全二冊	宮崎市定
大杉栄評論集	飛鳥井雅道編
女工哀史	細井和喜蔵
寒村自伝 全二冊	荒畑寒村

遠野物語・山の人生　柳田国男
青年と学問　柳田国男
木綿以前の事　柳田国男
こども風土記・母の手毬歌　柳田国男
不幸なる芸術・笑の本願　柳田国男
海上の道　柳田国男
野草雑記・野鳥雑記　柳田国男
婚姻の話　柳田国男
都市と農村　柳田国男
十二支考　全二冊　南方熊楠
文学に現はれたる我が国民思想の研究　全八冊　津田左右吉
特命全権大使 米欧回覧実記　全五冊　久米邦武編　田中彰校注
明治維新史研究　羽仁五郎
古寺巡礼　和辻哲郎
風土 —人間学的考察　和辻哲郎
イタリア古寺巡礼　和辻哲郎
日本精神史研究　和辻哲郎

倫理学　全四冊　和辻哲郎
人間の学としての倫理学　和辻哲郎
日本倫理思想史　全四冊　和辻哲郎
時と永遠 他八篇　波多野精一
宗教哲学序論・宗教哲学　波多野精一
「いき」の構造 他二篇　九鬼周造
九鬼周造随筆集　菅野昭正編
偶然性の問題　九鬼周造
時間論 他二篇　九鬼周造　小浜善信編
人間と実存　九鬼周造
法窓夜話　全二冊　穂積陳重
復讐と法律　穂積陳重
パスカルにおける人間の研究　三木清
古代国語の音韻に就いて 他二篇　橋本進吉
漱石詩注　吉川幸次郎
吉田松陰　徳富蘇峰
林達夫評論集　中川久定編

新版 きけわだつみのこえ —日本戦没学生の手記　日本戦没学生記念会編
新版 第二集 きけわだつみのこえ —日本戦没学生の手記　日本戦没学生記念会編
君たちはどう生きるか　吉野源三郎
地震・憲兵・火事・巡査　山崎今朝弥　森長英三郎編
懐旧九十年　石黒忠悳
武家の女性　山川菊栄
わが住む村　山川菊栄
山川菊栄評論集　鈴木裕子編
覚書 幕末の水戸藩　山川菊栄
おんな二代の記　山川菊栄
忘れられた日本人　宮本常一
家郷の訓　宮本常一
酒の肴・抱樽酒話　青木正児
大阪と堺　三浦周行　朝尾直弘編
新編 歴史と人物　三浦周行　林屋辰三郎　朝尾直弘編
国家と宗教 —ヨーロッパ精神史の研究　南原繁
石橋湛山評論集　松尾尊兊編

民藝四十年　柳宗悦
手仕事の日本　柳宗悦
南無阿弥陀仏 付 心偈　柳宗悦
柳宗悦 茶道論集　熊倉功夫編
柳宗悦随筆集　水尾比呂志編
雨夜譚 —渋沢栄一自伝　長幸男校注
中世の文学伝統　風巻景次郎
日本の民家　今和次郎
長谷川如是閑評論集　飯田泰三・山領健二編
倫敦《ロンドン》！倫敦《ロンドン》？　長谷川如是閑
原爆の子 —広島の少年少女のうったえ 全二冊　長田新編
幕末遣外使節物語 —夷狄の国へ　尾佐竹猛・吉良芳恵校注
イスラーム文化 —その根柢にあるもの　井筒俊彦
意識と本質 —精神的東洋を索めて　井筒俊彦
被差別部落一千年史　高橋貞樹・沖浦和光校注
花田清輝評論集　粉川哲夫編
新版 河童駒引考 —比較民族学的研究　石田英一郎

英国の近代文学　吉田健一
訳詩集 葡萄酒の色　吉田健一訳
山びこ学校　無着成恭編
古琉球　伊波普猷・外間守善校訂
福沢諭吉の哲学 他六篇　丸山眞男・松沢弘陽編
政治の世界 他十篇　丸山眞男・松本礼二編注
超国家主義の論理と心理 他八篇　丸山眞男・古矢旬編
朝鮮民芸論集　浅川巧・高崎宗司編
娘巡礼記　高群逸枝・堀場清子校注
田中正造文集 全二冊　由井正臣・小松裕編
新日本史 全二冊　竹越与三郎・西田毅校注
国語学原論 続篇　時枝誠記
国語学史　時枝誠記
定本 育児の百科 全三冊　松田道雄
ある老学徒の手記　鳥居龍蔵
大西祝選集 全三冊　小坂国継編
哲学の三つの伝統 他十二篇　野田又夫

信仰の遺産　岩下壮一
わたしの「女工哀史」　高井としを
中国近世史　内藤湖南
大隈重信自叙伝　早稲田大学編
大隈重信演説談話集　早稲田大学編
通論考古学　濱田耕作
転回期の政治　宮沢俊義
世界の共同主観的存在構造　廣松渉
何が私をこうさせたか —獄中手記　金子文子

《別冊》

増補 フランス文学案内　渡辺一夫・鈴木力衛
増補 ドイツ文学案内　手塚富雄・神品芳夫
ことばの贈物 —岩波文庫の名句365　岩波文庫編集部編
近代日本思想案内　鹿野政直
岩波文庫の80年　岩波文庫編集部編
ポケットアンソロジー この愛のゆくえ　中村邦生編
スペイン文学案内　佐竹謙一

岩波文庫の最新刊

日野原健司編
北斎 富嶽三十六景

葛飾北斎(一七六〇―一八四九)が富士を描いた浮世絵版画の代表作。世界の芸術家にも大きな影響を与えた。カラーで全画を掲載。各画毎に鑑賞の手引きとなる解説を付した。〔青五八一―一〕 本体一〇〇〇円

大岡 玲編
開高健短篇選

デビュー作、芥川賞受賞作を含む初期の代表作から、死の直前に書き遺した絶筆まで、開高健(一九三〇―八九)の文学的生涯を一望する十一篇を収録。〔緑二二一―一〕 本体一〇六〇円

長谷部恭男解説
日本国憲法

戦後日本の憲法体制の成り立ちとその骨格を理解するのに欠かすことのできない基本的な文書を集め、詳しい解説を付した。市民必携のハンディな一冊。〔白三三―一〕 本体六八〇円

……今月の重版再開……

W・E・B・デュボイス著／木島始、鮫島重俊、黄寅秀訳
黒人のたましい

本体一〇二〇円 〔赤三三三―一〕

桂川甫周著／亀井高孝校訂
北槎聞略
――大黒屋光太夫ロシア漂流記

本体一二〇〇円 〔青四五六―一〕

吉田健一著
ヨオロッパの世紀末

本体七八〇円 〔青一九四―二〕

モーム作／中島賢二、岡田久雄訳
アシェンデン
――英国情報部員のファイル

本体一一四〇円 〔赤二五四―一三〕

定価は表示価格に消費税が加算されます 2019.1

岩波文庫の最新刊

小池昌代編
吉野弘詩集
結婚式の祝辞によく引かれる「祝婚歌」、いのちの営みに静謐な眼差しを投げかける戦後詩の名篇「I was born」など、一四〇篇を収録。(解説＝小池昌代・谷川俊太郎)〔緑二二〇-一〕 **本体七四〇円**

宇野千代作
色ざんげ
作者の宇野千代が画家の東郷青児と一緒に暮らしていたときに、画家から聞いた話をもとにして書きあげた現代恋愛小説の白眉。(解説＝山田詠美・尾形明子)〔緑二二一-一〕 **本体七〇〇円**

川合康三、富永一登、釜谷武志、和田英信、浅見洋二、緑川英樹訳注
文選 詩篇(五)
去る者は日びに以て疏《うと》し——生のはかなさ、恋の哀しみをうたう「古詩十九首」、李陵と蘇武の送別詩、漢・高祖「大風の歌」など、中国古典詩の源となる一〇一首を収録。(全六冊)〔赤四五-五〕 **本体一〇二〇円**

井筒俊彦著
神秘哲学 —ギリシアの部—
叡智の探究者・井筒俊彦の初期を代表する作品。ギリシアの精神史を、絶対的真理「自然神秘主義」の展開として捉えた画期的な著作。(解説＝納富信留)〔青一八五-三〕 **本体一五〇〇円**

岡義武著
明治政治史(上)
日本の政治史研究の礎を築いた著者による明治期の通史。上巻では、明治維新を「民族革命」と捉え、開国から帝国議会開設までをたどる。(解説＝前田亮介)〔青N一二六-一〕 **本体一三二〇円**

今月の重版再開

杉本秀太郎編
伊東静雄詩集
本体六六〇円 〔緑一二五-一〕

尾崎一雄作／高橋英夫編
暢気眼鏡・虫のいろいろ 他十三篇
本体七四〇円 〔緑一五七-一〕

レチフ・ド・ラ・ブルトンヌ著／植田祐次編訳
パリの夜——革命下の民衆
本体九二〇円 〔赤五八〇-一〕

オクターヴ・オブリ編／大塚幸男訳
ナポレオン言行録
本体八四〇円 〔青四三五-一〕

定価は表示価格に消費税が加算されます 2019.2